Die mediale Konstruktion der Wirklichkeit

Nick Couldry · Andreas Hepp

Die mediale Konstruktion der Wirklichkeit

Eine Theorie der Mediatisierung und Datafizierung

Übersetzung: Monika Elsler

Nick Couldry
Department of Media and
Communications, LSE
London, Großbritannien

Andreas Hepp
ZeMKI
Universität Bremen
Bremen, Deutschland

Die Übersetzung wurde mit Hilfe von künstlicher Intelligenz (maschinelle Übersetzung durch den Dienst DeepL.com) erstellt. Der Text wurde anschließend von einem professionellen Lektor überarbeitet, um das Werk stilistisch zu verfeinern.

Translated from Nick Couldry and Andreas Hepp, The Mediated Construction of Reality, 1st edition
Copyright © Nick Couldry and Andreas Hepp 2017
This edition is published by arrangement with Polity Press Ltd., Cambridge

ISBN 978-3-658-37712-0   ISBN 978-3-658-37713-7 (eBook)
https://doi.org/10.1007/978-3-658-37713-7

Die Deutsche Nationalbibliothek verzeichnet diese Publikation in der Deutschen Nationalbibliografie; detaillierte bibliografische Daten sind im Internet über http://dnb.d-nb.de abrufbar.

Springer VS
© Der/die Herausgeber bzw. der/die Autor(en), exklusiv lizenziert an Springer Fachmedien Wiesbaden GmbH, ein Teil von Springer Nature 2023
Das Werk einschließlich aller seiner Teile ist urheberrechtlich geschützt. Jede Verwertung, die nicht ausdrücklich vom Urheberrechtsgesetz zugelassen ist, bedarf der vorherigen Zustimmung des Verlags. Das gilt insbesondere für Vervielfältigungen, Bearbeitungen, Mikroverfilmungen und die Einspeicherung und Verarbeitung in elektronischen Systemen.
Die Wiedergabe von allgemein beschreibenden Bezeichnungen, Marken, Unternehmensnamen etc. in diesem Werk bedeutet nicht, dass diese frei durch jedermann benutzt werden dürfen. Die Berechtigung zur Benutzung unterliegt, auch ohne gesonderten Hinweis hierzu, den Regeln des Markenrechts. Die Rechte des jeweiligen Zeicheninhabers sind zu beachten.
Der Verlag, die Autoren und die Herausgeber gehen davon aus, dass die Angaben und Informationen in diesem Werk zum Zeitpunkt der Veröffentlichung vollständig und korrekt sind. Weder der Verlag, noch die Autoren oder die Herausgeber übernehmen, ausdrücklich oder implizit, Gewähr für den Inhalt des Werkes, etwaige Fehler oder Äußerungen. Der Verlag bleibt im Hinblick auf geografische Zuordnungen und Gebietsbezeichnungen in veröffentlichten Karten und Institutionsadressen neutral.

Einbandabbildung: unter Verwendung eines Fotos © Beate C. Koehler

Lektorat: Barbara Emig-Roller
Springer VS ist ein Imprint der eingetragenen Gesellschaft Springer Fachmedien Wiesbaden GmbH und ist ein Teil von Springer Nature.
Die Anschrift der Gesellschaft ist: Abraham-Lincoln-Str. 46, 65189 Wiesbaden, Germany

Vorwort zur deutschen Übersetzung

Dieses Buch ist ein Versuch, umfassend darüber nachzudenken, wie sich der Charakter des sozialen Lebens und der Gesellschaft mit digitalen Medien verändert. Es ist nicht das erste Buch mit einem solchen Anspruch – John B. Thompson, Joshua Meyrowitz oder Roger Silverstone haben Ähnliches versucht, um nur einige zu nennen. Unseres Wissens aber ist „Die mediale Konstruktion der Wirklichkeit" das erste Buch, das den Versuch einer allgemeinen Theorie darüber unternimmt, wie das soziale Leben und die Gesellschaft in Zeiten nicht nur des Internets, sondern auch digitaler Medienplattformen und der kontinuierlichen Sammlung und Verarbeitung von Daten „vermittelt" bzw. „medial konstruiert" werden.

Als wir die Arbeit an dem Buch im Jahr 2016 beendeten, markierte es für uns den Abschluss eines Jahrzehnts, in dem versucht wurde, Kommunikationstheorie und Gesellschaftstheorie zusammenzubringen. Jetzt, sechs Jahre später, schreiben wir dieses Vorwort zur ersten deutschen Ausgabe für eine Zeit, in der die Entwicklungen, die wir 2016 beobachtet haben, noch weiter fortgeschritten sind: die Einbettung sozialer Medien und anderer digitaler Plattformen in alle Aspekte des täglichen Lebens, die Sorge um die potenziellen Störungen, die solche Plattformen in der politischen Kultur und im täglichen Leben verursachen können, und die Hoffnung auf die Transformation des menschlichen Wissens durch Big Data und künstliche Intelligenz. Überall auf der Welt hat man das Gefühl, dass die Nutzung digitaler Medien und ihrer Infrastrukturen, ja die Abhängigkeit von ihnen, die Menschheit in eine ungewisse Zukunft führt, die zweifellos aufregend, aber auch potenziell gefährlich ist.

In unserem Buch nähern wir uns dieser Möglichkeit über das Konzept der „tiefgreifenden Mediatisierung". Dies ist ein weit gefasster Begriff, der versucht, die grundlegende, aber doch einfache Tatsache zu erfassen, dass jedes Element unseres heutigen Lebens – und jedes Element, das die Struktur des sozialen Lebens und der Gesellschaft bildet – digitale Medien in irgendeiner Form einbezieht. Die Konstruktion der sozialen Wirklichkeit selbst ist heute untrennbar mit den Machtverhältnissen und den infrastrukturellen Fragen verbunden, die digitale Medien mit sich bringen. Das macht die Gegenwart nicht nur zu einem Zeitalter der Mediatisierung, sondern zu einem der *tiefgreifenden* Mediatisierung: Damit meinen wir, dass es keine Möglichkeit gibt, kohärent über die Ordnung des heutigen Lebens und der Gesellschaft nachzudenken, ohne auch über die Ordnung der heutigen digitalen Medien nachzudenken.

Eine offensichtliche Manifestation dieses Prozesses ist die Verbreitung digitaler Plattformen und Infrastrukturen im sozialen und wirtschaftlichen Leben allgemein und die Eigenschaft dieser Plattformen im Speziellen, diejenigen, die sie nutzen, zu „tracken" und aus den Daten, die sich so ergeben, wirtschaftlichen Nutzen zu ziehen. Nicht nur Plattformen, sondern auch „Apps" und eine Vielzahl „smarter" Endgeräte versuchen, Daten über uns zu gewinnen. Solche Entwicklungen erhalten einen zusätzlichen Schub durch die Verbreitung von Social Bots, Work Bots, Artificial Companions und anderen „kommunikativen KI", also durch die Automatisierung von Kommunikation. Dies ist Ausdruck der fortschreitenden „Datafizierung" – der Umwandlung von Dingen, Menschen, ja des gesamten Lebens in digitale Daten. Ein Kennzeichen der heutigen tiefgreifenden Mediatisierung ist diese besondere Art und Weise, in der Daten in allen Lebensbereichen gesammelt, gespeichert und verarbeitet werden – Lebensbereiche, in denen Medien früher nicht präsent waren, und in denen es kein archivierendes Gedächtnis, kein Sammeln von Informationen gab.

Während solche Veränderungen in allen Ländern der Welt greifbar werden, ist das Buch „Die mediale Konstruktion der Wirklichkeit" neben der englischsprachigen Forschungsdiskussion insbesondere eng verbunden mit der deutschen Medien-, Kommunikations- und Gesellschaftstheorie. Daher sind wir sehr froh, dass nun – nach der portugiesischen und chinesischen – auch eine deutsche Übersetzung vorliegt. Letztlich hat unser Buch seinen Ausgangspunkt bei einem Gespräch auf der Tagung der European Communication Research and Education Association (ECREA) im Oktober 2010 in Hamburg, in dem wir auf „Die soziale Konstruktion der Wirklichkeit" von Peter L. Berger und Thomas Luckmann zu sprechen kamen. Damals stand das 50-jährige Jubiläum ihres Buchs bevor, das in der englischsprachigen Erstauflage 1966 erschienen war – und es erschien uns wie aus einer anderen Zeit: Im Kern haben Berger und Luckmann eine Theorie der sozialen Konstruktion der Gesellschaft vorgelegt, in der Medien, hier verstanden als technische Mittel der Kommunikation, praktisch überhaupt nicht vorkommen. Das war bereits für die 1960er-Jahre eine bemerkenswerte Lücke, seit der Jahrtausendwende erschien eine solche Zugangsweise für uns aber überhaupt nicht mehr vorstellbar. Damit war die Idee geboren, ein Buch zu schreiben, das die „Aufgabe" des Nachdenkens über die soziale Konstruktion der Wirklichkeit wieder aufnimmt, dabei aber digitalen Medien und Daten den Stellenwert zuspricht, den sie aus unserer Sicht haben müssen. Genau dies soll der Untertitel der deutschen Übersetzung – „eine Theorie der Mediatisierung und Datafizierung" – ausdrücken.

Unser Buch ist damit allein durch seine Ausgangsfragestellung fest in der deutschen Phänomenologie und Sozialtheorie verortet, auch wenn es uns, wie damals schon Berger und Luckmann, sehr darum ging, immer wieder die Brücke zur weiteren internationalen Diskussion in den Sozialwissenschaften und insbesondere auch der Kommunikations- und Medienwissenschaft herzustellen. Dies macht auch ein anderer Theoretiker deutlich, der zentral für die Entwicklung unserer Ideen und Begrifflichkeiten war: Norbert Elias. Selbst als junger Wissenschaftler fest in der entstehenden deutschen (Wissens-)Soziologie verankert, brachte ihn die Flucht aus Nazideutschland nach Großbritannien und dort nach dem Zweiten Weltkrieg an die University of Leicester, wo er u. a. einen Einfluss auf Anthony Giddens hatte. In der „medialen Konstruktion der Wirklichkeit" argumentieren wir, dass Norbert Elias der Soziologe ist, der uns am meisten hilft, die Widersprüche unseres digitalen Zeitalters zu verstehen. Seine Analyse der zunehmenden „Zivilisierung" von Körper und Geist in der (spät-)modernen Gesellschaft zeigt, wie bestimmte Formen des „zivilisierten Subjekts" mit bestimmten Formen der Gesellschaft verbunden sind. Diese Denkweise begreift das Soziale nicht als statisch und gegeben, sondern als in einem fortlaufenden und vielschichtigen Prozess artikuliert.

Um den Prozess des Aufbaus und der Aufrechterhaltung des Sozialen zu analysieren, führt Elias den Begriff der „Figuration" als ein, wie er es nennt, einfaches begriffliches Werkzeug ein, um die komplexen Probleme der gegenseitigen menschlichen Abhängigkeiten zu erfassen. Sozialer Wandel ist, so Elias, immer auch ein Wandel auf der Ebene der Figurationen, in die Menschen eingebunden sind. Hier – in einzelnen Figurationen des direkten Zusammenlebens und komplexeren „Figurationen von Figurationen", die das Gesamtgeflecht der „figurationalen Ordnung" einer Gesellschaft ausmachen – lassen sich auch die Folgen technologischer Vermittlungsprozesse für unsere heutigen sozialen Welten am besten nachzeichnen. Elias bewegt sich klar weg von individualistischen Theorien des Sozialen hin zu einer Darstellung, wie Ordnung durch die ständig wachsende Komplexität von Wechselbeziehungen entsteht, ohne dass jemand sie explizit plant. Hiermit entwickelt er aus unserer Sicht einen Ansatzpunkt für eine Sozial- und Gesellschaftstheorie, in die sich auch eine Auseinandersetzung mit Mediatisierung und Datafizierung integrieren lässt.

Gerade weil unser Buch „Die mediale Konstruktion der Wirklichkeit" so an der Schnittstelle zwischen dem deutschen und englischen Diskurs über die Veränderung der Welt mit Medien entstanden ist, sind wir sehr erfreut, dass es nun auch in Deutsch vorliegt. Wir sind der Übersetzerin Monika Elsler zu sehr großem Dank verpflichtet, auch für die Mühe, die sie aufbrachte, Zitate, die wir aus englischen Publikationen übernommen haben, in ihren deutschen Fassungen ausfindig zu machen. Ebenso danken wir dem Verlag Springer VS und hier insbesondere Barbara Emig-Roller, dass diese deutsche Ausgabe möglich wurde. Übersetzungsprojekte dieser Art sind für Verlage immer ein großes Risiko und wir wissen es sehr zu schätzen, dass Springer VS dieses Risiko eingegangen ist.

In diesem Sinne hoffen wir, dass „Die mediale Konstruktion der Wirklichkeit" auch im deutschsprachigen Raum einen kleinen Beitrag dazu leisten kann, die aktuellen Entwicklungen in Bezug auf digitale Medien und ihre Infrastrukturen nicht nur analytisch zu betrachten, sondern auch kritisch zu hinterfragen. Es ist nämlich kein Automatismus, in welcher „digitalen Gesellschaft" wir leben: Technologie ist nicht einfach gegeben, sondern von Menschen gemacht – und damit immer auch gestalt- und veränderbar. Wir hoffen deswegen sehr, dass unser Buch auch dazu anregt, das Bestehende zu hinterfragen und sich vielfältiger bzw. offener Gedanken zu machen, wie wir unsere Gesellschaft in Zeiten der tiefgreifenden Mediatisierung gestalten wollen.

London und Bremen
Februar 2023

Nick Couldry
Andreas Hepp

Vorwort und Danksagung zur englischen Ausgabe

Dieses Buch fasst die Früchte von mehr als zehn Jahren gemeinsamer Diskussionen und Forschung zusammen.

Wir begegneten einander im Jahr 2003 und entdeckten die Arbeiten des jeweils anderen. Schnell stellten wir fest, dass wir uns sowohl beide für die Sozialtheorie interessierten als auch mit dem unzureichenden Dialog zwischen Sozial- und Medientheorie unzufrieden waren, wie er in Großbritannien, Deutschland und anderswo geführt wurde. Ein Jahrzehnt lang haben wir, mit verschiedenen Unterbrechungen, gemeinsam Dinge auf die Beine gestellt und zusammen Texte veröffentlicht. Doch erst Mitte 2012, während eines Gaststipendiums von Andreas Hepp im Departement for Media and Communications am Goldsmiths-College der University of London, entwickelten wir die Idee zu etwas Ehrgeizigerem: einem komplett gemeinsam geschriebenen Buch, in dem wir eine Antwort auf den Zustand der Unzufriedenheit formulieren und eine Sozialtheorie darlegen, die wir für ein Zeitalter der digitalen Medien für notwendig erachten. Zum Teil ließen wir uns von der Tradition der Sozialphänomenologie inspirieren, aber auch von zahlreichen weiteren Quellen. Zudem sahen wir es als Herausforderung an, wie offenkundig unzulänglich Medien und Kommunikation in einem berühmten Zweig dieser Tradition abgehandelt wurden: in Berger und Luckmanns „Gesellschaftlicher Konstruktion der Wirklichkeit", deren Veröffentlichung damals ein halbes Jahrhundert zurücklag. Eine besondere Inspiration für uns beide war ein Keynote-Vortrag von Hubert Knoblauch auf der Tagung „Mediatized Worlds" an der Universität Bremen im April 2011. In diesem schlug er eine befriedigendere Art und Weise vor, die Traditionen der Sozialtheorie in Großbritannien und in Deutschland wieder zusammenzubringen, als dies bisher der Fall war. Nachdem Nick Couldry im September 2013 an die London School of Economics (LSE) zurückgekehrt war, war es Andreas Hepp im Laufe der Jahre 2015 und 2016 glücklicherweise möglich, als Visiting Senior Fellow ans Departement for Media and Communications der LSE zu gehen. Dort konzentrierten wir uns auf eine intensive Phase des Schreibens an dem Buch. Wir danken sowohl den LSE- und Goldsmiths-Departements für die Unterstützung dieser beiden Stipendien als auch der Universität Bremen und insbesondere den Kolleg:innen von Andreas Hepp am Zentrum für Medien-, Kommunikations- und Informationsforschung (ZeMKI), die zwei längere Auslandsaufenthalte innerhalb eines so kurzen Zeitraums ermöglicht haben.

Einige Worte dazu, wie wir das Buch verfassten: Jeweils einer von uns beiden schrieb einen ersten groben Entwurf eines Kapitels. Diesen Entwurf diskutierten wir dann intensiv und überarbeiteten ihn. Auf dieser Grundlage trugen wir weitere Teile zu den Kapiteln bei, die wir erneut diskutierten und überarbeiteten. Wir hoffen, mit dieser Methode einen konsistenten analytischen Ansatz für das gesamte Buch entwickelt zu haben. Als Autoren sind wir von unterschiedlichen intellektuellen Traditionen geprägt, deren Schreibstile voneinander abweichen. Während des Schreibens haben wir alle argumentativen Aspekte diskutiert und hoffen, das Beste aus jeder Tradition eingebracht zu haben. Wir freuen uns darüber, dass unsere unverwechselbaren Stimmen in jedem Kapitel zu hören sind, und hoffen, dass unsere Leser:innen ebenfalls ihre Freude daran haben.

Während des Forschungs- und Schreibprozesses an diesem Buch trug jeder von uns ein hohes Maß an weiterer Verantwortung. Einige Menschen müssen wir besonders hervorheben, ohne die dieses Buch in diesem Zeitrahmen nicht hätte geschrieben werden können. Zuallererst danken wir Anthony Kelly, Nick Couldrys Forschungsassistent von November 2013 bis Oktober 2015, der entscheidende Arbeit an den Literaturrecherchen leistete, die den Kap. 5, 6 und 8 zugrunde liegen, und der uns in dieser Zeit sehr bei weiteren Themen und Projekten unterstützte. Wir sind auch Miriam Rahali sehr dankbar, die im November 2015 als Forschungsassistentin von Nick Couldry eingestiegen war. Sie leistete unschätzbare Hilfe beim Zusammenstellen der Literatur für das Buch und las das Manuskript kurz vor der endgültigen Einreichung Korrektur. Nick Couldry möchte auch für die Unterstützung durch Natalie Fenton danken, die gemeinsam mit ihm im ersten Jahr der Vorbereitung der Buchideen als Head of Department am Goldsmiths-College tätig war. Unsere Arbeit für die Kap. 2, 3 und 4 wurde sehr unterstützt durch die Literaturrecherche, die Ulrike Gerhard als studentische Hilfskraft an der Universität Bremen durchführte. Später nahmen Anna Heinemann und Linda Siegel in dieser Rolle mehrere abschließende Überprüfungen des Literaturverzeichnisses vor. Organisatorisch wurde unsere gesamte Arbeit von Heide Pawlik und Leif Kramp am ZeMKI, Universität Bremen, unterstützt.

Wir sind verschiedenen Institutionen dafür dankbar, dass sie uns die Möglichkeit gaben, Ideen aus dem Buch vorzustellen: die Time, Memory and Representation Group an der Södertörn University, Stockholm, März 2014 (Dank an Hans Ruin und Staffan Ericsson); das Institute for Advanced Studies, Helsinki (Dank an Johanna Sumiala); die Tagung „Under Construction – Perspektiven des kommunikativen Konstruktivismus" in Berlin im November 2014 (Dank an Hubert Knoblauch und Jo Reichertz); das Media and Social Theory Research Network, LSE, das wir mit einem gemeinsamen Vortrag im Mai 2015 ins Leben gerufen haben; der Workshop „Reflexive Mediatisierung" an der Technischen Universität Dortmund im April 2015 (Dank an Ronald Hitzler und Michaela Pfadenhauer); die Tagung „Meaning Across Media" an der Universität Kopenhagen im Mai 2015 (Dank an Kjetil Sandvik); das Social Ontology of Digital Data and Digital Technology Symposium am Warwick University Centre for Social Ontology in London im Juli 2015 (Dank an Mark Carrigan); die ECREA Doctoral Summer School an der Universität Bremen im August 2015; den Workshop „New Directions in Mediatization Research" in Kopenhagen im Oktober 2015 (Dank an Stig Hjarvard); und die Tagung „Medienkommunikation zwischen Komplexität und Vereinfachung" am Alexander von Humboldt Institut für Internet und Gesellschaft in Berlin im November 2015.

Wir danken einer großen Anzahl von Menschen für stets hilfreiche Diskussionen und Inspiration: Mark Andrejevic, Veronica Barassi, Andreas Breiter, Kenzie Burchell, Craig Calhoun, Tarleton Gillespie, Anthony Giddens, Uwe Hasebrink, Daniel Knapp, Hubert Knoblauch, Friedrich Krotz, Risto Kunelius, Jannis Kallinikos, Knut Lundby, Peter Lunt, Sonia Livingstone, Gina Neff, Thomas Poell, Alison Powell, Jo Reichertz, Michaela Pfadenhauer, Uwe Schimank, Kim Schrøder, Justus Uitermark und José van Dijck. Darüber hinaus profitierte Andreas Hepps Arbeit an dem Buch sehr von den Diskussionen im Forschungsnetzwerk „Kommunikative Figurationen", das im Rahmen der deutschen Exzellenzinitiative als eine der Creative Units der Universität Bremen gefördert wurde, und er möchte allen Mitgliedern für die anregende Zusammenarbeit danken. Danke auch an die anonymen Leser:innen unseres Manuskripts, die uns dazu angeregt haben, verschiedene Aspekte der Argumentation des Buches klarer darzulegen, an Susan Beer, unsere Lektorin bei Palgrave MacMillan, und an Miriam Rahali, deren Fähigkeiten im Korrekturlesen uns vor zahlreichen Fehlern bewahrt haben.

Nick Couldry widmet dieses Buch dem Andenken an John Edwards, seinem sehr geliebten Schwiegervater (1926–2015). Andreas Hepp widmet dieses Buch Beate C. Köhler.

Wir sind unseren Partnerinnen, Louise Edwards und Beate C. Köhler, für ihre Liebe, Geduld und Unterstützung während unserer etlichen Abwesenheiten zutiefst dankbar. Ein besonderer Dank gilt Beate C. Köhler, die uns mit dem Titelbild des Buches (der englischsprachigen Ausgabe, Anm. d. Ü.) unterstützt hat – Danke auch für ihre Bereitschaft zu zahlreichen Aufenthalten in London.

London und Bremen
Februar 2016

Nick Couldry
Andreas Hepp

Inhaltsverzeichnis

1 Einleitung 1

Teil I Konstruktionen der sozialen Welt

2 **Die soziale Welt als kommunikative Konstruktion** 21
   2.1 Die soziale Welt theoretisch erfassen 24
   2.2 Die Wirklichkeit und die Konstruktion der sozialen Welt 28
   2.3 Medien und die kommunikative Konstruktion der sozialen Welt 36

3 **Geschichte als Mediatisierungsschübe** 47
   3.1 Mediatisierung in einer transkulturellen Perspektive 48
   3.2 Mediatisierungsschübe 52
   3.3 Tiefgreifende Mediatisierung und die Mannigfaltigkeit der Medien 69

4 **Unser Leben mit Medien** 75
   4.1 Jenseits von Netzwerk und Assemblage 79
   4.2 Figurationen des Lebens mit Medien 83
   4.3 Skalierung und Transformation von Figurationen 92

Teil II Dimensionen der sozialen Welt

5 **Raum** 105
   5.1 Medien und die sich verändernde Räumlichkeit der sozialen Welt 108
   5.2 Kommunikative Praktiken und räumliche Beziehungen 115
   5.3 Software und sozialer Raum 125

6	**Zeit**	129
	6.1 Medien und die Zeitlichkeit der sozialen Welt	132
	6.2 Zeitverlust und Wertschöpfung	140
	6.3 Die Neuordnung und Umwälzung der sozialen Zeit	147
7	**Daten**	155
	7.1 Daten und die Prämissen der klassischen Sozialphänomenologie	159
	7.2 Neue Institutionen für ‚soziales' Wissen	163
	7.3 Wir in einer sozialen Welt mit Daten	175

Teil III Agency in der sozialen Welt

8	**Selbst**	185
	8.1 Sozialisation	190
	8.2 Ressourcen des Selbst im Wandel	200
	8.3 Die digitalen Spuren des Selbst und deren Infrastruktur	206
9	**Kollektivitäten**	215
	9.1 Gruppen, Kollektivitäten und tiefgreifende Mediatisierung	217
	9.2 Das politische Projekt der vorgestellten Kollektivitäten	226
	9.3 Kollektivitäten ohne Vergemeinschaftung	234
10	**Ordnung**	243
	10.1 Institutionalisiertes Selbst und Kollektivitäten	251
	10.2 Organisationen	256
	10.3 Politik und Regierung	261
11	**Fazit**	271
Literatur		287

Einleitung 1

Vorausgesetzt, dass das Soziale medial konstruiert ist –, wie? Diese Frage, mit der wir uns an eine Formulierung von Nietzsche anlehnen,[1] schwebt seit dem späten neunzehnten Jahrhundert über der Sozialtheorie und dem Alltagsverständnis von sozialer und öffentlicher Welt. Wenn die Frage nicht gerade ignoriert wurde, wurden zu ihrer Beantwortung Mythen oder Mottos herangezogen; die wenigen ernsthaften Antworten beruhten gemeinhin auf einem Verständnis von sozialen Infrastrukturen, das mindestens ein Vierteljahrhundert alt ist. Dieses Buch über Sozialtheorie versucht, es besser zu machen.

Wie können wir also den Charakter der sozialen Welt – einschließlich dessen, was mit ‚Sozialität', ‚Sozialisation', ‚sozialer Ordnung', ‚Gesellschaft' verbunden ist – neu denken, ausgehend vom Grundgedanken, dass das Soziale mittels und durch technologisch-medienvermittelte Prozesse und Infrastrukturen der Kommunikation konstruiert wird, d. h. durch das, was wir heutzutage als ‚Medien' bezeichnen? Angesichts dessen, dass unsere ‚Wirklichkeit' als Menschen, die wir nun mal zusammenleben müssen, durch soziale Prozesse konstruiert wird: Wenn das Soziale selbst *ohnehin* ‚medial konstruiert', d. h. durch Medien geformt und geprägt ist, was folgt daraus für diese Wirklichkeit? Aus diesen Fragen ergibt sich der Titel unseres Buches: „Die *mediale* Konstruktion der Wirklichkeit" („medial"

---

[1] Friedrich Nietzsche eröffnete das Vorwort zu seinem größten Werk „Jenseits von Gut und Böse" (2013 [1886]: 3) mit der Frage: „Vorausgesetzt, dass die Wahrheit ein Weib ist –, wie?" Zur Zeit der zutiefst patriarchalischen Gesellschaft, in der Nietzsche schrieb, stellte für ihn das Voraussetzen von ‚Wahrheit' – als philosophischem Kernbegriff – als ‚Weib' den denkbar schockierendsten Weg dar. Wir adaptieren seine Frage, um den Kernbegriff der Soziologie, das ‚Soziale', zu durchbrechen.

© Der/die Autor(en), exklusiv lizenziert an Springer Fachmedien Wiesbaden GmbH, ein Teil von Springer Nature 2023
N. Couldry, A. Hepp, *Die mediale Konstruktion der Wirklichkeit*,
https://doi.org/10.1007/978-3-658-37713-7_1

ist im Zusammenhang mit „Konstruktion" synonymhaft mit „medienvermittelt" zu verstehen, vgl. ansonsten die begriffliche Abgrenzung zu „mediatisiert" in Kap. 2., Anm. d. Ü.).

Die Grundbegriffe dieser Fragen bedürfen einer Erörterung. Was meinen wir mit ‚*dem Sozialen*'? Dieser Begriff wurde in den letzten Jahrzehnten aus mehreren Richtungen angegriffen. Ganz abgesehen von den neoliberalen Angriffen auf das ‚Soziale' – denken wir etwa an Margaret Thatchers berüchtigten Ausspruch „So etwas wie Gesellschaft gibt es nicht" – wurde die Relevanz des Sozialen als Gegenstand *theoretischer Untersuchungen* zunehmend von anderen Prioritäten in den Sozialwissenschaften verdrängt. So versuchte beispielsweise der Philosoph und Soziologe Bruno Latour ein Dekonstruieren ‚des Sozialen' als soziologische Fiktion oder, wie er es nennt, zumindest „Wiederversammeln" (engl. „reassemble", Latour 2010 [1967]: 19) – als Fiktion, die uns im Allgemeinen den tatsächlichen materiellen Anordnungen verschließt, durch die verschiedene Entitäten – seien es Menschen oder „nicht-menschliche Wesen" – zu verschiedenen Zwecken und auf verschiedenen Ebenen miteinander vernetzt sind.[2] Hiermit zielte Latour insbesondere auf die Soziologie Émile Durkheims ab. Durkheim[3] vertrat im späten neunzehnten und frühen zwanzigsten Jahrhundert die These, dass es sich bei Gesellschaft um einen aus menschlichen Handlungen und Vorstellungen konstruierten soziologischen Tatbestand handele (frz. „fait social"), analog zu dem, was in der Naturwissenschaft als ‚Fakt' gelte. Durkheims Bezugsrahmen für ein solches Verständnis von Gesellschaft bestand vor allem in der emotionalen und kognitiven Wirklichkeit von Face-to-face-Begegnungen. Heutzutage allerdings wird Gesellschaft uns zumindest teilweise durch technologische Medienvermittlungsprozesse präsentiert, die ihrerseits notwendigerweise das Ergebnis kommerzieller und politischer Kräfte sind. Dies wiederum erfordert, dass sich auch das Verständnis von Gesellschaft wandeln muss. Diese Entwicklung jedoch erlebte Durkheim nicht mehr und konnte sie dementsprechend nicht mehr berücksichtigen. Diese Lücke muss eindeutig noch geschlossen werden. Darüber hinaus sahen andere Autor:innen es als problematisch an, welche Relevanz Durkheim den Implikationen von *Repräsentationen* des Sozialen für das Reproduzieren von dessen Wirklichkeit beimaß, und suchten in anderen Bereichen nach Verbundenheit, Reibung und Anklang; Vorstellungen, die die Frage nach einem ‚Sinn' gänzlich umgehen (Thrift 2008). Wieder andere wollen, dass der Fokus weg von menschlichen Interaktionen hin zum ‚Posthumanen' verlagert wird, aus dessen Perspektive ‚das Soziale' etwas

---

[2] Siehe insbesondere Latour (2010 [1967]).
[3] Vgl. Durkheim (2014 [1912]).

überholt wirken mag (Hayles 1999). Zumindest bedarf der Begriff des ‚Sozialen' einiger Überarbeitung, jedenfalls sofern man sich daranmacht, das Vorhaben der Sozialtheorie zu erneuern.

Was verstehen wir unter ‚*Medien*'? Ein ernsthaftes Nachdenken darüber, wie Medieninstitutionen das Soziale repräsentieren – womöglich gar verzerren –, erfordert, einige Begriffe rund um ‚das Soziale' oder auch die ‚Gesellschaft' in metaphorisierende Anführungszeichen zu setzen. Dies gilt einmal mehr im digitalen Zeitalter, angesichts dessen die vielversprechendste Quelle neuer kommerzieller Wertschöpfung den sogenannten *Social-Media*-Plattformen zu entspringen scheint. Allein mit dem Begriff ‚Medien' sind immense Wandlungsprozesse verbunden. Von der Mitte bis zum Ende des zwanzigsten Jahrhunderts konzentrierte sich die Debatte über die Implikationen von Medien für die Werte und Wirklichkeiten, auf denen das soziale Leben beruht, auf Fernsehen und Film,[4] genauer: auf die Folgen *bestimmter* Nachrichten-Frames oder auch *beispielhafter* Symbolbilder. Für das Zeitalter der Massenmedien ist es lediglich für das Radio nachvollziehbar belegt, *fortwährend* an dem Prägen des Sozialen beteiligt gewesen zu sein, wenngleich die anregenden Arbeiten von Tarde (1901) über den kontinuierlichen Einfluss der Art und Weise, wie Nachrichten durch Zeitungen zirkulieren, bereits in diese Richtung deuteten.[5] Doch damit, dass sich der Zugang ins Internet über das World Wide Web seit den 1990er-Jahren stetig ausweitete und seit den 2000er-Jahren zunehmend über mobile Geräte stattfindet, wandelten sich auch die Fragen, die einerseits die Sozialtheorie über Medien und andererseits die Medientheorie über das Soziale beantworten muss, von Grund auf. Insbesondere seit dem Aufkommen von Social-Media-Netzwerken ab Mitte der 2000er-Jahre stellen ‚Medien' heutzutage weitaus mehr dar als lediglich spezifische Kanäle mit zentral verfügbaren Inhalten: Mit ihrem Aufbau als Plattform bilden sie für viele Menschen *buchstäblich* die Räume, in denen sie das Soziale kommunikativ *inszenieren*. Wenn nun das, was das soziale Leben im Kern ausmacht, heutzutage potenziell selbst durch ‚Medien' geprägt wird, also durch die Inhalte und die Infrastrukturen, die auf institutionell betriebenen Kommunikationstechnologien beruhen, dann muss die Sozialtheorie die Implikationen von ‚Medien' für ihren Grundbegriff ‚des Sozialen' *überdenken*. Die ‚digitale Revolution', wie sie oft genannt wird – wenngleich sie weitaus mehr als die Digitalisierung und das Internet umfasst – muss, wie Anthony Giddens (2015) argumentiert hat, auch mit einer grundlegenden Transformation des soziologischen

---

[4] Vgl. Kracauer (1995); Boorstin (1961); Brunsdon und Morley (1978); Hall (1980); und Meyrowitz (1985).

[5] Vgl. Scannell (1996) und Douglas (1987).

Denkens beantwortet werden. Diese Transformation des soziologischen Denkens und dessen Neuausrichtung auf die zentralen Wandlungsvorgänge der Medien *ebenso wie* der sozialen Infrastrukturen bildet den Kern dieses Buches.

Somit arbeiten wir mit einem zweifachen Fokus auf den wechselseitigen Transformationen der Medien *ebenso wie* der sozialen Welt insgesamt. Vor diesem Hintergrund messen wir spezifischen Medientexten, -darstellungen und imaginativen Medienformen weniger Gewicht bei, als wir es in einem Buch tun würden, das ausschließlich die Medien selbst in den Blick nimmt. Ebenso wenig beziehen wir uns, wenn wir hier von ‚Wirklichkeit' sprechen, auf spezifische Medienrepräsentationen oder Inszenierungen von Wirklichkeit bzw. des Synonyms ‚Realität' (z. B. ‚Reality-TV'). Vielmehr handelt unser Buch von dem erschaffenen Gefühl von einer sozialen Welt, zu der Medienpraktiken wesentlich beitragen. Ausgehend von den umfangreichen Erkenntnissen der medien- und kommunikationswissenschaftlichen Forschung hoffen wir, damit sowohl zur Medien- als auch zur Sozialtheorie einen substanziellen Beitrag zu leisten. Um es deutlich zu sagen: Wir halten die Sozialtheorie ohne eine zumindest teilweise Transformation durch die Medientheorie für nicht zukunftsfähig.

Nun könnte man versucht sein, den Begriff des ‚Sozialen' gänzlich aufzugeben, sobald man erst einmal der Komplexität der institutionellen ‚Figurationen', die wir heutzutage ‚Medien' nennen – den Begriff ‚Figurationen' vertiefen wir später –, gewahr ist und die zahlreichen Repräsentationen des Sozialen durch die jeweiligen zugrunde liegenden Machtkomplexe dekonstruiert hat. Dies allerdings wäre ein großer Fehler. Denn wenn wir die Komplexität erfassen wollen, die uns interessiert, kommen wir ohne den Begriff des ‚Sozialen' nicht aus. Das ‚Soziale' verweist auf ein grundlegendes Merkmal des menschlichen Lebens: das, was der Historiker und Sozialtheoretiker William Sewell als „die zahlreichen Vermittlungsvorgänge" (engl. „mediations") bezeichnet, „die Menschen in ‚soziale' Beziehungen zueinanderbringen".[6] In der Tat bezeichnet das Wort ‚sozial' etwas Grundlegendes, das nicht einmal diejenigen, die dem Begriff heutzutage kritisch gegenüberstehen, bestreiten würden: dass unser menschliches Zusammenleben auf Interdependenzbeziehungen beruht. Solche Beziehungen umfassen stets auch *Kommunikation,* bzw., in den Worten Axel Honneths, „lassen sich Prozesse der sozialen Konstruktion [...] nur als kommunikative Prozesse analysieren" (Honneth 1990: 58). Wenn also das Wesen des Sozialen grundlegend *medienvermittelt* ist, wir Menschen uns also in stets durch Medien vermittelter Interdependenz befinden, dann gründet dies nicht auf einer innerlichen geistigen Wirklichkeit, sondern vielmehr auf den *materiellen* Prozessen in Form von Objekten, Verlinkungen, Infrastrukturen und Plattformen, über die Kommunikation

---

[6] Vgl. Sewell (2005: 329).

1 Einleitung

und Sinnstiftung stattfinden. Diese materiellen Vermittlungsprozesse machen einen Großteil dessen aus, was unter dem *Stoff* zu verstehen ist, aus dem das Soziale besteht. Folglich, so argumentiert Sewell, vereint das Soziale stets zwei Merkmale in sich, sowohl hinsichtlich der Sinnstiftung *als auch* der gebauten Umwelt (engl. „built environment").[7] Doch diese dem Sozialen inhärente Komplexität ginge verloren, wenn wir den Begriff ‚sozial' aufgeben und stattdessen einerseits Bedeutungszusammenhänge und andererseits konnektive Technologien jeweils für sich analysieren würden. Unterdessen gewinnen die Infrastrukturen der ‚Medien', die zur Konstituierung des Sozialen beitragen, weiter an Komplexität.

Unsere Argumentation berücksichtigt sowohl gegenwärtige konzeptuelle als auch historische, bestehende Forschung. So referieren wir in Teil I dieses Buches die Geschichte der kommunikationswissenschaftlichen Ansätze, auf denen unser konzeptioneller Rahmen beruht. Dabei sprechen wir von ‚Mediatisierung' (engl. „mediatization") als Kurzbezeichnung für *jegliche* Transformationen kommunikativer und sozialer Prozesse wie auch der daraus entstehenden sozialen und praktischen Formen, die sich aus unserer zunehmenden Abhängigkeit von Vermittlungsprozessen ergeben, die auf technologischen und institutionellen Zusammenhängen beruhen. Derartige Transformationen sind offenkundig komplex. Denn ‚Mediatisierung' meint mehr als nur gewisse Dinge bzw. ‚Logiken', wie man Dinge macht. Sinnvollerweise sollte man ‚Mediatisierung' überhaupt nicht als ‚Ding' oder ‚Logik' verstehen, sondern vielmehr als vielfältige Art und Weisen begreifen, wie Medien mithilfe von fortlaufenden Rückkopplungsschleifen *mögliche* Ordnungen des Sozialen weiter transformieren und stabilisieren.

Um diese zunehmend komplexeren Transformationen im Sinne einer Theorie mittlerer Reichweite zu erfassen, sprechen wir von „Figurationen", einem Begriff, den wir dem Spätwerk von Norbert Elias der 1970er- und 1980er-Jahre entlehnen. Dass Konzepte, die bereits vor Jahrzehnten entwickelt wurden, ihre volle analytische Kraft erst heutzutage entfalten, kann aus unserer Sicht dem langfristigen Anliegen der Sozialtheorie nur zugutekommen. Denn jetzt können wir ihre Offenheit gegenüber Prozessen, die heutzutage erheblich an Relevanz gewinnen, wertschätzen, nun, da das ‚Materielle' des Sozialen mithilfe von datenbasierten Prozessen transformiert und weitgehend automatisiert wird. Dies war zu dem Zeitpunkt, als diese Konzepte entwickelt wurden, nicht im Geringsten vorhersehbar. Vieles an dem Wesen heutiger Infrastrukturen sozialer Interaktion wirkt fremdartig, wenn

---

[7] Wir haben uns hier von Sewells Formulierung inspirieren lassen (2005: 320 f.): Dabei machen wir beim zweiten Begriff eine Anleihe bei ihm, wohingegen der erste von uns stammt, angepasst an seine „language games" (Sprachspiele), ein Begriff, der mehr philosophischen Hintergrund voraussetzt, als wir in diesem Stadium unserer Argumentation benötigen.

man versucht, es in Bezug zu früheren sozialtheoretischen Überlegungen zu setzen. Diesen Eindruck führen wir im späteren Verlauf unserer Argumentation weiter aus. Und doch widerspricht diese zunehmende Interdependenz von *systematischer* Gesellschaft im Sinne von Geselligkeit – die wachsende ‚Institutionalisierung' von sowohl dem Selbst als auch von Kollektivität, wie in Teil 3 dieses Buchs ausgeführt – dem Grunde nach keineswegs der Vision vom sozialen Leben, die Georg Simmel bereits zu Beginn des Zeitalters der heutigen Medien hatte. Simmel stellte in einem Kapitel über „Geselligkeit" sein Verständnis vom paradoxen, sicherlich komplexen und rekursiven Wesen des medienvermittelten sozialen Lebens vor:

> diese Welt der Geselligkeit […] ist eine *künstliche* Welt […]. Wenn wir jetzt die Vorstellung haben, in die Geselligkeit kämen wir rein ‚als Menschen', als das, was wir wirklich sind, […], so liegt das daran, dass das moderne Leben mit objektivem Inhalt und Sachforderungen *überlastet* ist. (1970, 57)

Dies ist eine gute Beschreibung des Spannungsverhältnisses zwischen einerseits unserem stets im Wandel begriffenen Gefühl davon, wer ‚wir' sind und der Relevanz, die wir unserem Zusammenleben beimessen, und andererseits den Sachzwängen unseres technologieunterstützten Lebens angesichts dessen, dass und wie wir miteinander leben. Je intensiver wir unser soziales Leben empfinden, desto größer ist seine rekursive Abhängigkeit von den technologischen Kommunikationsmedien. Unser Verständnis für dieses Paradoxon gilt es zu schärfen, und darauf zielt dieses Buch ab.

Auf dem Weg zu einer materialistischen Phänomenologie der sozialen Welt

Mit diesem Buch streben wir an, besser zu verstehen, wie die Alltagswirklichkeit als Teil der sozialen Welt konstruiert wird. Wir stimmen dem Wissenschaftstheoretiker Ian Hacking zu, wenn er den „Begriff der Konstruktion […] mittlerweile abgestanden" nennt, wenngleich er sich „auffrischen" lasse (2002: 81). Eine Theorie über die Konstruktion der *sozialen* Wirklichkeit darf einen Schlüsselaspekt in der Konstruktion des heutigen sozialen Lebens zumindest nicht außer Acht lassen, nämlich den der medienvermittelten Kommunikation. Diese einfache Erkenntnis hat umfassende Folgen für die Sozialtheorie.

Wir streben an, *eine materialistische Phänomenologie* zu entwickeln, die Typen von sozialen Welten beschreibt, in denen die Medien eine unübersehbare und unausweichliche Rolle einnehmen. Dies wollen wir noch etwas weiter ausarbeiten. Den Begriff *materialistisch* haben wir dem Ansatz des „kulturellen Materialismus" entlehnt, der auf Arbeiten von Raymond Williams (1980) zurückgeht. Sein wesentliches Anliegen war es, sowohl *materielle* als auch *symbolische* Aspekte von Alltagspraktiken in die Analyse von ‚culture as a whole way of life' einzubeziehen. Williams (1990) zeigte in seinen eigenen Arbeiten über Fernsehen auf, wie relevant diese Herangehensweise ist, als er Fernsehen sowohl als (materielle) Technologie als auch als (symbolische) kulturelle Form erörterte. Dabei sollen das Materielle und das Symbolische nicht als gegensätzlich positioniert werden. Vielmehr sind beide in ihrer Relationalität zu erfassen, wenn man einer Analyse dessen, wie Medien und Kommunikation zur Konstruktion der sozialen Welt beitragen, gerecht werden will. Mit anderen Worten: Wir müssen Medien sowohl als Technologien einschließlich ihrer Infrastrukturen als auch als sinnstiftende Prozesse betrachten, wenn wir verstehen wollen, wie heutige soziale Welten entstehen. Um diese Komplexität in ihrer Gänze auszudrücken, sprechen wir von ‚Materialität'.

Eine *Phänomenologie* der sozialen Welt wollen wir deswegen anbieten, weil wir davon überzeugt sind, dass die soziale Welt – wie komplex und opak sie auch erscheinen mag – weiterhin für menschliche Akteur:innen interpretierbar und verständlich ist, ja, in ihrer Struktur teilweise *durch* eben diese Interpretationen und Verständnisse konstruiert wird. Max Webers Definition von Soziologie als „Wissenschaft, welche soziales Handeln *deutend verstehen* [...] will" (1980 [1921]: 1, eig. Hervorh.) hat mehr als nur definitorische Stärke. Denn soziales Leben, wie Paul Ricœur (1980: 219) schrieb, habe seine „eigentliche Grundlage" in der „Ersetzung von Dingen durch Zeichen", d. h. Zeichen, die Interpretationen verkörpern. Die Phänomenologie geht allerdings noch weiter in ihrem Bemühen, die Welt so *ernstzunehmen*, wie sie aus der Interpretation sozialer Akteur:innen erscheint, die aufgrund *ihrer konkreten Positionierung* in der sozialen Ordnung innerhalb umfassenderer Interdependenzbeziehungen eine spezifische Perspektive einnehmen. Damit weist die Phänomenologie eine implizit humanistische Dimension auf, der wir uneingeschränkt beipflichten.[8] Zugleich nehmen wir jedoch nicht in Anspruch, jede Aussage in unserem Buch mit detaillierter phänomenologischer Empirie zu unterfüttern: Nicht nur wäre ein solches Unterfangen angesichts des Umfangs, den wir mit unserem Buch abzudecken versuchen, unmöglich gewesen, sondern es würde auch die bereits vorhandenen hervorragenden Forschungsberichte darüber, wie eine medienvermittelte soziale Welt sozialen Akteur:innen erscheint, ignorieren. Und doch haben wir unseren Ansatz durchgängig, auch dort, wo er auf Sekundärliteratur beruht, vom Standpunkt einer *möglichen* Phänomenologie aus entwickelt, die sich an empirischer Forschung orientiert.

---

[8] Vgl. zum Humanismus in der Forschung z. B. den verstorbenen britischen Philosophen Bernard Williams (Williams 2006).

Mit einer vollkommen *materialistischen* Phänomenologie lassen sich einige Standardeinwände umgehen, die durchaus ihre Berechtigung haben und die häufig gegen das vorgebracht werden, was mit der ‚klassischen' Tradition der Sozialphänomenologie verbunden wird. Dies gilt beispielsweise für Michel Foucaults entschiedene Ablehnung der Phänomenologie, die in seinem Vorwurf gründet, sie räume „dem beobachtenden Subjekt absoluten Vorrang" ein (Foucault 1970: xiv). Ebenso gilt es für den damit verwandten Einwand von Pierre Bourdieu, den er gegen den symbolischen Interaktionismus geltend macht, da dieser seiner Auffassung nach „Machtverhältnisse auf Kommunikationsverhältnisse reduziert" (Bourdieu 1991: 167). Wir hoffen, mit unserer materialistischen Phänomenologie keine derartigen Fehltritte zu begehen. Wenn wir annehmen, dass die soziale Welt in Teilen auf Interpretations- und Kommunikationsprozessen beruht, wie die Phänomenologie es betont, müssen wir in unserem Ansatz, diese Welt zu begreifen, die materiellen Infrastrukturen, *durch die und auf deren Grundlage* Kommunikation heutzutage stattfindet, einer genauen Betrachtung unterziehen. Die Phänomenologie kann sich dann nicht *ausschließlich* darauf konzentrieren, wie die Welt aus der Interpretation bestimmter sozialer Akteur:innen erscheint.[9] Vielmehr muss angesichts des digitalen Zeitalters grundlegend überdacht werden, wie die soziale Konstruktion der Alltagswirklichkeit, mit all ihrer Vernetztheit, heutzutage stattfindet. Das bedeutet, den Raum neu zu besetzen, der mit Peter Berger und Thomas Luckmanns bekanntem Buch „Die gesellschaftliche Konstruktion der Wirklichkeit" verbunden ist. Dieses Buch, vor genau einem halben Jahrhundert veröffentlicht, gehört zu den meistgelesenen Texten der Soziologie der 1960er- und 1970er-Jahre. Allerdings streben wir ausdrücklich nicht an, das Buch von Berger und Luckmann nachzubessern oder gar umzudeuten. Unser Ziel ist es vielmehr, ihr Grundanliegen zwar aufgreifend, einen sich jedoch unterscheidenden, wenngleich vergleichbaren Ansatz zu entwickeln, wie soziale Wirklichkeit konstruiert wird. Unser Ansatz soll den kommunikativen Formen des digitalen Zeitalters gerecht werden.

Ungeachtet dessen hat das Buch von Berger und Luckmann auf bis heute bewundernswerte Weise die Tradition der phänomenologischen Soziologie hin zu einer überzeugenden Wissenssoziologie weiterentwickelt. Und doch scheint das Buch von unserer heutigen Wirklichkeit weit entfernt. Dies liegt im Wesentlichen

---

[9] Das hat sie wohl auch nie getan. Daher nimmt Ian Hacking Berger und Luckmanns Buch von 1966, in dessen Kielwasser unser Buch in gewisser Weise folgt, von seiner Polemik gegen den sozialen Konstruktionismus aus: Paradoxerweise, angesichts des heutzutage weitaus höheren Stellenwerts von Latours Werk gegenüber Berger und Luckmann, ist es Latours frühe Wissenschaftssoziologie, die von Hacking wegen ihres sozialen Konstruktionismus stark kritisiert wird!

1 Einleitung

daran, dass Berger und Luckmann sich so gut wie nicht über technologiebasierte Kommunikationsmedien äußern. Ein seltenes Beispiel dafür, wo sie es doch tun, ist die folgende Textpassage, in der sie Medien auf eine heutzutage merkwürdig anmutende Weise erwähnen, wenn sie die Dialektik von Nah und Fern in der Lebenswelt erörtern:

> Die Wirklichkeit der Alltagswelt ist um das „Hier" meines Körpers und das „Jetzt" meiner Gegenwart herum angeordnet. [...] Mein Interesse an den ferneren Zonen ist meistens geringer, weniger drängend. Ich bin intensiv interessiert an dem Bündel von Objekten, das mit meiner täglichen Beschäftigung zu tun hat [...] Ich kann auch daran interessiert sein, was in Cape Kennedy oder im Weltraum vor sich geht, aber solches Interesse ist eher Privatsache, „Freizeitbeschäftigung" nach Wahl, keine dringende Notwendigkeit meiner Alltagswelt. (2010 [1966]: 25)

Medien kommt hier eine randständige Relevanz zu, sie erscheinen lediglich als Fenster zu einer fernen, faszinierenden Welt, mit der wir allenfalls unsere Freizeit verbringen. Nicht einmal medienbasierten Narrativen lassen Berger und Luckmann eine Relevanz für das Prägen unserer Alltagswirklichkeit zukommen. Ob das damals plausibel war? Selbst, wenn wir berücksichtigen, dass es sich um die 1960er-Jahre handelte? Vermutlich nicht. Und selbst wenn es damals plausibel gewesen wäre, ist es das spätestens seit den 1990er-Jahren nicht mehr, seit der Zeit, in der wir in der Wissenschaft tätig wurden. Und seitdem hat das Ausmaß, in dem die Medien in das alltagsweltliche Gefüge eingebettet sind, noch erheblich zugenommen. Dass die Arbeit von Berger und Luckmann auf das internationale interdisziplinäre Feld der Medien- und Kommunikationsforschung wenig Einfluss ausgeübt hat, sollte daher nicht verwundern.[10]

Unser Anliegen jedenfalls ist ein gänzlich anderes als das von Berger und Luckmann: Wir streben an, eine vollständig materialistische Phänomenologie zu entwickeln, die digitale Medien nicht nur zur Kenntnis nimmt, sondern vielmehr die neuartigen datengesteuerten Infrastrukturen und Kommunikationsweisen grundlegend berücksichtigt, auf denen die heutigen sozialen Interfaces zunehmend beruhen. Das bedeutet, zu verstehen, wie das Soziale in einem Zeitalter der tiefgreifenden Mediatisierung konstruiert wird, also einer Zeit, in der *die Elemente und Bausteine an sich,* die für das Soziale sinnstiftend sind, *ihrerseits* Medienvermittlungsprozessen unterliegen, die auf technologiebasierten Prozessen beruhen. Die Art und Weise, wie wir uns die Welt phänomenologisch erschließen, ist daher notwendigerweise mit den Zwängen, Affordanzen und Machtverhältnissen verfloch-

---

[10] Für eine der wenigen Arbeiten hierzu siehe die explorative Forschung von Adoni und Mane (1984).

ten, die die Medien als Kommunikationsinfrastrukturen kennzeichnen. Auf das Konzept der ‚tiefgreifenden' Mediatisierung gehen wir detaillierter in Kap. 3 ein. Bereits an dieser Stelle jedoch weisen wir darauf hin, dass dieses Konzept die grundlegende Transformation berücksichtigt, wie die soziale Welt konstruiert wird, und sie daher auch beschreiben kann. Ein solcher Ansatz beinhaltet zudem, auch auf die Arbeiten einer Person zurückzublicken, dessen Schüler Berger und Luckmann waren: Alfred Schütz war es, dem es, anders als Berger und Luckmann, gelang, bereits damals die Folgen von Medientechnologien für die soziale Wirklichkeit zu sehen.

Unsere Aufarbeitung des Vermächtnisses von Berger und Luckmann ist für die Stellung dieses Buches in der Geschichte der Soziologie folgenreich. Schrittweise erweitern wir den Betrachtungsumfang von Berger und Luckmanns damaligem Anliegen der „Gesellschaftlichen Konstruktion der Wirklichkeit", um dem vollständig medienvermittelten Charakter der heutigen Alltagswirklichkeit gerecht zu werden. Und während Berger und Luckmann ursprünglich eine „Theorie der Wissenssoziologie" skizzierten (so der Untertitel im Deutschen; im Englischen lautet er „A Treatise in the Sociology of Knowledge"), entwickeln wir stattdessen ein soziologisches Verständnis davon, wie Medien und Kommunikation in die Alltagswelt eingebettet sind. Dies bildet die Grundlage für ein neues Verständnis davon, wie die soziale Welt und die soziale Wirklichkeit angesichts eines Zeitalters konstruiert werden, dessen Kommunikationsinfrastrukturen sich grundlegend von denen unterscheiden, die Berger und Luckmann kannten.[11] (So erklärt sich auch der Untertitel dieses Buchs im Deutschen, „Eine Theorie der Mediatisierung und Datafizierung", der nicht nur auf den Untertitel Berger und Luckmanns zurückverweist, sondern auch die für die heutige Zeit relevanten Metaprozesse benennt, Anm. d. Ü.) Aus diesem Grund haben wir unser Buch „Die *mediale* Konstruktion der Wirklichkeit" genannt. In diesem Sinne kann dieses Buch auch als ein Beitrag zur Wissenssoziologie gelesen werden, wenngleich unsere Argumentation an keiner Stelle darauf angewiesen ist, einen solchen Anspruch zu erheben.

Was uns inspiriert hat
Bevor wir zu unserer Analyse übergehen, möchten wir einige Quellen erläutern, die unser Projekt im weiteren Sinne inspiriert haben. Zugleich möchten wir einige andere nennen, die wir tendenziell gemieden haben.

---

[11] Vgl. die jüngste Forderung nach einer neuen ‚Medien- und Kommunikationssoziologie' (Waisbord 2014).

1 Einleitung

Als überraschende Inspirationsquelle für unsere Neuauslegung von Berger und Luckmann erwies sich der große Jesuitenpriester und radikale Pädagoge Ivan Illich. In seinem letzten Buch vor seinem Tod bot Illich eine Neuauslegung der Verlagerungen in der kommunikativen Lebenswelt des europäischen zwölften Jahrhunderts. Bedeutsam ist, dass diese Verlagerungen den Transformationen, die mit der vielgerühmten Technik des Buchdrucks einhergingen, bereits *vorausgingen*. Dieser Wandel vollzog sich, so stellte Illich es dar, von einer Welt, in der handschriftlich Verfasstes als Speichermedium gedient hatte, mittels dem hochgeschätzte Texte in als heilig angesehenen Sprachen gleichsam für die Ewigkeit konserviert wurden – wobei sie zugleich durch mündliches Rezitieren von oftmals Auswendiggelerntem lebendig gehalten wurden (vgl. auch Ong 2002) –, hin zu einer Welt, in der Schrift selbst zum Schauplatz *neuer Sinnstiftung* wurde. Schrift wurde nunmehr nicht nur zur Konservierung verwendet, sondern auch für Ausdrucksformen der jeweiligen Gegenwart. Dies galt nun für alle Sprachen und umfasste auch Sinnstiftung durch ‚gewöhnliche' Verfasser:innen von Texten wie Notiz- oder Tagebüchern. Illich beschrieb eine völlige Neuausrichtung der Art und Weise, wie Menschen mithilfe von Speichertechnik Sinn stiften: Mit diesem Wandel, der sich über ein halbes Jahrhundert erstreckte, kam ein neuartiges, da eigenständiges Lesen, Schreiben und Denken auf. Gemäß der Charakterisierung, die Illich für diesen Wandel vorlegte, wurden „Buchstaben [...] zum wichtigsten Mittler zwischen der Welt der Begriffe und der sozialen Wirklichkeit",[12] einem Kosmos, den Illich „Axiome" nennt. (Im deutschen Sprachraum ist Illichs Essay unter dem Titel „Im Weinberg des Textes" bekannt, aus dem hier zitiert wurde. In dieser Fassung ist zwar nicht von den ‚Axiomen' zu lesen, die die Autoren der Übersetzung ins Englische entnommen haben. In der französischsprachigen Originalfassung allerdings spricht Illich durchaus von „axiomes" (Illich 1991a: 10). Um den Gedankengang der Autoren sinnvoll ins Deutsche zu übertragen, wird der Begriff auch hier verwendet, Anm. d. Ü.)

Was Illich als ‚Axiome' bezeichnet, lässt sich nahtlos auf die heutigen Techniken ausweiten, die Codes und Hyperlinks hervorbringen. So können wir das auf den ersten Blick simple und doch radikale Wesen der Transformationen des digitalen Zeitalters elegant erfassen. Illichs Begriff ‚Axiome' wurzelt in dem griechischen Wort αξίωμα, was zunächst etwas *„Wertgeschätztes"* bedeutet; in der Mathematik bezeichnete Aristoteles damit etwas, das als Wissen so sehr geschätzt wird, dass es beim Aufbau eines Arguments oder Beweises als selbstverständlich vorausgesetzt werden kann. Wenn wir vermuten, dass sich im digitalen Zeitalter

---

[12] Vgl. Illich (1991b: 12, eig. Hervorh.).

das, was wir in unseren vorgestellten und tatsächlichen Beziehungen zur Welt für selbstverständlich halten – unsere ‚Axiome' – *im Wandel befindet,* welchen besseren Zeitpunkt gibt es dann noch dafür, sich der Wissenssoziologie mit Illichs historischem Werk im Hinterkopf neu zuzuwenden?[13]

Die Sozialtheorie hat die Transformation in den alltagsweltlichen Axiomen, die auf die Medien zurückzuführen ist, auf verschiedene Weisen zu verstehen versucht, aber jede hat ihre Grenzen. So scheint die ‚Systemtheorie' von Niklas Luhmann Erkenntnisse über die digitale Welt zu bieten, jedenfalls wenn man annimmt, dass sich diese auf das Operieren eines ineinandergreifenden Sets an Systemen reduzieren lässt. Doch wer die luhmannsche Systemtheorie übernehmen will, tut dies auf Kosten theoretischer Unterfütterung: Nicht nur muss man sich der Annahme unterwerfen, dass die *gelebte* Welt mit ihrer Alltagserfahrung und sozialen Sinnstiftung *tatsächlich* prinzipiell systematischen Regeln folgt und Unterscheidungsmöglichkeiten funktionalen Gesetzmäßigkeiten unterliegen, während sie in Wirklichkeit weitaus komplexer und plurizentrischer sein kann. Sondern es bleibt einem auch verborgen, welche ehrgeizigen, institutionell gesteuerten Kräfte damit befasst sind, Systematizität *durchzusetzen* – oder dies zumindest eindringlich zu versuchen –, die die digitalen Kommunikationsinfrastrukturen wesentlich kennzeichnen.[14] Um diese Transformationen zu verstehen und erklären zu können, sind andere Wege einzuschlagen.

Vielversprechender erscheint es, die komplexen Muster *zugrunde liegender* technologischer Formationen und Verknüpfungen aufzuspüren, nach denen wir unser nach außen, auf die Welt gerichtetes Handeln ausgestalten. An dieser Stelle kommt Bruno Latour ins Spiel: Seine Arbeit übte erheblichen Einfluss darauf aus, wie wir unser Gespür dafür geschärft haben, worauf es aus soziologischer Sicht wirklich ankommt. Vor dem Hintergrund, dass Latour gegenüber verbreiteten Verständnissen von ‚Gesellschaft' und dem ‚Sozialen' zutiefst skeptisch war, bestand er zu Recht darauf, dass der breiten Vielfalt der Art und Weise, wie Menschen und Dinge zueinander in Beziehung gesetzt werden, größte Aufmerksamkeit geschenkt werden muss. Eine solche Herangehensweise verspricht Erfolg in dem Bemühen, das Innovative im Spektrum menschlicher Praktiken zu erfassen, das dadurch erforderlich wird, dass die Grundlagen unserer Werte, also die ‚Axiome' des Alltags-

---

[13] Viele aktuelle Entwicklungen, wie z. B. das aufstrebende Forschungsfeld der Software Studies, können als Teil derselben ‚kognitiven' Wende in den Geistes- und Sozialwissenschaften interpretiert werden.

[14] In jedem Fall sagt Luhmann sehr wenig über Medien (für eine Ausnahme siehe Luhmann 2017 [1995]). Mansell (2012, Kap. 5) und Rosa (2005) zeigen Wege auf, das Beste aus der Systemtheorie herauszuholen und gleichzeitig ihre Grenzen zu überwinden.

lebens, durch unsere Nutzungsweisen der neuartigen digitalen Infrastruktur verzerrt und transformiert werden. Und doch ist auch ein solcher Ansatz nicht ohne Kosten zu haben: In seiner Skepsis gegenüber dem Deutungsanspruch der Soziologie bezogen auf Ordnung scheint Latour den Bezug zu dem Kern des Geschehens zu verlieren, wie alltagsweltliche Akteur:innen die Interaktionsräume – ‚das Soziale' – *deuten,* in die wir Menschen verflochten sind. Bei ‚dem Sozialen' handelt es sich nicht notwendigerweise um einen Raum der Ordnung. Aber es ist ein Raum, in dem es *auf das Vorhandensein von Ordnung ankommt,* sodass das Fehlen von Ordnung hohe Kosten verursacht. Hierin besteht ein Schlüsselbeitrag, den die Phänomenologie leisten kann: darauf zu dringen, dass für uns Menschen dem Vorhandensein von Ordnung, die wir in der Welt und bezogen auf die Welt herzustellen vermögen, etwas Grundlegendes, gewissermaßen ‚*Natürliches'* zukommt. Denn die normative Kraft dieser Ordnung geht weit über die konkreten Anordnungen hinaus, die wir als Individuen und Kollektivitäten zusammenstellen oder ‚assemblieren', um den Begriff Latours erneut aufzugreifen. Daher müssen wir an dem Gespür dafür festhalten, was der Kern des ‚Sozialen' ist, wenn wir die menschlichen Dilemmata des digitalen Zeitalters erfassen wollen. Als solche Dilemmata verstehen wir unsere anhaltenden Bestrebungen, Handlungsfähigkeit – im Folgenden *Agency* genannt – und ein gewisses Maß an zufriedenstellender Ordnung zu *bewahren,* während die Bedingungen, unter denen wir leben, sich als immer komplexer und vielleicht auch widersprüchlicher erweisen.[15]

Ungeachtet dessen schließen wir uns Latours Ablehnung einer heutigen Vorstellung von ‚Gesellschaft' an, bei der wir eine *sui generis* ‚menschliche' Konstruktion als ‚Gegenstück' zu dem ausgespielt sehen, was unter ‚Natur' verstanden wird. Und damit, eine solche heutige Sichtweise auf Natur, Wissenschaft und Gesellschaft als problematisch zu bewerten, ist Latour nicht allein.[16] So pochen gleich zwei maßgebliche philosophische Traditionen – von denen die eine auf Aristoteles zurückgeht und kürzlich in neoaristotelischer Form erneuert wurde, und die andere auf Hegel – darauf, dass das Soziale nicht als gegensätzlich zu ‚Natur' verstanden werden kann, sondern vielmehr als eine ‚zweite Natur', in die wir als Menschen

---

[15] Ian Hackings unverblümte, aber nicht unsympathische Zurückweisung von Latours eigener Ablehnung von Agency ist es wert, hier wiederholt zu werden: „Wenn meine Handlungsmöglichkeiten sich ändern, macht mich das, wenn Latour so will, zu einem neuen Agenten. Aber eine Pistole in die Hand zu nehmen, macht mich nicht zu einem neuen Agenten. Pistolen sind keine Agenten. Es gibt keine hybriden Pistolen-Menschen […] Es ist möglich, dass Cyborgs Hybride sind; aber das bedeutet nicht, dass alles hybrid ist." (Hacking 1999: 13, Rezension von Latour)

[16] Vgl. den analytischen Philosophen John McDowell (1998, 4. Vorlesung).

hineinwachsen.[17] Damit ist gemeint, dass wir Menschen auf kontingente und gewissermaßen ‚natürliche' Weise dazu tendieren, institutionelle Anordnungen für unser Zusammenleben zu entwickeln. Medien- und Kommunikationsinfrastrukturen sind Teil dieser zweiten Natur geworden. Als Teil davon haben sie das Potenzial dafür, sich so zu entwickeln, dass sie auch weiteren menschlichen Bedürfnissen und Zielen entgegenkommen. Diese sich entwickelnde zweite Natur lässt sich nur schwer begrifflich fassen. Doch eines ist wichtig: ein Gespür dafür zu haben, wie das Prägen von Sinn im Laufe der Zeit geballte und ureigene Formen annimmt, ohne die menschliches Leben unmöglich ist (McDowell 1998: 121 f.). Um dies angemessen zu fassen, schlagen wir vor, von ‚figurativer Ordnung' zu sprechen, aufbauend auf dem Begriff ‚Figuration'. Diese Begrifflichkeit werden wir im weiteren Verlauf erläutern.[18] Figurative Ordnungen unterlagen schon immer Prägungen durch das Soziale. Heutzutage jedoch lassen sie sich durch neu aufkommende Widersprüche aus dem Gleichgewicht bringen. Dies gefährdet die Nachhaltigkeit bestehender Lebensweisen und Formen der sozialen Ordnung radikal.

Daher sind wir als Sozialtheoretiker insbesondere mit der Problematik unser aller Einbettung *in* die Welt befasst, da wir hier eine erhebliche moralische und ethische Verantwortung empfinden. Die technologiebasierten Kommunikationsmedien, die heutzutage grundlegend an der Konstruktion der Alltagswirklichkeit beteiligt sind, also daran, die Welt, in die wir eingebettet sind, auf-, um- und nachzubauen, tun all dies auf kostspielige, spannungsreiche und schmerzhafte Weise. Wie Anthony Giddens vor mehr als zwei Jahrzehnten formulierte, „unterscheidet sich unsere Art, ‚in der Welt' zu leben, angesichts der Bedingungen der Spätmoderne von dem Leben in früheren geschichtlichen Epochen" (1992, 1994, 187). Wie lassen sich die Widersprüchlichkeiten fassen, die wir bezogen auf etliche der tiefgreifenden Transformationen empfinden – von José van Dijck (2013) mit dem Begriff „Zeitalter der Konnektivität" umrissen? Wie können wir dem nachgehen,

---

[17] Für einen weitgehend aristotelischen Ansatz siehe Lovibond (2002); McDowell (1998); und für die hegelsche Tradition Pinkard (2012) und Pippin (2008).

[18] McDowell, ein Philosoph, der auf ungewöhnliche Weise die neoaristotelische und die hegelsche Tradition verbindet, schlägt dafür den deutschen Begriff ‚Bildung' vor. Dieser Begriff ist nicht nur wegen seiner unglücklichen Verbindung mit bestimmten bürgerlichen Vorstellungen von Elitewissen diskreditiert worden, sondern neigt auch dazu, in einem individualistischen Sinne verwendet zu werden. Dabei beziehen sowohl wir uns als auch McDowell sich auf eine Form der sich entwickelnden Ordnung, die von Natur aus transindividuell ist, oder, wie Wittgenstein es ausdrückte: „Befehlen, fragen, erzählen, plauschen gehören zu unserer Naturgeschichte so wie gehen, essen, trinken, spielen" (Wittgenstein 1978 [1953]: 12, Abs. 25, eig. Hervorh., zit. nach McDowell 1998: 121).

1 Einleitung

wie die Welt für uns als menschliche Akteur:innen ‚zusammenhängt',[19] als Wesen, die wir nicht alles frei entscheiden können, sondern auf andere angewiesen sind? Hierfür scheint uns eine phänomenologische Herangehensweise am besten geeignet.

Den größten Beitrag dazu, die phänomenologischen Widersprüche unseres digitalen Zeitalters zu verstehen, leistet der Soziologe Norbert Elias. In seiner Analyse, wie sich Körper und Geist in der modernen Gesellschaft im „Prozeß der Zivilisation" zunehmend weiterentwickeln, unternimmt er keine Trennung zwischen Individuum und Gesellschaft. Elias befasste sich damit, wie eine bestimmte Form eines zivilisierten ‚Subjekts' mit einer bestimmten Form von Gesellschaft verbunden ist. Noch deutlicher wird diese Denkweise in seinen späteren Werken wie „Die Gesellschaft der Individuen" und insbesondere in „Was ist Soziologie?" Hier versteht Elias das Soziale nicht als statisch und gegeben, sondern als in fortlaufenden Prozessen artikuliert. Um die Prozesse des Aufbauens und Aufrechterhaltens zu analysieren, mit denen das Soziale konstruiert wird, führt Elias den Begriff *Figuration* ein. Mit diesem konzeptionellen Instrument lassen sich die komplexen Probleme von Interdependenzen erfassen, die das Zusammenleben einer größeren Anzahl von Menschen mit sich führt. Zugleich lässt sich damit erfassen, wie Lösungen für diese Probleme gefunden werden. Sozialer Wandel findet in Teilen stets, so argumentiert Elias, als Wandel auf der Ebene der Figurationen statt. An eben dieser Stelle, also bei den spezifischen Figurationen und auch komplexeren Figurationen von Figurationen wie auch dem gesamten Geflecht ‚figurativer Ordnungen', die solche Figurationen hervorbringen, lassen sich auch die Folgen technologischer Medienvermittlungsprozesse für unsere *möglichen* sozialen Welten am besten nachvollziehen.

Ist es so, dass sich an den Figurationen des sozialen Lebens heutzutage weniger Gutes, also *weniger Ordnung* ausmachen lässt als an früheren? Falls ja: Mit welchen *sozialen* Ressourcen können wir dem abhelfen? Und was ist, wenn hierfür noch keine sozialen Ressourcen zu finden sind? Diese beunruhigenden Fragen sind es, die unser Buch letztlich zu stellen und zumindest ansatzweise zu beantworten versucht.

In dem Augenblick, in dem wir derartige Fragen stellen, wird uns bewusst, wie weit die Sozialtheorie bisher die zunehmende medienbedingte Komplexität in ihrem Gegenstandsbereich, den sie theoretisch zu erfassen suchte, ignoriert hat, nämlich ‚das Soziale' an sich. Dies ist nicht länger haltbar. Denn dass das Soziale medienvermittelt ist, und dass diese Medienvermittlung zunehmend von einer Mannigfaltigkeit an Kommunikationstechnologien *getragen* wird, *ist eine Tatsache*. Mit ‚Mannigfaltigkeit' bezeichnen wir nicht nur die Pluralität der heutigen

---

[19] Vgl. Boltanski (2010), Schatzki (1996: 202).

Medienkanäle und -Interfaces, sondern auch ihre Vernetzung und die daraus resultierende vielschichtige Ordnung, die aus unserer gesamten Medienumgebung hervorgeht und wiederum diese umfasst.[20]

Wie wir argumentativ vorgehen
In den Kapiteln von Teil I dieses Buches legen wir die verschiedenen Schichten der Beziehung zwischen dem ‚Sozialen', den ‚Medien' und der ‚Kommunikation' in einem breitangelegten historischen Rückblick frei. Wir beginnen in Kap. 2 mit einer Reflexion über die soziale Welt als kommunikative Konstruktion. Darauf aufbauend unterziehen wir die verschiedenen Mediatisierungsschübe, die in der heutigen Phase der tiefgreifenden Mediatisierung kumulieren, einer historischen Analyse (Kap. 3). In Kap. 4 begeben wir uns auf die alltagsweltliche Ebene und analysieren unsere Beziehung zu den uns umgebenden komplexen Figurationen einer mediatisierten sozialen Welt. Auf diese Weise bietet Teil I des Buches ein Gesamtverständnis davon, wie die soziale Welt unter den Bedingungen der tiefgreifenden Mediatisierung konstruiert wird.

Damit sind wir gerüstet für Teil II, in dem wir die Implikationen der Medienvermittlung des Sozialen für die Dimensionen der sozialen Welt als Bausteine der Alltagserfahrung betrachten: erstens für *Räume,* in denen und über die hinweg das Soziale inszeniert wird (Kap. 5), zweitens für *Zeiten,* in denen und durch die das Soziale auftritt (Kap. 6); und drittens für unser Verständnis von den Komplexitätsformen, die das Soziale heutzutage aufgrund der zunehmenden Relevanz *datenbasierter* Prozesse aufweist, die gleichsam hinter den Kulissen der alltäglichen Interaktion operieren (Kap. 7).

Hierauf wiederum beruht Teil III, in dem wir Agency in der sozialen Welt und die umfassenderen Organisationsformen, die auf diesem medienvermittelten Sozialen ‚aufbauen', grundlegend aufarbeiten. Dazu befassen wir uns mit den Praktiken, die wir Menschen als ‚Selbst' (Kap. 8), als ‚Kollektivitäten' (Kap. 9) und als Institutionen vollziehen, die versuchen, die soziale Welt zu ordnen oder gar zu regieren (Kap. 10). Diese verschiedenen Analyseebenen sind unabdingbar, damit wir uns schließlich mit der allem zugrunde liegenden Frage befassen können, mit der unser Buch endet: Ist unser Zusammenleben, das immer stärker auf technologische Weise medienvermittelten Prozessen unterliegt, nachhaltig? Beziehungsweise wenigstens mit dem Aufrechterhalten guter Interdependenzbeziehungen vereinbar? Falls nicht: Wie können wir hierfür Abhilfe schaffen?

---

[20] Wir erläutern das Konzept der ‚Mannigfaltigkeit der Medien' in Kap. 3.

1 Einleitung

Diese Fragen verdeutlichen, dass unsere Analyse, die wir mit unserem Buch als Ganzem leisten, einer normativen Richtschnur unterliegt: Zwar lehnen wir jedwede einfältige Kritik ab, nach der die tiefgreifende Mediatisierung *an sich* ‚gut' oder ‚schlecht' sei. Ungeachtet dessen reflektieren wir fortlaufend, inwieweit bestimmte Formen von Mediatisierung bestimmten Figurationen von Individuen und Institutionen Agency verleihen und sie damit in die Lage versetzen, an der Konstruktion der sozialen Welt auf bestimmte Weise beteiligt zu sein, während sie zugleich die Agency anderer einschränken. Insofern geht es uns darum, inwieweit sich die heutige ‚figurative Ordnung' auf der höchsten Komplexitätsstufe insgesamt negativ oder positiv für das menschliche Zusammenleben erweist. Der erste Teil dieses Buches bereitet die Grundlage für eine solche Analyse. Im zweiten und dritten Teil des Buches hinterfragen wir Agency im Zeitalter der tiefgreifenden Mediatisierung aus mehreren Blickwinkeln. Wie sich die figurative Ordnung des digitalen Zeitalters aus unserer Sicht mit den normativen Ansprüchen vereinen lässt, die Menschen berechtigterweise an *jedwede* Lebensweise stellen können, bringen wir in Kap. 11, dem Fazit, zusammen.

Teil I
Konstruktionen der sozialen Welt

Die soziale Welt als kommunikative Konstruktion

2

In diesem Kapitel stellen wir unseren Ansatz vor, mit dem wir verstehen wollen, wie Kommunikation – insbesondere *medienvermittelte* Kommunikation – zur Konstruktion der sozialen Welt beiträgt. Dies ist als Ausgangspunkt von wesentlicher Relevanz, wenn wir den *Wandel* einer grundlegend von Medien durchdrungenen sozialen Welt erklären wollen. Was bedeutet es für die soziale Welt, wie wir sie kennen, wenn sie in und durch medienvermittelte Kommunikation konstruiert wird? Um zu erfassen, welch tiefgreifende, konsistente und sich selbst verstärkende Rolle die Medien beim Konstruieren der sozialen Welt ausüben, hilft die Sichtweise, dass es sich nicht um Prozesse bloßer Medien*vermittlung* (engl. „mediation"), sondern um solche der Mediati*sierung* (engl. „mediatization") handelt, denen die soziale Welt unterliegt. Damit ist gemeint, dass sich die soziale Welt in ihrer Dynamik und Struktur aufgrund der Rolle *wandelt,* die die Medien kontinuierlich und in der Tat rekursiv[1] bei ihrem Konstruieren ausüben.

Dabei wollen wir die soziale Welt keineswegs als umfassend durch die Medien „kolonialisiert" bezeichnen – um einen habermasschen Begriff zu verwenden (1988 [1981]: 293, 461). Ebenso wenig sehen wir sie gänzlich einer simplen bzw. unmittelbaren „Medienlogik" unterworfen (Altheide und Snow 1979). Auch wollen wir nicht unterstellen, dass die Relevanz der Medien beim Konstruieren der sozialen Welt überall dieselbe ist: Selbstverständlich unterscheidet sich das *Ausmaß* dessen, wie die Medien das Soziale durchdrungen haben, weltweit von Region zu Region; ebenso vielfältig ist das, was wir überhaupt unter ‚Medien' verstehen (Slater 2013: 29 f.). *Vielmehr* möchten wir darauf hinaus, dass die Komplexität

---
[1] Vgl. Giddens' Idee, dass soziale Strukturen soziale Praktiken „rekursiv organisieren" (1995 [1984]: 77).

einer sozialen Welt erheblich zunimmt, wenn ihre Formen und Muster zumindest teilweise in wie auch durch die Medien und deren Infrastrukturen getragen werden. Zwar ist nicht alles, was wir tun, mit einer unmittelbaren Mediennutzung verbunden. Und doch finden all unsere Praktiken innerhalb des Horizonts einer sozialen Welt statt, deren grundlegende Bezugspunkte und Ressourcen die Medien darstellen. Das ist es, was wir meinen, wenn wir die soziale Welt als ‚mediatisiert' bezeichnen.

Zum Verständnis des Begriffes ‚Mediatisierung' lohnt es sich, etwas grundlegender über das Konzept von Kommunikation nachzudenken. Ohne Kommunikation findet auch keine Konstruktion der sozialen Welt statt, oder, mit den Worten Hubert Knoblauchs ausgedrückt, „kommunikatives Handeln [ist] der elementare Prozess, wenn es um die soziale Konstruktion der Wirklichkeit geht" (Knoblauch 2013b: 297). Dies bedeutet keineswegs, dass alle Praktiken innerhalb der sozialen Welt kommunikative Praktiken sind. Vielmehr gehört Kommunikation zwar selbstverständlich zu unseren Handlungen hinzu, die wir in der Welt vollziehen, und doch ist sie *mehr* als nur eine unter vielen. Wir betrachten also Kommunikation als Set von Praktiken, mittels derer wir unsere Welt verstehen und uns in ihr und zueinander verhalten, sei es in simplen oder komplexen Anordnungen. Dann ist die kommunikative Dimension unserer Praktiken entscheidend daran beteiligt, wie wir unsere soziale Welt konstruieren. Einige Vertreter:innen des Sozialkonstruktivismus, wie er beispielsweise von Berger und Luckmann (2010 [1966]) entworfen wurde, haben die grundsätzliche Relevanz von *Kommunikation* eher heruntergespielt und im selben Zuge „*Sprache* als empirische Vermittlungsinstanz des Handelns" (Knoblauch 2013: 298) tendenziell überbewertet. Aus diesem Grund eignete sich dieser Ansatz wenig dazu, die immense Vielfalt an kommunikativen Praktiken zu erfassen, die durch und mit Medien stattfinden. Das Ausmaß dessen, wie ungeeignet ein solcher Standpunkt in der Tat ist, wird noch deutlicher vor dem Hintergrund der tiefgreifenden Mediatisierung (siehe Kap. 1), angesichts derer immer weitere Aspekte unserer Alltagspraktiken von neuartigen Formen von medienvermittelter Kommunikation durchdrungen sind.

In einem ersten Schritt entwickeln wir daher einen Ansatz, der die soziale Welt als *grundlegend von Medien durchdrungen* versteht. Bereits in diesem ersten Schritt wenden wir uns von der Denkweise ab, wie sie damals von Berger und Luckmann vorgestellt worden war. Daneben machen wir einen weiteren fundamentalen Unterschied aus. Berger und Luckmann verstanden ihr Buch „Gesellschaftliche Konstruktion der Wirklichkeit" als eher allgemeingültige „Theorie der Wissenssoziologie", so der Untertitel. Wir verwenden jedoch einen gänzlich anderen Ausgangspunkt, wenn wir verstehen wollen, wie die Konstruktion der sozialen Welt im Zeitalter digitaler Medien vonstattengeht. *Gerade weil* die Medien zu einem solch drastischen Wandel der Bezugspunkte menschlicher Praktiken geführt haben, ist es nunmehr nicht nur höchst offensichtlich, dass die soziale Welt von uns Menschen *konstruiert* wird, sondern es ist ebenso offensichtlich, dass diese Konstruktionsprozesse nur vor dem Hintergrund ihrer *historischen Verwurzelung* verstehbar sind. Einer der wesentlichen Wandlungsvorgänge der jüngsten Vergangenheit besteht in der Zunahme der Relevanz von Technik, mittels derer Kommunikation durch Medien vermittelt wird, für das Soziale. In diesem Kapitel skizzieren wir die sich daraus ergebenden Folgen für das Verstehen der sozialen Welt. Dabei führen wir die Begriffe Alltagswirklichkeit, Domänen der sozialen Welt, institutionelle Tatsachen und kommunikative Praktiken, mit denen wir die soziale Welt als sinnhaft konstruieren, als terminologische Grundbegriffe ein. Auf diesen baut unsere kritische Reflexion über soziale Agency auf, die wir im Laufe dieses Buches entwickeln.

Wenn wir die soziale Welt analysieren wollen, ist es nicht hilfreich, simpel zwischen vermeintlich ‚reiner' Face-to-Face-Kommunikation und dem, wie die Welt sich uns ‚durch' die Medien präsentiert, zu unterscheiden. Denn etliche der kommunikativen Praktiken, mit denen wir unsere soziale Welt konstruieren, sind mit Mediennutzung verbunden. Und unsere Alltagskommunikation umfasst weitaus mehr als Face-to-Face-Kommunikation: Medienvermittelte Kommunikation – mittels Fernsehen, Telefon, Plattformen, Apps usw. – ist auf mannigfaltige Weise mit unserer Face-to-Face-Kommunikation verwoben. Zeitgleich und im Zusammenhang mit unseren Face-to-Face-Interaktionen, untrennbar *miteinander* verbunden, vollziehen wir immer auch medienbezogene Praktiken: Während wir mit jemandem im Gespräch sind, überprüfen wir vielleicht etwas auf unseren Smartphones, erhalten wir Textnachrichten, beziehen wir uns auf verschiedene Medieninhalte. Sonia Livingstone (2009) fasst dies als „the mediation of everything" zusammen, also als eine Entwicklung, bei der inzwischen wirklich alles medienvermittelt ist. Nun handelt es sich bei der sozialen Welt nicht um eine bloße Aneinanderreihung von einzelnen Dingen, die einander unverbunden beigeordnet sind, also einer Komplexitätsstufe erster Ordnung. Vielmehr besteht die soziale Welt aus einem Geflecht von *Vernetzungen,* die auf einer enormen Vielzahl von Ebenen und in unterschiedlichsten Größenordnungen miteinander operieren. Dadurch bringt die „Medienvermittlung von einfach allem" automatisch neue Komplexitäten hervor, denn jeder einzelne Bestandteil, aus dem sich das „Alles" zusammensetzt, ist auch für sich genommen bereits medienvermittelt. Diese enorme Komplexität *zweiter Ordnung* ist es, die wir mit dem Begriff ‚Mediati*sierung*' zu erfassen versuchen. Und dieser Begriff leitet sich aus der Medienvermittlung der kommunikativen Praktiken ab, die auf sämtlichen Ebenen zur Konstruktion der sozialen Welt beitragen. Wenn wir erfassen wollen, wie Prozesse kommunikativer Konstruktionen über eine Vielzahl verschiedener Medien hinweg ablaufen, muss unsere Analyse auf eine höhere Komplexitätsdimension steigen, als es durch eine Konzentration auf das ‚Face-to-Face' und ein ‚Hier und Jetzt' möglich ist.

Um eine sichere Grundlage für einen solchen Ansatz zu schaffen, argumentieren wir in drei Schritten. Zunächst erläutern wir, was wir unter dem Begriff ‚soziale Welt' verstehen. Zweitens skizzieren wir, wie die Konstruktion der sozialen Welt und ihrer Alltagswirklichkeit abläuft. Und drittens entwickeln wir ein Verständnis davon, welche Komplexität die Rolle der Medien und der Kommunikation in diesem Konstruktionsprozess aufweist.

2.1 Die soziale Welt theoretisch erfassen

Sowohl in der Alltagssprache als auch in den Sozialwissenschaften ist der Begriff ‚soziale Welt' eine mehr oder weniger weit verbreitete Wendung. Mitunter bedarf die Formulierung keiner weiteren Ausführung, was bereits auf die ‚gemeinsame Dimension' der Welt hinweist, also die ‚empirische Welt', in der wir als Menschen leben. So schreibt beispielsweise Herbert Blumer in seinem berühmten Aufsatz „What is wrong with social theory?" von der „empirischen sozialen Welt" (1954: 4). In diesem allgemeinen Sinn ist auch Tim Dants (1999) Bezeichnung der „materiellen Kultur" als Teil der „sozialen Welt" zu verstehen. Dies sind Beispiele für eher allgemein gefasste Konzepte von ‚sozialer Welt'. Im Gegensatz dazu findet sich im symbolischen Interaktionismus mit seiner sogenannten „Soziale-Welt-Perspektive" ein sehr spezifisches Konzept der sozialen Welt (Clarke 2011; Shibutani 1955; Strauss 1978). Gemäß dieser Perspektive besteht die Gesellschaft aus verschiedenen voneinander abgegrenzten ‚sozialen Welten', wie der sozialen Welt des Fußballspiels, der sozialen Welt der Schule oder der sozialen Welt der Familie. Jede dieser sozialen Welten, so die Argumentation, ist abgesteckt durch ihre jeweilige „Primäraktivität", durch bestimmte „Orte", an denen die Aktivität stattfindet, und durch „Technologien" und „Organisationen", die an der Aktivität beteiligt sind (Strauss 1978: 122).

Uns erscheint ein solches Verständnis von sozialer Welt entweder zu stark verallgemeinert, wenn es nicht mehr bedeutet als eine Metapher für das menschliche Miteinander, oder als zu eng gefasst, wenn bestimmte soziale Domänen mit sozialen Welten gleichgesetzt werden.[2] Unsere Definition von der sozialen Welt hat

---

[2] In letzterem Punkt stimmen wir mit Boltanski und Thévenot (2014 [1991]: 290) überein, dass wir die Idee aufgeben müssen, dass „Welten in Verbindung mit Gruppen gebracht werden" dürfen.

2.1 Die soziale Welt theoretisch erfassen

gleichzeitig eine integrative und eine fokussierende Komponente. So vereinfacht wie möglich ausgedrückt, ist die soziale Welt das Gesamtergebnis unserer gemeinsamen sozialen und insbesondere kommunikativen Konstruktionsprozesse. Mittels unserer vielfältigen sinnstiftenden Praktiken konstruieren wir unsere soziale Welt so, dass sie uns von Grund auf ‚vertraut' erscheint. Das ist es, was der Philosoph John Searle (2012) meint, wenn er davon spricht, „Wie wir die soziale Welt machen", also wie die soziale Wirklichkeit konstruiert wird.

In einer solchen Definition der sozialen Welt spiegeln sich die Gedankengänge der Sozialphänomenologie zwar wider, jedoch mit mehr Gespür für geschichtliche Zusammenhänge. Ein solches Verständnis lässt sich bereits in dem Buch „Der sinnhafte Aufbau der sozialen Welt" von Alfred Schütz (2016 [1932]) finden. Folgen wir seinen Argumenten, handelt es sich bei der sozialen Welt zugleich um eine intersubjektive Welt, die dadurch gekennzeichnet ist, dass wir sie mit anderen Menschen teilen (Schütz 2016 [1932]: 16, 237 f.). Daraus ergibt sich die Möglichkeit, dass die Konstruktion der sozialen Welt eine „sinnhafte[…] [ist,] einmal für die in der Sozialwelt Lebenden, dann aber auch für die Sozialwissenschaften, welche die ihnen vorgegebene Sozialwelt deuten" (Schütz 2016 [1932]: 16). Schütz versuchte, die grundlegende Phänomenologie der sozialen Welt zu rekonstruieren, indem er in seinen späteren Arbeiten den Begriff der „Lebenswelt" verwendete, um dessen Verwurzelung in unserem ‚unproblematischen' und ‚natürlichen' Erleben der Alltagswirklichkeit zu betonen (Schütz und Luckmann 2017 [1973]). Berger und Luckmann griffen dies in ihrem Ansatz der „Gesellschaftlichen Konstruktion der Wirklichkeit" auf, die auch für sie auf der „Alltagswelt" beruht (Berger und Luckmann 2010 [1966]: 21–48). Zwar werden wir die Grenzen einiger Arbeiten, die in dieser klassischen Tradition der Sozialphänomenologie verfasst wurden, kritisch kommentieren müssen. Und doch gibt es drei grundlegende Dinge, die wir aus diesen Arbeiten lernen können.

1. *Die soziale Welt ist intersubjektiv.* Für eine sinnvolle Beschreibung der sozialen Welt braucht es eine Analyse, die die verschiedenen subjektiven Perspektiven der zahlreichen Akteure innerhalb der sozialen Welt berücksichtigt. Zugleich muss eine solche Analyse berücksichtigen, dass die soziale Welt auch jenseits von Individuen existiert, also unabhängig von ihnen. Diese Existenz der sozialen Welt beginnt bereits vor der Geburt eines jeden individuellen Menschen, und sie wird fortbestehen, auch wenn wir sie als Individuen wieder verlassen haben. An dem Sicherstellen dieses intersubjektiven Charakters unserer sozialen Welt sind zahlreiche Medien wesentlich beteiligt. Medien ermöglichen es den Menschen, über Zeit und Raum hinweg zu kommunizieren und hierbei ein gemeinsames Verständnis von der sozialen Welt zu entwickeln sowie sie weite-

rer Reflexion zu unterziehen und in ihr Handlungen vorzunehmen. Zu diesen Medien zählen nicht nur die sogenannten Massenmedien, womit Rundfunk und Print gemeint sind, die lange Zeit vorherrschend daran beteiligt waren, die soziale Welt zu definieren. Vielmehr sind unter Medien auch die zahlreichen digitalen Plattformen zu verstehen, die wir nutzen, um mit unseren Freund:innen und Kolleg:innen zu kommunizieren und die sozialen Beziehungen mit ihnen zu repräsentieren. Die Intersubjektivität der heutigen sozialen Welt artikulieren wir in besonderem Maße durch unsere zahlreichen Medien in konnektiven Strukturen, oder, wie wir sie später nennen werden, in Figurationen.

2. *Grundlage der sozialen Welt ist die Alltagswirklichkeit.* Laut Schütz ist die Alltagswirklichkeit *konstitutiv* dafür, wie wir in der sozialen Welt leben. Was bedeutet das? Wie Alfred Schütz und Thomas Luckmann es formuliert haben, ist die Alltagswelt „der Wirklichkeitsbereich, an der [sic] der Mensch in unausweichlicher, regelmäßiger Wiederkehr teilnimmt" (Schütz und Luckmann 2017 [1973]: 29). Es ist die „Wirklichkeitsregion", in die wir als Individuen eingreifen und die wir durch das, was wir mit unseren Körpern herbeiführen können, verändern können. Berger und Luckmann gingen noch weiter und bezeichneten diese Alltagswirklichkeit als „oberste Wirklichkeit" (Berger und Luckmann 2010 [1966]: 28), die eine soziale Welt überhaupt erst ermöglicht. An dieser wie auch an anderer Stelle muss klarwerden, was genau wir damit sagen und auch, was wir nicht sagen, wenn wir dieser klassischen phänomenologischen Position folgen. Denn aufgrund dessen, dass wir Menschen körperliche Wesen sind und *allein* mittels der Möglichkeiten unserer Körper in der Welt handeln, kann unsere soziale Welt nicht durch etwas anderes begründet sein als eben durch unsere mittels unserer Körper ausgeübten Handlungen: Daher verstehen wir unter ‚Alltagswelt' ganz einfach das, was ein jeder Mensch in der Welt *tut,* jeweils für sich und bezogen auf andere Menschen. Zugleich geschieht das, was wir in der Welt tun, nicht isoliert oder separiert von den technologischen Möglichkeiten, mittels derer wir in der Welt handeln. Wie es in der Soziologie lange Zeit üblich war, beschrieben auch Berger und Luckmann die Alltagswelt so, als fände diese schon immer *zunächst einmal* face-to-face statt und würde *dann ergänzt* um technologische Mittel, mithilfe derer wir nunmehr die Medienvermittlung dieser Face-to-Face-Alltagswelt fortsetzen. Eine solche Sichtweise traf schon für die Menschheitsgeschichte als solche keineswegs zu, jedenfalls nicht für die Menschheitsgeschichte seit der Entdeckung der Schrift. Heutzutage jedoch wäre es einfach bizarr, zu ignorieren, wie untrennbar die Wirklichkeit der Alltagswelt mit den Medien verbunden ist, angesichts dessen, dass beispielsweise die Supermarktkassen unsere Kreditkarten mit unseren persönlichen Daten auslesen, oder dass unsere Alltagskommunikation in hohem Maße über mobile

Geräte, Plattformen und interaktive Systeme erfolgt, oder dass Kinder mithilfe von internetfähigen Tablets spielen lernen. Unter diesen Umständen ist es absolut unsinnig, die Alltagswirklichkeit als ein ‚reines, unvermitteltes Erleben' zu betrachten, dem sich ein auf gewisse Weise sekundäres ‚medienvermitteltes Erleben' gegenüberstellen ließe. Die Alltagswirklichkeit hat schon immer in vielerlei Hinsicht medienvermittelt stattgefunden. Insofern findet die gesamte, komplexe soziale Welt mit all ihren *Quervernetzungen,* die auf dem alltagsweltlichen Fundament entwickelt werden, mediatisiert statt.
3. *Die soziale Welt ist in sich in Domänen ausdifferenziert.* Bei der sozialen Welt handelt es sich nicht um etwas Homogenes, „sondern in mannigfaltiger Weise [G]egliedert[es]" (Schütz 2016 [1932]: 198). Die strukturierende Kraft der sozialen Welt steht ganz im Einklang damit, dass ein Großteil unserer Alltagswelt de facto in „Sub-Universen der menschlichen Existenz" gelebt wird (Luckmann 1970: 580), „eine Vielzahl von kleinen ‚Welten'" (Luckmann 1970: 587) wie beispielsweise Gemeinschaften, die sich zum Erreichen eines einzigen Ziels zusammentun, oder solche, die sich rund um eine Arbeitstätigkeit oder ein Freizeitinteresse bilden.

Das klingt vielleicht nach der „Soziale-Welt-Perspektive" des symbolischen Interaktionismus (Clarke 2011; Shibutani 1955; Strauss 1978). Allerdings bestand bei diesem Ansatz das Risiko, die gemeinsamen Verbindungen und Haltekräfte zu vernachlässigen, die diese Subwelten als *strukturell aufeinander bezogen* tragen. Sinnvoller erscheint es uns, die soziale Welt als in zahlreiche Domänen ausdifferenziert zu bezeichnen. Jede dieser sozialen Domänen definiert sich durch die gemeinsame Ausrichtung der Praktiken derjenigen Menschen, die in der jeweiligen Domäne handeln. Allerdings können wir diese Domänen nicht als geschlossene Systeme verstehen, wie es die traditionelle Systemtheorie tut. Vielmehr sind die Grenzen der einzelnen Domänen eher verschwommen und überschneiden sich auf verschiedene Weise. Zugleich sind die Domänen ihrem Wesen nach als Teil einer größeren sozialen Welt miteinander verbunden. In Bezug auf soziale Domänen üben Medien eine doppelte Rolle aus: Erstens stimulieren sie die *Ausdifferenzierung* der Domänen selbst, indem sie eine weite Vielfalt an symbolischen Ressourcen anbieten; zweitens begünstigen sie die *Überschneidung* der Domänen untereinander, indem sie Kommunikation über ihre ‚Grenzen' hinwegbefördern.

Zusammenfassend lässt sich sagen, dass die soziale Welt die intersubjektive Sphäre der sozialen Beziehungen ist, die wir als Menschen erleben. Diese Beziehungen sind in der Alltagswirklichkeit verwurzelt, einer Wirklichkeit, die heutzutage stets bis zu einem gewissen Grad von Medien durchdrungen ist. Die soziale Welt wiederum ist in etliche Sinndomänen ausdifferenziert, auch wenn sie ebenfalls durch vielfältige Interdependenzbeziehungen und Haltekräfte verbunden ist.

Wir weisen darauf hin, dass wir bisher stets von einer sozialen Welt gesprochen haben, nicht von ‚Gesellschaft'. Sicherlich kommen wir nicht umhin, darüber nachzudenken, wie unser verschiedenes, einander überschneidendes Erleben der sozialen Welt zu „sozialen Ordnungen" (Wrong 1994) verschiedener Art beiträgt und darin eingebettet ist. Dies gilt auch für solche auf der Ebene von ‚Nationalgesellschaften'. Diese weiter gefassten Ordnungen haben in oft gewaltsamer Weise Einfluss auf unser mögliches Gefühl der Zugehörigkeit zu einer sozialen Welt; aufgrund der Globalisierung leben wir zunehmend in einer sozialen Welt, die von vielfältigen, einander überschneidenden und in ihren Folgen widersprüchlichen sozialen Ordnungen geprägt ist. Aber, und das ist das Kernelement der Sozialphänomenologie, diese Ordnungen sind nicht primär. Eine soziale Welt *kann* ohne soziale Ordnungen konstruiert und erlebt werden, und so stehen *deren* immanente Komplexität und Widersprüche nicht im Widerspruch dazu, dass es soziale Welten überhaupt gibt. So können wir beispielsweise an dem grundlegenden Begriff der sozialen Welt festhalten und gleichzeitig jede Annahme eines „methodologischen Nationalismus" vermeiden (Beck 2006; Couldry und Hepp 2012; Wimmer und Glick Schiller 2002): Wir betrachten die Grenzen ‚nationaler Gesellschaften' – welche praktische Relevanz sie auch für verschiedene Zwecke haben mögen – nicht als ‚natürliche' Grenzen der sozialen Welt. Dabei unterlaufen wir auch die Annahme, dass jede einzelne ‚Gesellschaft', ob lokal, regional, national oder global, die einzige und ausschließliche ‚Ordnung' ist, in die die soziale Welt für bestimmte Akteurgruppen eingebettet ist. Medien nehmen heutzutage eine Schlüsselrolle bei der zunehmenden Komplexität dessen ein, wie das Soziale *geordnet wird*, also beim Prägen der *Möglichkeiten* für die soziale Ordnung. Wir werden später in Kap. 10 auf die Frage der sozialen Ordnung zurückkommen und diese auf verschiedenen Ebenen behandeln, nicht nur auf der Ebene der Nation. Angesichts der tiefgreifenden Mediatisierung erleben wir Menschen soziale Ordnungen oft als *mehrdeutig*, wie wir im weiteren Verlauf dieses Buches herausarbeiten werden. Umso wichtiger ist es, dass wir die soziale Welt im Allgemeinen, also nicht eine bestimmte soziale Ordnung, als Ausgangspunkt unserer Analyse nehmen.

2.2 Die Wirklichkeit und die Konstruktion der sozialen Welt

Die soziale Welt kann nicht einfach als gegeben vorausgesetzt werden. Sondern sie wird von uns Menschen *gemacht,* womit gemeint ist, dass sie sozial konstruiert wird. Dies ist die grundlegende Position des Sozialkonstruktivismus, und sie hat nichts mit den philosophischen Fallen eines Antimaterialismus oder Idealismus zu

2.2 Die Wirklichkeit und die Konstruktion der sozialen Welt

tun (siehe Hacking 2002: 45–47; Ferreux 2006: 50). In der Tat besteht der Sozialkonstruktivismus darauf, dass das Soziale materiell *ist*. Und zwar ist diese Materialität nicht als ‚vorgegebene' Schicht im Sinne einer geologischen Sedimentationseinheit zu verstehen, auf der Menschen platziert werden. Vielmehr wird die Materialität des Sozialen, mit all ihren Machtverhältnissen und Ungleichheiten, durch menschliche Interaktionen hervorgebracht. Diese Grundidee dessen, was wir materialistische Phänomenologie nennen, mag zunächst selbsterklärend erscheinen. Allerdings wird das Ganze komplizierter, wenn wir fragen, was dabei im Einzelnen unter ‚Konstruktion' zu verstehen ist. Es gelingt uns, nicht in die Falle zu tappen, die der Idealismus aufstellt, wenn wir an unserem Kerngedanken festhalten, dass die soziale Welt nicht in Ideen begründet ist, sondern im *Alltagshandeln, also in Praktiken:* in der Wirklichkeit, in der wir als Menschen handeln und die wir durch unsere Interaktion artikulieren. Soweit die materialistische Phänomenologie sich auf den Ansatz der sozialen *Konstruktion* bezieht, sollte dies daher nicht mit der Annahme des Idealismus verwechselt werden, nach der die Welt außerhalb unserer Vorstellung gar nicht existiert. Im Gegenteil: Wir gehen zwingend davon aus, dass lediglich eine einzige materielle Welt existiert. Diese weist konkrete Merkmale auf und in ihr vollzieht sich all unser Handeln. Oder, mit den Worten von John Searle ausgedrückt: „Wir leben in genau einer Welt, nicht in zwei oder drei oder siebzehn." (Searle 1997: 7)

Soziale Konstruktion, die materielle Welt und Institutionen

Über die materielle Welt lassen sich innerhalb verschiedenster Auffassungshorizonte Tatsachenbehauptungen aufstellen, die sich alle in irgendeiner Weise auf – möglicherweise nicht allgemeingültige – Werte und Orientierungen beziehen. Beispielsweise konnte eine erhebliche Anzahl von Menschen zugleich dem Glauben anhängen, dass sich die Erde um die Sonne dreht, wie auch dem, dass sich die Sonne um die Erde dreht. Dabei kann nur eine dieser Tatsachenbehauptungen wahr sein. Wie groß der Konsens innerhalb von bestimmten Auffassungshorizonten ist, hängt mit den jeweiligen historischen Gegebenheiten zusammen. Wenn allerdings ein Konsens erstmal besteht, können diejenigen, die dem Konsens zustimmen, sich mittels gemeinsamer Vorgehensweisen über spezifische Tatsachen verständigen. Unter Bezugnahme auf diese Tatsachen können dann weitere Auffassungshorizonte aufgespannt werden. Diese können auch solche umfassen, die das Konstruieren der Alltagswirklichkeit auf spezifische Weise zum Gegenstand haben. Mit anderen Worten, auch wenn wir von *einer* physischen Welt ausgehen, bestehen *zahlreiche* mögliche, auch widersprüchliche, Konstruktionen von dieser Welt.

In unseren Überlegungen über die Tatsachen, die in der Welt bestehen, dürfen wir die Besonderheiten soziologischer Tatbestände nicht unberücksichtigt lassen.

Émile Durkheim sprach in seinen frühen Umrissen der Soziologie als Disziplin von „soziologischen Tatbeständen", womit er „jede mehr oder minder festgelegte Art des Handelns" bezeichnet, „die im Bereiche einer gegebenen Gesellschaft allgemein auftritt, wobei sie ein von ihren individuellen Äußerungen unabhängiges Eigenleben besitzt" (Durkheim 1984 [1895]: 114). Was Durkheim als „soziologische Tatbestände" bezeichnet, kommt dem, was der Philosoph John Searle „institutionelle Tatsachen" nennt, sehr nahe (Searle 1997: 11).[3] Zugleich haben sie, worauf Searle hingewiesen hat, einige entscheidende Merkmale, die sie beispielsweise von Tatsachen über die ‚natürliche' physische Welt unterscheiden. Institutionelle Tatsachen konstituieren sich dadurch, dass Menschen bestimmte gemeinsame Regeln und Funktionen anerkennen und akzeptieren. Deshalb *existieren* institutionelle Tatsachen *ausschließlich* in dem Maße, wie Menschen diese Dinge *weiterhin* akzeptieren: Das bedeutet, sie existieren *solange,* wie Menschen weiterhin nach diesen gemeinsamen Regeln und Funktionen handeln – anderenfalls hören sie auf zu existieren (siehe Berger und Luckmann 2010 [1966]: 62 f.).

Dies bringt uns zu der Notwendigkeit, Institutionen zu definieren. Der Prozess der sozialen Konstruktion erstreckt sich weit über die Domänen dessen hinaus, was wir – alltagssprachlich – üblicherweise unter dem Begriff ‚Institutionen' verstehen, also Unternehmen, Gerichte, Schulen, Regierungen. Berger und Luckmann weisen darauf hin, welche Relevanz dem zukommt, dass ‚Institutionalisierung' in einem umfassenderen Prozess stattfindet, in dem es nicht nur um tatsächliche Gewohnheiten auf der Ebene einzelner Akteur:innen geht, sondern eher und etwas unterschwelliger darum, wie diese ihre Erwartungen aneinander anpassen. Dies vollzieht sich gemäß Berger und Luckmann unter Bezugnahme auf Schütz auf eine Weise, bei der „habitualisierte Handlungen durch Typen von Handelnden reziprok typisiert werden" (Berger und Luckmann 2010 [1966]: 58). So besehen laufen auch in Familien Institutionalisierungsprozesse ab, insofern in ihnen bestimmte Handlungsformen charakteristisch für bestimmte Akteurtypen sind (‚Vater', ‚Mutter', ‚derzeitiger Lebensgefährte', ‚Kind', ‚Tante' usw.). Das Gleiche gilt für unsere Gewohnheiten im Zusammenhang mit mobiler Kommunikation, mittels derer wir unseren Alltagsinteraktionsraum mit Familie, Freund:innen und Kolleg:innen aufrechterhalten. Was das Letztgenannte angeht, ist das Ausmaß dessen, wie sehr Medien insgesamt an Prozessen der Institutionalisierung beteiligt sind, angesichts der tiefgreifenden Mediatisierung noch gestiegen. Zudem geht es längst nicht mehr nur um die Rolle von komplexen Medienorganisationen und deren Legitimation

---

[3] Wir vermeiden diesen Begriff jedoch, weil er von der soziologischen Spezifizität von Institutionen abgekoppelt zu sein scheint. Allerdings kommen wir später auf das Wesen von Institutionalisierung zurück.

2.2 Die Wirklichkeit und die Konstruktion der sozialen Welt

beim Wandel, dem die Konstruktion der sozialen Welt unterliegt. Vielmehr umfasst das Beteiligtsein von Medien auch Institutionen, die auf einem weitaus höheren Komplexitätsniveau angesiedelt sind, sogenannte „institutionelle Felder" (Friedland und Alford 1991) wie Bildung, Wirtschaft und Politik, in denen unterschiedliche Arten von sozialen Domänen auf Grundlage unterschiedlicher Bedeutungszusammenhänge zusammenkommen. Aufbauend auf Bourdieus (1993) Feldtheorie betont dieser Ansatz den *institutionalisierten* Charakter jedes sozialen Feldes und seiner verschiedenen Arten von Kapital.

Zahlreiche institutionelle Tatsachen haben eine grundlegende Charakteristik, die sich daraus ableitet, dass institutionelle Tatsachen auf konstitutiven Regeln der Form „X gilt als Y im Kontext C" beruhen (Searle 1997: 38), mit anderen Worten: Institutionelle Tatsachen sind kontextbezogen. Darüber hinaus sind sie oft hierarchisch geordnet. So gibt es zwar beispielsweise die institutionelle Tatsache, dass beim Schachspiel der Zug, mit dem der König geschlagen wird, „Schachmatt" genannt wird, womit die Partie endet. Diese Tatsache allerdings ist einer weiteren Tatsache untergeordnet: dass es überhaupt ein Spiel mit bestimmten Eigenschaften und Regeln gibt, das „Schach" genannt wird. Wenn nun dieses Spiel nicht mehr als Spiel anerkannt wird, dann entfallen automatisch auch die institutionellen Tatsachen, die durch ihre spezifischen Regeln konstituiert werden. Nun ist es eine Besonderheit institutioneller Tatsachen, dass sie von Menschen konstituiert werden, die sie fortwährend akzeptieren. Das wiederum bedeutet, dass die Existenz institutioneller Tatsachen *ausschließlich* darauf beruht, *dass und insofern* sie fortwährend reproduziert werden. Aus diesem Grund kam es zu der großen Versuchung, zu behaupten, dass dies auch für die Alltagswirklichkeit als solche gilt, also, dass auch sie ausschließlich durch ihre regelmäßige *Reproduktion* in Form von vollzogenem Akzeptieren existiert. Dieser Ansatz ist unter der Bezeichnung „Strukturationstheorie" bekannt. Zu ihren Kernprinzipien gilt nach ihrem Vertreter Anthony Giddens (1995 [1984]: 69, eig. Hervorh.), „daß die Regeln und Ressourcen, die in die Produktion und Reproduktion sozialen Handelns *einbezogen* sind, gleichzeitig die Mittel der Systemreproduktion darstellen". Dies nennt Giddens „Dualität von Struktur" (1995 [1984]: 77). Diese Sichtweise ist jedoch nicht unproblematisch, wie wir im Folgenden darlegen.

Denn aus den grundlegenden Charakteristika der institutionellen Tatsachen geht für *einige* Aspekte der Alltagswirklichkeit zwar klar hervor, dass sie aufgrund einer ‚Strukturierung' über Zeit und Raum hinweg existieren, nicht jedoch als abstrakte Tatsachen, die für alle Zeit und jeden Raum gelten. Und doch lässt sich nicht plausibel behaupten, dass *sämtliche* Aspekte der Alltagswirklichkeit das Ergebnis – und zwar *alleinig* das Ergebnis – einer fortlaufenden Reproduktion durch Handeln sind.

Zumindest für ‚Ressourcen' lässt sich mit Sicherheit sagen, dass sie wenigstens teilweise durch institutionelle Tatsachen konstituiert werden. Betrachten wir also beispielsweise die Autorität eines Königs als Ressource, hängt die tatsächliche Autorität davon ab, ob die Menschen sie denn anerkennen und nach ihr handeln. Dabei sind die Gründe, aus denen sie dies tun oder nicht tun, irrelevant; wie wir aus dem Szenario ‚Des Kaisers neue Kleider' wissen, bedarf es möglicherweise gar keiner Gründe.

Die Ressourcen des globalen Finanzsystems hingegen beinhalten zahlreiche Elemente, die keine institutionellen Tatsachen sind, sondern vielmehr materielle Objekte, die auf hochgradig gegliederte Weise angeordnet sind (siehe Searle 1997: 131). Die ‚Strukturationstheorie' neigt hier jedoch zur Unschärfe, indem sie behauptet, dass die Gesellschaft aus Regeln (mit anderen Worten: aus soziologischen Tatbeständen) und aus Ressourcen besteht und davon abhängt, dass *sowohl* Regeln *als auch* Ressourcen durch unser fortlaufendes Handeln in der Welt reproduziert werden. Im Gegensatz zu der Existenz von Regeln oder institutionellen Tatsachen unterliegt die Existenz von Ressourcen im Allgemeinen keiner Kontrolle bzw. keinem Einfluss sozialer Akteure. Dies liegt nicht zuletzt daran, dass die Materialität zahlreicher dieser Ressourcen distribuiert ist, also dezentral vorhanden ist. Worauf es ankommt, ist das *Zusammenspiel* von institutionellen Tatsachen und Ressourcen, wie William Sewell bemerkt (2005: 137). Allerdings muss sich jeder Ansatz, der soziale Wirklichkeit als ‚Struktur' versteht, die Frage gefallen lassen, wie weit sich damit der *Grad von Agency* erfassen lässt, die Akteuren innerhalb einer hochgradig von Mustern geprägten Ressourcendistribution zur Verfügung steht. Dies variiert je nachdem, über welchen Aspekt von Struktur wir sprechen. So ist, wie Sewell beschreibt, die Struktur von Sprache durchaus ziemlich widerstandsfähig, und doch kann sie spezifischem sprachlichen Handeln nur bis zu einem gewissen Grad standhalten, wohingegen politische Strukturen zwar weitaus weniger widerstandsfähig sein mögen und doch Handeln auf hochgradig spezifische Weise standhalten können (Sewell 2005: 147 f.). In der Tat ist die jeweilige ‚Stärke' einer Struktur – ihre Widerstandskraft – von großer Relevanz für die sich immer weiter ausdifferenzierende heutige Informationsinfrastruktur: Sie ist Teil dessen, was die soziale Welt ungeachtet ihrer Vielfalt zusammenhält, aber vielleicht nicht auf eine dauerhafte, eher auf eine sich rasch wandelnde Weise.

Es mag sogar Zeiten und Orte geben, an denen unterschiedliche Strukturen – unterschiedliche institutionelle Tatsachen und unterschiedliche Systeme von Regeln und Interpretationen, die ihnen zugrunde liegen – potenziell für *ein und dieselbe Situation* gelten. Genau das ist der Fall, wenn in der Alltagswelt auf Online-Plattformen durchgeführte Handlungen innerhalb bestimmter Affordanzen und Einschränkungen erfolgen, während vergleichbare Handlungen anderswo unter anderen Bedingungen ausgeführt werden. Dies kann zu zutiefst disruptiven Konflikten führen und Situationen auslösen, in denen wichtige Typen institutioneller Tatsachen *verschwinden,* weil sie nicht mehr von einer ausreichenden Anzahl derjenigen akzeptiert werden, die potenziell von ihnen betroffen sind (Searle 1997: 55, 67). Im Zuge der tiefgreifenden Mediatisierung wurden innerhalb von zwei Jahrzehnten bedeutende neuartige Infrastrukturen für die menschliche Interaktion und Sozialisation aufgebaut. So ist, ob wir es anerkennen oder nicht, die Konstruktion der Alltagswirklichkeit selbst Gegenstand neuerlicher umfassender Disruptionen und Konflikte geworden.

Die radikale Ungewissheit der sozialen Konstruktion
Bevor wir jedoch zu diesen umfassenderen Disruptionen kommen, muss noch mehr über den Prozess des Konstruierens *als* solchem ausgeführt werden. Bisher haben wir allgemeine Aussagen über die soziale Welt getroffen und darüber, wie sie konstruiert wird. Was den Grad der Kontingenz angeht, oder auch die *konstitutive* Ungewissheit, die dem Begriff ‚Konstruktion' innewohnt, haben wir uns deutlich ausgedrückt. Diese immanenten Ungewissheiten unterscheiden sich von dem Grad an Ungewissheit bezüglich simpler physikalischer Tatsachen. Als Beispiel lässt sich anführen, dass die Erde sich um die Sonne dreht. Diese Tatsache gilt ungeachtet dessen, dass ‚Tatsachen' erstens stets nur innerhalb eines bestimmten Bezugsrahmens erscheinen, und dass zweitens solche Bezugsrahmen sich im Laufe der Geschichte immer wieder als nicht statisch erwiesen haben. Trotz der Kontingenzen, die institutionellen Tatsachen innewohnen, bestärkt uns ihr beständiges Vorhandensein in der Alltagswelt darin, sie allgemein mit der *Wirklichkeit* an sich gleichzusetzen. Doch hier ist Vorsicht geboten, um keinem logischen Kurzschluss zu unterliegen.

In der jüngeren Zeit vom französischen Soziologen Luc Boltanski angestoßene Ausführungen können da weiterhelfen.[4] Seinen Überlegungen zufolge „unterscheidet die Realität sich nämlich kaum von dem, was gewissermaßen aus eigener Kraft feststeht, das heißt von der Ordnung" (2010: 92). Dabei kommt es für Boltanski auf zweierlei an. Erstens bildet die ‚Alltagswirklichkeit' der sozialen Welt nicht alles ab, was überhaupt existiert. Denn das, was *als Wirklichkeit konstruiert* wird, ragt aus einem größeren Meer an Möglichkeiten heraus, das den gesamten Hintergrund dessen bildet, was als ‚Alltagswirklichkeit' der sozialen Welt konstruiert werden

---
[4] Boltanski (2010: 82) unterstreicht die Gemeinsamkeiten zwischen seinem Verständnis und dem der Sozialphänomenologie, indem er sich ausdrücklich auf das Werk von Alfred Schütz bezieht, während er gleichzeitig einer zu einvernehmlichen Lesart des Begriffs ‚Institutionen' zutiefst kritisch und misstrauisch gegenübersteht (2010: 82–88).

kann.[5] Aus diesem ersten Punkt ergibt sich zweitens, dass „auf die Vorstellung einer impliziten [und fixen] Übereinkunft verzichtet [werden muss], die dem Funktionieren des sozialen Lebens irgendwie innewohne. Stattdessen wird die *Auseinandersetzung* und mit ihr die *Divergenz* der Sichtweisen, Interpretationen und Gewohnheiten ins Zentrum der sozialen Beziehungen gerückt" (Boltanski 2010: 97, eig. Hervorh.). Wenn wir Boltanski folgen, müssen wir zugleich *erheblich davon abweichen,* wie der ‚Soziale Konstruktionismus' allgemein interpretiert wird. *Ebenso wie* der ‚gewöhnliche' Soziale Konstruktionismus stellt dieser Ansatz den Komplex der Agency in den Vordergrund und betrachtet insbesondere die fortwährende Agency von uns Menschen und unserer Institutionen als Treiber der Konstruktion der Wirklichkeit, also der soziologischen Wirklichkeit *der* ‚Wirklichkeitskonstruktion'.[6] *Anders jedoch* als der ‚gewöhnliche' Soziale Konstruktionismus betont dieser Ansatz zusätzlich die konfliktreiche *Ungewissheit,* die dem Prozess der sozialen Konstruktion zugrunde liegt und der nicht abgeholfen werden kann: die nicht enden wollenden Konflikte über die Ontologie des Sozialen oder, wie Luc Boltanski es poetischer formuliert, „*das, was es mit dem, was ist, auf sich hat,* und, damit unauflöslich verbunden, was wichtig, wertvoll, zu respektieren und besonders zu beachten ist" (Boltanski 2010: 92).

Im Folgenden wollen wir konkreter auf die Konstruktion von Institutionen eingehen. Die Grundidee der materialistischen Phänomenologie, dass die soziale Welt auf den materiellen Prozessen beruht, durch die die Menschen sie konstruieren, beruht nicht auf einem Institutionen-Konzept. Doch unbestreitbar bedurfte das soziale Leben im Laufe der Zeit mit zunehmender Komplexität zahlreicher Stabilisierungen, die auf Ressourcen von Institutionen zurückgreifen. Innerhalb dieser Institutionen werden bestimmte Arten von Praktiken ausgeübt, darunter auch Praktiken, mittels derer die soziale Welt auf bestimmte Weisen interpretiert wird. Institutionen nehmen bis hinunter auf die Ebene der Alltagssprache eine wichtige Rolle dabei ein, wie die Wirklichkeit konstruiert wird und dabei, das augenscheinliche ‚Zusammenhängen' einer bestimmten Wirklichkeit vor dem Hintergrund weitaus umfassenderen Wandels zu ermöglichen (siehe Berger und Luckmann 2010 [1966]: 56–72). Darüber hinaus zeichnen sich bestimmte Institutionen, wie etwa das Rechtswesen, dadurch aus, dass ihnen „die Aufgabe übertragen wurde, zu sagen, was es mit dem, was ist, auf sich hat" (Boltanski 2010: 117), also mit der allgemeinen *Repräsentation* der sozialen Wirklichkeit. Hier wiederholt sich, wenn auch aus

---

[5] Boltanski bezeichnet diesen größeren Raum als ‚Welt', im Gegensatz zur ‚Wirklichkeit' – bzw. zu dem, was wir als solche verstehen. Siehe auch die Diskussion bei Couldry (2012: 61 f.).

[6] Boltanskis Formulierung lautet im Original „la realité de la realité" (2009: 62).

einer anderen Perspektive, und zwar derjenigen der Institutionen, die versuchen, die soziale Wirklichkeit zu stabilisieren, Searles grundlegende Sichtweise über die zugrunde liegende Kontingenz von soziologischen Tatbeständen. Zugleich wird hier ein Widerspruch zu einer jedweden funktionalistischen Vorstellung sichtbar, dass ‚soziale Konstruktion' gleichbedeutend wäre mit einer kontinuierlichen und integrierten sozialen Ordnung, die frei von Konflikten, Spannungen oder institutionellen Anstrengungen wäre. Die Institutionen, denen eine Verantwortung für die Repräsentation der Wirklichkeit in ihren allgemeinen und spezifischen Formen zukommt, haben sich im Laufe der Geschichte stetig weiterentwickelt; im heutigen Zeitalter internetbasierter Konnektivität sind hierunter auch Institutionen zu verstehen, die scheinbar so weit von Alltagsinterventionen entfernt sind wie die Algorithmen, die in Suchmaschinen zum Tragen kommen (Halavais 2009). Allerdings ist, wie Adrian MacKenzie anmerkt, auch die Software, die solche Prozesse implementiert, „untrennbar damit verbunden, *wie* Code gelesen wird und *von wem oder was* er gelesen wird, also ob von Mensch oder Maschine" (MacKenzie 2006: 6, eig. Hervorh.). Anders gesagt: Auch bei Algorithmen, Software und Datenbanken handelt es sich nicht um ‚Wirklichkeit', sondern um *konstruierte* Wirklichkeit.

Die soziale Welt und ihre Alltagswirklichkeit sind in keinerlei Hinsicht metaphysisch zu verstehen, sondern es handelt sich um ein Konzept, das untrennbar mit *Handeln* verbunden ist. Oder, wie Ian Hacking in der Tradition Wittgensteins formulierte: „Als wirklich werden wir gelten lassen, was wir benutzen können, um in der Welt Eingriffe vorzunehmen, durch die wir etwas anderes beeinflussen können, oder was die Welt benutzen kann, um uns zu beeinflussen." (Hacking 1996: 246) Mit anderen Worten, die Alltagswirklichkeit ist der Kontext, in dem Akteur:innen „vom *Lebensstrom* erfaßt" sind (Boltanski 2010: 93), aufgrund dessen sie handeln müssen. Die Komplexität besteht jedoch darin, dass verschiedene soziale Kräfte unterschiedlich viel *Macht darüber* haben, was als Alltagswirklichkeit gilt. Aufgabe der Sozialwissenschaften ist nun, diese Macht zu erfassen und von der scheinbar unproblematischen Alltagsordnung zu abstrahieren, der wir als handelnde Wesen unterliegen. Für Boltanski kommt dem Rechtswesen als institutioneller Kraft, die an der Konstruktion der Wirklichkeit beteiligt ist, eine besondere Relevanz zu. Diese wollen wir dem Rechtswesen auch gar nicht absprechen. Allerdings machen wir darauf aufmerksam, dass es heutzutage in zunehmendem Maße *die Kommunikation, die Medien und ihre Infrastrukturen* sind, denen Relevanz zukommt, wenn es darum geht, ‚zu sagen, was es mit dem, was ist, auf sich hat'.

Fassen wir also unsere bisherige Argumentation zusammen. Die soziale Welt verfügt über eine eigene Wirklichkeit – eine Alltagswirklichkeit. Diese soziale Welt wie auch ihre Alltagswirklichkeit sind konstruiert. Das bedeutet, dass sie nicht ‚natürlich' gegeben sind, sondern durch menschliche Praktiken und das, was damit einhergeht, ‚gemacht' werden. Andererseits bedeutet dies jedoch nicht, dass die soziale Welt ‚willkürlich' oder ‚idiosynkratisch' ist. Im Gegenteil: Die Prozesse, mittels derer sie konstruiert wird, beruhen auf zahlreichen Praxismustern, die als allgemeingültig anerkannt sind, sodass es sich bei ihnen also um institutionelle Tatsachen handelt. Institutionellen Tatsachen liegt zum einen die Arbeit von Institutionen zugrunde – worunter im Alltagssinne umfassende Konzentrationen materieller Ressourcen gemeint sind, wie Regierungen und Gerichtsstände –, und zum anderen auch weitergefasste Muster von Institutionalisierungen: Sie alle tragen zur Konstruktion der sozialen Welt in einem Prozess bei, den Berger und Luckmann „Objektivation" nennen, oder auch „Vergegenständlichung" (Berger und Luckmann 2010 [1966]: 22). In der Tat sind wir stets auf das angewiesen, wie es uns erscheint: Soziale Zustände, in denen die Interpretation der Wirklichkeit selbst zum Schauplatz heftiger Auseinandersetzungen wird, beispielsweise in Gesellschaften auf dem Weg zur Diktatur, sind Zeiten größter Angst und Bedrängnis. Das Paradoxe an der sozialen Welt ist, dass sie sowohl in komplexen und historisch bedingten Wechselbeziehungen individuellen und kollektiven Handelns begründet ist, als auch von uns tendenziell als eine *einzige,* miteinander vernetzte Wirklichkeit erfasst wird. Uns ist *bewusst,* dass wir in nur *einer einzigen* materiellen Welt leben: Weder individuell noch kollektiv haben wir die Wahl, uns für eine *andere* Welt zu entscheiden, in der wir lieber handeln. Zugleich sind die spezifischen und – vergleichsweise – stabilen *Merkmale* der uns umgebenden sozialen Welt ihrerseits Teil *der Konstruktion,* die die Institutionen vor dem Hintergrund eines komplexeren und ungewisseren Wandels möglicher Zustände der sozialen Welt aufrechtzuerhalten versuchen.

2.3 Medien und die kommunikative Konstruktion der sozialen Welt

Bislang haben wir einen materialistischen phänomenologischen Ansatz skizziert, mit dem sich verstehen lässt, wie die Konstruktion der sozialen Welt vonstattengeht. Dies ruft unmittelbar die Frage hervor, welche Rolle Kommunikation in diesem Prozess spielt. Kommunikation ist eine sinnstiftende Praxis und bildet damit den Kern dessen, wie die soziale Welt angesichts der erheblichen Relevanzzunahme der Medien und ihrer Infrastrukturen für kommunikative Alltagspraktiken als *sinnhaft* konstruiert wird. Dies hat Implikationen für unsere Ansichten über den Sozialkonstruktivismus. Bereits in den 1930er-Jahren hatte Alfred Schütz ein gewisses Gespür für die Relevanz von Medien – etwas, das er mit einigen anderen großen Vertreter:innen der Sozialwissenschaften teilte (siehe Manheim 1933;

Tarde 1901; Weber 1911). Schütz zufolge (2016 [1932]: 227–290) lässt sich die uns umgebende soziale Welt in zwei Sphären unterteilen. Dies ist zum einen die „soziale Umwelt" mit unseren „Mitmenschen", die unsere unmittelbar erlebte soziale Wirklichkeit darstellen. Zweitens gibt es die Sphäre der „sozialen Mitwelt" mit unseren „Nebenmenschen". Allen Menschen ist gemein, dass die soziale Umwelt als unmittelbar erlebte soziale Wirklichkeit – als Wirklichkeit der Face-to-Face-Situation – den Kern dessen bildet, wie wir die soziale Welt erleben. Hier sind wir mit all unseren Sinnen präsent und hier erleben wir einander – und somit auch unsere soziale Beziehung zueinander – auf unmittelbare Weise. Im Unterschied dazu befinden sich unsere ‚Nebenmenschen' etwas weiter entfernt: Zwar ist uns bewusst, dass es sie gibt und dass sie wie wir daran beteiligt sind, die soziale Welt zu konstruieren. Aber wir stehen nicht in unmittelbarem Kontakt mit ihnen.

Interessanterweise wies Schütz bereits in seinen frühen Schriften selbst darauf hin, dass eine gewisse Vorsicht bei einer Differenzierung zwischen ‚Mitmenschen' und ‚Nebenmenschen' angebracht ist; ebenso bei einer Differenzierung zwischen ‚nahen' und ‚fernen' Beteiligten an Interaktionen (Knoblauch 2013a). So geht aus Schütz' Argumentation hervor, dass sich zwischen dem, was Menschen face-to-face und was sie auf andere Weise bezogen auf die soziale Welt erleben, *aufgrund des Beteiligtseins von Medien* nicht gerade auf absolute Weise, sondern vielmehr in *kontinuierlichen Abstufungen* differenzieren lässt. Dies erläuterte Schütz bereits in den 1930er-Jahren am Beispiel des Telefons: „Denken wir uns ein Aug in Aug geführtes Gespräch sukzessive ersetzt durch ein Telephongespräch, einen Briefwechsel, eine durch Dritte vermittelte Botschaft usw., so kann auch hier der schrittweise Übergang von der reinen umweltlichen in die mitweltliche Situation verfolgt werden." (Schütz 2016 [1932]: 246) Als weitere Beispiele erörtert Schütz die Rolle der Medien bei der Konstruktion „soziale[r] Kollektiva" (2016 [1932]: 251) wie der Nation.[7] Demzufolge kommt den Medien eine wesentliche Rolle bei der zunehmenden ‚Mittelbarkeit' zu, wie wir die soziale Welt erleben, und diese Mittelbarkeit beeinflusst, *wie* unsere soziale Welt als Wirklichkeit konstruiert wird.

Die ‚Mittelbarkeit' der sozialen Welt
Damals in den 1930er-Jahren waren für Schütz nur die ersten Anfänge der komplexen Zusammenhänge zwischen den technologischen Kommunikationsmedien und der sich wandelnden ‚Mittelbarkeit' der sozialen Welt ersichtlich. Schütz forderte

---

[7] Was wir hier finden, ist eine sehr frühe Form der Argumentation, die später von Benedict Anderson (2005 [1983]) und John B. Thompson vorgebracht wurde (1995), nämlich, dass wir die Entstehung des modernen Nationalstaats nicht verstehen können, ohne die (Massen-) Medien zu berücksichtigen.

zwar, dass die von ihm so genannten „Kontaktsituationen" (2016 [1932]: 246) zwischen unmittelbarem und mittelbarem Erleben zu analysieren seien. Er selbst konnte eine solche Analyse aber nicht entwickeln. Die Prozesse der tiefgreifenden Mediatisierung erfordern es, dass wir diese frühen und ersten Erkenntnisse von Schütz noch weitaus umfassender ausarbeiten.

Heutzutage lassen sich mindestens vier verschiedene tiefgreifende Formen von ‚Mittelbarkeit' ausmachen, die Schütz damals noch nicht hat sehen können. Eine erste Form hat Schütz damals bereits in ihren Anfängen wahrgenommen, und zwar, dass der Strom unserer Kommunikation zunehmend medienvermittelt stattfindet, insofern sich das Gesamtgleichgewicht von unmittelbarer Kommunikation hin zu medienvermittelter Kommunikation verlagert, mittels derer soziale Beziehungen inzwischen üblicherweise geführt werden. Was jedoch weder für Schütz noch für andere Forscher:innen, die an diesen Themen arbeiteten, vorstellbar war, und zwar bis in die 1980er-Jahre nicht: Auch die medienvermittelte Kommunikation unterliegt fortwährenden Weiterentwicklungen, aufgrund derer sie auf Merkmale der Face-to-Face-Kommunikation auf bestimmte Weise eingeht und ihr damit näherkommt. So kennen wir heutzutage beispielsweise Videogespräche, bei denen wir gleichzeitig Textnachrichten austauschen und E-Mail-Kommunikationsflüsse betreiben, bei denen sich zwei Parteien gleichzeitig ein und demselben weiteren Anliegen widmen, das hierzu extern lokalisiert ist, wie etwa ein E-Mail-Anhang oder eine Website. Wie anders verhielt es sich da mit früheren ‚einfachen' Telefongesprächen. Nun integrieren wir nicht nur Kommunikationsströme in unsere Alltagswelt, die gegenwärtig stattfinden. Sondern, ebenso tiefgreifend, ist die als Zweites zu nennende Entwicklung, dass dies auch für bereits *vergangene* Kommunikationsbeiträge gilt, also kontinuierliche Informationsströme aus Mitwelt und Umwelt: So kommt es immer dann, wenn wir beispielsweise auf unseren Smartphones während Face-to-Face-Kommunikationssituationen auch Interaktionen mit anderen Kommunikationspartner:innen nachsehen, die zu einem früheren Zeitpunkt stattgefunden haben, zu regelrechten Rückkopplungsschleifen. Auf diese Weise tragen wir durch unser eigenes Handeln auf verschiedenen ‚Kommunikationsebenen' zugleich zu einer Konstruktion der sozialen Welt bei, die auf ‚verschiedensten Ebenen' stattfindet. Als Drittes, und ebenso jenseits des damaligen Vorstellungsvermögens von Schütz, ist die bereits erörterte kontinuierliche und *sofortige Verfügbarkeit* von Medien in der Face-to-Face-Kommunikation anzuführen, was vom Vorführen von Bildern auf den eigenen digitalen Geräten bis hin zum Filmen von Videos selbst in intimsten Lebenssituationen reicht. Schließlich erleben wir viertens, dass sich alle diese drei Verlagerungen in die *Gewohnheiten und Normen* der gesamten kommunikativen Verhaltensweisen einschreiben, sei es face-to-face oder medien-

2.3 Medien und die kommunikative Konstruktion der sozialen Welt

vermittelt. In zunehmendem Maße ist davon auszugehen, dass das, was wir an Kommentaren posten – wie auch all unsere weiteren Ausdrucksformen – für künftige, medienvermittelte Kommentierungen in Umlauf bleibt, sofern wir dem nicht gerade widersprechen (Tomlinson 2007: 94–123).

So ist unsere heutige Kommunikation im Hier und Jetzt durch und durch von den verschiedensten Medien durchdrungen. Dabei geht es nicht darum, dass Face-to-Face-Kommunikation an Relevanz verliert. Sondern es geht um den Koordinationsaufwand, den wir betreiben müssen, damit Face-to-Face-Kommunikation in bestimmten Situationen, denen wir weiterhin eine große Relevanz beimessen, *noch stattfinden kann* – wie gemeinsame Mahlzeiten mit der Familie. Für solche Face-to-Face-Kommunikation *bedarf* es Prozesse „konnektierter Präsenz", also kontinuierlicher *medienvermittelter Koordinierungsanstrengungen* (Licoppe 2004).[8] Immer wieder sind wir auf Zugang zu Kommunikationsbeiträgen angewiesen, die sich aus medienvermittelten Kommunikationsprozessen speisen, die bereits stattgefunden haben. Ein Großteil dieser Beiträge oder auch Informationen besteht aus Daten, die automatisiert über Plattformen erfasst werden und die dann mit unserer Wahrnehmung, die wir von uns selbst oder auch von ‚Anderen' haben, rückgekoppelt werden. Im Ergebnis ist eine zentrale Annahme des klassischen Sozialen Konstruktionismus – „[d]ie fundamentale Erfahrung des Anderen ist die von Angesicht zu Angesicht", wie Berger und Luckmann einst schrieben (2010 [1966]: 31) – für die soziale Welt nicht mehr haltbar. Dabei geht es um mehr als die Beobachtung, dass sich unmittelbares Erleben aufgrund der Medien schrittweise in Richtung mittelbaren Erlebens verlagert: *Schon immer* war unsere soziale Welt von technologischen Kommunikationsmedien durchdrungen, und die ‚Unmittelbarkeit' wie auch die ‚Mittelbarkeit' des Erlebens sind untrennbar miteinander verwoben. Insofern verändern die Medien nicht nur unsere ‚soziale Mitwelt', sondern ganz grundsätzlich auch unsere ‚soziale Umwelt' als unmittelbar erlebte soziale Wirklichkeit, um in der Begrifflichkeit von Schütz zu bleiben. Dies ist nicht nur eine definitorische Frage,[9] sondern wirft auch die Frage nach den Handlungsmöglichkeiten auf, also nach dem, was wir in der Welt tun können: Aufgrund von technologiebasierten Kommunikationsmedien kommt es zu massiven Refigurierungen der Welt, in der und bezogen auf die wir handeln.

---

[8] Vgl. Christensen (2009: 444 f.) über Berger und Luckmann.

[9] Das berühmte Thomas-Theorem – „Wenn die Menschen Situationen als wirklich definieren, sind sie in ihren Konsequenzen wirklich" – von W. I. Thomas und D. S. Thomas (1928: 571) ist daher nicht weitreichend genug.

Kommunikation und Praxis
Diese Transformation können wir nur erfassen, wenn wir *Kommunikation als Prozesse von Handeln und Praxis* verstehen. Die Begriffe Handeln und Praxis entspringen zwar unterschiedlichen Bedeutungszusammenhängen. Gemeinsam ist ihnen jedoch der folgende Kerngedanke: Kommunizieren ist eine Form des ‚Tuns', die vergleichbar ist mit anderen Formen des ‚menschlichen Tuns', wie beispielsweise dem Bauen eines Tisches. Angesichts dessen, dass Sprache für Prozesse sozialer Konstruktion wesentliche Relevanz hat, ist auch unser ‚kommunikatives Tun' ebenso weitreichend wie unser ‚physisches Tun'. Performative Rituale, beispielsweise Übergangsriten wie ‚Bildungsabschlüsse' oder ‚Eheschließungen', sind in diesem Sinne nur ausgefeiltere Versionen derselben grundsätzlichen Sache: Ihrem Typ nach handelt es sich dabei um kommunikative Handlungen. Oftmals ist es nur ein Wort oder eine Wendung – im Fall des Heiratens ein „Ja, ich will" –, das erhebliche Konsequenzen für das Leben eines Menschen mit sich bringt. Wie Vertreter:innen der Pragmatik in der Sprachwissenschaft betonten (siehe Austin 1962; Levinson 1983; Searle 1971), sollten wir kommunikatives Handeln als in seinen Folgen ebenso wirklich betrachten, wie wir es mit anderen Formen menschlichen Handelns tun.

Dabei ist kommunikatives Handeln seinem Wesen nach immer ‚sozial', insofern es eine Interaktionspraxis ist. Das bedeutet auch, dass Kommunikation nicht einfach ‚geschieht', sondern dass wir auf Grundlage der Objektivationen von Sprache kommunizieren, die wir in unserem Sozialisationsprozess erlernt haben. Hierbei erlernen wir nicht nur die grundlegenden kommunikativen Zeichen, sondern auch die Muster, *wie* wir sinnhaft kommunizieren: Wie man ‚fragt', ‚antwortet', ‚diskutiert' usw., beruht auf bestimmten sozialen Mustern – ‚Regeln', die auf institutionellen Tatsachen beruhen –, die wir im Zuge unserer Sozialisation erlernen. Solche Muster können ein hohes Maß an Komplexität aufweisen und umfassen beispielsweise ‚Schemata', die angeben, wie eine ‚Rede' korrekt zu halten ist oder wie ein vielschichtiger ‚Disput' stattfinden sollte. Doch so komplex diese Muster auch sein mögen: Stets beruhen sie auf Kommunikationsformen, die unabhängig von den konkreten Kommunikations*inhalten* bestehen bleiben.[10]

---

[10] Bestimmte Arten von Inhalten werden jedoch mehr über spezifische Kommunikationsformen kommuniziert als andere. Dies wird deutlich, wenn wir institutionalisierte Kommunikationskontexte betrachten, z. B. im Bereich der Religion. Hier werden religiöse Inhalte über spezifische Kommunikationsformen – das ‚Gebet', die ‚Predigt' usw. – kommuniziert, die wir anhand ihrer Formen als religiös erkennen. Diese religiösen Formen können jedoch auf andere Kontexte übertragen werden, z. B. wenn eine bestimmte Form der religiösen Präsentation verwendet wird, um jemanden in einer politischen Rede zu überzeugen. Beispiele wie diese zeigen, dass es gewisse Verbindungen zwischen Form und Inhalt gibt und dass wir sie nicht als voneinander völlig unabhängig betrachten können. Analytisch gesehen ist es jedoch wichtig, zwischen ihnen zu unterscheiden, wenn wir verstehen wollen, wie Kommunikation sowohl als Handlung als auch als Praxis stattfindet.

So handelt es sich bei Kommunikation um einen komplexen Prozess, der sich über zahlreiche Ebenen erstreckt, von denen einige bewusster ausformuliert sind als andere. Zugleich ist Kommunikation eine komplexe Fähigkeit, bei deren Ausübung zahlreiche in unserer Sozialisation erworbene Kompetenzen zum Tragen kommen, und wir können nicht für jeden Kommunikationsvorgang erläutern, warum wir so kommunizieren, wie wir es tun. Denn Kommunikation beruht zwar auf etwas, das Giddens (1995 [1984]: 430) „[p]raktisches Bewußtsein" nennt, womit gemeint ist, dass Menschen die Fähigkeit haben, in einer kommunikativ angemessenen Weise zu handeln. Und doch sind sie nicht unbedingt in der Lage, dieses praktische Bewusstsein darüber, ‚wie man kommuniziert', auch diskursiv auszudrücken.

Um dieser Komplexität gerecht zu werden, definieren wir Kommunikation als jegliche Form symbolischer Interaktion, ob sie nun bewusst und geplant oder habitualisiert und situiert erfolgt. Ebenso verwenden wir den Begriff ‚kommunikativ' für sämtliche Dinge oder Handlungen, die in diesem weiten Sinne mit ‚Kommunikation' zu tun haben bzw. die Eigenschaft haben, ‚Kommunikation' zu sein. Kommunikation stützt sich stets auf die Verwendung von Zeichen, die Menschen im Laufe ihrer Sozialisation erlernen. Ihrem Wesen als Symbole gemäß sind die meisten von ihnen willkürlich zugewiesen, was bedeutet, dass sie auf sozialen Konventionen beruhen. Interaktion bedeutet hier wechselseitig aufeinander bezogenes Handeln, das häufig von einem weiten Spektrum von Wechselbeziehungen abhängt, also einem ‚sozialen' Kontext, wenngleich dies mitunter gar nicht notwendig ist. Damit es eine soziale Welt überhaupt geben kann, braucht es Kommunikation. Denn sie ist der Schlüssel dafür, wie Interaktionen und Wechselbeziehungen, *die* die Welt zu einer sozialen machen, ausagiert werden. Doch in der sozialen Welt der Alltagswirklichkeit laufen auch zahlreiche Prozesse ab, die nicht kommunikativer Art sind.

Welche Rolle Kommunikation als Prozess beim Konstruieren der sozialen Welt genau einnimmt, lässt sich besser verstehen, wenn wir die verschiedenen Ebenen betrachten, auf denen sie stattfindet. Zunächst einmal gibt es *kommunikative Handlungen*. Darunter sind einzelne Kommunikationshandlungen zu verstehen, wie beispielsweise ‚Befehle', ‚Fragen' oder ‚Verlautbarungen', die unterschiedliche und begrenzte Formen haben, die mit der jeweiligen spezifischen Handlung in Zusammenhang stehen. Zweitens gibt es *kommunikative Praktiken*. Damit sind Bündel von kommunikativen Handlungen gemeint, die zusammengenommen größere Einheiten bilden, beispielsweise Praktiken des Diskutierens. In einer kommunikativen Praxis können verschiedene kommunikative Handlungen zusammenkommen, sei es ‚Fragen stellen', ‚Antworten geben', ‚Widerspruch einlegen' usw. Mitunter ist dies in einem einzigen Kommunikationsverlauf anzutreffen und mitunter als Teil umfassenderer Praktiken. Selbstverständlich muss berücksichtigt werden, dass unsere Kommunikationspraktiken von weiteren Formen des Handelns und unserer Verwendung von Objekten durchdrungen sind.[11] Diese komplexen Wechselbeziehungen dürfen nicht außer Acht gelassen werden, wenn wir den Charakter einer jeweiligen kommunikativen Praxis verstehen wollen. Zudem können auch Praktiken, die wir gar nicht als in erster Linie kommunikativ betrachten, eine *kommunikative Dimension* aufweisen. Menschliche Praktiken können wir uns daher als Kontinuum vorstellen: zwischen ‚reinen Tätigkeiten' – ausschließlich körperlichen Aufgaben, die ohne Kommunikation, also weder von Kommentaren noch von begleitender Symbolsprache ausgeführt werden – und ‚reiner Kommunikation' – Gesprächen, bei denen keine weiteren gleichzeitigen Handlungen vollzogen werden.

Die dritte wie auch die vierte Ebene betreffen die Frage, wie die soziale Welt *aus kommunikativen Praktiken heraus* konstruiert wird. Bezogen auf die dritte Ebene bedeutet dies beispielsweise, dass die soziale Domäne von Büroumgebungen unverständlich bleibt, wenn man nicht die Wechselbeziehungen zwischen den zahlreichen Praktiken erfasst, und zwar mit den ihnen jeweils zugrunde liegenden Handlungen, die Menschen typischerweise in solchen Umgebungen vollziehen. Diese Wechselbeziehungen treten ihrerseits allerdings keineswegs willkürlich auf, sondern folgen gewissen Strukturen: Sie umfassen ‚*Handlungsformen*', an denen die Ausführenden sich als beteiligt erleben, beispielsweise das ‚Vorbereiten einer Vertriebstagung', das ‚Durchführen eines Audits' oder das ‚Gestalten einer neuen Web-Plattform'. Eine jede solcher Handlungsformen beinhaltet die Konvergenz einer Reihe von Praktiken. Und dann gibt es noch, auf einer vierten Ebene und in noch größerem Maßstab, ‚*Muster*', die sich aus der gemeinsamen Artikulation von Kommunikationsformen in Richtung bestimmter aggregierter Folgen auf der Ebene institutioneller Felder ergeben. Dies kann beispielsweise bedeuten, dass die Macht einer Akteurgruppe gegenüber einer anderen Akteurgruppe gestärkt wird. So lässt sich das gesamte Bildungswesen verstehen, das Muster komplexer Kommunikationsformen umfasst und sich über zahlreiche aufeinander bezogene Akteur:innen wie auch ihre Handlungen und Praktiken hinweg erstreckt. Beim Verstärken solch musterhafter ungleicher Machtverhältnisse nehmen Institutionen aufgrund dessen, wie kommunikatives Handeln organisiert ist, eine Schlüsselrolle ein.

---

[11] Wie wir in der Terminologie der Akteur-Netzwerk-Theorie sagen könnten, werden kommunikative Praktiken in Netzwerken von „Menschen" und „nicht-menschlichen Wesen" durchgeführt (Latour 2010 [1967]: 131 f.).

Medien und kommunikative Konstruktion

Bei all diesen Kommunikationsformen – die auf sehr verschiedenen Komplexitätsebenen erfolgen – handelt es sich um Konstruktionsprozesse: In diesem Sinne wird die *sinnhafte* soziale Welt stets durch Kommunikationshandlungen konstruiert. Und diese Handlungen erfolgen medien*vermittelt;* sie beruhen auf den Infrastrukturen von medienvermittelter Kommunikation. Es versteht sich von selbst, dass es sich hierbei nicht um neutrale Werkzeuge handelt. Vielmehr ziehen sie gewisse Konsequenzen nach sich. Doch was *sind* Medien eigentlich? In unserer bisherigen Erörterung von Medien ging es, ohne dass wir es so ausgesprochen haben, um technologiebasierte Kommunikationsmedien. Damit haben wir sowohl ‚allgemeine symbolische Medien' wie ‚Geld' ausgeschlossen als auch ‚primäre Medien' wie ‚Sprache'. Aus eben diesem Grund lag der bisherige Fokus stets auf technologiebasierten Kommunikationsmitteln, die unsere grundlegenden menschlichen Kommunikationsmöglichkeiten *erweitern bzw. modifizieren* (McLuhan und Lapham 1994). Zu diesen Kommunikationsmitteln gehören allerdings nicht nur die modernen Massenmedien wie Fernsehen, Radio oder gedruckte Zeitungen, sondern auch die Mobilgeräte und Plattformen, über die wir miteinander kommunizieren, einschließlich der Unternehmen, die ‚hinter' diesen Plattformen und Infrastrukturen stehen. Deshalb brauchen wir ein Medienverständnis, das spezifisch genug ist, um unsere Überlegungen zu technologischen Kommunikationsmedien auf den Punkt zu bringen, aber gleichzeitig offen genug, um ihre heutige Vielfalt zu erfassen.

Unter *Medien* verstehen wir daher technologiebasierte Kommunikationsmedien, die Kommunikation institutionalisieren. Dieses *Institutionalisieren* unserer kommunikativen Praktiken durch die Medien vollzieht sich auf verschiedenen Ebenen. An dieser Stelle verlagern wir unseren Blickwinkel etwas von simplen Praktiken. Und zwar blicken wir im Folgenden nicht nur auf Formen, wie beispielsweise Fernsehen, sondern auch zu komplexen Mustern von Praktiken: die Ebene, wie wir uns während der Mediennutzung innerhalb dieses Gefüges platzieren, die Ebene der Formen und Muster unserer Kommunikation, die durch ein bestimmtes Medium stattfindet, und die Ebene von Medien als konkreten Organisationen – um nur die wichtigsten Ebenen zu nennen. Verbunden mit solchen Institutionalisierungsprozessen ist die *Materialisierung* eines Mediums als einer Art Schnittstelle zur Welt. Wir verwenden den Begriff ‚Materialisierung' in einem umfassenden Sinn und beziehen uns hier sowohl auf die materielle Präsenz jedes Mediums als auch gleichzeitig auf die Normen und Überzeugungen darüber, ‚wie die Dinge sind' in Bezug auf dieses Medium, einschließlich der Gewohnheiten, die wir in Bezug auf und um dieses Medium herum entwickeln. Jedes Medium hat seine charakteristische Materialität, und zwar nicht nur die Materialität des Geräts als solchem – ob es sich beispielsweise um Fernsehgeräte, Mobiltelefone oder Computer handelt –, sondern auch die Materialität der zugrunde liegenden Kommunikationsinfrastruktur, also das Kabelnetz, die Satelliten, die Sendestationen usw. Bezogen auf diese Materialität kommt es häufig zu ‚Naturalisierungseffekten'. Damit ist gemeint, dass gewisse Formen und materielle Aspekte der Mediennutzung im Laufe der Zeit so grundlegend für das Alltagshandeln geworden sind, dass sie ‚natürlich' erscheinen. So scheint es beispielsweise ‚natürlich' zu sein, das Radio als ein auf ein bestimmtes kommunikatives ‚Zentrum' zentriertes Rundfunkmedium zu nutzen, weil die vorhandene Infrastruktur dies nahelegt. Im gleichen Sinne scheint es ‚natürlich' zu sein, bestimmte Internetplattformen zum Netzwerken zu benutzen, weil dies so in ihrem Programmiercode angelegt ist. Sobald ein Medium eine gewisse Materialität erlangt, erscheint es sozialen Akteur:innen verdinglicht, oder, mit den Worten Bruno Latours: Technik ist „auf Dauer gestellte Gesellschaft" (1991 als „Technology is Society Made Durable": 103). Eine solche Vorstellung findet sich sinngemäß bereits im ‚Affordanz'-Modell (Gibson 1967): Im Sinne dieses Konzepts verfügt jedes Medium über eine spezifische Eigenschaft, von Gibson ‚Affordance' getauft, im Deutschen auch ‚Angebotscharakter' genannt. Diese jeweilige Affordanz eröffnet im Rahmen ihrer ‚Nutzbarkeit' die Möglichkeit für spezifisches Handeln.

Wenn wir Medien nicht nur als Objekte, sondern auch als Kommunikationsmittel betrachten, können wir Vorstellungen dieser Art mit der „doppelten Artikulation" eines jeden Mediums verbinden (Silverstone 2006: 239 f.): einer ‚Inhaltsdimension' und einer ‚Objektdimension'. Beide beziehen sich auf den grundlegenden Charakter eines Mediums als Kommunikationsmittel, das gleichzeitig seine Institutionalisierung und seine Materialisierung beinhaltet. Aus diesem Grund können Medien im Kontext kommunikativen Handelns niemals neutral sein. Vielmehr sind sie ein Schauplatz dafür, wie unsere Kommunikation „geprägt" wird (Hepp 2011: 55–67). Und das ist der Grund, warum unsere kommunikative Konstruktion der sozialen Welt und ihre Alltagswirklichkeit aufgrund der Beteiligung von Medien an den dort ablaufenden Prozessen *Wandel unterliegt*. Sämtlichen Formen der Medienkommunikation ist gemeinsam, dass sie Kommunikation von einem bloßen ‚Hier' und ‚Jetzt' in ein ‚Dort und Jetzt' erweitern (Zhao 2006) und es uns ermöglichen, über Raum und Zeit hinweg zu kommunizieren. Daher finden die meisten Situationen von Medienkommunikation in gewisser Weise ‚translokal' statt: Mittels Kommunikationsprozessen verknüpfen sie Aktivität und Sinnstiftung über verschiedene Orte hinweg. Selbst beim Synchronisieren und Aktualisieren von Kontaktlisten über das Smartphone kann man sich auf im Hintergrund operierende, distribuierte Speicherfunktionen verlassen.

Was können wir aus unseren Überlegungen in diesem Kapitel schließen? Um auf die Frage zurückzukommen, die wir zu Beginn gestellt haben – wie wandelt sich die soziale Welt, wenn sie grundlegend von Medien durchdrungen ist? – war unser Hauptargument, dass wir eine Theorie der sozialen Welt entwickeln müssen, die unmittelbare Face-to-Face-Interaktion nicht länger unhinterfragt zum wesentlichen Gegenstand ihrer Forschung macht. Selbst in Momenten unmittelbarer Kommunikation beziehen wir uns stets auf eine tiefgreifend von Medien durchdrungene Alltagswirklichkeit. Um die damit einhergehenden komplexen Folgen zu erfassen, zeigen wir in Kap. 3, in dem wir die Geschichte der sozialen Welt als aufeinanderfolgende, einander überlappende Mediatisierungs-‚Schübe' nachzeichnen, die Entwicklung des Begriffs ‚Mediatisierung' auf. Verstehen wir die soziale Welt und ihre verschiedenen Domänen als ‚mediatisiert', so begreifen wir zugleich, dass sie mittels Kommunikationspraktiken konstruiert wird, die wiederum von den langfristigen Prozessen von Institutionalisierung und Materialisierung geprägt sind, die wir als ‚Medien' bezeichnen. Je komplexer die Konstruktion der sozialen Welt in unsere Mediennutzung einbezogen ist, desto komplexer sind die Interdependenzen zwischen den Medien selbst. Das ist die doppelte Verlagerung, die wir als ‚*tiefgreifende* Mediatisierung' bezeichnen und deren Charakterisierung wir im nächsten Kapitel ebenfalls weiter ausführen. Angesichts der tiefgreifenden Mediatisierung führt es nicht weit, jedes Medium für sich zu betrachten, um die kommunikative Konstruktion unserer sozialen Welt zu erfassen: Unsere Analyse muss eine höhere Komplexitätsstufe erklimmen.

Geschichte als Mediatisierungsschübe 3

Dieses Kapitel bietet eine Neuauslegung der Medien- und Kommunikationsgeschichte als Einstieg in eine *theoretische* Auseinandersetzung darüber, wie sich die Konstruktion der sozialen Welt durch Kommunikation im Laufe der Zeit gewandelt hat. Einige Erzählungen der Mediengeschichte[1] formulieren diese vorzugsweise als Geschichte über den Einfluss *einzelner* Medien, deren jeweiliges Aufkommen vermeintlich zu einer Transformation der Gesellschaft geführt hat. Beispielsweise findet sich in einem vor einiger Zeit erschienenen Buch eine „Push-Theorie der Medienwirkungen" (Poe 2011: 23), also eine Theorie darüber, wie die Entstehung jedes ‚neuen' Mediums eine erkennbare ‚Wirkung' auf Kultur und Gesellschaft hatte. Zwar widersprechen wir nicht, dass jedes Medium eine Besonderheit hat, die Kommunikation in besonderer Weise ‚formt' oder ‚prägt'. Doch Perspektiven mit einem zu engen, medienbasierten Fokus ignorieren die zahlreichen einander überlappenden Kommunikationsschichten (Handlungen, Praktiken, Formen, Muster), durch die die soziale Welt konstruiert wird. Um die gegenwärtigen Transformationen der sozialen Welt und unserer „Medienumgebung" zu erfassen (Hasebrink und Hölig 2013), müssen wir besser verstehen, wie die Mediatisierung von Kultur und Gesellschaft verläuft. Denn die geschichtliche Rolle von Kommunikation darf nicht als Staffellauf missverstanden werden, als Abfolge von einem ‚beeinflussenden' Medium zum nächsten. Vielmehr handelt es sich um eine kontinuierliche und kumulative *Entfaltung* der Kommunikation *innerhalb* der sozialen Welt, die mittlerweile zu immer komplexeren Beziehungen zwischen der Medienumgebung, den sozialen Akteur:innen und damit der sozialen Welt als Ganzem geführt hat.

---

[1] Insbesondere die neue ‚Medienarchäologie' (Huhtamo und Parikka 2011; Kittler 2014; Parikka 2013).

Konkret argumentieren wir in diesem Kapitel, dass die Geschichte der Mediatisierung in den letzten fünf bis sechs Jahrhunderten im Sinne von drei aufeinanderfolgenden und einander überlappenden Schüben verstanden werden kann, in denen sich spezifische Kommunikationsmodi entwickelt haben, die in ihren Wechselbeziehungen wesentlich an Komplexität zugenommen haben: der *Mechanisierungsschub*, der *Elektrifizierungsschub* und der *Digitalisierungsschub*. Mit dem *Datafizierungsschub* zeichnet sich aktuell ein weiterer, vierter Schub ab. Hierauf kommen wir gegen Ende des Kapitels zurück. Mit den jüngsten Schüben, dem der Digitalisierung und dem der sich abzeichnenden Datafizierung, gehen zugleich Phasen der tiefgreifenden Mediatisierung einher. Denn mit ihnen findet eine weitaus intensivere Einbettung der Medien in soziale Prozesse statt als je zuvor. Gegen Ende des Kapitels führen wir zudem den Begriff der ‚media manifold', also die Mannigfaltigkeit der Medien ein. Darunter, soviel sei bereits jetzt gesagt, verstehen wir ein großes ‚Universum' unterschiedlich vernetzter digitaler Medien, durch die wir in unzähligen Figurationen unsere *sozialen* Beziehungen verwirklichen. Von der ‚Mannigfaltigkeit der Medien' zu sprechen, ermöglicht, die vielfältigen Beziehungen zur gesamten Medienumgebung zu erfassen, die die Alltagswelt in Zeiten der tiefgreifenden Mediatisierung ausmachen.

3.1 Mediatisierung in einer transkulturellen Perspektive

In den letzten Jahren hat sich Mediatisierung zu einem wichtigen Konzept in der Medien- und Kommunikationsforschung entwickelt, mit dem sich medienbezogene Transformationen der Gesellschaft erfassen lassen (Lundby 2009, 2014). Die Relevanz dieses Konzepts ergibt sich aus der zunehmenden Verbreitung von technologiebasierten Kommunikationsmedien in heutigen Kulturen und Gesellschaften. Wie wir bereits an anderer Stelle argumentiert haben (Couldry und Hepp 2013: 197) hilft uns das Mediatisierungskonzept dabei, die *Wechselbeziehung* zwischen einerseits dem Wandel von Medien und Kommunikation und andererseits dem Wandel von Kultur und Gesellschaft kritisch zu analysieren. Bei Mediatisierung handelt es sich nicht um ein ‚Medienwirkungskonzept', sondern um ein *dialektisches,* wechselseitiges Konzept, mit dem sich verstehen lässt, wie die Transformationen von Kultur und Gesellschaft mit spezifischen Wandlungsvorgängen bezogen auf Medien und Kommunikation verwoben sind. Theoretische Überlegungen, nach denen Medien und Kommunikation als ‚externe' Einflüsse auf Kultur und Gesellschaft gefasst werden, sind nicht zielführend, und zwar aus dem einfachen Grund, dass Medien und Kommunikation nun mal ein integraler Bestandteil von Kultur und Gesellschaft sind. Auf dieser allgemeinen Ebene sind bei der Mediatisierung sowohl quantitative als auch qualitative Dimensionen zu erkennen. Was ihre quantitativen Di-

3.1 Mediatisierung in einer transkulturellen Perspektive

mensionen angeht, ist mit Mediatisierung die zunehmende zeitliche, räumliche und soziale Ausbreitung medienvermittelter Kommunikation gemeint. Anders gesagt: Im Laufe der Zeit haben wir uns mehr und mehr daran gewöhnt, in zunehmend vielfältigeren Kontexten über Distanzen hinweg unter Zuhilfenahme von Medien zu kommunizieren. Mit Mediatisierung sind aber auch qualitative Dimensionen gemeint, also das, was auf höheren Ebenen organisatorischer Komplexität aufgrund von medienvermittelter Kommunikation bezogen auf soziale und kulturelle Aspekte im Wandel begriffen ist.

Der Klarheit halber wollen wir für Trennschärfe zwischen den durchaus verwandten Begriffen ‚(Medien-)Vermittlung' (engl. „mediation") und ‚Mediatisierung' (engl. „mediatization") sorgen (siehe Hepp 2011: 35–41; Hjarvard 2013: 2 f.; Lundby 2014: 6–8). Medienvermittlung bezieht sich auf den Prozess der Kommunikation im Allgemeinen, also auf die Art und Weise, wie technologiebasierte Kommunikation die fortlaufende Vermittlung von Sinnstiftung mit sich führt (Couldry 2008; Martín-Barbero 1993; Silverstone 2005). Mediatisierung hingegen bezeichnet die *übergeordneten* Transformations- und Wandlungsprozesse in der Gesellschaft, die sich aus der Medienvermittlung auf jeder Interaktionsebene ergeben. Mehr noch, der Begriff der Mediatisierung ermöglicht es uns, zu erfassen, wie sich im Laufe der Zeit die Folgen, die die vielfältigen Prozesse medienvermittelter Kommunikation für die Konstruktion der sozialen Welt haben, mit der Zunahme verschiedener Medientypen und verschiedener Arten der Beziehung zwischen Medien *selbst* gewandelt haben. Bei Mediatisierung handelt es sich, kurz gesagt, um einen Metaprozess (Krotz 2001, 2007), einen Wandlungsprozess in der Art und Weise, wie soziale Prozesse *medienvermittelt* ablaufen und sich in zunehmend komplexeren Organisationsmustern ausdrücken.

Die verschiedenen Phasen von Mediatisierung müssen dabei in einer *transkulturellen* Perspektive gesehen werden. Damit meinen wir, dass die vielfältigen Formen zu erfassen sind, die Mediatisierung im Laufe ihrer Entwicklung an verschiedenen Orten der Welt angenommen hat. Eine transkulturelle Perspektive ist deswegen erforderlich, weil sich diese Variationen nicht akkurat auf die Grenzen bestimmter Nationen oder Nationalkulturen abbilden lassen (Hepp 2014: 37–44), da Medien als Ressourcen symbolischer Macht unweigerlich mit der Entwicklung von Eliten, insbesondere urbanen Eliten, verflochten sind. Auch stehen wir einer simplen Verknüpfung von Mediatisierung mit der – europäischen – Moderne skeptisch gegenüber (siehe Esser und Strömbäck 2014b: 6–11; Hjarvard 2013: 5–7, 16–23; Lundby 2013: 197; Thompson 1995: 44–80). Sicherlich war „die Entwicklung von *Medienorganisationen*" – also unabhängigen Organisationen zur Produktion und Verbreitung von Kommunikation, „die zum ersten Mal in der zweiten Hälfte des fünfzehnten Jahrhunderts aufkamen und die seitdem ihre Aktivitäten ausdehnten" (Thompson 1995: 46) – eine Voraussetzung für die europäische Moderne, auch wenn der theoretische *Begriff* der Mediatisierung erst zu Beginn des zwanzigsten Jahrhunderts aufkam (Manheim 1933: 23 f.; Averbeck-Lietz 2015: 1–12; 231–244). Man kann jedoch schnell Gefahr laufen, Mediatisierung zu eurozentrisch zu fassen (siehe Madianou und Miller 2012: 141–143; Slater 2013: 27–57). Denn die Vorstellung von unabhängigen Medienorganisationen, die an Mediatisierungsprozessen beteiligt sind, also von politischen oder religiösen Institutionen unabhängige Organisationen, ist nicht auf alle Regionen in der Welt anwendbar. Beispielsweise sind Medienorganisationen in Lateinamerika weitaus stärker mit religiösen, politischen oder anderen sozialen Institutionen verwoben (Martín-Barbero 2006; Waisbord 2013b). Besonders problematisch ist es, Mediatisierung zu eng mit europäischen Besonderheiten in Verbindung zu bringen und dann anzunehmen, dass sie sich überall auf der Welt identisch entfaltet. In der Tat beinhaltet bereits der Begriff ‚Medium' eine bestimmte Form der Klassifizierung; er mag in einem Set von Kommunikationsmitteln in einem kulturellen Kontext gebündelt sein, und in einem anderen Set in einem anderen Kontext (Slater 2013: 40). Deshalb sollten wir uns nicht auf ein eindimensionales Verständnis von Modernisierung einlassen, das auf spezifischen Medien beruht (Slater 2013: 28). Zugleich bedeutet all dies jedoch nicht, dass wir den Begriff ‚Medien' völlig aufgeben und infolgedessen jegliche Aufmerksamkeit für übergeordnete Prozesse der ‚Mediatisierung' abwerten sollten, wie Slater (2013, 20) es gelegentlich vorzuschlagen scheint. Denn wir brauchen diese Begriffe, um die komplexeren Prozesse des sozialen Wandels zu erfassen, die sich aus der zunehmenden quantitativen Verbreitung und qualitativen Relevanz spezifischer Medienkombinationen an zahlreichen spezifischen Orten ergeben. Allerdings versuchen wir im Folgenden, dies zu tun, ohne eine „provinzielle" (Chakrabarty 2001) europäische Perspektive zu reproduzieren.

Hierbei könnte ein Blick auf langjährige Debatten rund um das Thema Globalisierung hilfreich sein (Waisbord 2013b: 7). Es ist mit Sicherheit davon auszugehen, dass die heutige Alltags*erfahrung* des ‚Globalen' zumindest teilweise auf der massiven Verbreitung von Medien beruht (Hepp 2014: 22–26). Anfänglich wurde Globalisierung als Prozess jedoch aus westlicher Perspektive analysiert und als eine Art raumzeitliche Verdichtung verstanden, die ihren Ursprung in den europäischen Sozialinstitutionen der Moderne hatte (Giddens 1997: 84; Harvey 1990: 260–283). Diese Definition von Globalisierung als Konsequenz der – europäischen – Moderne wurde wegen ihrer westlich-zentrischen Verzerrung und ihres provinziellen Zeitnarrativs kritisiert.[2] An solchen westlich-zentrierten Ansätzen wurde erhebliche postkoloniale Kritik geübt (Gunaratne 2010: 477 f.), untermauert durch empirische Globalisierungsanalysen aus nichtwestlichen Regionen der Welt, insbeson-

---

[2] Vgl. zu diesem Argument Appadurai 1996; Chakrabarty 2001; Fabian 1983; Nederveen Pieterse 1995.

3.1 Mediatisierung in einer transkulturellen Perspektive

dere Lateinamerika.[3] Die Globalisierungsforschung entwickelte daraufhin das Verständnis, dass von multiplen „globalen Modernitäten" (Featherstone 1995) innerhalb „vieler Globalisierungen" (Berger 2002) sowie pluraler „Modernisierungen" und „Modernitäten" auszugehen ist (siehe Calhoun 2010; García Canclini 1995). Nun handelt es sich bei der ‚globalen Moderne' keineswegs um eine einzigartige „historische Periode" (Tomlinson 1999: 33), denn bereits lange vor der Moderne gab es Formen von Globalisierung. Dennoch lässt sich weiterhin plausibel argumentieren, dass sich die Globalisierung in den letzten Jahrzehnten *vertieft* hat, insofern sie heutzutage in den Alltagspraktiken der *meisten* Regionen der Welt verwurzelt ist (García Canclini 2014: 21; Tomlinson 1999: 13), auch wenn diese sich im Einzelnen von Kontext zu Kontext noch sehr unterscheiden mögen.

Das Gleiche können wir über Mediatisierung sagen. Wenn wir unter Mediatisierung verstehen, dass es zu einer zunehmenden Verbreitung von Kommunikationsmedien kommt (quantitativer Aspekt), und dass dies Folgen für das Soziale und das Erleben hat (qualitativer Aspekt), so unterscheiden sich doch beide Aspekte je nach Kontext erheblich. Für unsere Analyse müssen wir daher einen Weg finden, der der Wechselseitigkeit Rechnung trägt. So unterschied sich beispielsweise die Fernsehaneignung in brasilianischen Favelas (Leal 1995) stark von der im ländlichen Indien (Johnson 2000); dasselbe gilt für die Nutzung des Internets durch die chinesische Arbeiterklasse (Qiu 2009) und die Mittelschicht in den Vorstädten Malaysias (Postill 2014). Ein Hauptpunkt bleibt jedoch über alle Variationen hinweg bestehen: dass die Einbettung technologiebasierter Kommunikationsmittel in die alltagsweltlichen Praktiken ein langfristiger Prozess ist, der sich in den letzten 150 Jahren drastisch vertieft hat. Das ist es, was wir unter Mediatisierung verstehen. Und da es im Kern um die zunehmenden Wechselbeziehungen geht, die sich aus einer solchen Einbettung entwickeln, ist es auch angebracht, das Geschehen als ‚Vertiefen' zu bezeichnen, das sich im Laufe der Zeit ereignet. In den Prozessen hin zu einer tiefgreifenden Mediatisierung nimmt die Abhängigkeit *sämtlicher sozialen Prozesse* von Kommunikationsinfrastrukturen immer weiter zu, und zwar bis hin zu globalem Maßstab; allgemeiner ausgedrückt, handelt es sich um eine Verlagerung der *Modalitäten,* nach denen die soziale Welt an verschiedenen Standorten und über diese hinweg konstruiert wird. Mediatisierung bringt also eine zunehmende Komplexität des sozialen Wandels mit sich, die sich daraus ergibt, dass die Faktoren, die im Zusammenhang mit den zugrunde liegenden Kommunikationsinfrastrukturen stehen, zunehmend an Häufigkeit gewinnen – darunter diejenigen Faktoren, die sozialen Wandel vorantreiben.

---

[3] Für eine Analyse hierzu siehe García Canclini 1995; Murphy und Rodríguez 2006; Straubhaar 2007; Waisbord 2013a.

Es versteht sich von selbst, dass die Art und Weise, wie sich Mediatisierung an bestimmten Orten vollzieht, davon abhängt, welche Geschichte der jeweilige Ort hinsichtlich seiner Infrastruktur, Ressourcen und Ungleichheit hat, aber auch von den spezifischen menschlichen Bedürfnissen, die die Mediennutzung an einem gegebenen Standort überwiegend erfüllt, und dies wiederum hängt mit tiefgreifenderen Unterschieden der sozialen, wirtschaftlichen und politischen Verfasstheit eines Ortes zusammen (Couldry 2012: 156–179). Dies soll nicht heißen, dass beispielsweise der zunehmenden Verbreitung von Plattformen wie Facebook über etliche Länder hinweg *keine* Relevanz beigemessen werden kann: Den Affordanzen solcher Plattformen ist gemein, dass sich von ihnen ausgehend beispielsweise fragen lässt, wie sich durch sie soziale Bedürfnisse stillen – besser noch: verwirklichen – lassen, und wie sich diese an einem gegebenen Ort stattfindenden Verwirklichungen mit solchen Verwirklichungen verbinden lassen, die an anderen Orten stattfinden. Es soll auch nicht heißen, dass nicht allgemein Trends auf dem Vormarsch sind, die beispielsweise mit der koordinierten Entwicklung von Medienmärkten und staatlichen Maßnahmen zusammenhängen und die sich in weiten Teilen der Welt gleichzeitig abspielen, wenn auch in ungleicher Weise. Ein solcher allgemein zu beobachtender Trend ist derjenige zur Datafizierung, ein Thema, das wir in mehreren Kapiteln dieses Buches erörtern werden.

Nach diesen einleitenden Bemerkungen ist es an der Zeit, sich den drei – oder auch vier – Mediatisierungsschüben zuzuwenden, die wir bereits angesprochen haben.

3.2 Mediatisierungsschübe

In Anlehnung an Vertreter:innen der Mediumstheorie wie Harold Innis (1950, 1951) und Marshall McLuhan (1995 [1962]) verbreitete sich das Narrativ der Kommunikationsgeschichte als Phasen der Vorherrschaft eines jeweiligen Mediums, das dann so verstanden werden muss, dass es einen tiefgreifenden und globalen kulturellen Einfluss hatte. In dieser Lesart wird dann die Menschheitsgeschichte als Abfolge von medien*dominierten* Kulturen gelesen: An die Stelle der „traditionellen oralen Kulturen" traten die „Schriftkulturen", gefolgt von „Printkulturen" und „globalen elektronischen Kulturen" (Meyrowitz 1995: 54–57). Diese Erzählung der Kommunikationsgeschichte ist auch in der Soziologie weit verbreitet (Baecker 2007: 7–13; Tenbruck 1972: 56–71), wobei die Ausdifferenzierung von Gesellschaften auf die „Verbreitungsmedien" (Luhmann 1998: 202) des Schreibens, Druckens und der elektronischen Kommunikation zurückgeführt wird.[4] Wie bereits bemerkt, ist diese Erzählung unzureichend, vor allem, wenn sie als Weltgeschichte dargestellt wird, da sie sich auf ein vermeintlich dominierendes Medium versteift und dazu neigt, in „Kommunikationsrevolutionen" (Behringer 2002, 2003) zu denken, die von bestimmten medientechnologischen Innovationen angetrieben werden. Wenn wir jedoch genauer betrachten, wo und wie sich Wandel im Laufe der Zeit vollzieht, zeigt sich, dass es sich hierbei nicht um eine revolutionäre Entstehung einer bestimmten Art von Medium zu einem jeweils bestimmten Zeitpunkt in der Geschichte handelt. Vielmehr ist es die *Gesamtheit* der zugänglichen Kommunikationsmedien und die Rolle, die diese in ihren *Wechsel*beziehungen bei der Prägung der sozialen Welt spielen, wo sich im Laufe der Zeit Wandel vollzieht. Kurz gesagt: Was wir in den Mittelpunkt unserer Betrachtungen nehmen müssen, ist die sich wandelnde Medien*umgebung,* also die Gesamtheit der Kommunikationsmedien, die an einem raumzeitlichen Punkt zur Verfügung stehen. Dass wir so eindeutig von einer Medienumgebung von miteinander in Beziehung stehenden Medien ausgehen anstatt von einzelnen Medien, beruht auf grundlegenden Überlegungen zu Technologie im Allgemeinen: Technologien arbeiten tendenziell nicht isoliert voneinander, eher in Clustern, oder, in den Worten von Brian Arthur ausgedrückt, in „Domänen", also „einander begünstigenden Set[s] von Technologien" (Arthur 2009: 70 f.). Eben dies trifft auch auf Medien zu. Mit einer solchen Perspektive lassen sich problemlos einige entscheidende Wandlungsprozesse der Medienumgebungen in den letzten 600 Jahren ausmachen, und diese Wandlungsprozesse bilden den Ausgangspunkt für einen transkulturellen Mediatisierungsansatz.

Solche Wandlungsprozesse in der Medienumgebung können mit bestimmten „Wellen", „Wogen" oder auch „Schüben" technologischer Innovation in Verbindung gebracht werden (Briggs und Burke 2009: 234; Rosa 2005: 80 f.; Verón 2014: 165). Die Metapher der ‚Welle' betont zum einen bestimmte grundlegende Neuerungen (den ‚Wellenkamm'), die zum anderen langfristige Folgen und – ggf. unbeabsichtigte – Nebenfolgen haben (die ‚Ausbreitung' der ‚Welle'). Diese Idee hat eine Parallele in William H. Sewells (2005) Ansatz zur sozialen Transformation, in der sowohl markanten Ereignissen als auch langfristigem strukturellen Wandel eine hohe Relevanz zukommt. Diese Analogie verdeutlicht, dass es je nach analy-

---

[4] Luhmann diskutiert auch die Rolle symbolisch generalisierter „Erfolgsmedien", wie z. B. Geld es für die Entwicklung von, wie er es nennt, Funktionssystemen der Gesellschaft darstellt (Luhmann 1998: 190–395). Da im Mittelpunkt unserer Analyse die technologischen Kommunikationsmedien stehen, gehen wir im Folgenden nicht weiter auf diese Diskussion ein.

tischer Perspektive mehrere Möglichkeiten gibt, diese Wellen zu interpretieren. (Während in der englischsprachigen Forschungsliteratur sich der Begriff ‚Welle' etabliert hat, erscheint es im Deutschen mit Bezugnahme auf Friedrich Krotz sinnvoller, von ‚Schüben' zu sprechen, Anm. d. Ü.)

Wir definieren *Mediatisierungsschübe* als grundlegenden qualitativen Wandel der Medienumgebungen, die so entscheidend sind, dass sie eine *eigenständige Phase* in laufenden Mediatisierungsprozessen darstellen, und zwar auch unter Berücksichtigung der sehr unterschiedlichen Formen, die solche Medienumgebungen in bestimmten lokalen, regionalen und nationalen Kontexten annehmen können. Diesen Schüben liegt ein grundlegender technologischer Wandel der Mediencharakterzüge und der Medienbeziehungen zugrunde, die die Medienumgebungen ausmachen. Anders als die Medientheorie argumentieren wir jedoch *nicht*, dass jeder neue Medienschub global zu einer bestimmten Art von Kultur und Gesellschaft führt. Allenfalls behaupten wir, dass sich die *Ansatzpunkte* für das Erfassen von sozialer, medienbezogener Transformation von Phase zu Phase entscheidend wandeln können. Ungeachtet dessen bleiben selbstverständlich Unterschiede in Bezug auf den jeweiligen Kontext bestehen. Doch selbst unter Berücksichtigung dieser Unterschiede lassen sich deutliche Mediatisierungsschübe nachzeichnen, die mit grundlegendem qualitativen Wandel in der Medienumgebung zusammenhängen.

Wenn wir auf die letzten 600 Jahre zurückblicken, können wir mindestens drei Mediatisierungsschübe ausmachen (siehe Abb. 3.1).[5] Als ersten Schub haben wir die *Mechanisierung* von Kommunikationsmedien, die auf die Erfindung der Druckerpresse zurückgeht. Die Mechanisierung beruhte auf noch früheren Formen des Umgangs mit Schriftstücken (vgl. unsere Analyse in Kap. 10) und wurde durch die zunehmende Industrialisierung des Kommunikationsprozesses fortgesetzt, was zu den sogenannten Print-Massenmedien führte. Der zweite Schub besteht in der *Elektrifizierung* der Kommunikationsmedien. Dies begann vor allem mit dem elektronischen Telegrafen und zog sich hin bis zu den verschiedenen Rundfunkmedien, aber auch zum Telefon und anderen Formen der Telekommunikation. Der dritte Schub ist die *Digitalisierung,* die mit dem Computer und den verschiedenen digitalen Medien, aber auch mit dem Internet, dem Mobiltelefon und der zunehmenden Integration computergestützter ‚Intelligenz' in die Alltagswelt in Verbindung gebracht werden kann und mittels derer digitale Inhalte frei austauschbar sind.

Der Grund, warum wir Mechanisierung, Elektrifizierung und Digitalisierung als Mediatisierungsschübe verstehen können, liegt darin, dass jeder dieser Schübe eine charakteristische Art und Weise erfasst, in der die jeweilige Konstellation der

---

[5] Wir führen hier eine Idee von Klaus Merten (1994) zur Visualisierung der „Evolution der Kommunikation" fort, wobei wir seine enge und funktionalistische Interpretation nicht teilen.

3.2 Mediatisierungsschübe

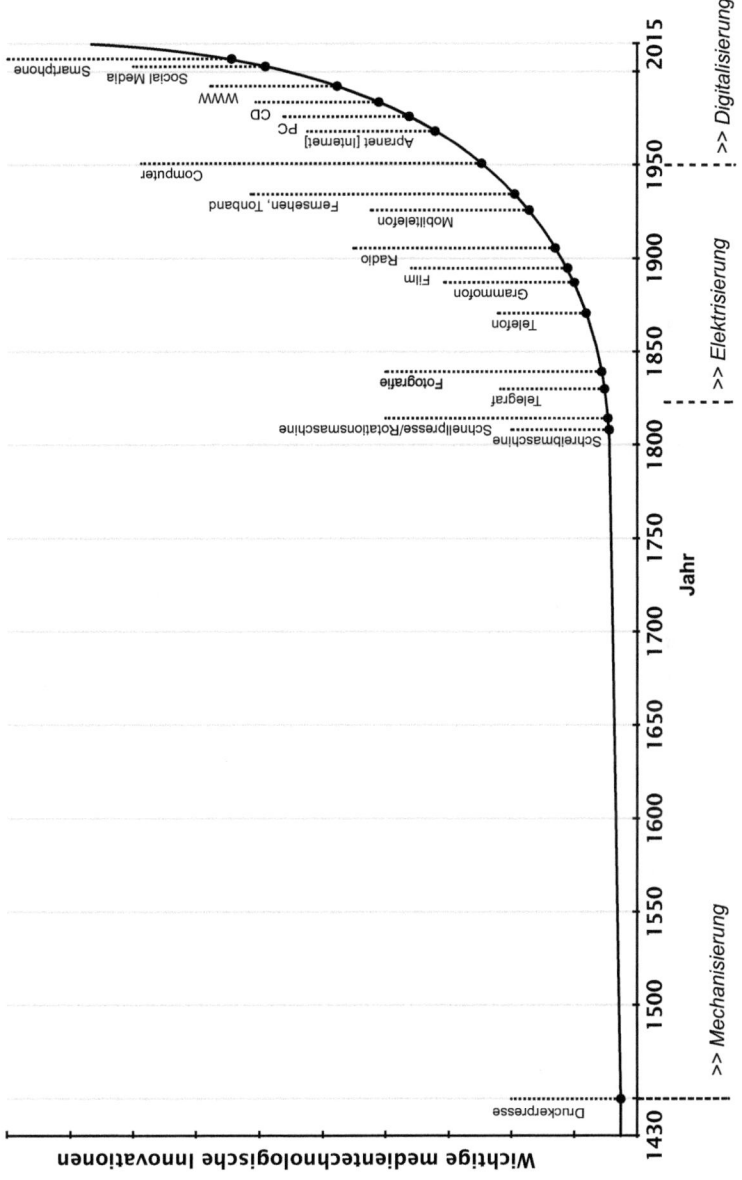

Abb. 3.1 Wichtige medientechnologische Innovationen. (Quelle: eigene Darstellung)

Medien, die zu einem bestimmten Zeitpunkt und an einem bestimmten Ort allgemein verfügbar sind, als eine Umgebung operiert – nicht nur durch die aufkommenden ‚neuen' Medien, sondern auch durch die weiter bestehenden ‚alten' Medien. Insofern bezieht sich ‚Mechanisierung' nicht nur auf ganze Bücher, sondern auch auf weniger umfangreiche Arten von Medien, wie beispielsweise Einblattdrucke, und umfasst die Folgen der Entwicklung der Schreibmaschine für das private Schreiben von Briefen und für die Rolle des handschriftlichen Manuskripts. ‚Elektrifizierung' umfasst sowohl verschiedene einstmals ‚neue' Medien, beginnend mit dem Telegrafen bis hin zu Radio und Fernsehen, als auch Transformationen im Zeitungswesen und anderen bereits existierenden ‚mechanischen' Medien. Gleiches gilt für die ‚Digitalisierung': Dieser Mediatisierungsschub betrifft ‚neue' und ‚alte' Medien gleichermaßen, beispielsweise das digitale Fernsehen. Wie wir später sehen werden, ist es sogar möglich, dass innerhalb des Digitalisierungsschubs bereits ein weiterer Schub aufkommt, und zwar der einer Datafizierung.

Für ein tiefergehendes Verständnis des damit verbundenen Wandels müssen wir jeden dieser Schübe genauer betrachten. Dazu bieten wir in dem folgenden Zeitstrahl zunächst einen allgemeinen Überblick.

Mechanisierung

Mit *Mechanisierung* meinen wir den Mediatisierungsschub, durch den die Medienumgebung mechanisiert wurde. In Europa und Nordamerika kann die Druckerpresse, in ihrer mechanischen Form um 1450 von Johannes Gutenberg erfunden, als Hauptursprung dieses Prozesses verstanden werden. Dabei darf nicht außer Acht gelassen werden, dass diese Erfindung nicht nur in Europa zu verorten ist: In China und Korea entwickelte sich der Blockdruck, auch Holztafeldruck genannt, bereits zwischen den Jahren 700 und 750.

Und es war in China, wo um 1040 die ersten Experimente mit beweglichen Lettern aus Keramik durchgeführt wurden. Später wurde das Verfahren in Korea mit Lettern aus Bronze weiterentwickelt (Chow 2003; McDermott 2006: 9–13; Moon-Year 2004).

Die Veränderung, die die Druckerpresse mit sich brachte, bezog sich nicht auf das Aussehen und den Aufbau von Büchern, sondern vielmehr auf die ‚Mechanisierung' bzw. technologische ‚Materialisierung' dessen, was bereits zuvor an Verlagerung stattgefunden hatte, seit für das Erstellen von Text ein neuartiges Herstellungsverfahren angewendet wurde (Illich 1991b: 9 f.; Neddermeyer 1998: 389–536). In diesem Sinne stellt die Erfindung der Druckerpresse weniger das Einzelereignis einer „Kommunikationsrevolution" dar (Albion 1932: 718; Behringer 2002: 424, 2003; Kovarik 2011), sondern vielmehr eine „lange Revolution" (Eisenstein 2005: 335), oder, vielleicht noch besser ausgedrückt: einen wichtigen Schritt

3.2 Mediatisierungsschübe

in einem langfristigen Prozess der Mechanisierung. Diese Mechanisierung nun brachte zum einen mit sich, dass mechanisch gedruckte Medien und handschriftliche Manuskripte und andere Medien für längere Zeit nebeneinanderstanden und einander beeinflussten (Bösch 2019: 35). Zum anderen aber ermöglichte die Mechanisierung auch eine Reihe ‚neuer' Medien: Neben dem gedruckten Buch waren dies Flugblätter und Einblattdrucke, später die Zeitung (Oggolder 2014). Interessanterweise beeinflussten diese Medien, ob mechanisch oder nichtmechanisch, einander auf verschiedene Weise. Zum Beispiel stimulierten gedruckte Abhandlungen über die Kunst des Briefeschreibens die handgeschriebenen Briefe im Europa der frühen Neuzeit. Auch Manuskripte fanden weiterhin Verwendung, da sie die Möglichkeit boten, kontroverse Themen einem breiteren Publikum zu vermitteln, was in Praktiken des Um- und Neuschreibens und des „Eigenveröffentlichens" eingebettet war (Briggs und Burke 2009: 38).

Insofern wäre es zu plump, die Erfindung der Druckerpresse mit einem Entwicklungssprung in eine Medienumgebung gleichzusetzen, die nur aus Büchern und Zeitungen besteht. Denn die Medienumgebung blieb vielfältig und war von einem Wechselspiel zwischen verschiedenen Medien gekennzeichnet (Bösch 2019: 91; Briggs und Burke 2009: 37; 56). Das Druckwesen wurde jedoch grundlegend für die Medienumgebung, weil es zu einem Wandel der Wechselbeziehungen zwischen anderen Medien führte, ein Wandel, der in einem breiteren Kontext verstanden werden muss. Denn die Mechanisierung der Medien war nur eine spezifische Ausprägung weiterer Formen der Mechanisierung, wie beispielsweise der Erfindung der mechanischen Uhr, der Eisenbahn und der in Fabriken eingesetzten Maschinen – um nur einige wichtige weitere Innovationen zu nennen, die zur „Maschinengeschwindigkeit" des neunzehnten Jahrhunderts führten (Tomlinson 2007: 14–43). Daher müssen wir die Mechanisierung innerhalb des widersprüchlichen Gesamtprozesses der Industrialisierung verstehen (Williams 1965: 10 f., 88, 141).

Um zu verstehen, was ein solch fundamentaler qualitativer Wandel der Medienumgebung für den Alltag bedeutet, müssen wir das Publikum betrachten: also die Menschen und ihre Mediennutzung. Historischen Studien zufolge war die Leserschaft von Zeitungen – und Büchern – in Europa bereits im siebzehnten Jahrhundert recht vielfältig, darunter Adelige, Gelehrte und Staatsbedienstete, aber auch Kaufleute, Handwerker, Soldaten und Frauen (Bösch 2019: 67). Zwar war die absolute Anzahl der Exemplare einer Zeitung damals weitaus niedriger als heutzutage, zwischen 300 und 400 Exemplaren; dennoch erreichte jedes Exemplar zwischen zehn und dreißig Leser:innen (Bellingradt 2011: 243). So war Medienaneignung weit mehr ein *kollektives* als ein individuelles Unterfangen. Dies kommt in der Gründung verschiedener Leseclubs zum Ausdruck, bei denen die Kosten für Abonnements geteilt wurden und die Zugang zu einer größeren Auswahl an Zeitungen,

Zeitschriften und Büchern ermöglichten. Bereits im siebzehnten Jahrhundert wuchs der Anteil von Frauen an Leserschaften zunehmend; zahlreiche Zeitschriften und Bücher widmeten sich speziell ihnen und bauten ihre eigenen Lesergemeinschaften auf (Briggs und Burke 2009: 50–55).

Offensichtlich also führte die Mechanisierung zu einem wesentlichen Wandel der Medienumgebungen, doch müssen wir sehr zurückhaltend sein, wenn wir versuchen, daraus abzuleiten, dass die kommunikative Konstruktion der sozialen Welt auf homogene Weise transformiert wurde. Vielmehr können wir sagen, dass mit der Mechanisierung die Medienumgebungen vielfältiger und komplexer geworden waren. Sie umfassten eine zunehmende Anzahl verschiedener Medien, die auf der mechanischen Reproduktion von Druckerzeugnissen basierten: hauptsächlich Einblattdrucke, Flugblätter, Bücher, Plakate, Zeitungen und Zeitschriften. Diese Printmedien standen in einer Wechselbeziehung zu Medien, die nicht auf dem Druckwesen beruhten. Weil die mechanische Reproduktion auf standardisierten Verfahren basierte, ließ sich dadurch mit einem einzelnen jeweiligen Medium eine größere Gruppe von Menschen erreichen. Infolgedessen konnte sich die Kommunikation in größerem Maßstab vom Hier und Jetzt „entbetten" (Giddens 1997: 33). Hand in Hand damit entstanden neue Praktiken der kommunikativen Konstruktion, und es ist eine Frage der Kontextanalyse, diese Praktiken zu entschlüsseln und zu untersuchen, unter welchen historischen Umständen und in welchen Kontexten sie verortet sind.

Innerhalb dieser Pluralität möglicher Transformationen trug die Mechanisierung durch ‚Verdichten' der translokalen Kommunikation zur Verdichtung größerer Kommunikationsräume bei. In Europa waren diese Räume historisch mit dem Aufstieg von (National-)Staaten verbunden, was sich im Konzept der medienvermittelten ‚Öffentlichkeit' widerspiegelt (Habermas 1971; Meyer und Moors 2006). Die Verdichtung dieser nationalen Kommunikationsräume begünstigte das Entstehen „moderner Gesellschaften" (Thompson 1995: 44–80) mit der Nation als „vorgestellte Gemeinschaft" (Anderson 2005 [1983]). Aber es darf nicht vergessen werden, dass das später von Benedict Anderson beschriebene Modell der vorgestellten Gemeinschaft zugleich den Aufstieg junger Nationen wie Thailand und der Philippinen aufzeigt, die sich unter dem Kolonialismus entwickelt haben bzw. sich gegen ihn wendeten. So gesehen stellt die Nation lediglich *eine* Art von vorgestellter Gemeinschaft dar, die durch Printkommunikation ermöglicht wird (Anderson 2005 [1983]: 15 f.). Die Verdichtung von translokaler Kommunikation kann sich auch auf ganz andere soziale Entitäten beziehen: An verschiedenen Standorten tätige wissenschaftliche Expertengruppen, religiöse und ethnische Diaspora-Gemeinschaften oder andere Gruppen mit je spezifischen Weltanschauungen können ebenso mit der Artikulation sozialer Konflikte in Verbindung gebracht werden wie die Stabilisierung von Nationalstaaten. Beispielsweise war das Aufkommen des Druckwesens in Afrika eng mit dem Kolonialismus verbunden, also dem Versuch, den bereits existierenden Gesellschaften einen neuen Kolonialstaat *aufzuzwingen* (Larkin 2008). Dies zog sich über längere Zeit hin und beinhaltete einerseits die Konstruktion einer „geeinten ‚vorgestellten Gemeinschaft' weißer Siedler" als bürgerliche Öffentlichkeit und andererseits die Förderung einer „schwarzen, auf Unterhaltung ausgerichteten Leserschaft" (Willems 2014: 83) – mit all den damit verbundenen problematischen Konstruktionen. An dieser Stelle werden langsam die Folgen einer transformierten Medienumgebung für einen *größeren* Möglichkeitsraum sozialen Wandels sichtbar, also für die Rolle der Medien an der Konstruktion der sozialen Wirklichkeit an sich, nämlich die Mediatisierung.

Elektrifizierung
Als zweiter Mediatisierungsschub ist die *Elektrifizierung* zu sehen, die abermals die gesamte Medienumgebung transformierte und auch dem mechanischen Druckwesen ein höheres Reproduktionsniveau verlieh. Im Gegensatz zur Mechanisierung lässt sich die Elektrifizierung nicht auf eine einzelne wichtige medientechnologische Innovation wie das Druckverfahren zurückführen, sondern beruhte auf mehreren Erfindungen (siehe Abb. 3.1), vor allem auf dem Telegrafen, dem Telefon, dem Grammophon, dem Plattenspieler sowie auf Tonband, Film, Radio und Fernsehen. Mit dem Begriff ‚Elektrifizierung' meinen wir die Transformation von Kommunikationsmedien in Technik und Infrastrukturen, die auf elektronischer Übertragung basieren. Im Zuge der Elektrifizierung wurden Medien verschiedener Art zunehmend in breitere technologische Netzwerke eingebettet: in Stromnetze, Kabelnetze, Richtfunknetze usw. Überdies bedeutete diese Entwicklung auch einen weiteren Schritt dahingehend, die Medien enger *miteinander zu verknüpfen* und so die Interdependenzen innerhalb der Medienumgebungen zu verstärken.

Der elektrische Telegraf wurde in den 1830er-Jahren erfunden. Nach den 1850er-Jahren begann eine intensive Verdrahtung der Welt, ausgehend von London und Paris, die 1866 mit dem erfolgreich verlegten transatlantischen Unterseekabel ihren ersten Höhepunkt fand (Hugill 1999: 27–32). Diese Infrastruktur der elektrischen Kommunikation war jedoch alles andere als egalitär: Sie konzentrierte sich zunächst auf Großbritannien und später auf die USA und befand sich in den Händen weniger Unternehmen, die mit Kapital aus bestimmten Investorenländern finanziert wurden (Winseck und Pike 2007). Die dem Telefon zugrunde liegende Technik reicht bis ins neunzehnte Jahrhundert zurück, und bereits in den 1920er-Jahren wurden Ferngespräche möglich. Die Entwicklung der kabellosen Telefontechnik, der Funktelefonie, begann zu Ende des neunzehnten Jahrhunderts (Hugill 1999: 83–107) mit den ersten mobilen Zugtelefonen in Europa im Jahr 1926 und den ersten mobilen Autotelefonen in Nordamerika im Jahr 1946.

Betrachtet man die elektrische Telegrafie und Telefonie, so fällt auf, dass die Elektrifizierung anfangs vor allem mit der sogenannten persönlichen Kommunikation und nicht mit ‚Massenkommunikation' verbunden war (Balbi 2013). Die Technologien kamen zunächst ausgewählten Elitegruppen zugute, insbesondere in den Bereichen Militär, Wirtschaft und Regierung (Mattelart 2007 [1991]: 15–36). Darüber hinaus transformierte der elektrische Telegraf den Printjournalismus, da er einen schnelleren Zugang zu transnationalen und transkulturellen Informationen ermöglichte, die zunächst für die Kriegsberichterstattung wichtig wurden (Mortensen 2013: 332–334; Wobring 2005: 39–92).

Schritt für Schritt entwickelte sich die Elektrifizierung von der Mechanisierung über teilweise elektrifizierte Medien bis hin zu vollelektronischen Medien. Dies wird deutlich, wenn wir die Audiokommunikation betrachten, wo wir eine Reihe von Erfindungen wie das Grammophon, den Plattenspieler und das Tonband haben. Während der Phonograph und das Grammophon mechanisch betätigt wurden, war der Plattenspieler ein elektronisches Audiogerät zur Tonerzeugung, das den Phonographen und die Schallplatte kombinierte. Tonbänder folgten in ihrer ersten Konstruktion in der zweiten Hälfte der 1920er-Jahre und als kommerzielle Produkte Mitte der 1930er-Jahre, und auch sie wiesen zahlreiche mechanische Bauteile auf. Auch was die visuelle Kommunikation betrifft, begegnen wir einer Elektrifizierung, die auf einer ausgeklügelten *Mechanisierung* beruht. Die Fotografie in den 1830er-Jahren war ein mechanisch-chemisches Verfahren; ihre Elektrifizierung begann in den 1950er-Jahren durch die Verwendung elektrischer Teile in Kameras. Weit schneller ging da die Elektrifizierung der Filmproduktion vonstatten. Da es sich bei der Filmproduktion anfangs wie bei der Fotografie um ein mechanisch-chemisches Medium handelte, erforderte das Projizieren von Filmen in Kinos starkes Licht sowie Elektromotoren zum Antrieb der Filmrollen. Ein weiterer Schritt zur Elektrifizierung waren Tonfilme. Inzwischen betrachten wir den Film als ein elektronisches Medium.

Typischerweise jedoch wird Elektrifizierung mit den Rundfunkmedien, also Radio und Fernsehen, in Verbindung gebracht. Diese Technik wurde zum Ausgang des neunzehnten Jahrhunderts entwickelt und die erste Radiosendung wurde bereits 1906 ausgestrahlt. Doch erst mit dem Ende des Ersten Weltkriegs und dem Beginn der 1920er-Jahre wurde das Radio zu einem weiter verbreiteten Medium. Anfangs stand das Medium aus technischer Hinsicht offen für ein gegenseitiges Übertragen privater Nachrichten; dies faszinierte beispielsweise Bertolt Brecht, der sich für das Potenzial des Radios als horizontalen „Kommunikationsapparat" interessierte (Brecht 1967 [1932]). Kommerzielle und politische Interessen führten jedoch schnell zu einer senderzentrierten Auslegung des Radios; sowohl gesetzliche Regelungen als auch technische Materialisierung rahmten es als Rundfunk,

3.2 Mediatisierungsschübe

wie wir ihn kennen (Scannell 1989: 137–139; Barnouw 1990: 25–96). Bereits in den 1920er- und 1930er-Jahren etablierte sich das Radio in Europa, Nord- und Südamerika, aber auch in asiatischen und später in afrikanischen Ländern (siehe Bösch 2019: 157–163). Das Fernsehen geht zwar auf eine Vision des späten neunzehnten Jahrhunderts zurück, die Übertragung von bewegten Bildern per Telegraf zu ermöglichen (Fickers 2013: 241–243), doch das regelmäßige Ausstrahlen von Fernsehsendungen begann erst Mitte der 1930er-Jahre in Deutschland, Großbritannien und den USA (Hickethier 1998: 33–39). Der wesentliche Durchbruch des Fernsehens kam in den späten 1940er-Jahren in den USA und in den 1950er- und 1960er-Jahren in Europa und zahlreichen anderen Teilen der Welt. Fortwährend wandelte sich der Charakter des Fernsehens. In den 1970er-Jahren wurde es zu einem Farbmedium mit zunehmend neuartigen und originelleren Formaten und zusätzlichen Geräten wie Fernbedienung, Videorekorder, usw.; in den 1970er- und 1980er-Jahren verbreitete es sich als Satellitenfernsehen über Grenzen hinweg (Barker 1997; Hepp 2014: 48–60; Parks und Schwoch 2012).

Diese historischen Momente zeigen erneut, wie sich die gesamte Medienumgebung durch die Elektrifizierung transformierte. Dabei entstanden zum einen ‚neue' Medien, doch zum anderen unterlagen auch ‚ältere' Medien wie die Presse einem Wandel. Die Elektrifizierung war der Auslöser für einen tiefgreifenden qualitativen Wandel der gesamten Medienumgebung innerhalb einer rasanten Abfolge medientechnischer Innovationen, der seinen ersten Höhepunkt vielleicht zu Beginn des zwanzigsten Jahrhunderts hatte – zu einer Zeit, in der zeitgenössische Überlegungen bereits ein kommendes „drahtloses Jahrhundert" vorhersahen (Sloss 1910: 27). Die Elektrifizierung war überall ein enormes Unterfangen, bei dem hohe öffentliche und private Investitionen notwendig waren, um die entsprechende technische Infrastruktur aufzubauen, zunächst durch Festnetz- und transatlantische Telegrafiekabel, später durch Rundfunkstationen und Kabelnetze.

Dennoch kann die Elektrifizierung, zumindest in ihren Anfängen, als eine Erweiterung der Mechanisierung gesehen werden, allerdings mit dem entscheidenden Unterschied, dass sie eine tiefgreifendere *Vernetzung* der Medien *untereinander* durch eine neue technologische Infrastruktur mit sich brachte – in Form von Stromnetzen, Kabel- und Rundfunknetzen. Im Laufe der Zeit erschienen einzelne Medien weniger ‚unabhängig'; die technische Kapazität lag zunehmend nicht nur auf der Produktionsseite der Medien, sondern auch auf der Nutzungsseite. Daher kann die Elektrifizierung auf einer grundlegenden Ebene als ein Schritt in eine tiefgreifendere und technisch stärker verflochtene Medienumgebung verstanden werden.

Wie verhält es sich mit den sozialen und kulturellen Folgen, die die Elektrifizierung mit sich brachte? Auch hier gilt es, sich zu hüten, die mit der Elektrifizierung verbundenen sozialen und kulturellen Transformationen, die an verschiedenen Orten festzustellen sind, zu stark zu vereinfachen. Es wäre zu simpel, alle Formen der technischen Konnektivität zusammenzufassen, indem man annimmt, sie hätten eine einzige globale Folge, also die Idee eines „globalen Dorfes" (vgl. McLuhan und Powers 1992). Und es wäre auch zu reduktionistisch, anzunehmen, dass die Elektrifizierung der Medien so etwas wie eine „globale Nachbarschaft" erschaffen habe (Commission on Global Governance 1995). Wenn wir jedoch offener vorgehen, können wir mindestens drei Interdependenzen feststellen, die bei der Elektrifizierung im Hinblick auf die Prägung der Medienumgebung eine Rolle spielen.

Erstens ermöglichte die Elektrifizierung in Bezug auf alle Arten der produzierten Medienkommunikation eine *gleichzeitige, weiträumige Übertragung* von Medieninhalten. Ausschlaggebend dafür war das Entstehen mächtiger Medienorganisationen in der Film-, vor allem aber in der Rundfunkbranche. Die Konnektivität, die sie durch ihre Produktionszyklen ermöglichten, erzeugte gemeinsame *Rhythmen* gleichzeitigen Erlebens und neue Narrative der Gemeinsamkeit, deren deutlichste Form das ‚Medienereignis' war, in dem die „seltene Verwirklichung des vollen Potenzials der elektronischen Medientechnologie" zum Vorschein kam (Dayan und Katz 1992: 15).

Zweitens ermöglichte die elektrische Übertragung neuartige Formen einer nahezu unmittelbaren, wechselseitigen Kommunikation über große Entfernungen hinweg, also nunmehr in einer *Gleichzeitigkeit der persönlichen Kommunikation* über den Raum hinweg kommunizieren zu können. Hierzu trugen verschiedene Medien wie der Telegraf, das Telefon usw. bei, von denen einige bereits vor den elektronischen Massenmedien weit verbreitet waren. Folglich hängt dieser Mediatisierungsschub nicht nur mit dem Entstehen neuer Typen von *Medienorganisationen* zusammen, sondern ermöglichte darüber hinaus und viel weiterreichend völlig neue Arten von *sozialen Institutionen*. Zum Beispiel begann sich bereits mit der Telegrafie in den 1860er-Jahren eine globalisierte Wirtschaft herauszubilden, als „erste ‚Stock Ticker' auf Endlospapier die Börsenkurse [meldeten]" (Bösch 2019: 132).

Drittens boten diese Kommunikationsformen Möglichkeiten für neuartige Konstruktionen von Kulturen über Raum und Zeit hinweg. Die Elektrifizierung brachte Medien hervor, die eine weitere Verdichtung translokaler Kommunikationsräume begünstigten. Dies trug nicht nur zur Stabilisierung von nationalen Kommunikationsräumen bei, sondern auch zu einer potenziellen sozialen und kulturellen Ausdifferenzierung innerhalb dieser Räume und über sie hinweg. Ein Beispiel dafür sind Diaspora-Gemeinschaften: transnational verstreut lebende kulturelle Gruppen, die ihre Beziehungen in Echtzeit durch Nutzung von elektronischen Medien aufrechterhalten (Dayan 1999). Diaspora-Gemeinschaften seien dabei nur beispielhaft angeführt für etwas, das sich im größeren Maßstab vollzieht: die Etablierung translokal konfigurierter Kulturen verschiedenster Art durch Strukturen der Gleichzeitigkeit

3.2 Mediatisierungsschübe

und gemeinsame Rhythmen des Medienflusses, einschließlich – auf der allgemeinsten Ebene – der Entstehung einer enormen Populärkultur seit den 1950er-Jahren. Selbstverständlich wollen wir damit nicht behaupten, dass die elektrifizierten Medienumgebungen überall auf der Welt gleich waren oder sind und zu einer einzigen Art von globalem Wandel auf sozialer und kultureller Ebene geführt hätten. Eine andere Dynamik fand beispielsweise in Nigeria statt, wo Videokassetten und die Infrastruktur des Privaten wesentlich zum Aufbau von Counter-Spaces und alternativen Kollektivitäten beitrugen (Larkin 2008: 217–242). Allgemein lässt sich konstatieren, dass „indigene Medien" (Spitulnik 1993: 303) eine Reihe potenzieller Dynamiken und Implikationen begünstigten: mithilfe von Medien als Kollektivität zusammenzukommen, mittels Medien gemeinsame Erinnerungen zu konstruieren und sich durch die Medien im öffentlichen Diskurs eine ‚Stimme' zu verschaffen. In Lateinamerika lässt sich die Aneignung technologiebasierter Kommunikationsmedien als „hybride Geschichte" beschreiben (García Canclini 1995: 44): Über eine lineare ‚westliche' Modernisierung hinaus hat dies Prozesse der Transkulturation begünstigt, insbesondere in urbanen Gebieten. Diese Medienumgebungen ermöglichten nicht nur nationalisierte, sondern auch hochgradig dezentrierte und globalisierte Prozesse der kommunikativen Konstruktion, die unter Berücksichtigung ihres jeweiligen Kontexts analysiert werden müssen.

Digitalisierung
Die Digitalisierung stellt den dritten Mediatisierungsschub innerhalb der letzten Jahrhunderte dar und wird typischerweise mit dem Computer, dem Internet und dem Mobiltelefon assoziiert.[6] Alle drei genannten Erfindungen sind für diesen Mediatisierungsschub von wesentlicher Relevanz. Doch auch an dieser Stelle sollten wir zurückhaltend sein, sie als „Revolutionen" zu bezeichnen (Rainie und Wellman 2012: 1–108): Wie alle anderen Innovationen sind sie das Ergebnis komplexer, distribuierter sozialer Gestaltungsprozesse. Eine Sichtweise auf diese Geschichte betrachtet Algorithmen und Software als das Fundament, auf dem die digitalen Medien aufbauen;[7] eine andere betont die Perspektive der Politik in der Geschichte der Digitalisierung;[8] eine dritte schließlich stellt die kulturellen Kontexte und ‚Pi-

---

[6] Unser Argument hat an dieser Stelle eine gewisse Parallele zu Finnemanns (2011) Überlegungen, dass Mediatisierung über alle Epochen hinweg mit technologiegetriebenen Wandlungsprozessen zu tun hat; vgl. dazu auch Lammers und Jackson (2014: 34).
[7] Ein hervorragendes Beispiel für einen solchen Ansatz ist Lev Manovičs Buch über Software als „Motor der gegenwärtigen Gesellschaften" (Manovič 2013: 6).
[8] Siehe Barbrook (2007) über den Einfluss der Politik auf die „imaginären Zukünfte" des aufkommenden Computerzeitalters.

oniergruppen' hinter diesen Entwicklungen heraus.[9] Wir wollen unsere Analyse jedoch damit beginnen, die Entwicklung des ‚Internets' an sich in den Vordergrund zu rücken. Wie wir bereits früher betont haben, ist ein Hauptmerkmal von Mediatisierungsschüben die zunehmende *Relationalität* zwischen den Medien, die sie mit sich bringen: Das Internet *bildet* die Infrastruktur, die die Datenverbindungen zwischen den heutigen Mediengeräten mit Großrechnern, riesigen Datenzentren und – schon in naher Zukunft – sozialen Robotern und autonomen Systemen wie selbstfahrenden Autos ermöglicht und all unsere Aktivitäten auf unzähligen digitalen Plattformen verbindet.

Die Geschichte ‚des Internets' wurde schon oft erzählt. Bekanntlich ist es aus dem Forschungszweig der Militäreinrichtungen der USA hervorgegangen, unterstützt durch dessen Verbindungen zu universitären Forschungseinrichtungen. Hier zeigt sich deutlich, wie Entwicklungen, auf deren Herkunft ‚die freie Marktwirtschaft' Anspruch erhebt, für gewöhnlich zutiefst auf staatlichen Subventionen und Unterstützung durch andere öffentliche Einrichtungen beruhen (Mazzucatto 2013). Besonders bedeutsam ist dies, wenn mehrere Entwicklungsschritte ineinandergreifen – einige staatlich gelenkt, andere marktgetrieben. Infolgedessen konnte im Jahr 2015 eine kleine Anzahl von Unternehmen, die sich im weiteren Sinne weiterhin mit dem Oberbegriff ‚Medien' fassen lassen – Google, Facebook, Apple, Instagram, vielleicht auch Twitter und in China Alibaba mittels ihrer ‚Plattformen' *direkt* auf die Konsumwelt und die Welt der alltäglichen sozialen Interaktion Einfluss ausüben. Es lohnt sich, die Phasen, die diese Entwicklung genommen hat, ausführlicher zu beschreiben.[10]

Zunächst gab es den Aufbau ‚distribuierter' Kommunikationsnetzwerke zwischen – anfangs nur wenigen – Computern durch den innovativen Prozess der ‚Paketvermittlung' (engl. „packet switching"). Ziel war ursprünglich, im Falle eines militärischen Angriffs sicherere Kommunikationsformen zu gewährleisten. Dies geht zurück auf die Gründung des ARPANET im Oktober 1969 und des NSFNET im Jahr 1985, wobei Mitte der 1980er-Jahre auch verschiedene parallel existierende kommerzielle Netzwerke errichtet wurden. Die nächste Phase begann mit der ursprünglich schon 1945 von Vannevar Bush vorausgeahnten Entwicklung des TCP/IP-Protokolls[11], mit dem sich ganze Gruppen bereits miteinander verbundener Computer zu einem größeren Netzwerk zusammenschalten ließen. Die Etablierung dieses Netzwerks datiert auf den Anfang der 1980er-Jahre; bis 1989 hatte es bereits

---

[9] Siehe Turner (2006) über den Übergang von der Gegenkultur („Counterculture") zur Cyberkultur.
[10] Dank an Andrew Keens jüngstes Buch (Keen 2015), das, wenn auch polemisch geschrieben, diese Schlüsselphasen mit ungewöhnlicher Schärfe darstellt.
[11] Zwar gab es alternative Protokolle, aber TCP/IP setzte sich durch (Agar 2003: 381 f.).

3.2 Mediatisierungsschübe

zu einem ‚Internet' von etwa 160.000 Computern im öffentlichen Sektor geführt. Die entscheidende Phase kam dann mit der Erfindung des World Wide Web, bei der zwei Schlüsselinnovationen zusammenkamen: erstens die Idee, dass Texte miteinander verknüpft werden können, sofern sie mit geordneten Sätzen von ‚Metadaten', genannt ‚Hypertext', verbunden sind. Und zweitens die Formalisierung der Prozesse, mit denen Hypertext zuverlässig zwischen verbundenen Computern übertragen werden kann: HTML (Hypertext Markup Language), HTTP (Hypertext Transfer Protocol) sowie URL (Universal Resource Locator), was einen Adresscode für jede Hypertextdatei liefert. Diese zweite Innovation geht auf Tim Berners-Lee zurück, der am europäischen Kernforschungszentrum CERN arbeitete. Die Kombination aus beiden Erfindungen ermöglichte es, dass 1990 ein ‚Web' von Dateien auf vernetzten Computern und das erste System zum ‚Browsen' innerhalb dieser Texte – das World Wide Web – vorgestellt wurden, gefolgt von der ersten ‚Web'site im November 1991, nämlich info.cern.ch. Diese öffentlich subventionierte Entwicklung hatte bis Anfang der 1990er-Jahre das Grundgerüst einer konnektiven Infrastruktur hervorgebracht. Noch war dies jedoch nicht mit alltäglichen kommerziellen Aktivitäten oder gar einer Alltagsnutzung durch Menschen außerhalb eines Expertenbereichs verbunden.

Es waren gänzlich andere Geschehnisse, die in raschem Tempo das zutiefst kommerzialisierte Internet und WWW, wie wir es heutzutage kennen, hervorbrachten. Im Jahr 1991 wurde das NSFNET geschlossen und der Betrieb des Internets von der US-Regierung an kommerzielle Anbieter übergeben. Von diesem neuen Ausgangspunkt aus entwickelt der Forscher Marc Andreesen mit MOSAIC den ersten kommerziellen Webbrowser. Andreesen hatte den öffentlichen Forschungssektor – das NCSA (US National Centre for Supercomputing Applications) – verlassen, um seine eigene kommerzielle Firma namens Netscape Communications zu gründen. Diese Firma produzierte dann den Webbrowser Netscape und vertrieb ihn breit auf dem Markt. In den späten 1990er- und frühen 2000er-Jahren verlagerten sich die Art und Weise, wie auf die exponentiell wachsende Domäne der mit dem Internet verknüpften Dateien zugegriffen wurde: vom Modell verwalteter Verzeichnisse, wie beispielsweise Yahoo es praktizierte, auf ein algorithmisch basiertes Modell, wofür Google steht. Hierbei werden Seiten auf Grundlage einer Hierarchisierung indexiert, die im Wesentlichen darauf beruht, die Anzahl der *Links zu* jeder Internetseite *hin* zu zählen. Das Alleinstellungsmerkmal von Google bestand darin, nicht ein begrenztes und endliches Verzeichnis zu verarbeiten, sondern auf in einem technischen Sinne rekursive Operationen zu setzen. Dabei nimmt durch jeden weiteren Link die Datenmenge, über die sich die Rechenprozesse erstrecken, zu; zugleich erhöht sich das Leistungsvermögen des Mechanismus ins schier Unendliche. Diese Schlüsselinnovation erleichterte die Nutzung des Internets erheblich. Neben der Verbreitung von vergleichsweise kleinen Desktop-Computern und später dann Laptops war es dies, was zu einem einfachen Zugang zum Internet beitrug.

Aufbauend auf dem enormen Erfolg der Google-Suchmaschine nutzte Google diese als Grundlage einer wesentlich robusteren kommerziellen Infrastruktur: Das neuartige Werbemodell beruht darauf, sich die Begriffe zunutze zu machen, die als Suchbegriffe über die Google-Suchmaschine verwendet werden – anfangs „Google AdWords", inzwischen „Google Ads". Ähnlich funktioniert das Anzeigenmodell „Google AdSense", bei dem die Anzeigen des jeweils Höchstbietenden ausgespielt werden. Beide zusammen schufen die Grundlage für die Ökonomisierung des Online-‚Raums'.

Der entscheidende nächste Schritt war die eigenständige Entwicklung ‚smarter' Mobiltelefone, mit denen nicht nur die herkömmliche Telefonnutzung möglich ist – Sprechen/Hören sowie die wichtigste Erfindung im Zusammenhang mit Mobilfunk: das Senden und Empfangen von SMS –, sondern mit denen sich auch die Domäne des World Wide Web ansteuern lässt. Auf das erste Aufkommen ‚smarter' Telefone folgte umgehend das Design von Anwendungen, bald „Apps" genannt, die auf jedem Smartphone installiert werden konnten, um einen beschleunigten und vereinfachten Zugriff auf bestimmte Domänen von Webdaten zu ermöglichen. Angeführt wurde dies zunächst von Apple, wobei die meisten anderen Smartphone-Anbieter schnell aufschlossen. Ein weiterer entscheidender Schritt bestand zunächst versuchsweise im Jahr 2002 und dann in größerem Umfang ab 2006 in dem Aufkommen eines neuen Website-Typs, der Hunderten von Millionen von Nutzer:innen verschiedene Plattformen für die Vernetzung untereinander bot. Dies spielte und spielt sich allerdings stets innerhalb der Parameter ab, die die Eigentümer der jeweiligen Plattform für die Verwaltung von Formen und Inhalten entwerfen. Die Rede ist von den sogenannten Social-Media-Netzwerken. Damit wiederholt sich im einundzwanzigsten Jahrhundert, was David Zaret (1992, 214) bereits in der Kommunikationsgeschichte des neunzehnten Jahrhunderts über die aufkommenden Möglichkeiten der lateralen Kommunikation bemerkte. Nunmehr allerdings ist das Ganze mit der Möglichkeit versehen, dass sich jede Mitteilung durch Handlungen im Sinne von „Massenselbstkommunikation" (Castells 2009: 65–72) prinzipiell an die gesamte Domäne des WWW richten lässt, entweder von vornherein oder durch anschließendes Weiterverbreiten.

Diese aufeinander aufbauenden und ineinandergreifenden Schritte führen im Ergebnis zu einer bemerkenswert vollständigen Transformation ‚des Internets', wie es einst als geschlossenes, staatlich finanziertes und orientiertes Netzwerk für sehr spezifische Kommunikation genutzt wurde, hin zu einem zutiefst kommerzialisierten, zunehmend banalen *Raum, in dem sich das soziale Leben an sich ab-*

spielt. Der schiere Umfang der Daten, die heutzutage über das Internet übertragen werden, hat völlig beispiellose infrastrukturelle Anforderungen hervorgebracht, insbesondere an das Speichern, aber auch an das Verarbeiten von Daten. Erfüllt werden diese Anforderungen einmal mehr nicht durch staatliche, mithin öffentliche Mittel, sondern durch eine kleine Anzahl privatwirtschaftlicher Unternehmen, die die sogenannte Cloud dominieren (Mosco 2014).

Auch hier gaben beim Digitalisierungsschub nicht nur die sogenannten neuen Medien den Ausschlag. Denn auch die ‚alten' Print- und elektronischen Medien wurden zunehmend digital. Für den Printbereich, insbesondere für die Buch- und Zeitungsbranche, ist dies sehr gut dokumentiert (Brock 2013; Thompson 2005a: 309–329; 2010: 312–368). In der Tat wurden auch Fernsehen und Film digital, sowohl hinsichtlich Produktion als auch hinsichtlich Nutzung, zuletzt mit Smart-TV, Second Screens, also parallel genutzten zweiten Bildschirmen auf weiteren Endgeräten, und digitalen Filmprojektoren wie Beamern. Ihre digitale Eigenschaft erleichterte es, Raubkopien anzufertigen, womit sich weitere Zielgruppen und Nutzer:innen auf der ganzen Welt erreichen ließen, die gleichsam „Netzwerke im Untergrund" schufen, von denen aus sie die Globalisierung „von unten" vorantrieben (Mattelart 2009: 322). Im Zusammenhang mit der Digitalisierung steht auch ein grundlegender Wandel in den Geschäftsmodellen der Medien, der sich zum Teil aus Verlagerungen in der Art und Weise ergibt, wie Werbetreibende ihre Zielgruppen erreichen können, d. h. zunehmend durch personalisiertes Tracking von Personen und damit verbundene Datenerfassung (Turow 2011). Ein weiterer sich abzeichnender Trend besteht in der zunehmenden Einbettung digitaler Medienfunktionen in Gegenstände, die Alltagspraktiken begleiten: ‚virtualisierte Medienkommunikation', wie etwa Computer- und Smartphone-‚Assistenten', die lebendige Kommunikationspartner:innen nachahmen, oder ‚soziale Roboter' als ‚künstliche Begleiter' in unserem Leben (Pfadenhauer 2014: 136). All diese werden mehr und mehr durch Software realisiert (Sandry 2015).

Wie lassen sich die kulturellen und sozialen Folgen dieses Wandels verstehen? Es reicht sicher nicht aus – wie es oft getan wird –, von einer Mediensättigung, ja sogar von einer Übersättigung zu sprechen (Gitlin 2001: 67; Couldry 2012: 4 f.). Von Sättigungen von Medienumgebungen oder vielmehr ihren Durchdringungen ist bereits seit 2003 die Rede, also gegen Beginn des Digitalisierungsschubs und lange vor dessen Höhepunkt (Bird 2003: 2 f.). Einige Autor:innen versuchten, auf eine Abruptheit des digitalen Übergangs abzustellen, indem sie argumentierten, dass es die „Leute, die einstmals als Publikum bezeichnet wurden", so nicht mehr gebe (Rosen 2006), und zwar, weil Kommunikationsempfänger:innen heutzutage Kommunikationen mit demselben Gerät und oft als Teil desselben Kommunikationszyklus senden können. Ähnlich wird argumentiert, dass dadurch der Hybridtypus der „Produser" (Bruns 2005) entstanden sei. Zweifellos haben sich die Ausgangsmöglichkeiten für unsere Beziehungen zu den Medien gewandelt. Es ist jedoch nicht hilfreich, die daraus resultierenden Nutzungsformen und -muster zu polarisiert zu lesen. Vielmehr ist das Publikum zu einem breiteren Spektrum an Handlungen mit den Medien in der Lage (Livingstone 2004): Zum Beispiel können die Kommentare der Leute zu Medienbeiträgen nun auf eine Weise in die Produktionszyklen zurückgespielt werden, die vorher unmöglich war. Zugleich lässt sich konstatieren, dass die von Medienorganisationen produzierten Medien gar nicht verschwunden sind. So sind die heutigen Formen von Mediendurchdringung letztlich nur eine Intensivierung von kulturellen Formen – und nicht etwa ein grundlegender Bruch mit ihnen –, die erst spät in dem Elektrifizierungsschub mit der Zunahme der Reality-Medien und der Celebrity-Kultur Ende der 1990er-Jahre in etlichen Teilen der Welt aufgekommen sind, von Brasilien bis Korea, vom Libanon bis Südafrika. Angetrieben wurde diese Intensivierung durch den Funktionsumfang von Mobiltelefonen und Social-Media-Netzwerken.

Wir täten besser daran, nach Wandel auf der Ebene der zunehmend individualisierten Muster zu suchen, durch die die Menschen auf das, was wir die Mannigfaltigkeit der Medien nennen wollen, *zugreifen, ihnen folgen und sie kommentieren* – anders gesagt: sie ‚verwirklichen' – können. Auf den Begriff der ‚Mannigfaltigkeit der Medien' gehen wir später noch ein. Bis jetzt wissen wir noch nicht viel über diese Figurationen, außer dass sie weitaus vielfältiger sind, als es in dem elektronischen Mediatisierungsschub möglich war: als die meisten Medieninhalte aus einer begrenzten Anzahl synchronisierter und zentral organisierter Quellen stammten, als die Möglichkeiten der Medienproduktion sehr begrenzt und an die Operationen und die Gatekeeping-Macht dieser zentralen Ressourcen gebunden waren und als Kommentare zu Medienbeiträgen zumeist im Nichts verschwanden.

Allgemeiner ausgedrückt führt die Digitalisierung eine weitere Vertiefung mit sich, sowohl hinsichtlich der *Vernetzung* der Infrastrukturen, von denen medienbezogene Praktiken abhängen – so hängt das Digitale heutzutage beispielsweise von der Weiterentwicklung des WLAN und weiterer mobiler Dienste ab –, als auch hinsichtlich der *Schichtung* miteinander konnektierter Medienpraktiken, an denen Einzelpersonen oder Gruppen heutzutage in großer Regelmäßigkeit beteiligt sind. So sind Medienumgebungen zunehmend durch „Konvergenz" gekennzeichnet (Jenkins 2006b; Jensen 2010),[12] was weniger eine Verschmelzung aller Mediengeräte zu einer Art Supergerät bedeutet, als vielmehr ein Aufeinander-zu-Fließen der ‚Daten' oder Inhalte, die aufgrund ihres *digitalen* Wesens über mehrere – teils neue, teils ältere – Endgeräte hinweg *kommunizierbar* werden.

---

[12] Bemerkenswert ist allerdings, dass Medienformen wie das Kino schon immer in erheblichem Maße mit anderen Hilfsmedien konvergiert haben (Rogers 2013: 14).

Uns, die wir inmitten dieses dritten Mediatisierungsschubs leben, ist es offensichtlich, dass dieser Schub weitreichende Folgen für die kommunikative Konstruktion der sozialen Welt hat. Zugleich kann er lediglich als *vorläufiger* Höhepunkt dieses jüngsten Schubs tiefgreifender Mediatisierung verstanden werden. Ein *weiterer* Mediatisierungsschub zeichnet sich bereits ab, und zwar einer, bei dem Daten eine wichtige Rolle einnehmen. Wenn wir bedenken, inwieweit Datafizierung zu einem Wandel in der Art und Weise führt, wie wir Wissen produzieren (siehe Kap. 7), wie tiefgreifend sie mit der Konstitution des Selbst, von Kollektivitäten und Organisationen zusammenhängt (siehe Kap. 8, 9 und 10), dann könnte dieser medienbezogene Wandel durchaus weitreichender sein als derjenige, den wir derzeit im Zusammenhang mit der Digitalisierung sehen. Sicherlich ist eine weitere Vertiefung der Interdependenzbeziehungen zwischen den Medien und den Menschen zu erwarten, wenn ein zunehmender Anteil der Kommunikation auf Kommunikationsinfrastrukturen angewiesen ist, die auf dem Erfassen und Verarbeiten von Daten beruhen. Inwieweit dies der Vorbote einer weiteren qualitativen Verschiebung der gesamten Medienumgebung ist, lässt sich nicht gänzlich beantworten. Wir werden auf diese Frage jedoch in den folgenden Kapiteln an verschiedenen Stellen zurückkommen.

3.3 Tiefgreifende Mediatisierung und die Mannigfaltigkeit der Medien

Wie dargestellt, vollzog sich die Mediatisierung in Schüben – der Mechanisierung, der Elektrifizierung und der Digitalisierung –, die jeweils zu einem grundlegenden Wandel der gesamten Medienumgebung führten. Und weil wir die Medienumgebung eben als Ganzes verstehen, wäre es nicht hilfreich, die genannten Mediatisierungsschübe als „Diffusion" (Rogers 2003) *eines* jeweils dominanten Mediums zu verstehen. Die Annahme, wir würden jeweils in einem bestimmten Zeitalter leben, sei es das der Zeitung, des Fernsehens oder des Internets bzw. Mobiltelefons, ist viel zu grob gefasst. Um wirklich zu verstehen, worum es bei der Mediatisierung geht, müssen wir sie als einen Prozess der zunehmenden Vertiefung *technologiebasierter Interdependenz* verstehen. Diese Vertiefung muss in zweierlei Sinn verstanden werden: Erstens haben sich die technologischen Innovationen bei den Medien in den letzten 600 Jahren beschleunigt. Zweitens haben die Medien im gleichen Zeitraum *aufgrund* ihrer sich wandelnden Rolle für die Bedingungen menschlicher Interdependenz zunehmend an Relevanz bei der Artikulation der *Art* der uns umgebenden Kulturen und Gesellschaften gewonnen.

Mit der Beschleunigung des Wandels meinen wir im Grunde genommen, dass sich die Abfolge mehr oder weniger grundlegender technologischer Innovationen im Bereich der Kommunikation zunehmend verkürzt. Beispielsweise betrug die Zeitspanne zwischen der Erfindung der Druckerpresse und der gedruckten Zeitung noch etwa 150 Jahre. Hingegen wurden das Telefon, der Film, das Radio und das Fernsehen innerhalb von nur fünfzig Jahren erfunden. Die Innovation verschiedener digitaler Medien schließlich fand innerhalb von lediglich dreißig Jahren statt. Vergleicht man die drei Mediatisierungsschübe Mechanisierung, Elektrifizierung und Digitalisierung miteinander, ergibt sich ein etwas komplexeres Bild. Denn der Wandel der gesamten Medienumgebung, zu dem die Mediatisierungsschübe führten, fand in zunehmend kürzeren Zeiträumen statt, wobei die *bereits existierenden* Medien eine zunehmend größere Rolle beim Prägen der neu entstandenen vernetzten Medienumgebung spielten. Beides lässt sich mit einem allgemeineren Phänomen in Verbindung bringen: mit dem, was Hartmut Rosa als „fortschreitende *Beschleunigung* des sozialen Wandels" bezeichnet hat (Rosa 2005: 178). Wenn wir an die Innovationen bei den Medientechnologien zurückdenken, siehe vorige Abbildung, können wir uns der von Rosa vertretenen These anschließen, „dass das Tempo dieses Wandels sich von einer *intergenerationalen* Veränderungsgeschwindigkeit in der Frühmoderne über eine Phase annähernder Synchronisation mit der Generationenfolge in der ‚klassischen Moderne' zu einem in der Spätmoderne tendenziell *intragenerational* gewordenen Tempo gesteigert hat" (Rosa 2005: 178). Vorsorglich weisen wir abermals darauf hin, dass wir es vermeiden sollten, diese Beschleunigung automatisch mit der ‚europäischen' Modernisierung zu verknüpfen: Mit diesem Vorbehalt kann uns Rosas Metapher helfen, die Beschleunigung zu erfassen, der die Rolle der Medien bei den Globalisierungsprozessen selbst unterliegt.

Solche aufeinander aufbauenden Mediatisierungsschübe haben zu einer Medienumgebung geführt, die in ihrer heutigen Form einzigartig ist: Zahlreiche Kommunikationsmedien sind nicht etwa verschwunden – nicht einmal die Steintafel oder das Manuskript –, sondern üben bis heute, zumal im künstlerischen Bereich, eine spezifische und funktionelle Rolle aus. Einige frühe elektronische Medien, wie beispielsweise Vinyl-Schallplatten, erleben sogar ein Revival (Malvern 2015). Daneben hat sich eine weitere Landschaft digitaler Medien etabliert, für die das Mobiltelefon, Online-Plattformen und Computerspiele nur einige Beispiele sind, während ältere elektronische Medien wie Fernsehen, Radio oder Kino selbst digital wurden. All dies geschieht vorangetrieben von einer zunehmend stärker distribuierten Infrastruktur. Es bleibt jedoch eine große Herausforderung, die Komplexität der heutigen Medienumgebung angemessen zu erfassen.

Diesen Veränderungen liegt ein tiefgreifender Wandel zugrunde, bei dem der Grad der *technischen Relationalität* der Medien von der Mechanisierung zur Elektrifizierung und dann abermals von der Elektrifizierung zur Digitalisierung erheblich zugenommen hat. Die technische Relationalität der Mechanisierung war insofern begrenzt, als technische Verfahren hauptsächlich auf der Seite der Medienproduktion und weitaus weniger auf der Seite der Mediennutzung zum Einsatz kamen. Man denke an die Druckerpresse: Gedruckte Bücher, Zeitschriften und Einblattdrucke wurden händisch verteilt und die Nutzung dieser Druckmedien erforderte keinerlei technologische Hilfsmittel. Dies änderte sich, als elektronische Medien aufkamen: Es kam zu einer technologischen Verflechtung der Medien miteinander, wobei das breiter ausgebaute Stromnetz wesentlich zu der späteren Verbreitung elektronischer Medien beitrug. Auch wurden die Medien selbst von ihrer eigenen Technologieinfrastruktur abhängig, was unter anderem für die Rundfunk-, Kabel- und Radionetze galt. Diese technologische Bezüglichkeit manifestierte sich teilweise in neuartigen Geräten, die verschiedene ‚unterschiedliche' Medien in einem Endgerät integrierten. So kombinierten beispielsweise ‚Kompaktanlagen' Radio, Hörkassette, Schallplatten und mitunter sogar Fernsehen in einem nutzerseitigen Endgerät. Im weitesten Sinne war die Digitalisierung ein weiterer Schritt in Richtung technologischer Relationalität:[13] Aufgrund der Digitalisierung wurde es möglich, verschiedene Arten von ‚Inhalten' über eine konnektive Infrastruktur – das Internet – zu transportieren. Unsere heutigen Geräte nun, wie Smartphones und Tablets, mit denen wir Zugang zum Internet haben, sind längst keine Spezialcomputer mehr, sondern es handelt sich um Mehrzweckgeräte. Und doch: Obwohl in einer solchen Medienumgebung die meisten Geräte auf Computertechnologie beruhen, ist es noch immer nicht zu einer Konvergenz zu einem einzigen ‚Metagerät' gekommen.[14] Was wir stattdessen konstatieren können, ist eine tiefgreifende technische Relationalität der *zunehmenden Vielfalt* unterschiedlicher Geräte; dies macht Konnektivität als eine Anforderung unserer heutigen Zeit so allgegenwärtig. Darüber hinaus wird der Charakter eines jeden Mediums mehr und mehr durch die jeweilige Software und die im Wortsinne kalkulatorischen Funktionen definiert, auf denen die zugrunde liegenden Funktionen basieren, statt nur durch das technologische Gerät als solches. Was wir schlicht ‚Mobiltelefon' nennen, ‚repräsentiert' für uns vielmehr gleich eine *Vielzahl* an Medien. Und durch das Hinzufügen weiterer Apps, die gefilterten Zugriff auf weitere Medienströme ermöglichen, lässt sich das Gerät sogar noch erweitern.

Mit der daraus resultierenden *zunehmenden Relationalität* der heutigen digitalen Medien stehen Individuen daher nicht einfach vor der Frage, welches Medium sie für welchen Zweck auswählen. Sondern die mit dem Digitalisierungsschub verbundene Relationalität, die an Tiefe hinzugewonnen hat, definiert eine neue *Art*

---

[13] Dies hatte Marshall McLuhan bereits vorausgesehen (1987 [1964]: 349).
[14] Wie bereits von Henry Jenkins angemerkt (Jenkins 2006a).

von Medienumgebung, die sich von früheren Medienumgebungen unterscheidet. Wir müssen daher die richtigen Analyseinstrumente entwickeln, um zu erfassen, was diese Umgebung und unsere Beziehungen zu ihr auszeichnet.

Im Zuge des fortschreitenden Digitalisierungsschubs wurden verschiedene Arten der Beschreibung vorgeschlagen, um die neu entstandenen Arten von Wechselbeziehungen zu erfassen. Einige Begriffe legen den Schwerpunkt auf den Austausch von Inhalten zwischen verschiedenen Medien, wie „Remediatisierung" – die „Repräsentation eines Mediums in einem anderen" (Bolter und Grusin 2000: 45) –, „Transmedialität" – Narrative, die über verschiedene Arten von Medien hinweg funktionieren (Evans 2011) – und „Spreadable Media" – „virale" Kommunikation über verschiedene Plattformen hinweg (Jenkins, Ford und Green 2013: 295). Andere Konzepte stellen die Aneignung mehrerer Medien durch die Nutzer:innen in den Vordergrund: Beispiele dafür sind die Begriffe „crossmedial" (Schrøder und Kobbernagel 2010; Westlund 2011), „Medienrepertoires" (Hasebrink und Domeyer 2012) und „Polymedia" (Madianou und Miller 2013; Madianou 2014). Eine solche Terminologie versteht die heutige Medienlandschaft als eine „komplexe Umgebung, in der jedes Medium [und seine Nutzung] in Bezug auf alle anderen Medien definiert ist" (Madianou 2014: 330): In ‚Medienrepertoires' werden nicht einfach die Medien aufsummiert, die Menschen benutzen, sondern mit ihnen wird die sinnhafte Beziehung zwischen den Medien und den Menschen bei ihren Alltagspraktiken erfasst. Die tiefgreifende Mediatisierung wird in dieser Sichtweise durch die Praktiken der Nutzer:innen sichtbar, die sich über eine Vielzahl von Medien hinwegbewegen.

Es sind solche Konzepte, die auf die grundlegende Transformation der sozialen Welt eingehen, die sich aus der tiefgreifenden Mediatisierung ergibt, und sie unternehmen richtigerweise den Versuch, die Interdependenzbeziehungen zu erfassen, die die digitale Medienumgebung kennzeichnen. Sie erfassen jedoch nicht die damit zusammenhängende *Komplexität,* die für die digitalisierte Medienumgebung als Ganzes charakteristisch ist. Dies lässt sich mit dem von uns vorgestellten Konzept der *Mannigfaltigkeit der Medien* (engl. „media manifold") darstellen.[15]

Der Begriff ‚Mannigfaltigkeit' stammt aus der Mathematik, insbesondere der Topologie. Dort bezieht er sich auf einen topologischen, mehrdimensionalen Raum, der durch eine Form in einem niedrigerdimensionalen, z. B. euklidischen Raum adäquat beschrieben werden kann. Die Erde ist in diesem Sinne eine dreidimensionale Form, die sich mit akzeptabler Wiedergabetreue auf eine Reihe zweidimensionaler ‚Karten' reduzieren lässt, die Teile ihrer Oberfläche wiedergeben. Deleuze benutzte

---

[15] Erstmals vorgeschlagen bei Couldry (2011); siehe auch Couldry (2012: 16 f. und 44).

diesen Begriff, um die Komplexität und prinzipielle Unbestimmbarkeit der Welt zu betonen, wenngleich sein Schwerpunkt eher darauf lag, wie diese Ordnung sich jeder einfachen Reduktion auf ein Modell *entzieht* (DeLanda 2006: 12–15). Die deleuzianische Verwendung wird jedoch dem zweistufigen Aspekt des Mannigfaltigkeit-Konzepts nicht gerecht, der unserer Argumentation nach am besten dazu taugt, unsere Positionierung zu derjenigen der Medien zu erfassen: also die *Beziehung zwischen* einem vieldimensionalen Objekt und der Annäherung an dieses Objekt in einem anderen, niedrigerdimensionalen Objekt.

Wir vertreten die These, dass dieses doppelte Konzept – die ‚Mannigfaltigkeit' – die Doppeltheit unserer Einbettung in die heutige äußerst komplexe Medienumgebung gut erfasst. Die Auswahl an Medien- und Informationsmöglichkeiten, auf die typische soziale Akteur:innen, zumindest in wohlhabenden Ländern, heutzutage zurückgreifen können, ist schier unendlich und in zahllosen Dimensionen verfasst. Zugleich handelt es sich jedoch bei Lichte betrachtet um eine begrenzte Auswahl von Möglichkeiten, aus denen wir jeden Tag auswählen: Diese begrenzte Auswahl ist die Art und Weise, wie wir in der Praxis das vieldimensionale Medienuniversum für den Alltagsgebrauch verwirklichen.[16] Unser bei bestimmten Gelegenheiten ausgeführtes Medienhandeln wiederum verwirklicht diese begrenzte Auswahl und umfasst seinerseits eine spezifische und wichtige Variationsebene. Es gibt also drei Ebenen, wobei uns in unserem Versuch, unsere Beziehungen als soziale Akteur:innen zum weiteren Medienuniversum als solchem zu verstehen, vorrangig nur die ersten beiden Ebenen und ihre Wechselbeziehungen beschäftigen. Das Verhältnis zwischen einerseits dieser begrenzten Auswahl von Alltagsoptionen und andererseits der Unendlichkeit der grundlegend verfügbaren Optionen ist das, was wir meinen, wenn wir von unseren *Beziehungen zur ‚Mannigfaltigkeit der Medien'* sprechen und an der Idee der ‚Mannigfaltigkeit' als einem vieldimensionalen Objekt festhalten, das in einer niedrigeren Dimension angemessen erfasst werden kann.

Der Begriff der ‚Mannigfaltigkeit der Medien' ermöglicht es uns, sowohl die Position der sozialen Akteur:innen in einer weitaus größeren, institutionalisierten Umgebung interdependenter Medien als auch die vorhandene Komplexität der alltäglichen Medienauswahl dieser Akteur:innen im Blick zu behalten. Es gilt, beide Positionen wie auch ihre Wechselbeziehungen zueinander zu verstehen. Denn die Dynamik dieser weitläufigeren Umgebung, insbesondere die ihr übergeordneten

---

[16] Im September 2015 kündigte das in Schweden ansässige Unternehmen „Shortcut Labs" die Entwicklung eines Geräts an, mit dessen Hilfe wir aus der zunehmenden Verbreitung von Apps auswählen können, sozusagen eine App für Apps: Guardian 7. September: 26.

Zwänge in Richtung Datafizierung, sind von großer Relevanz für alle Akteur:innen und für die Verfasstheit des sozialen Lebens als Ganzen.[17]

Im nächsten Kapitel wenden wir uns der Frage zu, wie wir mit einem soziologischen Ansatz über die Folgen unserer Beziehungen zu der heutzutage höchst komplexen Medienumgebung für die Konstruktion der sozialen Welt nachdenken können.

---

[17] Bei der Entwicklung des Konzepts der Mannigfaltigkeit der Medien erkennen wir die Nützlichkeit des weit verbreiteten Modells der ‚Medien-Affordanzen' an (Gibson 1967; Hutchby 2001). Bei der Betrachtung der Wechselbeziehungen mit einem bestimmten Medium ist es durchaus hilfreich. Hier jedoch ist es von geringerem Nutzen, da sich in den Alltagspraktiken der Mannigfaltigkeit der Medien vielfältige neue Arten von ‚Affordanzen' ständig überschneiden und miteinander in Konflikt geraten, was die umfassenderen Beziehungen, an denen wir interessiert sind, verschleiert.

Unser Leben mit Medien

4

Im vorangehenden Kapitel haben wir argumentiert, dass unsere komplexe Medienumgebung am besten als Mannigfaltigkeit der Medien beschrieben werden kann. Die damit verbundene Komplexität kann vielleicht als charakteristisch für soziale Praktiken im Allgemeinen angesehen werden: Theodore Schatzki, der führende Vertreter der Praxistheorie, spricht von den „Mannigfaltigkeiten von miteinander verbundenen Handlungen und Aussagen, die zusammengenommen Praktiken bilden" (1996: 131). In der Formulierung als ‚Mannigfaltigkeit der *Medien*' bezieht sich der Begriff allerdings auf ein gewisses Maß an *institutionalisierter Interdependenz* in den medienbezogenen Alltagspraktiken, die eine besondere *Art* von sozialer Komplexität schafft. Wie können wir mit dieser Komplexität umgehen? Und welche Bedeutung hat sie für uns? Diese Frage bringt uns zu den jüngsten sozialwissenschaftlichen Debatten über die Beziehung zwischen Technik, Systemen und Komplexität und macht es erforderlich, ein weiteres Konzept aus der Sozialtheorie zu entwickeln und zu erweitern, nämlich das der ‚Figurationen'. Das Ergebnis ist ein Ansatz, der den Kern von ‚Gesellschaft' in den Blick nimmt. Obgleich er keineswegs funktionalistisch ist, kann er dennoch die ordnende *Kraft* der *interdependenten* institutionellen Anordnungen erfassen, die wir ‚Medien' nennen und in die unser Leben zutiefst einbezogen ist.

In diesem Kapitel führen wir die konzeptionellen Neuerungen, auf die sich unser Gesamtargument stützt, weiter aus. Unsere Aufgabe wird eine doppelte sein: Erstens gehen wir angesichts des jüngeren sozialwissenschaftlichen Denkens über Komplexität zwingend davon aus, dass die beiden populärsten Denkansätze zu Interdependenz – nämlich ‚Netzwerke' und ‚Assemblage' –, auch wenn sie durchaus einige Vorzüge bieten, nicht ausreichen, die charakteristischen Institutionalisierungsprozesse zu verstehen, die für das soziale Leben unter den Bedingungen der tiefgreifenden Mediatisierung kennzeichnend sind. Wir stellen uns dann der Herausforderung, Elias' bislang noch relativ unausgereiftes Figurationskonzept zu einem analytischen Werkzeug zu entwickeln, das uns helfen kann, zahlreiche Ebenen der Komplexität des sozialen Lebens zu erfassen, bei dem jedes ihm innewohnende Element und jede seiner Schichten von miteinander verknüpften Prozessen der medienvermittelten Kommunikation abhängt: Das wiederum erfordert weitere konzeptionelle Neuerungen bis hin zu dem erweiterten Begriff der ‚*Figurationen von* Figurationen'. Diese Aufgabe ist nicht leicht, aber notwendig, um die Grundlagen unserer Argumentation als Ganzes grundständig und umfassend zu legen.

Bevor wir jedoch auf unser Gesamtargument eingehen, widmen wir uns dem zutiefst vernetzten Charakter heutiger infrastruktureller und organisatorischer Prozesse. Dieser befeuert unweigerlich eine *wie auch immer* geartete Vorstellung, dass die soziale Welt ein komplexes, technologiegetriebenes und weiträumig verteiltes ‚System' ist, oder vielmehr mehrere miteinander verbundene Technologiesysteme. Denn wie sonst ließen sich die *Ansprüche* auf ein System verstehen, die beispielsweise mächtige Akteure wie Regierungen, Plattformbetreiber oder Infrastruktureigentümer erheben, wenn man nicht davon ausgeht, dass dem Ganzen ein gewisses Maß an Systematik (Walby 2007) zugrunde liegt? Doch anzuerkennen, dass Kräfte auf ein System ausgeübt werden, ist noch nicht dasselbe, wie zu sagen, dass wir bereits eine klare Vorstellung davon haben, was der Ausdruck ‚technologisches System' in einem sozialen Kontext tatsächlich bedeuten könnte. Auch ist nicht gesagt, dass ‚Systemkonzepte' aus der Mathematik und den Naturwissenschaften notwendigerweise einen hilfreichen Ausgangspunkt bieten.

Einige vertreten die Meinung, dass die Zunahme von Gerätschaften, die auf GPS beruhen, also von Instrumenten, mit dem sich Zeit und Raum vermessen lassen, oder auch das Signalwesen im Allgemeinen als ein Beispiel für die Komplexität im sozialen Leben gesehen werden kann. Demzufolge könnte man sich fragen, ob wir die Art und Weise überdenken sollten, wie wir uns „in der Welt" im Sinne einer „konvergenten Verortung" verhalten, die sich vollständig auf distribuierte technologische Systeme stützt, die Informationen erfassen, verarbeiten und übertragen (Dennis 2007: 152). Als weitere Quelle für eine Theoretisierung der „Komplexität" (de Angelis 2002) lassen sich die Überwachungsmechanismen ausmachen, die in bestimmte Arbeitsabläufe – wie den Online-Handel – standardmäßig eingebettet sind. Die Komplexitätstheorie wurde in der Managementtheorie etwas adaptiert, um die Operationen und Abläufe großer Organisationen zu erfassen (Lissack 1999). Unterdessen hat mit der Systemtheorie von Niklas Luhmann (1998) eine ausdifferenzierte Theorie des Sozialen in der Soziologie Einzug gehalten, die auf einer bestimmten Vorstellung hierarchischer Beziehungen zwischen mehreren sich selbst tragenden Systemen aufbaut, ein Theoriegebäude, das sich stark auf die frühen Arbeiten von Varela über biologische Systeme stützt.[1]

Eine solche Theoriebildung bringt jedoch zwei grundlegende Probleme mit sich. Erstens hängt das gesamte Konstrukt von einer Metapher ab, wie selbst enthusiastische Vertreter:innen der Komplexitätstheorie eingestehen (Lissack 1999: 117). Denn die soziale Welt setzt sich *keineswegs* aus Elementen zusammen, deren Interaktionen numerisch gemessen und analysiert werden können, und dies ergibt sich direkt aus dem Wesen der sozialen Welt: Jeder ihrer Akteur:innen ist nicht nur handelnd, sondern auch *interpretierend* in ihr tätig, und diese Interpretationsprozesse sind ihrerseits oft komplex und erzeugen geradezu „Komplexitäten von Komplexitäten" (Mesjasz 2010: 709). Aus diesem Grund ist allen Versuchen, die auf den Naturwissenschaften oder auch der Mathematik beruhende Komplexitätstheorie auf die soziale Welt anzuwenden, die Abhängigkeit von der Entscheidung gemein, diese Theorie stets *metaphorisch* auf einen sozialen Kontext anzuwenden, für den sie gar nicht konzipiert wurde (Mesjasz 2010: 713). Zweitens ist allein die Entscheidung, die komplexe soziale Welt *als System* zu interpretieren, bereits willkürlich. Man denke an die Annahme in Luhmanns Werk, dass soziale Systeme, unabhängig von ihrem komplexen vernetzten Wesen, sich selbst anpassen und sich im Allgemeinen in einem Gleichgewicht befinden; oder – noch seltsamer – an die Annahme des Luhmann-Anhängers Qvortrup, dass die (primäre) Rolle derjenigen Institutionen, die wir als ‚Medien' kennen, nicht etwa darin besteht, Gewinne zu erwirtschaften, Geschichten zu erzählen oder Arbeitsplätze zu schaffen, sondern einzig darin, „soziale Komplexität zu verwalten" (Qvortrup 2006: 355). Wie lassen sich derartige Annahmen belegen? Warum sollte man glauben, dass die soziale Welt aus riesigen ‚Komponenten' besteht, die zueinander hinsichtlich gewisser ‚Grundfunktionen' in einem nahtlosen Wechselbezug stehen? Ein solcher Ansatz zum Verständnis der sozialen Welt liest Ordnung *rückwärts* in emergente Prozesse hinein und missversteht so eine historisch erzeugte Ausdifferenzierung als funktional abgeleitete Differenzierung; zudem geht er von der Annahme aus, dass zwischen Systemen Begrenzungen vorliegen, wo in Wirklichkeit vielmehr Überlappungen bestehen (Walby 2007: 457–459).

Ein anderes Problem stellt sich bei Versuchen, die soziale Welt im Sinne einer ‚Topologie' zu beschreiben. Die Topologie ist ein Teilgebiet der Mathematik, das sich mit den Eigenschaften geometrischer Formen befasst, die auch unter stetigen

---

[1] Für einen Versuch, die luhmannsche Systemtheorie auf Medienoperationen anzuwenden, siehe Qvortrup (2006).

Verformungen wie Dehnen, Verdrehen usw. erhalten, also *invariant* bleiben. Das Erkenntnisinteresse der Topologie gilt dem Phänomen, wie verschiedene Formen, so unwiedererkennbar wir sie auch verformen mögen, in bestimmten grundlegenden Aspekten gleich (‚homöomorph') und damit von anderen topologischen Formen unterscheidbar bleiben können. In der Sozialwissenschaft jedoch wird mit dem Begriff der Topologie verwirrenderweise nicht etwa Invarianz, sondern Fluidität bezeichnet. Sicherlich ruft die überwältigende Komplexität rascher Transformationen so etwas wie eine topologische *Frage* hervor, ob beispielsweise die Globalisierung „zu einem Wandel der eigentlichen Ontologie von Raum und Territorialität" geführt hat (Amin 2002: 387). Doch das sogenannte topologische Denken in den Sozialwissenschaften erklärt nicht, was man gewinnen könnte, wenn man dauerhafte *Invarianzen* als topologische Formen denkt, sondern benutzt ‚Topologie' vielmehr als Schlagwort für Fluidität (Allen 2011; Harvey 2012; Lury, Parisi und Terranova 2012; Tucker und Goodings 2014), wobei es genau den Kern dessen verfehlt, was ‚Topologie' ausmacht (Martin und Secor 2014: 12). Die ‚Topologie' kann uns nur dann helfen, eine Welt außerhalb der Mathematik zu verstehen, wenn es eine „technische Übersetzung" oder „funktionale Zuordnung" zwischen einer Domäne „mathematischer Aktivität" einerseits und „sozialer oder kultureller Aktivität" andererseits gibt (Phillips 2013: 13). Dies jedoch würde weitere Arbeit erfordern, die über den Rahmen dieses Buches hinausgeht.

Wir brauchen alternative Auffassungen von der Komplexität unseres heutigen Lebens mit Medien, die nicht über Metaphern funktionieren, sondern sich auf die Kernanliegen der Sozialtheorie konzentrieren. Bereits in den 1970er-Jahren entwickelte der Soziologe Norbert Elias eine Sozialtheorie zur Beschreibung einer zunehmend komplexen sozialen Welt, die sich nicht auf eine funktionale Beschreibung oder reine Metapher reduzierte. Er verstand die soziale Welt angesichts ihrer zunehmend komplexeren Verflechtung der Menschen als *Interdependenzbeziehungen,* die er ‚Figurationen' nannte. Oder wie Elias es ausdrückt:

> Die Indizes der Komplexität, auf die hier hingewiesen wurde, können vielleicht dazu helfen, das Alltägliche etwas fremdartig erscheinen zu lassen. Dessen bedarf es, ehe man verstehen kann, daß der Gegenstand der Soziologie, die Beziehungsgeflechte, die Interdependenzen, die Figurationen, die Prozesse, die interdependente Menschen miteinander bilden, kurzum die Gesellschaften, überhaupt ein Problem sind. (Elias 2006 [1970]: 133)

Gewiss ist es erforderlich, die von Elias entwickelte Theorie einer Weiterentwicklung zu unterziehen, wenn sie die Komplexität unseres heutigen Lebens mit den uns umgebenden Medien angemessen beschreiben soll. Ungeachtet dessen war auch Elias bereits sensibel dafür, wie die Komplexität von Figurationen mit der

Ausbreitung der Medien zunehmen könnte (Elias 1999 [1987]: 219). In diesem Kapitel machen wir uns daran, einen *figurativen Ansatz* zu entwickeln, mit dem sich unser Leben mit den uns umgebenden Medien beschreiben lässt. Zuvor jedoch nehmen wir mit Netzwerk und Assemblage kurz zwei Konzepte in den Blick, die miteinander darum ringen, welches von ihnen mehr zum Verständnis von Komplexität beiträgt, wobei keines von ihnen – trotz ihrer durchaus vorhandenen Nützlichkeit – erfassen kann, wie die soziale Welt zumindest in Teilen aus akkumulierten *Bedeutungs*zusammenhängen aufgebaut ist.

4.1 Jenseits von Netzwerk und Assemblage

Rund um die Begriffe Netzwerk und Assemblage wurden zwei Konzepte entwickelt, mit denen komplexe strukturelle Beziehungen erfasst werden sollen. Ihnen gemeinsam ist, dass sie beide von einem *gewissen* Verständnis davon ausgehen, wie die soziale Welt auf regelmäßige und geordnete Weise zusammenhält. Die Idee, Netzwerke zu analysieren, reicht mehrere Jahrzehnte zurück und hat einen wichtigen Zweig der sozialwissenschaftlichen Methodik hervorgebracht. Das Konzept der Assemblage stammt aus der Philosophie und ist zu einem wichtigen Ansatz in der umfassenderen Kulturanalyse geworden. Doch jeder der beiden Ansätze hat entscheidende Grenzen.

Mit Netzwerk ist eine strukturelle Metapher zur Beschreibung der Beziehungen von menschlichen Akteur:innen innerhalb einer bestimmten sozialen Entität wie Gruppen, Familien usw. und zwischen diesen Entitäten gemeint. Die Netzwerkforschung entwickelte sich lange vor dem Internet und den heutigen Prozessen der tiefgreifenden Mediatisierung.[2] Doch im Zuge des Digitalisierungsschubs wurde die Netzwerkanalyse zunehmend zu einer *dominierenden* analytischen Perspektive. Bereits in den 1990er-Jahren versuchte Barry Wellman (1997), das Konzept eines Netzwerks anzuwenden, um zu verstehen, wie „elektronische Gruppen" funktionieren: Mit der Entwicklung der Intensität der konnektiven Infrastruktur des Internets entwickelten sich auch die Begriffe des „vernetzten Individualismus" (Wellman et al. 2003: 3) und die Möglichkeit, das Soziale selbst auf der Grundlage eines neuen „Betriebssystems" zu konzipieren (Rainie und Wellman 2012). Aus dieser Sicht erscheint die Gesellschaft als nichts anderes als ein großes, komplexes Netzwerk: „Gesellschaften – wie Computersysteme – haben vernetzte Strukturen, die Chancen und Zwänge, Regeln und Verfahren bieten" (Rainie und Wellman 2012: 7).

---

[2] Für ein detailliertes Verständnis siehe Couldry und Hepp (2022).

Weiter als diese Perspektive blickt Manuel Castells (2001) mit seiner Idee von einer Netzwerkgesellschaft, bei der er sich mit Machtverhältnissen befasst, die auf allen Skalenebenen bis hin zur globalen operieren. Netzwerke sind nach Castells „komplexe Kommunikationsstrukturen" (Castells 2009: 21), die in dem Maße transformiert werden, wie sich die Medientechnologien selbst wandeln und die das ermöglichen, was Castells als „Massenselbstkommunikation" (2009: 55) bezeichnet: dass Einzelne zunehmend, wenn auch sehr unausgewogen, Zugang zu der ‚Rundfunk'-Reichweite erlangen, die früher Institutionen vorbehalten war. In jüngeren Arbeiten, in denen das Netzwerkkonzept weiterentwickelt wurde (Wasserman und Faust 1994: 729–731; Castells, Monge und Contractor 2011: 788–790) wird unterschieden zwischen einerseits solchen Netzwerken, in denen zahlreiche Modalitäten über denselben Knotenpunkt arbeiten, sogenannte „multimodale, uniplexe Netzwerke", und andererseits solchen Netzwerken, in denen mehrere Beziehungen der gleichen Art von einem einzigen Objekt ausgehen, sogenannte „unimodale, multiplexe Netzwerke".

Alle derartigen Ansätze der Netzwerkanalyse tragen etwas Wertvolles zu unserem Gesamtverständnis von der Konstruktion der sozialen Welt bei, weil sie die sich wandelnde Dynamik von „Akteurkonstellationen" (Schimank 2010: 202) als soziale Strukturen abbilden. Das ist das Gleiche, was Simmel (1992 [1908]: 19) als „Wechselwirkungen" von Individuen, als grundlegende Einheit sozialer Struktur bezeichnet hatte. Entscheidend für solche Netzwerkdynamiken sind dabei die konkreten Mediennutzungsweisen (Baym 2015: 101 f., 112–141).

Problematisch an dem Konzept ‚Netzwerk' ist, dass es die soziale Welt *allein* auf die Akteurkonstellationen von Netzwerken reduziert. Zahlreiche weitere Merkmale der uns umgebenden sozialen Welt und unseres Lebens in ihr werden hingegen ignoriert. So sehr sie auch versuchen mögen, anzuerkennen, welche Relevanz auch der „Sinnstiftung" in Kommunikationsnetzwerken (Castells 2009: 21 f.) oder den „Geschichten" zukommt, die „Verbindungen innerhalb von Netzwerken knüpfen" (White 2008: 20), sind führende Netzwerktheoretiker:innen nicht in der Lage, diese Sinnprozesse in ihr Gesamtbild der Konstruktion der sozialen Welt zu integrieren. Darüber hinaus ist sämtlichen Konzepten, die sich der ‚Netzwerkgesellschaft' widmen, gemein, dass sie Netzwerke weiterhin als Entitäten *verdinglichen*, die einfach *gegen* andere soziale Gruppen positioniert werden können,[3] ohne die gesamte Komplexität der kontextualisierten Interdependenzbeziehungen zu berücksichtigen, in die sowohl Netzwerke als auch Gruppen eingebettet sind. Mit dem ‚Netzwerk'-Konzept lassen sich daher die Sinnkonstruktionen, die das menschliche Handeln *ausrichten,* niemals *in ihrer Gänze* erfassen.

---

[3] Eine solche Verdinglichung des Begriffs ‚Netzwerk' können wir z. B. in der Beschreibung Rainies und Wellmans von Menschen lesen, die „in sozialen Netzwerken arbeiten, nicht in Gruppen" (Rainie und Wellman 2012: 11).

4.1 Jenseits von Netzwerk und Assemblage

Der Begriff ‚Assemblage' entstammt einem anderen Kontext: Zunächst im Kunstbereich als Bezeichnung von Collagen entwickelt, hat der Begriff in jüngerer Zeit eine tiefsinnige Bewegungsrichtung erhalten, die „Ganzheiten" erfasst, die durch Beziehungen der Äußerlichkeit gekennzeichnet sind (Deleuze und Guattari 2004 [1980]). Im Französischen lautet der Begriff nicht ‚assemblage', sondern ‚agencement', was ‚Anordnung' oder ‚Montage' bedeutet, wie die Anordnung von Körper- oder Maschinenteilen oder die Montage von zwei oder mehr Teilen (siehe Phillips 2006; Bucher 2012b: 481). In den Sozialwissenschaften bezieht sich der Begriff ‚soziale Assemblage' nunmehr auf ein „Set menschlicher Körper, die, ob physisch oder psychisch, richtig aufeinander ausgerichtet sind" (DeLanda 2006: 12), wenngleich dies nicht mit der Annahme verbunden ist, dass sie eine ‚natürliche' oder funktionelle Einheit bilden. Dies als Ausgangspunkt nehmend, argumentieren einige, dass die soziale Welt aus zahlreichen, unterschiedlich skalierten Assemblagen *besteht* (DeLanda 2006), eine antifunktionalistische Denkweise, mit der wir sympathisieren. Besonders gängig war die Verwendung des Begriffs ‚Assemblagen', um „nicht-menschlichen" Elementen eine eigene Agency zuzuschreiben, die sich in einer Assemblage mit handelnden Menschen entfaltet (Latour 2010 [1967]: 113). Dies schließt an weitere wissenschaftliche Arbeiten in der Tradition der „sozio-technischen Koproduktion" und der „Sozio-Materialität" an.[4] In der Tat eignet sich die antifunktionalistische Gewichtung der Arbeit zu ‚Assemblagen' gut als Unterstützung dafür, den Beitrag etlicher heterogener Elemente in den kontingenten historischen Anordnungen zu erfassen, die wir inzwischen als ‚Medien' bezeichnen (Slater 2013: 27–67). Der Begriff ‚Assemblage' entfaltet seinen Wert darin, das Erfassen der Vielfalt der Arten und Weisen zu unterstützen, in denen kommunikative Praktiken jeglicher Art heutzutage *zutiefst* von Medientechnologien jeglicher Art *durchdrungen* sind. Darauf werden wir in späteren Kapiteln zurückkommen.

Und doch hat auch dieser Begriff seine Schwächen. Denn erstens wird er oft eher metaphorisch verwendet, um die Tatsache zu bezeichnen, *dass* verschiedene Dinge und Praktiken in einem Bedeutungszusammenhang ‚zusammenkommen' – aber das sagt an sich wenig aus, weder über die Art des ‚Zusammenkommens' noch über die verschiedenen Formen der daran beteiligten Ordnung. Zweitens, und das ist noch weniger hilfreich, wird in etlichen Arbeiten über Assemblagen behauptet, dass die ‚Ontologie' von Assemblagen flach sei, also „außer unterschiedlich skalierten individuellen Singularitäten nichts enthält" (DeLanda 2006: 28). Mit anderen Worten: ‚Hinter' sozialen Aggregaten verbirgt sich nichts anderes als ein endloses „Wiederversammeln", was sich auch mit ‚Reassemblieren' wiedergeben lässt (Latour 2010 [1967]: 19). Mit einer solchen Betrachtung werden jedoch etliche wichtige Fragen

---

[4] Für weitere Informationen siehe auch hier Hepp und Couldry (2022).

außen vor gelassen. Können wir die – mediale – Konstruktion der sozialen Welt erfassen, wenn wir lediglich das ‚Assemblieren' von Praktiken und Dingen in einer ‚flachen Landschaft' betrachten? Gibt es nicht Formen struktureller Bezüge, die Folgen über die jeweilige Assemblage selbst hinaus haben? Und wenn materielle Objekte so angeordnet sind, dass sie zur Stabilisierung sozialer Prozesse beitragen, gleichen dann alle Anordnungen einander?

Beiden Konzepten, Netzwerk und Assemblage, fehlt das Augenmerk für die Komplexität unserer sich wandelnden Wechselbeziehungen und Interaktionen durch Kommunikation, insbesondere durch medienvermittelte Kommunikation. Die Stärke des ‚Netzwerk'-Konzepts liegt in der Aufmerksamkeit für die strukturellen Merkmale von Akteurkonstellationen, während die Stärke des ‚Assemblage'-Konzepts darin liegt, aufmerksam für die feinen Details von Praktiken und ihrer Verflechtung mit materieller Technik zu sein. Doch keines der beiden Konzepte geht umfassend darauf ein, wie Komplexität *in und durch* Prozesse der Sinnkonstruktion und Ressourcenverteilung aufgebaut wird.

Unser gesamtes Buch ist durchzogen davon, die soziale Welt als den *Raum der Relationalität* zu verstehen, der ein bestimmtes Set von Akteur:innen, wie groß dieses auch sein mag, einbezieht und umfasst: Daher muss die soziale Welt mehr sein als die Summe ihrer Netzwerke und Assemblagen. Genauso wenig kann sie flach sein, im Sinne von struktur- oder hierarchielos.[5] Wir wollen daher unseren Blick weiten und über Netzwerk *und* Assemblage hinausblicken. Dabei nehmen

---

[5] Das Verständnis von der ‚sozialen Welt' in diesem Buch geht von der Relationalität aus, die die ihr zugehörigen Akteur:innen charakterisiert. Insofern ist unsere Position vollkommen anschlussfähig zu der Idee einer – allgemeiner gedacht – ‚flachen' Ontologie, was bedeutet, dass alle Objekte insofern gleich sind, als sie ‚Objekte' sind, um so „die Idee eines alles bestimmenden Prinzips zu vermeiden, das in einer hierarchischen Struktur alle untergeordneten Ebenen vereinheitlicht" (Gabriel 2015: 356). Wie der Philosoph Markus Gabriel hervorhebt, beruht sein Begriff der „flachen Ontologie" anders als derjenige der „flachen Metaphysik" – so interpretiert er die Position von Manuel DeLanda – auf der „Idee einer substantiellen Vereinheitlichung", die „durch die Idee bloßer Koexistenz ersetzt" wird, sodass es die tatsächlichen Strukturen der Gegenstände sind, die ihr Wesen bestimmen, und nicht die Tatsache einer „von den existierenden Gegenständen unabhängige[n] Individuationsebene" (Gabriel 2015: 356).

Da wir in Anlehnung an Elias die Relationalität zwischen Entitäten als grundlegend für das soziale Leben betrachten, hieße ein Ignorieren von diesen zugleich, die ‚tatsächlichen Strukturen' der Objekte zu ignorieren, was wiederum bedeutet, dass unser Verständnis von Strukturen der Relationalität in jeder Hinsicht mit einer flachen Ontologie in diesem weiten Sinne vereinbar ist. Gabriel, selbst ein prominenter gegenwärtiger Verfechter einer ‚flachen Ontologie', beharrt beispielsweise gerade auf der „funktionalen ontologischen Differenz zwischen Sinnfeldern und Gegenständen" (2015: 359), wodurch die Falle einer flachen Metaphysik vermieden wird.

wir ein anderes Konzept in den Blick, mit dem sich die Komplexität unserer Beziehung zu der uns umgebenden Mannigfaltigkeit der Medien fassen lässt: das Konzept der Figurationen.

4.2 Figurationen des Lebens mit Medien

Mit dem Begriff ‚Figurationen' beabsichtigte Elias, die „verdinglichende Ausdrucksweise" (Elias 2006 [1970]: 13) über die soziale Welt zu kritisieren: In den 1970er-Jahren war es üblich geworden, soziale Phänomene wie Familien, Gruppen oder Organisationen so zu beschreiben, als seien sie Objekte ‚jenseits' des Individuums. Zugleich wurde das Soziale ‚gegen' das Individuum positioniert und man verstand soziale Phänomene nicht als dynamisch und prozessual, sondern als statisch. Dennoch befindet sich die soziale Welt nicht „außerhalb und jenseits" der Wechselbeziehungen der Individuen, und kein Individuum ist außerhalb seiner Einbettung in die soziale Welt verständlich (Elias 2006 [1970]: 15 f., 170 f.). Deshalb müssen wir soziale Entitäten als *Figurationen* betrachten, die in einem ergebnisoffenen Prozess geformt und umgeformt werden.

Figurationen verstehen
In ihrer grundlegendsten Form ist die Figuration „ein einfaches begriffliches Werkzeug", die eine Denkweise zulässt, bei der ‚das Individuum' und ‚die Gesellschaft' nicht als „antagonistische Figuren" behandelt werden (Elias 2006 [1970]: 172). Sämtliche Figurationen stellen stets gewisse „Verflechtungsmodelle" dar (Elias 2006 [1970]: 172), mehr oder weniger stabile Interaktionen von Individuen, die in dieser Wechselbeziehung eine bestimmte Art von sozialem Sinn stiften. Am Beispiel eines Fußballspiels oder eines Kartenspiels lässt sich erklären, was eine Figuration ist: Die beteiligten Personen bilden eine Figuration, da ihre Interaktionen interdependent aufeinander ausgerichtet sind. Das Spiel ist das ‚Ergebnis' der miteinander verbundenen Praktiken der beteiligten Individuen und ihres fortlaufenden Spielprozesses. Dabei ist es zwar ‚mehr' als ein bloßes Zusammentreffen von Individuen, aber gleichzeitig nicht etwas, das über sie ‚hinausgeht'. Oder anders ausgedrückt: Unter einer Figuration wird „das sich wandelnde Muster [verstanden], das die Spieler als Ganzes miteinander bilden, also nicht nur mit ihrem Intellekt, sondern mit ihrer ganzen Person, ihrem ganzen Tun und Lassen in ihrer Beziehung zueinander" (Elias 2006 [1970]: 173). Folgt man Elias, so besteht der Grundgedanke darin, mehr oder weniger dauerhafte soziale Formationen von Menschen als Figurationen zu verstehen: Sie konstituieren sich aus den Interdependenzen und Interaktionen der beteiligten Individuen und können durch eine gewisse „Machtba-

lance" charakterisiert werden (Elias 2006 [1970]: 174), also durch ein Machtverhältnis. Die Grenzen einer jeden Figuration werden durch den gemeinsamen Sinn definiert, den die beteiligten Individuen durch ihre miteinander verbundenen sozialen Praktiken stiften, was zugleich die Grundlage ihrer gegenseitigen Orientierung zueinander ist.

Die Idee der Figuration weist Parallelen zu den Netzwerk-Konzepten auf. Elias selbst betonte wiederholt den Bezug seiner Idee zur Strukturkategorie des Netzwerks, etwa wenn er die Wechselbeziehung von Individuen in Figurationen als „Netzwerke von Individuen" bezeichnet (Elias 2006 [1970]: 15). An anderer Stelle argumentiert er, dass ‚soziale Figurationen' „von Menschen gebildete Netzwerke" sind (Elias 2006 [1970]: 22) oder „Verflechtungs- oder Figurationsordnung[en]" (Elias 2006 [1970]: 107, 130). Seine ausgeprägte Bezugnahme auf Netzwerke wird noch deutlicher, wenn wir seine detaillierte Analyse verschiedener Figurationen betrachten. In diesen Analysen stellt ‚Netzwerk' einen wichtigen Begriff dar, mit dem Elias die Beziehungen der *miteinander verflochtenen Akteur:innen* beschreibt, insbesondere wenn es um das geht, was er als „Spielmodelle" von Figurationen bezeichnet (siehe Elias 2006 [1970]: 102–128). Doch Elias verwendet den Begriff Netzwerk nicht einfach als Metapher, sondern geht weit über eine solche Nutzung hinaus. Dies trägt hilfreich dazu bei, die jeweiligen Wechselbeziehungen von Akteur:innen in Figurationen zu analysieren und einige ihrer grundlegenden Eigenschaften als „Modelle normierter Verflechtungen" zu beschreiben (Elias 2006 [1970]: 102). Doch mit dem Netzwerk-Konzept allein lassen sich noch nicht die aufeinander ausgerichteten Praktiken beschreiben, mit denen innerhalb von Figurationen Sinn gestiftet wird. Ein figurativer Ansatz bedeutet daher weitaus mehr, als bloße Netzwerke von Akteur:innen zu beschreiben: Mit einem figurativen Ansatz werden auch die jeweiligen Machtverhältnisse, die charakteristischen Rollen in der Akteurkonstellation einer Figuration und der dadurch gestiftete übergeordnete Sinn berücksichtigt.

Auch zum Assemblage-Konzept bestehen beim Figurationskonzept gewisse Parallelen, insofern beide die soziale Welt in Form von gegenseitigen Verflechtungsprozessen von Individuen miteinander beschreiben. Tatsächlich bezieht sich Latour ausdrücklich auf die Idee der Figuration (Latour 2010 [1967]: 92–102), allerdings ohne auf Elias einzugehen. Für Latour umfasst das Verständnis von Figuration jedoch nicht nur Figurationen menschlicher Akteur:innen, denn „es gibt sehr viel mehr Figuren und Gestalten als bloß anthropomorphe" (Latour 2010 [1967]: 94), weshalb es seiner Argumentation zufolge gilt, gleichermaßen Figurationen von Menschen wie von *„nicht-menschliche[n] Wesen (non-humans)"* (Latour 2010 [1967]: 125) zu analysieren. In dieser Sichtweise mag eine methodisch fundierte Assemblage-Forschung an sich als nichts anderes erscheinen als die Analyse be-

4.2 Figurationen des Lebens mit Medien

stimmter Figurationen. Der entscheidende Unterschied besteht allerdings darin, dass Elias, wenn er über die Rolle von Objekten und Technologien bezogen auf Figurationen nachdenkt (siehe Elias 1999 [1987]: 207–316), stets analytisch klar zwischen Objekten und menschlichen Akteur:innen unterscheidet. Dies ist ein wichtiger Punkt, auf den wir zurückkommen werden.[6]

Mit einem figurativen Ansatz können wir zum einen die Stärken von Netzwerk- und Assemblage-Analysen integrieren – deren Fokus auf Akteurkonstellationen bzw. auf Sozio-Materialität gerichtet ist. Zum anderen vermögen wir damit die Vorgänge rund um die Komplexität, in die kommunikative Praktiken eingebettet sind, umfassender zu erklären. In der Tat weist ein figurativer Ansatz sämtliche Stärken der Komplexitätstheorie auf, insbesondere in seiner Sensibilität für nichtlineare kausale Prozesse, im Anerkennen der Kontingenz des Prozesses und der Möglichkeit zahlreicher unterschiedlicher Ergebnisse sowie dem Beharren auf der Relevanz entstehender Beziehungen anstelle der von festen Objekten. All dies gelingt innerhalb der Begrifflichkeit der Soziologie und der Sozialtheorie. Tatsächlich machte sich Elias mit dem Begriff der Figuration daran, die ‚Denk- und Sprachmittel' der Sozialwissenschaften zu *verändern*. Das überlieferte Vokabular der Soziologie, so argumentierte Elias, fixiert Prozesse in Objekten, insbesondere in Begriffen wie „,Norm' und ‚Wert'", „,Funktion' und ‚Struktur'", „Gesellschaft" und „Individuum" (Elias 2006 [1970]: 147). Stattdessen ist es „der *spezifischen Verflechtungsordnung* und den ihr *eigentümlichen Zusammenhangsformen,* mit denen man es in der Soziologie zu tun hat, angemessener, wenn man von den Beziehungen her auf das Bezogene hin denkt" (Elias 2006 [1970]: 151 f., eig. Hervorh.). So gesehen ist eine ‚Figuration' „ein fluktuierendes Spannungsgleichgewicht" (Elias 2006 [1970]: 174), das, obwohl offen ist, wie es sich entwickeln wird, regelmäßig und ausreichend miteinander vernetzt bleibt, um etwas relativ Stabiles zu bilden, und das es daher wert ist, als Muster analysiert zu werden.

Die dem Figurationskonzept innewohnende Kraft beruht auf ihrem Verständnis von *Bedeutungs*zusammenhängen. So erwachsen Elias zufolge „aus der *Verflechtung* des Verhaltens von vielen einzelnen Menschen spezifische Verflechtungsstrukturen" (Elias 2006 [1970]: 176, eig. Hervorh.). Auf den ersten Blick mag sich der Begriff ‚Verflechtung' wie eine bloße Metapher lesen, die allerdings mit großer Präzision gleich eine ganze Reihe von Aspekten erfasst: erstens eine *Rückkopplungs*schleife – was sie mit der Komplexitätstheorie, der Systemtheorie und der Assemblage-Theorie

---

[6] Wir erkennen jedoch an, dass dies der Grund dafür ist, dass Latour trotz seines Wunsches, sich „des reichen deskriptiven Vokabulars der Phänomenologie" nicht zu entledigen, sondern es in eine ANT-Analyse der „,nicht-intentionalen' Wesen" zu integrieren (Latour 2010 [1967]: 106), sich in Teilen von der Phänomenologie lösen muss.

gemein hat –; zweitens eine Rückkopplungsschleife, deren Pfade aus ineinandergreifenden, auf sich selbst zurückverweisenden *Praktiken* bestehen; drittens Praktiken, die ineinandergreifen, weil sie aufgrund ihres innewohnenden *Sinns* in einer wechselseitigen Beziehung stehen –, Antworten, Einladen, Herausfordern, Fragen usw. Die Elemente einer Figuration haben nur deshalb eine gemeinsame Form, nämlich eine Kon-Figuration, weil in ihnen etwas wirklich Wichtiges vonstattengeht, etwas, das für die beteiligten Akteur:innen bedeutsam und sinnhaft ist.

Im Zeitalter der vorliegenden tiefgreifenden Mediatisierung lassen sich endlos viele Beispiele für Figurationen ausmachen. Etliche von ihnen sind neuartig und binden uns in neuartige Handlungsweisen ein, die um neuartige Aspekte kreisen. An dem einen, schnell zu erfassenden Ende des Spektrums können Figurationen simple Foto-Sharing-Ketten auf Flickr und Informations- oder Diskussions-Threads auf Twitter umfassen; am anderen, ausgefeilteren Ende des Spektrums findet sich die gesamte vernetzte Ökologie der plattformbasierten Nachrichtenzirkulation, in der beispielsweise Promis angepriesen, Freundschaften geschlossen oder Projekte gefördert werden, Tätigkeiten, die sich im Hier und Jetzt entwickeln. Die Dynamik dieser neuartigen Prozesse entgeht uns, wenn wir sie als *nichts weiter als* bloßes Zusammenkommen untereinander heterogener Elemente, mithin Assemblagen, und als *nichts weiter als* Strukturen von Verknüpfungen, also Netzwerke, verstehen. Vielmehr umfassen die Figurationen von Online-Praktiken ein offenes, sich ausdehnendes Set von Räumen, innerhalb derer Interaktionen stattfinden und Abhängigkeiten vorliegen, an denen wir zutiefst beteiligt sind, während wir noch versuchen, einfach mit dem fortzufahren, was wir schon immer getan haben. Auch die Dynamiken dieser Figurationen lassen sich nur als Teil einer umfassenderen Strategie begreifen, die dazu dient, eine Infrastruktur für die Online-Sozialität zu errichten, die der Digitalisierungsschub mit sich bringt.

Die grundlegenden Charakteristika von Figurationen

Die Grundidee der Figuration bietet bereits zahlreiche konzeptuelle Werkzeuge, die wir für eine Analyse der Komplexität unseres Lebens mit den uns umgebenden Medien benötigen (siehe Hepp 2013, 2014: 37–44; Hepp und Hasebrink 2014). Wann immer Figurationen mit weiteren Figurationen Verbindungen eingehen, kommt es zugleich zu ersten und im Laufe der Zeit zunehmenden Stabilisierungen von Beziehungen zwischen den bis dahin voneinander getrennt stattfindenden Schauplätzen von Praktiken. Was Elias jedoch nicht vorhersehen konnte, ist die zunehmende Vertiefung von Mediatisierung mit ihren Schüben der Mechanisierung, Elektrifizierung, Digitalisierung und nun auch der sich abzeichnenden Datafizierung. Vor diesem Hintergrund der tiefgehenden medialen Interdependenz sollten wir drei verschiedene Dimensionen der Stabilisierung von Figurationen genauer bestimmen, und zwar ihre Relevanzrahmen, ihre Akteurkonstellationen und ihre kommunikativen Praktiken. Alle drei beruhen zumindest in Teilen auf Bedeutungszusammenhängen. Was meinen wir damit? Zur ersten Dimension: In einer jeden Figuration finden sich gewisse *Relevanzrahmen*. Damit meinen wir, dass die an einer Figuration beteiligten Menschen eine gemeinsame Ausrichtung auf ein gemeinsames ‚Anliegen' haben, sei es als Familie, als Gruppe von Freund:innen, als Kollektivität oder als Nutzer:innen einer jeweiligen digitalen Plattform. Die Relevanzrahmen einer jeden Figuration drücken ihren sozialen Sinn als eine spezifische Art des gemeinsamen Handelns aus. Ein gemeinsamer Relevanzrahmen schließt Konflikte oder zumindest Meinungsverschiedenheiten selbstverständlich nicht aus. Beispielsweise können in Familien, wie in jeder anderen Art von Figuration, zahlreiche Konflikte vorliegen. Doch der Punkt ist, dass diese stets als *Familien*konflikte verstanden werden. Bezogen auf unsere Beziehung zu der uns umgebenden Mannigfaltigkeit der Medien stellen sich damit weitere Fragen: Kommt es durch unsere aktuelleren Beziehungen zu der heutigen Mannigfaltigkeit der Medien zu einer Transformation älterer, bereits bestehender Relevanzrahmen? In welchem Zusammenhang stehen bestimmte Relevanzrahmen mit neuen Medienumgebungen? Und ermöglicht all dies das Entstehen neuartiger Figurations*typen*?

Bei der zweiten Dimension geht es darum, dass eine jede Figuration eine bestimmte *Konstellation von Akteur:innen* beinhaltet. Diese Aussage hat eine doppelte Bedeutung. Erstens sind die Individuen in einer Figuration nicht einfach eine zufällige Akkumulation von Individuen. Sie sind in je typischer Weise aufeinander bezogen, beispielsweise weil ihnen innerhalb ihrer Figuration bestimmte Rollen zukommen, wie Eltern und Kinder in einer Familie. Diese Beziehungen unterliegen spezifischen sozialen Definitionen, beispielsweise enge oder weniger enge Beziehungen zwischen Freund:innen usw. Zweitens sind Figurationen stets Konstellationen von ‚menschlichen Individuen' (Elias 2016: 84). Damit ist nicht gemeint, dass wir Objekte und Technologien – einschließlich von Medien – nicht als immanente Bestandteile von Figurationen betrachten sollten. Vielmehr ist damit einfach ausdrücklich gemeint, dass Objekte und Technologien nicht Bestandteil der Konstellation von Akteur:innen sind, die sich selbst als gemeinsam handelnd verstehen. Anders gesagt: Ohne Objekte und Technologien *können* Figurationen sehr wohl existieren, ohne Individuen *können sie es aber nicht im Geringsten*. Daher ist ihre Akteurkonstellation grundlegender für eine Figuration als die an ihr beteiligten Objekte und Technologien. Die dabei konkret vollzogenen Handlungen sind für die jeweilige Figuration charakteristisch, wenngleich die Konstellation zugleich offen für Veränderungen bleibt.[7]

---

[7] An diesem Punkt gibt es verschiedene tiefgehende Beziehungen zwischen einem figurativen Ansatz und Ansätzen der Netzwerkanalyse (siehe Willems 2010: 103–107, 256, 260–262).

Mit der dritten Dimension schließlich ist gemeint, dass alle Figurationen auf bestimmten Praktiken beruhen, die wiederum von einem *Ensemble von Objekten und Technologien* abhängen. Anders ausgedrückt: Jede Figuration basiert auf bestimmten charakteristischen *Kommunikations*praktiken und damit verbundenen *Medienensembles* (Bausinger 1984: 349). Das Konstruieren von Figurationen erfolgt nun dadurch, dass die Praktiken, die die Individuen vollziehen, miteinander verknüpfte Handlungen sind. Insofern beinhalten Figurationen, dass Menschen gemeinsam bzw. auf koordinierte Weise etwas tun, was oft im Zusammenhang mit und durch Medien geschieht. Die Kommunikation, die um diese Praktiken herum entsteht, trägt zum allgemeinen ‚Sinn' der jeweiligen Figuration bei. Die Praktiken solcher Figurationen blieben jedoch nicht verständlich, wenn wir die Objekte und Technologien, die wir in Bezug auf sie verwenden, außer Acht ließen. Wie erläutert, sind sie anders als Relevanzrahmen, Akteurkonstellationen und (Kommunikations-) Praktiken zwar nicht notwendigerweise *konstitutive* Merkmale von Figurationen. Und doch sind es typischerweise stets bestimmte Objekte und Technologien, mit denen bestimmte Figurationen *zusammen auftreten*. Beispielsweise verfügen Familien – gleichgültig, ob sie an einem einzigen Ort ansässig oder mobil sind, wie manche Migrantenfamilien – über bestimmten Besitz bzw. Eigentum: Haushaltsgegenstände, vielleicht sogar Wohnungen oder Häuser. Zudem verfügen sie auch über eine Vielzahl von Medien, mittels derer sie miteinander kommunizieren. Heutzutage gilt dies sogar für obdachlose Menschen, denen die Medien eine gewisse ‚ontologische Sicherheit' eröffnen können, auch wenn sie weiterhin gezwungen sind, auf der Straße zu leben.[8] Diese Merkmale stehen in engem Zusammenhang mit den Besonderheiten, die diese Figurationen ausmachen. Zudem erweisen sie sich in gewissem Maße auch als stabilisierend. Wohlhabende Familien mit komplexen Medienensembles können eine weitaus größere Beständigkeit entwickeln als Familien, die in erster Linie auf persönliche Beziehungen angewiesen sind. Figurationen werden also nicht nur durch Technik beständig gemacht – oder, wie Latour sagte, „auf Dauer gestellt" (1991: 103) –, sondern durch physische Objekte jedweder Art.

Zusammenfassend lässt sich sagen, dass die Herausbildung von Figurationen als spezifische Kommunikationsmuster durch die Wechselbeziehungen zwischen drei Dimensionen entsteht: Relevanzrahmen, Akteurkonstellationen und kommunikative Praktiken, denen bestimmte Ensembles von Objekten und Medientechnologien zugrunde liegen. Diese Dimensionen sind zwar durchaus autonom. Doch aufgrund ihrer Beteiligung an den Situationen, in denen Handlungen stattfinden, werden sie im Allgemeinen durch die Prozesse des gemeinsamen Handelns eher verstärkt. Zugleich

---

[8] Für eine detaillierte Diskussion darüber mit Bezug auf Figurationen siehe Hepp, Lunt und Hartmann (2015: 186–189).

führt dies dazu, dass die Assoziationsmuster zwischen ihnen sich stabilisieren. *Allen drei Dimensionen ist gemeinsam, dass sie auf Bedeutungszusammenhängen beruhen.* Genau diese Wahrnehmung für die charakteristischen Folgen, die sich aus den sozialen Welten als *kommunikativer Ordnungen zwischen Menschen* ergeben, die in Teilen auf regelhaft stattfindender Kommunikation und Sinnstiftung aufbauen, ist es, die weder im Netzwerk- noch im Assemblage-Konzept zu finden ist.

Macht und Zugehörigkeit

Wie ist es nun mit den umfassenderen sozialen Anordnungen, die durch Figurationen entstehen? Wir können dies aus zwei Blickwinkeln angehen: Macht und Zugehörigkeit. Beide Gesichtspunkte erfordern eine doppelte Perspektive. Denn zum einen muss gefragt werden, wie Figurationen *im Innern* durch ihre Macht- und Zugehörigkeitsverhältnisse charakterisiert werden können, zum anderen, wie Figurationen *nach außen hin* Macht und Zugehörigkeit bezogen auf die weitere soziale Welt ausüben bzw. ausleben.

Jede Figuration hat eine charakteristische Akteurkonstellation, bei der auch bestimmte *Machtverhältnisse* kennzeichnend sind. Elias prägte den Begriff der „Machtbalance" (Elias 2006 [1970]: 84), wobei dieser Ausdruck irreführend sein kann, versteht man ihn im Sinne von ‚Ausgewogenheit': Einige Figurationen zeichnen sich geradezu durch eine gewisse „konfliktgeladene figurative Dynamik" aus (Dunning und Hughes 2013: 63). Auch sind Machtverhältnisse in Figurationen nicht nur eine Frage der *Positionierung* in der Akteurkonstellation. Vielmehr geht es bei ihnen in großem Maße um die Kommunikationspraktiken, die innerhalb dieser Machtverhältnisse *sinnstiftend* sind. Eine Analyse der Machtverhältnisse, die Figurationen innewohnen, umfasst mindestens drei Ebenen: die Positionierungen innerhalb der Akteurkonstellationen, die Praktiken, die die Machtverhältnisse tragen, und die Einschreibung von Machtverhältnissen in die Medienensembles. Beispielsweise korreliert, wie eine Analyse von Geschlechterverhältnissen in Familien gezeigt hat, dort die Macht damit, wer über welche Medientechnologien wie Fernbedienung, Videorekorder usw. verfügt (Morley 1986: 158 f., 2001). Überlegungen über heutige Medientechnologien hinsichtlich dessen, wie genderbezogene Macht eingeschrieben wird, gehen sogar noch weiter: Bei Plattformen, die vorschreiben, dass man sich beim Registrieren einem bestimmten Geschlecht zuordnen muss (‚männlich', ‚weiblich', …), zieht dies auch eine gewisse Festlegung nach sich, wie man als Individuum repräsentiert wird und so kommunikativ agieren kann.[9] Und wenn wir nicht nur die internen Machtverhältnisse

---

[9] Auch wenn manche Plattformen inzwischen sechzig Optionen zur Definition des eigenen Geschlechts und der eigenen sexuellen Präferenzen anbieten (Hafner 2015: 7), ändert dies nichts an der Tatsache, dass ihre Technologien bestimmte Geschlechterdefinitionen mit bestimmten Arten der Selbstdarstellung verbinden.

dieser Figuration, sondern auch ihr äußeres Verhältnis zu anderen Figurationen reflektieren, müssen wir stets auch berücksichtigen, inwieweit die Gesamtorientierung einer Figuration – also die Summe ihrer Relevanzrahmen – mit der Macht dieser Figuration im weiteren Sinne zusammenhängt. Zum Beispiel steht die Zugehörigkeit zu einer bestimmten Kollektivität, z. B. zu einer Gruppe männlicher Geflüchteter oder zu einer Bürogemeinschaft, in Zusammenhang mit der Macht, die die Mitglieder dieser Figuration in der weiteren sozialen Welt haben und den Mediendiskursen über diese Kollektivität.

Figurationen sind auch eng daran beteiligt, wie *Zugehörigkeit* konstruiert wird, siehe die detaillierte Analyse von Kollektivitäten in Kap. 9. Zuweilen kann Zugehörigkeit eine rein situative Bedeutung haben. Man denke hier an Figurationen rund um ein Spiel oder einen Tanz, Beispiele, die Elias wiederholt anführt: Die gemeinsame Orientierung an gemeinsamen Interaktionen schafft eine gewisse situative Zugehörigkeit, beispielsweise Teil eines Spiels bzw. Tanzes zu sein. Oder eine Figuration von Zuschauer:innen in einem Stadion: In einer solchen Figuration lässt sich ein starkes Gefühl von Vergemeinschaftung (Weber 1980 [1921]: 21) erleben, hier: das situative Gefühl, Teil einer Menschenmenge innerhalb einer Veranstaltung zu sein (Hitzler 2010: 13 f.). Aus diesem situativen Gefühl erwächst jedoch nicht zwangsläufig auch ein länger währendes Zugehörigkeitsgefühl zu einer Gemeinschaft. Bei den genannten Beispielen ruft die Intensität der in den Figurationen ausgeführten Praktiken eine tief empfundene Zugehörigkeit hervor. Heutzutage sind Anlässe für Figurationen mit solch intensiver, kontextbezogener Bedeutungszuschreibung zunehmend von *Medien* durchdrungen. Die Figuration des Stadionpublikums kann nicht ohne dessen allgegenwärtiges Medienensemble verstanden werden: Lautsprecher, Anzeigetafeln, Werbebanner und die parallele Kommunikation der Zuschauer:innen mittels ihrer Smartphones und Tablets. Einen noch umfassenderen Medienbezug allerdings haben Figurationen rund um Musikkonzerte oder öffentliche TV- und Kino-Vorführungen, die kollektiv geschaut werden (im Dt. als ‚Public Viewing' oder auch ‚Rudelgucken' bezeichnet, Anm. d. Ü.). Und mit den digitalen Medien haben wir nochmals neuartige Figurationen, bei denen Menschen online – in Chats, auf Plattformen, mittels Apps – zusammenkommen und eine intensive situative Zugehörigkeit zueinander konstruieren.

Figurationen und Medieninfrastrukturen

An dieser Stelle erreichen wir die Grenzen des ursprünglichen, von Elias entwickelten Figurationskonzepts; es gilt nun, sie zu überwinden. Elias bietet ausgehend von den späten 1960ern bis in die 1980er-Jahre – und somit jedenfalls für die Zeit vor dem Aufkommen des Internets als Infrastruktur für alltägliche soziale Interaktionen – im Grunde eine hydraulische Metapher, mit der sich die Prozesse erfassen lassen, in denen bestimmte Menschen durch den Fluss von Bedeutungen, Verspre-

4.2 Figurationen des Lebens mit Medien

chen, Verpflichtungen und Leistungen zunehmend voneinander abhängig werden. Mit dem Figurationsbegriff können wir zwar die *Länge* dieser potenziellen Interdependenzketten gut erfassen. Allerdings besagt er wenig über die *Arten von Entitäten*, die in Figurationen eingebunden sind. Infolgedessen sagt das Figurationskonzept uns, zumindest ohne die Denkleistung, die wir später in diesem Kapitel erbringen, wenig darüber aus, welche Abhängigkeiten von den *Systeminfrastrukturen* bestehen. Dies ist insofern problematisch, als diese Systeminfrastrukturen für die hochgradig komplexen Figurationen, die für unsere Beziehungen zu der Mannigfaltigkeit der Medien charakteristisch sind, entscheidend sind. In Elias' Konzeptualisierung scheint die Figuration lediglich eine Ordnung zu sein, die aus den Bewegungen des Individuums selbst hervorgeht: „Was man dabei unter Figuration versteht, ist das sich wandelnde Muster, das die Spieler als Ganzes miteinander bilden, […] ein fluktuierendes Spannungsgleichgewicht, das Hin und Her einer Machtbalance." (Elias 2006 [1970]: 173–174) In seinen eigenen späteren Überlegungen erkannte er jedoch bereits in den 1980er-Jahren an, dass die Medien- und Kommunikationstechnologien und die weitverzweigten Systeme, die sie hervorbringen, bereits ihrerseits damit zugange waren, die Komplexität des Sozialen und den Grad seiner Interdependenzen wie auch die „Schwankungen dessen, was man vielleicht als ‚gesellschaftlichen Druck', im Besonderen als den ‚inneren Druck' eines Gesellschaftsverbandes bezeichnen könnte", zu verstärken (Elias 1999 [1987]: 199).

Bestimmte Figurationstypen, die mit charakteristischen Ensembles von Medientechnologien einhergehen, erzeugen Verpflichtungen und Abhängigkeiten nicht nur zwischen Individuen, sondern auch zwischen Individuen und Kommunikationssystemen. Wir meinen damit Verpflichtungen, die zum einen charakteristisch für die Beziehung zu der uns umgebenden Mannigfaltigkeit der Medien sind und zum anderen auch für *neuartige* Figurationstypen.

Beginnen wir mit einfachsten Beispielen, der Figuration einer Familie: Solche Figurationen sind heutzutage zunehmend durch unverwechselbare Medienensembles gekennzeichnet, sei es durch bestimmte Muster des gemeinsamen bzw. sequenziellen Fernsehens, durch charakteristische Nutzungsweisen von Smartphones, mit denen familiäre Praktiken und Interaktionen organisiert werden, oder durch Anschauen und Zeigen von Bildern, ob klassisch entwickelt und in Fotoalben eingeklebt, als gedruckte Fotobücher oder – heutzutage noch verbreiteter – über Online-Plattformen. All diese Medien tragen dazu bei, eine ganz bestimmte Gruppe von Menschen fortlaufend *als* Familie zu konstruieren, mit all ihren Widersprüchen, Konflikten usw. Ähnliches gilt für Figurationen von Organisationen. Auch hier, so argumentieren einige Forscher:innen, erschwert es die inzwischen sowohl innerhalb als auch außerhalb der formalen Struktur „omnipräsente Computertechnologie" zunehmend, „die Interaktionen von Menschen mit anderen Menschen von den Interaktionen von Menschen mit Technologien zu unterscheiden" (Contractor, Monge und Leonardi 2011: 684).

Dabei müssen wir noch einen Schritt weitergehen: Ein jedwedes Medienensemble einer konkreten Figuration prägt die verschiedenen Kommunikationspraktiken auf signifikante Weise. Smartphones und digitale Plattformen haben für Familien aus verschiedenen Gründen eine große Relevanz: dadurch, dass man mit ihnen sämtliche Familienmitglieder zu jeder Zeit und überall orten kann, dadurch, dass alle Familienmitglieder jederzeit erreichbar sind und dadurch, dass Familienmitglieder kontinuierlich auf medienvermittelte Repräsentationen von sich als Familie Bezug nehmen können. Nicht nur, dass diese materiellen Möglichkeiten heutiger Medien und der damit verbundenen Infrastrukturen das spezifische Aufrechterhalten und Fortschreiben familiärer Figurationen erleichtern, sie prägen auch die Art, wie wir unsere Kommunikationspraktiken gestalten.

Damit meinen wir allerdings nicht etwas im Sinne eines Medieneffekts, der wie eine ‚Einbahnstraße' fungiert. Vielmehr erzeugen Figurationen sehr bestimmte Kommunikationsbedürfnisse, weshalb sie eine stetige Quelle für die Entwicklung neuer und die Anpassung bestehender Medientechnologien bilden. Beispielsweise entstanden die uns umgebenden digitalen Plattformen *nicht* aus dem Nichts. Im Gegenteil, sie entsprachen dem Bedürfnis von Familien, über Raum und Zeit hinweg erreichbar zu sein. ‚Neue' Technologien werden innerhalb der Medienensembles von konkreten Figurationen angeeignet (Silverstone und Hirsch 1992; Mansell und Silverstone 1998; Berker et al. 2006), was mit einiger Wahrscheinlichkeit zu Veränderungen an diesen Figurationen und schließlich zu *neuerlichen* Anforderungen an die Medien führt. All dies vollzieht sich in endlosen Rückkopplungsschleifen. Und hierin wiederum bestehen Potenziale für weitere Medienadaptionen durch ‚Produzenten' und ‚Designer'.

Etliche der jüngsten medienbezogenen Entwicklungen beziehen sich auf grundlegende menschliche Bedürfnisse nach *Verbundenheit*. Diese wird reproduziert, weiter institutionalisiert und materialisiert sich in der *Konnektivität* digitaler Plattformen (van Dijck 2013: 46–50). Um unsere Beziehung zu den uns umgebenden Medien zu verstehen, müssen wir daher ein zunehmend komplexeres Spektrum medienbezogener Figurationen erfassen. Doch um diesem in Gänze gerecht zu werden, gilt es zunächst, eine Konzeptualisierung der transformierten Skalierung zu erbringen, der nicht wenige der heutigen Figurationen unterliegen.

4.3 Skalierung und Transformation von Figurationen

Bislang erörterten wir Figurationen im Sinne von Partnerschaften, Gruppen und Organisationen, also als figurative Gebilde, die durch eine Analyse von Individuen, die auf beobachtbare Weise interagieren, zugänglich sind. Dabei gibt es allerdings

4.3 Skalierung und Transformation von Figurationen

weitaus komplexere Figurationen, beispielsweise die des globalen Finanzmarktes. Wie können wir solche Figurationen erfassen, ohne in metaphorische Sphären abzuschweifen? Als erstes gilt es, über das nachzudenken, was wir als ‚Skalierung' von Figurationen bezeichnen können.

Skalierung wird in der Komplexitätstheorie weithin als ein Begriff diskutiert, der beschreibt, „wie sich eine Eigenschaft eines Systems ändert, wenn sich eine zugehörige Eigenschaft ändert" (Mitchell 2009: 258): Gemäß der Komplexitätstheorie besteht keine lineare Korrelation zwischen einem Skalenanstieg und Veränderungen an inhärenten Merkmalen, die mit diesem Anstieg einhergehen. Auch in der Assemblage-Theorie werden Skalierungsprobleme diskutiert, jedoch mit der Annahme abgetan, dass es nicht hilfreich sei, ‚Makro'-Phänomene als einen Behälter zu verstehen, in den ‚Meso'- und ‚Mikro'-Aspekte eingebettet sind: In dieser Sichtweise beschreibt das ‚Makro' „einen anderen, gleichfalls lokalen, gleichfalls Mikro-Ort, der mit mehreren anderen durch irgendein Medium *verbunden* ist, das spezifische Typen von Spuren transportiert" (Latour 2010 [1967]: 304). Zugleich bleibt das ‚Makro' auch nach diesem Verständnis nichts weiter als ein Ort geballter Entscheidungsgewalt, wie in Behördengebäuden, Konzernzentralen und dergleichen. Doch sind Verwaltungsgebäude nicht vielmehr Orte, von denen aus *sehr zahlreiche* – jedenfalls eher viele als wenige – Vernetzungen direkt oder indirekt koordiniert werden? Insofern kommt man nicht umhin, sich mit ‚Skalen' – oder auch, wie Saskia Sassen (2008) es ausdrückt: „Skalierungen" – zu befassen.[10] Zur Erinnerung: Wir haben bereits deutlich darauf hingewiesen, dass die Medienumgebungen, auf die wir zugreifen, als Mannigfaltigkeit verstanden werden müssen, weil sie vielfältig und somit vieldimensional sind. Warum also sollten wir annehmen, dass die uns umgebende soziale Welt, in der wir uns dieser Mannigfaltigkeit mit unterschiedlichsten Nutzungsweisen bedienen, über eine *geringere* Anzahl Dimensionen verfügt? Die soziale Welt ist als höherdimensionale Mannigfaltigkeit ausgestaltet, innerhalb derer wir zwei verschiedene Prinzipien der Skalierung bzw. Komplexifizierung ausmachen können: Skalierungen, die durch Beziehungen zwischen *Figurationen* zustande kommen, und Skalierungen, die sich durch *sinnhafte Anordnungen* von Figurationen ergeben.

Beziehungen zwischen Figurationen

Figurationen lassen sich auf zweierlei Weisen miteinander *in Beziehung setzen:* erstens durch direktes Verknüpfen von Akteurkonstellationen miteinander und zweitens durch Bilden von Figurationen *von Figurationen*. Ein Verknüpfen von Akteur-

---

[10] Wir finden den Vorschlag nicht hilfreich, den Begriff ‚Skala' ganz aufzugeben (Marston et al. 2005), ebenso wenig wie – siehe oben – wir es hilfreich finden, zu sagen, dass die soziale Welt ‚flach', also lediglich zweidimensional ist.

konstellationen findet immer dann statt, wenn Akteur:innen einer Figuration Teil der Akteurkonstellation einer anderen Figuration werden. Hierzu finden sich insbesondere in der Netzwerkanalyse zahlreiche Forschungsbeispiele. So findet sich bei Castells eine Beschreibung der machtvollen Rolle, die einige Akteur:innen als „Schalter" (engl. „switcher") in den Verknüpfungen zwischen verschiedenen Netzwerken spielen (Castells 2009: 45). Akteur:innen, die über Macht verfügen, bauen beim Herstellen von Verknüpfungen zwischen Figurationen zugleich auch hierarchische Beziehungen zwischen ihnen auf. Nehmen wir als Beispiel Unternehmen: Die Leiter:innen einzelner Arbeitsgruppen – ihrerseits Figurationen – bilden gemeinsam eine, und zwar arbeitsgruppenübergreifende, Figuration mit Leitungsfunktion. Diese wird nun von einem ihrer Mitglieder geleitet, das wiederum Teil der aus den übergeordneten Bereichsleiter:innen bestehenden Figuration ist usw. Indem wir also den Verknüpfungen zwischen den Akteurkonstellationen folgen, erhalten wir ein Verständnis für die interne Struktur und die Machtverhältnisse eines bestimmten Unternehmens. In eine solche Beschreibung können wir informellere Figurationen aufnehmen, beispielsweise die Figuration von Interessengruppen, die sich regelmäßig in diesem Unternehmen treffen, um bestimmte Themen zu erörtern, wobei verschiedene Personengruppen im Unternehmen miteinander verknüpft werden. Vergleichbare Möglichkeiten, Figurationen durch miteinander verknüpfte Akteurkonstellationen in Beziehung zu setzen, finden sich auch in anderen Bereichen der sozialen Welt, in Form von verschiedensten Vereinigungen des öffentlichen und privaten Lebens, Bildungseinrichtungen, politischen Parteien usw. Maßgeblich für solche Beziehungen zwischen Akteurkonstellationen ist allerdings, dass Gemeinsamkeiten hinsichtlich der Relevanzrahmen der Figurationen bestehen.

Figurationen lassen sich auf noch komplexere Art und Weise miteinander verknüpfen, was ihnen einen weitaus größeren Spielraum für die ihnen eigenen Operationen eröffnet: Die Rede ist von *Figurationen von Figurationen*. Hierbei besteht die Akteurkonstellation einer Figuration nicht nur aus Einzelakteuren, sondern aus „überindividuellen Akteuren" (Schimank 2010: 327). Diese Akteure wiederum können jeweils als eigenständige Figurationen betrachtet werden. In ähnlicher Weise spricht Saskia Sassen (2008) von „Konfigurationen" als Bezeichnung für europäische oder auch globale Beziehungen zwischen Staaten, Unternehmen und anderen komplexen Akteurtypen. Es stellt sich allerdings die Frage, inwieweit eine solche Konzeptualisierung von überindividuellen Akteuren sinnvoll ist. Alltagssprachlich können wir bestimmte Organisationen, soziale Bewegungen oder auch Staaten ohne Weiteres als Akteure bezeichnen, wenn wir sagen, dass sie dies oder jenes ‚tun'. Analytisch gesehen sind überindividuelle Akteure stets „komplexe Akteure" (Scharpf 2000: 95–109), also entweder Akteure im Sinne von Einzelakteuren oder Akteure, die sich aus Figurationen von Einzelakteuren zusammensetzen.

4.3 Skalierung und Transformation von Figurationen

Infolgedessen ist die Agency dieser überindividuellen Akteure in Summe gleichzusetzen mit der Agency, die durch diese Figuration hervorgebracht wird. Die Frage ist, unter welchen Umständen Figurationen diese Agency nun erlangen. Denn einige Figurationen haben einen zu situativen Charakter, andere sind zu konfliktbehaftet, um tatsächlich in umfassenderen Figurationen von Figurationen aufzugehen. Beispielsweise verfügt die überindividuelle Agency eines Publikums, das einem Event beiwohnt, über keine über das Event hinaus anhaltende Nachhaltigkeit. Ebenso erwies sich die von Norbert Elias und John Scotson (2013 [1965]) untersuchte Figuration der „Etablierten und Außenseiter" einer Vorortgemeinde als zu konfliktbehaftet für eine gemeinsame Agency. Umgekehrt kann eine Figuration von ansonsten nichtvernetzten Individuen zu einem überindividuellen Akteur werden, wenn die Praktiken der beteiligten Individuen „ein konstruktiv geordnetes Ganzes ergeben, also nicht bloß gelegentlich, sondern systematisch so aufeinander aufbauen, dass eine *übergreifende Zielsetzung* verfolgt wird" (Schimank 2010: 329). In der heutigen sozialen Welt gibt es mit „kollektiven" bzw. „privatwirtschaftlichen Akteuren" zwei Arten von Figurationen, in denen dies der Fall ist: „Kollektive Akteure" – die wir als ‚Kollektivitäten' in Kap. 9 weiter erörtern – teilen intensive gemeinsame Deutungsmuster wie in sozialen Bewegungen; bei „privatwirtschaftlichen Akteuren" – mit denen wir uns als ‚Organisationen' in Kap. 10 weiter befassen – wie Unternehmen und Behörden, Verbänden und Vereinen werden in mehr oder weniger formellen Aushandlungen verbindliche Vereinbarungen über ihre Agency konstruiert (Schimank 2010: 329–341). Beide Arten von ‚überindividuellen Akteuren' können selbst in einer Figuration von Figurationen aufgehen: Unternehmen können Gruppen von Unternehmen bilden, Verbände können Dachverbände bilden. Eine figurative Perspektive leistet daher mehr als lediglich anzuerkennen, dass Gruppen, Organisationen, Städte und Nationen verschiedene Arten von „assemblierten" Individuen sind (DeLanda 2006: 47–119). *Dass* es sich um Assemblagen handelt, versteht sich zwar von selbst, doch was sagt uns das eigentlich? Von größerem Belang ist, eine Analyse der *Wechselbeziehungen* der beteiligten Figurationen, ihrer Akteurkonstellationen, ihrer Praktiken und der *neuerlichen* Bedeutungszusammenhänge vorzunehmen, die sich aus dem Integrieren bereits bestehender Figurationen in größere Anordnungen oder in Figurationen von Figurationen ergeben. Hinsichtlich der Bedeutungszusammenhänge muss auch berücksichtigt werden, welcher Druck vom Aufrechterhalten *neuer* Relevanzrahmen, neuer Akteurkonstellationen, neuer geteilter Praktiken und neuer zugrunde liegender Medienensembles ausgeht.

Medienensembles können hierbei von entscheidender Bedeutung sein. Kollektive Akteure wie soziale Bewegungen und andere privatwirtschaftliche Akteure verfolgen in der Konstruktion ihrer Agency, die sie jeweils gemein haben, unterschiedliche Mediennutzungsweisen. Dies kann durch gemeinsame Kommunikation über digitale Plattformen geschehen, wie in mehreren aktuellen sozialen Bewegungen (Mattoni und Treré 2014), oder mittels organisierter Kommunikationsprozesse, wie es in etlichen Unternehmen der Fall ist (Orlikowski 2010). Der ausgehandelte gemeinsame ‚Wille' dieser überindividuellen Akteur:innen materialisiert sich typischerweise in einer medialen Form und erlangt dadurch eine gewisse Dauerhaftigkeit.[11] Wenn wir nun auf die in Kap. 3 erläuterte Geschichte des Internets zurückblicken, könnten wir nunmehr wagen zu behaupten, dass es sich hierbei um eine vieldimensionale ‚Figuration von Figurationen' handelt, die im Laufe der Zeit durch sich fortlaufend erweiternde sinnhafte Verknüpfungen – nämlich Hyperlinks – entstanden ist.

Das Gleiche lässt sich auch über die Infrastrukturen sagen, bei denen Kommunikation unter bestimmten kontrollierten Bedingungen miteinander verknüpft wird, wie etwa bei Social-Media-Plattformen. Social-Media-Plattformen bieten einen Raum, in dem bestimmte Figurationen aufrechterhalten oder neu geschaffen werden können, und die sich daraus ergebende Gesamtstruktur an Interdependenz schließt auch unsere Beziehungen zu der jeweils zugrunde liegenden Plattform ein. Das ist es, was wir meinen, wenn wir sagen, dass wir heutzutage nicht nur mit Einzelfigurationen zu tun haben, sondern auch mit *Figurationen von* Figurationen. Immer dann, wenn eine Plattform wie beispielsweise Facebook einmal ausfällt, oder jedes Mal, wenn uns dort inakzeptable Datenschutzbedingungen auferlegt werden, wird uns plötzlich und drastisch klar, wie vielschichtig die Interdependenzen sind, denen wir unterliegen.

Sinnhafte Anordnungen von Figurationen

Figurationen lassen sich allerdings auch auf andere Weise skalieren, und zwar als *sinnhafte Anordnungen*. Wir haben bereits mehrfach betont, dass jeglicher Versuch, zu verstehen, wie die soziale Welt kommunikativ konstruiert wird, notwendigerweise ein theoretisches Verständnis der gemeinsamen Bedeutungsproduktion erfordert. Wir verstehen Bedeutung an diesem Punkt im ursprünglichen Sinne von Max Weber (1988 [1904]: 200) als Kulturbedeutung, wie sie von den Akteur:innen in der sozialen Welt produziert wird. In einer solchen Perspektive bestehen auch zwischen den Figurationen der sozialen Welt *sinnhafte Anordnungen*, jenseits aller konkreten Verknüpfungen zwischen Akteurkonstellationen. So handelt es sich beispielsweise bei nationalen Regierungsbehörden um Figurationen, die, im Verhältnis zu etlichen anderen Figurationen, als ‚Machtzentren' *verstanden werden*. Solche Konstruktionen einiger

---

[11] Wir erinnern an Latours berühmte Worte von Technik als „auf Dauer gestellter Gesellschaft" (1991 als „Technology is Society Made Durable": 103).

4.3 Skalierung und Transformation von Figurationen

Figurationen als ‚mächtig', ‚öffentlich' und so weiter, und anderer als ‚schwach', ‚privat' und so weiter sind nur *teilweise* durch die Relationalität ihrer Akteur:innen oder durch die Zusammensetzung von ‚Figurationen von Figurationen' erklärbar. Denn das „Zusammenhängen" (Boltanski 2010) der uns umgebenden Figurationen beruht nicht nur auf den geschilderten strukturellen Verknüpfungen, sondern auch auf Bedeutungsbeziehungen. Dabei entstammt dieses ‚Zusammenhängen'[12] zwei verschiedenen Quellen: zum einen resultiert es aus bestimmten *Diskursen,* die diese Figurationen und ihre Bedeutungen in der sozialen Welt verbinden, und zum anderen aus bestimmten *übergreifenden Interdependenzbeziehungen zwischen Handlungsdomänen* – wie etwa Verkehrs- und Wirtschaftsinfrastruktur –, die mit *angenommenen* Bedeutungsbeziehungen in Zusammenhang gestellt werden. Beide Arten von Anordnung sind mehr als eine einfache Einbeziehung von Akteur:innen oder Figurationen in größere oder komplexere Figurationen – oder auch Figurationen von Figurationen.

Peter Berger und Thomas Luckmann versuchten, solche Bedeutungsanordnungen durch das Konzept der „symbolischen Sinnwelten" zu erklären (siehe dazu Berger und Luckmann 2010 [1966]: 98–112). Symbolische Sinnwelten waren für sie „symbolische Totalität[en]" (Berger und Luckmann 2010 [1966]: 102), denen ein Gesamtverständnis von der sozialen Welt gemein ist. Sie bieten ein „allumfassendes Bezugssystem [...], das eine Welt im eigentlichen Sinn begründet, weil *jede* menschliche Erfahrung nun nurmehr als etwas gedacht werden kann, das *innerhalb* ihrer stattfindet" (Berger und Luckmann 2010 [1966]: 103). Doch diese funktionalistische Lesart dessen, wie Bedeutung zu Ordnung beiträgt, war zu keinem Zeitpunkt, auch nicht zu dem, als Berger und Luckmann sie verfassten, völlig plausibel; gänzlich unplausibel ist sie spätestens heutzutage, in einem Zeitalter, in dem Sinnstiftung über unzählige nationale und transnationale digitale Medien hinweg stattfindet und dabei immer größere Ausmaße annimmt.

Berger und Luckmanns Rede von ‚symbolischen Sinnwelten' würde, wenn man sie hier anwendete, suggerieren, dass alle Figurationen akkurat in funktionierende, sinnhafte Ganzheiten passen. Damit wird jedoch die *Vielfalt der verschiedenen Diskurse* unterschätzt, die Figurationen miteinander in Beziehung setzen, indem sie die ‚Gesamtbedeutung' bestimmter Figurationen ‚erzählen' oder ‚erklären' und so im Laufe der Zeit großflächigere Muster von aufeinander bezogenen Figurationen konstruieren, die von Bedeutungszusammenhängen getragen werden – und nicht etwa von den strukturellen Verknüpfungen, aus denen beispielsweise Figurationen von Figurationen bestehen. Solche Diskurse beruhen nicht nur auf rationa-

---

[12] Mit dem Begriff des ‚Zusammenhängens' erinnern wir an die Perspektive der Praxistheorie: siehe Schatzki (1996: x).

len Konstruktionen.[13] In erster Linie stellen sie „[a]ffektive Bindungen" her (Elias 2006 [1970]: 177) oder, wie wir zu sagen bevorzugen, Beziehungen von sinnhafter Interdependenz, *über* verschiedene Figurationen *hinweg* und auf vielfältige Weise. Denken wir an das Geflecht von Figurationen, in das die Figuration einer heutigen Familie involviert ist: Die Eltern dieser Familie haben die Aufgabe, die Freizeit und die Erziehung ihrer Kinder zu organisieren. Sie interagieren über etliche Jahre hinweg mit zahlreichen Einrichtungen – allgemeinbildenden Schulen, Berufsbildungsschulen, Hochschulen –, denen eine gewisse Bildungsverantwortung zugeschrieben wird. Im Laufe der Zeit entwickeln die Kinder dann unabhängige Beziehungen zu externen Institutionen – kulturelle Einrichtungen für Freizeitzwecke; Unternehmen und Organisationen, die Arbeitsplätze bereitstellen. Und so entwickelt die Familie im Laufe der Zeit sinnhafte Beziehungen zu einem sich ständig erweiternden, ja wechselnden Set weiterer externer Figurationen (und Figurationen von Figurationen), bis schließlich die Eltern alt und pflegebedürftig werden. Die angedeuteten externen Figurationen stehen ihrerseits in Beziehung zu verschiedenen Behörden- und Verwaltungsebenen in der öffentlichen Domäne, die wiederum von den Medieninstitutionen mitdefiniert und mitgeprägt wird.

Unser Argument ist dabei *nicht,* dass sich solche Figurationsgeflechte so miteinander verbinden, dass ein funktionierendes Gesamt von Gesellschaften geschaffen wird. Unser Ansatz ist gerade nicht funktionalistisch, da Bedeutungsbeziehungen innerhalb solcher *Geflechtsstrukturen* stets Gefahr laufen, infrage gestellt oder gar auseinandergerissen zu werden. Stattdessen geht es uns darum, die Relevanz solcher verbindenden Diskurse herauszustellen, in denen das ‚Makro' durch Bedeutungsbeziehungen in die Besonderheiten der ‚Mikro'-Handlungen eingebettet wird. Anders ausgedrückt: Akteur:innen erlernen als Individuen, wie man in einer sozialen Welt handelt, die von Diskursen darüber geprägt ist, was ‚Gesellschaft' ist und wie ‚Gesellschaft funktioniert' (in diesem Sinne ist das ‚Makro' stets im ‚Mikro' präsent: Morley 2000: 9–12).

Solche Bedeutungsbeziehungen können auch auf andere Weise entstehen, nicht direkt durch Bedeutungsdiskurse, eher durch tiefgehende praktische Interdependenzbeziehungen, die im Sinne einer ‚Lebensweise' ‚zusammenhängen', die ihrerseits ‚als Ganzes' für sinnhaft gehalten wird. So sind beispielsweise die Akteur:innen eines Wirtschaftsmarktes von einem funktionierenden Verkehrssystem abhängig. Ebenso hängen die Akteur:innen der Finanzmärkte vom Funktionieren der Kommunikationssysteme ab. Bricht das eine zusammen, läuft auch das andere nicht weiter. Solche Interdependenzbeziehungen setzen sich unbegrenzt bis in höhere Dimensi-

---

[13] Für einen vergleichbaren Ansatz, das ursprüngliche Argument von Berger und Luckmann aus der Perspektive des Diskurses zu überdenken, siehe Keller (2011: 45).

onen fort. Die Komplexität der praktischen Interdependenzen, von denen das heutige Leben abhängt, ist derart komplex, dass die Akteur:innen darum ringen, das *Ganze* als sinnhafte Ganzheit zu begreifen, und rund um dieses Bemühen, das Ganze *als Gesamt, als Wirklichkeit* zu begreifen, entstehen neue Diskurstypen oder auch Mythen (Laclau 1990; Boltanski 2010).

Was wir ‚Gesellschaft' nennen, lässt sich nicht als Container für verschiedene Figurationen fassen (Beck 1997: 49–54); vielmehr handelt es sich um das allgemeine ‚Zusammenhängen' von Figurationen – und Figurationen von Figurationen – über viele Handlungsdomänen hinweg, die mit einem großflächigen, räumlichen Territorium verbunden sind. Insofern diese Formen des Zusammenhängens auf Bedeutung beruhen, haben sie eher mythischen als materiellen Charakter. Diese Mythen beschreiben keine vermeintlich ‚objektive Wirklichkeit' der sozialen Welt. Vielmehr handelt es sich um spezifische Konstruktionen von ihr, mittels derer *Annahmen* darüber aufrechterhalten werden, wie ihre Handlungsdomänen in einer umfassenderen ‚Ordnung' ‚zusammenpassen' (siehe Kap. 10 für weitere Einzelheiten). Mythische Narrative solcher Art ranken sich seit Langem um Medieninstitutionen und ihre fortwährenden Ansprüche auf soziale Legitimität. Mit diesem Buch haben wir uns nicht der Aufgabe verschrieben, sie zu entwirren. Allerdings sollte zumindest erwähnt werden, dass die heutigen derartigen Mythen weit über die Legitimitätsansprüche etablierter Medieninstitutionen, beispielsweise der großen öffentlich-rechtlichen Medien, hinausgehen: Sie erstrecken sich auch über die in Mythen gründenden Behauptungen hinsichtlich Kollektivitäten, die auf Social-Media-Plattformen zusammenkommen, und den angeblich durch ‚Big Data' ermöglichten Zugang zum ‚Sozialen'.[14]

Figurationen und soziale Transformation
In der Prozessperspektive, die wir hier einnehmen, betrachten wir kein soziales Phänomen als einfach gegeben. Selbst bei Figurationen, die über lange Zeit ‚gleich' bleiben – etwa Figurationen religiöser Organisationen – bedarf ihr ‚Gleichbleiben' einer fortwährenden *Konstruktion* durch Handeln und Interpretation. Zwar sind bei Figurationen neben Wandlungstendenzen auch ‚Beharrungstendenzen' vorzufinden, doch kann ein Versuch, den Ist-Zustand von Figurationen beizubehalten und einen Wandel zu unterbinden, entgegen dieser Absicht für die Figuration dazu führen, „deren Wandlungstendenzen [zu] verstärken" (Elias 2006 [1970]: 196). Dies lässt sich gut an dem Beispiel religiöser Organisationen oder politischer Parteien

---

[14] Siehe allgemein Couldry (2003, 2012) und Laclau (1990); zum Mythos der Social-Media-Kollektivitäten siehe Couldry (2014a); zum Mythos von Big Data als Quelle sozialen Wissens siehe Couldry (2014b); Mosco (2014: 5); boyd und Crawford (2012).

ablesen: Eben die Bemühungen ihrer jeweiligen organisatorischen Elite, sie stabil zu halten, rufen tendenziell Kritik, langfristige Instabilität und letztlich Wandel hervor. Umgekehrt ist es ebenso möglich, dass Praktiken, die auf einen Wandel einer Figuration abzielen, stattdessen deren Beharrungstendenz verstärken. Dies mag beispielsweise in unterschiedlichen Vorstellungen der Akteur:innen von Wandel begründet sein, was einen Wandel in eine bestimmte Richtung erschweren kann. So fällt jede Beschreibung von umfassenden figurativen Transformationen notwendigerweise komplex aus.

Bleibt noch die Frage, welche Relevanz wir schließlich den Medienkommunikationstechnologien bei solchen Transformationen beimessen sollten. Bei dieser Frage geht es im Kern um das ‚*Prägepotenzial*', das sich aus dem Medienensemble einer Figuration ergibt. Wandelt sich ein Medienensemble in einer Familie, in einer Peergroup oder in einer Bürogemeinschaft, transformiert sich nicht notwendigerweise die Figuration selbst: Die Familie, die Peergroup oder die Bürogemeinschaft kann dieselbe bleiben. Ein sich wandelndes Medienensemble führt nur dann zu einer Transformation, wenn auch die Kommunikationspraktiken einer Figuration und mit ihnen die Art und Weise der Bedeutungsproduktion innerhalb dieser Figuration einer Transformation unterliegen.

Ebenso wenig wird der innere Wandel eines Medienensembles einfach durch äußeren Wandel in der Medienumgebung vorangetrieben. Vielmehr werden in etlichen – vielleicht gar in den meisten – Fällen, in denen Figurationen Transformationen unterliegen, diese aus Interaktionen zwischen inneren und äußeren Kräften resultieren. Man denke an Unternehmen: Häufig kommt es nicht zufällig zu Veränderungen am Medienensemble, eher aufgrund von Managemententscheidungen. So werden neue interne Datensysteme oder neue Social-Media-Plattformen eingeführt, um bestimmte Ziele besser zu erfüllen, wie etwa um Informationen effizienter zu verarbeiten oder Kund:innen besser zu erreichen. Das Medienensemble ist auf stetigen Wandel *angelegt*, da zumindest einige der Akteur:innen hoffen, ihre Ziele dann besser erreichen zu können. Dabei kann nebenbei jedoch etwas ganz anderes herauskommen, als es von eben diesen Akteur:innen beabsichtigt war. Beispielsweise könnten die Mitarbeiter:innen sich Datensysteme auf subversive Weise aneignen, um ihre Arbeitsabläufe zu vereinfachen. Und *ob* Veränderungen an einem Medienensemble auch einen Wandel der *Dynamiken* einer Figuration herbeiführen, gilt es noch in detaillierter Vor-Ort-Forschung zu ergründen. So können, wie bereits erwähnt, einige Figurationen, wie religiöse Organisationen, recht stabil bleiben, auch wenn sie immer mehr digitale Medien einsetzen: Die Tatsache, dass der Heilige Stuhl auf digitalen Plattformen aktiv ist, ändert nichts an seinem institutionellen Machtgleichgewicht. Welchen Fall wir auch betrachten, immer geht es darum, die Dynamik *bestimmter Wechselbeziehungen* zu verstehen. Es gibt keine

4.3 Skalierung und Transformation von Figurationen

‚Medienlogik', die den Wandel von Figurationen vorantreibt: Höchstens lässt sich verschiedenster medienbezogener Wandel daran ausmachen, wie sich das Beziehungsgeflecht, aus dem Figurationen – oder Figurationen von Figurationen – bestehen, auf nichtlineare Weise entfaltet.

Zugleich können sich sowohl die internen als auch die externen Aspekte einer Figuration in einer sich wandelnden Medienumgebung grundlegend transformieren. Dies liegt zunächst einmal an neuen Möglichkeiten, wie Figurationen zueinander in Beziehung kommen können. Wie wir in Kap. 2 argumentiert haben, besteht das grundlegende Merkmal jedes Mediums darin, Möglichkeiten zu eröffnen, über das Hier und Jetzt hinaus zu agieren und dadurch die Reichweite der menschlichen Agency zu erweitern. Wie bereits Elias bemerkte, liegt es insbesondere an den *Medien,* dass sich die „Interdependenzketten differenzieren", „länger werden" und „dementsprechend auch für jeden Einzelnen und für jede Gruppe allein undurchsichtiger und unkontrollierbarer" werden (Elias 2006 [1970]: 89). Das bedeutet, dass sich Figurationen leichter über Raum und Zeit hinweg verbreiten können, ein Aspekt, den wir im nächsten Abschnitt dieses Buches erörtern werden. Beispielsweise können Unternehmen an verschiedenen Orten gelegene Teile ihrer Organisation weitaus besser integrieren; Verwaltungen können verschiedene Orte erreichen; Familien können trotz an verschiedenen Orten lebender Familienmitglieder Zusammenhalt erfahren. Zugleich bedeutet dies nicht, dass ‚Standorte' im Zeitalter der tiefgreifenden Mediatisierung bedeutungslos geworden wären. Im Gegenteil, unsere Beziehungen zu der Mannigfaltigkeit der Medien räumen Standorten mit hoher Medienkonnektivität einen besonders hohen Stellenwert ein (Zook 2005): Über solche Standorte hinweg können sich Figurationen weitaus leichter ausbreiten und miteinander in Kontakt kommen, was sich beispielsweise an transkulturellen urbanen Milieus zeigt, die Akteurkonstellationen auf vielfältige Weise zu verknüpfen vermögen (Georgiou 2013: 92–116; Hepp 2014: 124–134). Es ist ein wesentliches Merkmal von Großstädten und Metropolen, dass es sich um Orte handelt, an denen sich höchst unterschiedliche Figurationen kreuzen und miteinander verflechten.

Das Leben mit Medien im Zeitalter der Mannigfaltigkeit der Medien ist, so haben wir argumentiert, untrennbar mit der Einbindung in eine Vielzahl unterschiedlicher Figurationen verbunden, die in komplexen und gelegentlich widersprüchlichen Konstellationen bestehen. Solche Figurationen bestehen in Anordnungen von unterschiedlichem Komplexitätsgrad, die zum einen Verbindungen zwischen Akteur:innen bzw. Einbeziehungen bereits existierender Figurationen in ‚Figurationen von Figurationen' und zum anderen Bedeutungszusammenhänge beinhalten, die spezifische Figurationen – und Figurationen von Figurationen – auf tatsächliche Weise in umfassende interdependente Beziehungen einbinden. Bisher haben wir lediglich das ‚Wie' von Figurationen beschrieben. Damit sind wir noch nicht bei der Frage nach dem ‚Was jetzt' angelangt, also nach den Folgen von Figurationsmustern für die soziale Ordnung im weiteren Sinne bzw. das, was wir die ‚figurative Ordnung' heutiger Gesellschaften nennen könnten. Dazu kommen wir gegen Ende in Kap. 10. Zuvor jedoch, in den vorangehenden Kapiteln der Teile II und III, müssen wir verschiedene analytische Zwischenstadien durchlaufen: In Teil II besprechen wir die Aspekte Raum, Zeit und Daten. In Teil III widmen wir uns den Implikationen der tiefgreifenden Mediatisierung für das Selbst, für Kollektivitäten und für unsere Möglichkeiten, soziale Räume zu beherrschen.

Teil II
Dimensionen der sozialen Welt

Raum 5

Räume stellen eine erhebliche Größe in dem Geschehen dar, wie Kommunikation zur Konstruktion der sozialen Welt beiträgt. Dabei geht es um drei Aspekte. Erstens, dass sich Kommunikation zwischen zwei räumlich voneinander entfernt befindlichen Entitäten mittels Übertragungstechnik ermöglichen lässt. Hierdurch können neue Interaktionen erster Ordnung entstehen. Zweitens, dass eine solche Telekommunikation auch neue Verbindungen zwischen diesen Interaktionen erster Ordnung ermöglicht. Hierdurch lassen sich neue kommunikative Beziehungen zweiter Ordnung herstellen. Beispiele dafür sind die Entwicklung königlicher Gebietshoheit und die Entstehung von Macht durch Informationssysteme oder -plattformen. Drittens, dass kommunikative Beziehungen zweiter Ordnung im weiteren Sinne einen Wandel jedweder grundlegenden Interaktions*möglichkeiten* in einer spezifischen sozialen Domäne herbeiführen, beispielsweise immer dort, wo Protokolle Informationsprozesse in einer Weise regeln, die dem Kommunikationsraum, den wir Internet nennen, zugrunde liegt. Bei all diesen räumlichen Aspekten der Art und Weise, wie Kommunikation zur Konstruktion der sozialen Welt beiträgt, kommen zahlreiche Figurationen verschiedenster Art zum Tragen. In diesem Kapitel widmen wir uns diesen Prozessen, die von unterschiedlichem Komplexitätsgrad sind.

In gewisser Weise bedeutet das nichts Neues: dass Raum und Kommunikation miteinander verflochten sind, ist ein *triviales* Merkmal der Moderne. Die Moderne beruht auf zunehmend *zahlreicheren* Formen der Telekommunikation, von der Kommunikation mittels Pferd, Taube oder Brief – den älteren Formen der Post – bis hin zu neueren Formen der Kommunikation mittels Fernsehen, Radiosignal oder Verlinkungen zwischen Computern. Mittels dieser Formen sind neue Arten von sozialen Räumen entstanden: Sendegebiete, deren Raum so weit reicht wie das Rundfunksignal; Online-Vergemeinschaftungen von Menschen, die einander noch nie physisch getroffen haben; passwortgeschützte Online-Interaktionsdomänen. Weltweit gibt es nur noch wenige Gebiete – sofern es überhaupt noch welche gibt –, die von diesem Wandel unberührt geblieben sind. Dies ist auch dann zutreffend, wenn, wie wir in Kap. 3 angedeutet haben, die Verbreitung der Medien in mancher Hinsicht weiterhin höchst ungleichmäßig vonstattengeht und die Vorstellung, dass die Moderne oder die Mediatisierung nur eine einzige, nämlich vom Westen gestaltete Form annimmt, zutiefst irreführend ist. Bereits vor über einem Jahrzehnt hat einer von uns beiden Forschern versucht, diese Interaktion zwischen Medien und Raum durch das Konzept des ‚MediaSpace' zu erfassen (Couldry und McCarthy 2004): ein dialektisches Konzept, das die zahlreichen Ebenen erfasst, auf denen die Räumlichkeit von Medienoperationen zur weiteren Ordnung von Raum und Gesellschaft beitragen kann. Diese Überlegungen fließen im Folgenden großteils implizit ein. Die Inhalte der Massenmedien *beziehen* sich in der Regel nicht auf die räumlichen Aspekte ihrer eigenen Produktion, Distribution und Rezeption. Stattdessen repräsentieren sie die Welt von einem verallgemeinerten, enträumlichten Standpunkt aus. Und doch spielt die Räumlichkeit von Medien stets im Hintergrund eine Rolle und *verlagert* die soziale Wirklichkeit auf unterschiedliche Weise (Couldry und McCarthy 2004: 4 f.). In diesem Kapitel ergründen wir solche Verlagerungsprozesse weiter, bevor wir am Ende kurz auf die neueren Verlagerungen eingehen, die sich aus der Rolle von Software und Datenverarbeitung ergeben.

Durch Medien angeschobene Transformationen von Raum gingen im Allgemeinen mit Transformationen von Zeit einher. Man nehme den Telegrafen und das Telefon: Sie ermöglichten die *Beschleunigung* von translokaler Kommunikation (Hepp 2004: 182–184) und führten dazu, dass voneinander entfernt befindliche Akteur:innen in zeitlicher Hinsicht regelmäßig miteinander kommunizieren konnten, zumindest wenn sie wichtige Netzknotenpunkte wie Telegrafenstationen oder Festnetztelefone aufsuchten. Aufgrund der Mannigfaltigkeit der Medien und insbesondere aufgrund des Einbettens ‚sozialer' Online-Plattformen in die Alltagsinteraktion kam es zu einer ersten tiefgreifenden Verlagerung. Nicht nur, dass sie vielerorts separate Many-to-one-Kommunikation – also Rundfunk – oder One-to-many-Kommunikation – mithin interpersonal – ermöglicht haben, die gewöhnlich auf Distanz stattfindet. Sondern durch die unendliche kommunikative Reserve des Internets kam es zu einer *wechselseitigen und fortlaufenden* Telekommunikation von – fast – allen Punkten zu – beinahe – allen anderen Punkten. Noch dazu findet diese Telekommunikation innerhalb eines zeitlich breiten Spektrums statt.

Diese jüngeren Ausdehnungen von Kommunikation über Räume hinweg, so ungleich sie geografisch auch sein mögen, werfen grundlegende neue Fragen für die soziale Organisation von Kommunikation auf. Als Beispiel lässt sich das Problem eines Übermaßes an Kommunikation anführen. Hierzu kommt es, wenn der Umfang der empfangenen und zu beantwortenden Mitteilungen an irgendeinem Punkt im Raum im Verhältnis zur dort verfügbaren Verarbeitungskapazität *unermesslich ansteigt*. Dies kommt bei massiver Zunahme asynchroner Kommunikationsmittel vor. In der Folge droht das, was wir die ‚figurative Ordnung' der sozialen Welt (siehe Kap. 1) nennen, instabil zu werden. Paradoxerweise kann die zunehmende gegenseitige Verschränkung bzw. das *praktische* ‚Zusammenhängen' von Akteur:innen und Prozessen in Raum (und Zeit), das durch die heutige Online-Kommunikation erleichtert wird, die Ordnung unserer Gewohnheiten und Praktiken im weiteren Sinne, also ihr *normatives* ‚Zusammenhängen' als Übereinkommen für das Zusammenleben, untergraben.[1] ‚Mit den Dingen Schritt zu halten' erfordert nicht mehr nur, die eigene Antwortleistung innerhalb nur einer Kommunikationsschnittstelle wie E-Mail zu verbessern, sondern vielmehr, ein Übermaß an Kommunikation über mehrere unabhängige Plattformen *hinweg* zu verwalten. Doch wie, wenn überhaupt, können wir zwischen den verschiedenen kommunikativen Unendlichkeiten, mit denen wir alle zurechtkommen müssen, *Auswahlentscheidungen treffen?* Darauf, was dies für unsere Zeitwahrnehmung bedeutet, kommen wir im nächsten Kapitel zurück. Es gibt jedoch eine widersprüchliche Bewegung, die in einigen Domänen darauf hinweist, wie es aufgrund von Kommunikation zu einer erheblichen Intensivierung raumübergreifender Koordination kommt: Wir beziehen uns auf das, was Karin Knorr-Cetina die „synthetische Situation" der „skopischen Medien" nennt (2014: 45; siehe auch Knorr-Cetina und Brügger 2002). Diese biete beispielsweise in den globalen Finanzmärkten einen gemeinsamen Fokus für Tausende von dezentral befindlichen Akteur:innen, der auf den allgemein verfügbaren und als selbstverständlich geltenden visuellen Bildschirmdarstellungen beruhe. Diese Bewegungen müssen im Zusammenhang verstanden werden.

Dass wir Zeit und Raum in diesen beiden Kapiteln getrennt behandeln, erfolgt lediglich, um unsere Argumentation besser zu verdeutlichen. Beide sind von derselben fortschreitenden tiefgreifenden Mediatisierung der sozialen Welt betroffen. Räumliche und zeitliche Beziehungen lassen sich nicht akkurat voneinander getrennt analysieren: Was wirklich zählt, sind die miteinander vernetzten raumzeitlichen Beziehungen (Massey 1992: 79–84). Am Ende des nächsten Kapitels werden wir in der Lage sein, all dies in einem Verständnis der sich wandelnden figurativen Ordnung heutiger Gesellschaften zusammenzufassen.

Dieses Kapitel ist wie folgt gegliedert. Zunächst betrachten wir einige allgemeine Prinzipien, nach denen sich über das Räumliche der sozialen Welt nachdenken lässt und darüber, wie Kommunikation zu ihrer Transformation beiträgt; dann erörtern wir

---

[1] In den Kap. 6 und 10 gehen wir erneut auf den Begriff ‚figurative Ordnung' ein.

bestimmte Arten von sozialen Räumen und ihre kommunikativen Merkmale; schließlich wenden wir uns den disruptiven Implikationen durch Software und Informations- und Dateninfrastruktur für soziale Räume im Allgemeinen zu.

5.1 Medien und die sich verändernde Räumlichkeit der sozialen Welt

Heutzutage sind wir auf eine andere Art und Weise ‚im Raum' als diejenigen, die vor dem Zeitalter des Internets lebten. Übersetzt in die Sprache unserer Argumentation in den vorangegangenen Kapiteln bedeutet dies, dass Medien – und speziell die Mannigfaltigkeit der Medien der Digitalisierung – zu einem grundlegenden Wandel der Räumlichkeit der sozialen Welt geführt haben.

Der Soziologe Sanyang Zhao (2006) brachte dies am deutlichsten zum Ausdruck, als er feststellte, dass Online-Kommunikation den Ausgangspunkt für eine Phänomenologie der sozialen Welt transformiert habe: eine Transformation der zentralen Unterscheidung von Schütz zwischen ‚Umwelt' (engl. „consociates") und ‚Mitwelt' (engl. „contemporaries"). Wenn ‚Umwelt' diejenigen Menschen sind, mit denen wir in direkten Kontakt kommen, hat das Internet diesen Personenkreis über diejenigen hinaus erweitert, denen wir face-to-face begegnen. Mit den Worten Zhaos: „Anstatt physische Kopräsenz als Maßstab für das Beurteilen aller Formen menschlichen Kontakts zu verwenden, müssen wir Face-to-face-Interaktion nunmehr als eine unter mehreren Möglichkeiten behandeln, auf die Menschen im Zeitalter des Internets [als Umwelt, oder bei Berger und Luckmann: ‚Mitakteure' (2010 [1966]: 34) bzw. ‚Mitmenschen' (35 ff.)] miteinander in Kontakt kommen." (Zhao 2006: 459) Bei Online-Kommunikation handelt es sich daher nicht einfach um eine Erweiterung von Face-to-face-Interaktionen. Vielmehr stellt sie eine der *grundlegenden* Möglichkeiten dar, Menschen zu begegnen und kennenzulernen. Dieses „Da und Jetzt" (Zhao 2006: 459 f.) ergänzt das von der klassischen Phänomenologie beschriebene ‚Hier und Jetzt' der Face-to-Face-Interaktion. Wir treffen uns online, um mit Menschen zusammenzukommen, denen wir normalerweise nicht face-to-face begegnen. Daraus folgt zweierlei: Erstens hat „das Internet [...] die Lebenswelt erweitert", indem es die Online-Domäne miteinbezogen hat (Zhao 2007: 156). Zweitens handelt es sich bei Face-to-Face-Situationen nicht länger um den „prototypischen Fall aller gesellschaftlichen Interaktion" (Zhao 2006: 417, mit Verweis auf Berger und Luckmann 2010 [1966]: 31).

Damit wandelt sich die Dynamik, wie wir als soziale Akteur:innen lernen. Die Online-Umwelt mit ihren Mitmenschen wird gewissermaßen zu „legitimen Quellen gegenseitiger Kenntnisnahme" (Zhao 2007: 149; gegensätzlich zu Berger und

Luckmann 2010 [1966]: 35). Allerdings hatte Schütz eine solche Entwicklung bereits in seinen Überlegungen zum Telefon vorausgesehen (Schütz und Luckmann 2017 [1973]: 80). Wie Schütz schrieb, „werden [wir] in unserer sozialen Situation immer weniger durch Beziehungen mit individuellen Partnern in unserer unmittelbaren oder mittelbaren Reichweite und mehr und mehr durch hochgradig anonyme Typen bestimmt, die keinen festen Platz im sozialen Kosmos haben" (Schütz 2011 [1946]: 124; siehe auch Knoblauch 2013a: 330). Aufgrund einer weiterentwickelten Form des Telefons – das fast überall verbreitete Mobiltelefon – haben wir uns in den letzten Jahrzehnten daran gewöhnt, in mehr als einem Raum ‚auf einmal' zu agieren, was gelegentlich überraschende Folgen für die Kontexte hat, in die Interaktionsströme eingehen (Moores 2004). Solche Verschiebungen in der Art und Weise, wie soziale Ressourcen und Prozesse konfiguriert sind, lassen sich nicht verstehen, wenn wir in einer engen, medienzentrierten Weise über den Konsum und die Produktion von Medien nachdenken, die sich nur auf Medieninhalte und nicht auf den *MediaSpace* konzentriert. Wenn sich die Vorstellung der Menschen vom „Raum, in dem [sie] Menschen treffen" durch die mehr oder weniger kontinuierliche Verfügbarkeit einer Online-Mitwelt wandelt (Interviewpartner zit. nach Jansson 2013: 283), dann wandeln sich auch umfassendere Aspekte sozialer Koordination mit dem Entstehen neuer „sozialräumlicher Abhängigkeitsregime" (Jansson 2013: 281).[2] Zugleich und dabei auf ganz andere Weise hat die Installation von Informationstechnik, die über Funkübertragungsgeräte in zunehmend kleinere und weiter distribuierte Einheiten in unser Alltagsleben eingebettet sind (Hayles 1999; Klauser und Albrechtslund 2014: 277) zu einem Wandel der Ordnung von Raum und Gesellschaft geführt. Die zunehmende Sättigung des Alltagsraumes durch Tracking- und Monitoring-Prozesse, bei denen Daten kontinuierlich erfasst und miteinander verknüpft werden, verändert vielerorts das ‚Gefühl für' Raum. Dies gilt insbesondere, aber nicht ausschließlich, in Städten.

Bevor wir uns in den Details dieser Transformationen verlieren, müssen wir einen Schritt zurücktreten und allgemein über das Wesen von räumlichen Beziehungen innerhalb der sozialen Welt nachdenken. „Die Beziehung zwischen Raum und sozialem Leben ist [...] weitgehend unverstanden", bemängeln zwei bemerkenswerte Architekt:innen, deren Buch über die Machtverhältnisse, die sich aus der Gestaltung und Organisation des Lebensraums ergeben, zu Unrecht vernachlässigt wurde (Hillier und Hanson 1984: ix). Es gibt einen Grund für den blinden

---

[2] Infolgedessen könnten sich die Menschen daran gewöhnen, Menschen in neuen Arten von Räumen zu treffen, z. B. in den Social-Media-Feeds zu beliebten Fernsehsendungen: Die Forschung zu Brasilien beispielsweise liefert zahlreiche Beispiele (Campanella 2012; Drumond 2014).

Fleck, über den sich Hillier und Hanson beklagen, und zugleich für die Vernachlässigung ihrer Arbeit: Der Grund liegt in der *Einbettung* unseres Lebens in Orte, wo wir uns im Laufe des Tages von einem Ort zum anderen bewegen und unseren Lebensweg auf mehr oder weniger erfolgreichen *Aneignungen* von Raum in Form der Orte aufbauen, die wir besetzen. Diejenigen, die das Glück haben, über sichere räumliche Beziehungen zu verfügen – und die jüngste ‚Migrations-‘ bzw. ‚Flüchtlingskrise‘ in Europa, Afrika und Asien erinnert uns daran, dass diese bei Weitem nicht allen Menschen zur Verfügung stehen – wechseln aus der Sicherheit ihres Wohnraums in die Sicherheit ihres Arbeitsplatzes und vergessen dabei leicht, wie wichtig die räumlichen Ressourcen sind, die sie für all ihr Handeln und all ihre Bewegungen benötigen. Ungeachtet dessen ist Raum eine knappe Ressource (Pred 1990: 13). Unsere Errungenschaften im Zusammenhang mit ‚Orten‘ – die Fähigkeit, bestimmten Bereichen von Raum ein „Schema" der Interpretation und Organisation *aufzuerlegen* (Tuan 1977: 34) – werden selten als Aneignung dieser knappen Ressource berücksichtigt. Eine materialistische Phänomenologie erfordert jedoch eine Anerkennung von Raum und insbesondere der Rolle, die Kommunikationstechnologien bei der Konstruktion von Ort, Lokalität und Skala spielen.[3]

Ort, Lokalität und Skala
Zum Verständnis des Weiteren ist eine geografische Perspektive unabdingbar. Denn eine solche befasst sich unbeirrbar mit den Ungleichheiten in der Verteilung räumlicher Ressourcen, die von bestimmten Standorten aus möglicherweise nicht sichtbar sind. Wenn man sich mit Fragen des Raums befasst, geht es nicht nur darum, die Unterschiede der Ressourcen innerhalb und jenseits von Raum wahrzunehmen, sondern auch darum, die Räumlichkeit der größeren Zirkulationsräume, die alle Aspekte des wirtschaftlichen, sozialen und kulturellen Lebens *miteinander verbinden,* und ihre höchst ungleichen Folgen zu erfassen (Smith 1990: 105 f.). Sich mit dem ‚Raum‘ zu befassen, bedeutet, über die Materialität von Beziehungen nachzudenken.

Gemäß dem bedeutenden französischen Raumtheoretiker Henri Lefebvre ist ‚sozialer Raum' „nicht ein Ding unter anderen Dingen", sondern „ein Ensemble von *Relationen* zwischen den Dingen", etwas, das „ihre Beziehungen in ihrer Koexistenz und Gleichzeitigkeit [beinhaltet]" (Lefebvre i. E. [1991]: 88, 100, eig. Hervorh.). Dieser Ansatz lässt sich gut mit einem figurativen Ansatz hinsichtlich des sozialen Lebens vereinbaren. Die Produktion von sozialem Raum, so Lefebvre, sei entscheidend dafür, wie wir soziale Erfahrungen an und zwischen bestimmten Orten erleben können. Da-

---

[3] Uns überzeugt daher der Vorschlag des Anthropologen Tim Ingold nicht, den Begriff ‚Raum' ganz fallen zu lassen (Ingold 2011). Dies erscheint uns wie das sprichwörtliche Ausschütten des Kindes mit dem Bade.

5.1 Medien und die sich verändernde Räumlichkeit der sozialen Welt

rüber hinaus bedeutet das Verankertsein von Raum in materiellen Beziehungen zugleich, dass Raum auch in Bezug zu Zeit verstanden werden muss, weshalb es also zum einen um Beziehungen über Räume hinweg und zum anderen innerhalb von zeitlichen Kontexten geht. Der Raumbegriff selbst, also der Rahmen, durch den wir uns Dinge vorstellen, die im ‚selben' Raum geschehen oder sich dort befinden, hängt von „der gleichzeitigen Koexistenz sozialer Beziehungen und Interaktionen in allen räumlichen Skalen ab, von der lokalsten bis zur globalsten" (Massey 1992: 80).

Vor diesem Hintergrund kann Raum nicht ausschließlich im Sinne von Ort oder Lokalität verstanden werden. Insofern Raum relational ist, stellt er, wie Bruno Latour hervorhob, zu einem großen Teil eine Leistung der Akteur:innen selbst dar, wo doch genau sie es sind, die immer weitere materielle Vernetzungen *zwischen* Lokalitäten herstellen, die in Handlungskontexte eingebettet werden können (Latour 2010 [1967]: 317, 319). Soziale und wirtschaftliche Beziehungen werden durch globalisierte Kommunikation und globalisierten Austausch in unseren heutigen modernen Gesellschaften über verschiedene Räume hinweg auf zunehmend komplexere und vielfältigere Weise geführt. Daher sind zahlreiche räumliche Beziehungen heutzutage nicht mehr stark an bestimmten ‚Orten' oder ‚Lokalitäten', d. h. in festen und abgegrenzten Raumcontainern, verankert. Einer der ersten, der diesen Zusammenhang erfasste, war Wolfgang Schivelbusch in seinen Überlegungen zur Bedeutung der Eisenbahn im neunzehnten Jahrhundert in Europa. Schivelbusch zufolge waren „Orte fortan in räumlicher Hinsicht nicht länger individuell oder anonym, sondern nunmehr Momente in dem Verkehr, der sie erst ermöglicht" (Schivelbusch 1986: 40). Diese Überlegungen, entwickelt im Zusammenhang mit der technologischen Beschleunigung Ende des zwanzigsten Jahrhunderts, veranlassten einige Geografen zu der Annahme, dass die Globalisierung und insbesondere die ‚transnationale Konnektivität' „zu einem Wandel der eigentlichen Ontologie von Raum und Territorialität" führt (Amin 2002: 387). Argumentiert wird nicht, dass Ort, Lokalität und Skalenbeziehungen vollständig verschwinden, sondern dass sie in einer Welt der „multiplen Geografien von Zugehörigkeit" und „multiplen Räumlichkeiten von Organisation" nicht mehr die einzige Art räumlicher Beziehung sind (Amin 2002: 395 f.). Wir müssen daher anerkennen, was die jeweiligen Konzepte von Ort, Lokalität und Skala jedes für sich zu unserem Verständnis von Raum beitragen (Jessop, Brenner und Jones 2008): Sie *alle* unterliegen potenziell Transformationen, die sich aufgrund der tiefgreifenden Mediatisierung vollziehen. Besonders wichtig ist es, das Konzept von Skalen nicht außer Acht zu lassen.[4] Wie der brasilianische Kulturtheoretiker Roberto Da Matta formulierte,

---

[4] Im Gegensatz zu Marston et al. (2005), siehe hier unsere Kritik in Kap. 4.

"ist es grundlegend, das ‚&' zu untersuchen, das das Herrenhaus an die Behausung eines Elendsviertels bindet, und den enormen, schrecklichen, furchterregenden Raum, der die Herrschenden mit den Beherrschten verbindet" (Da Matta 1985; zit. nach Martín-Barbero 1993: 186). Um Ungleichheiten sowie hieraus resultierende Machtverhältnisse zu verstehen, ist es unerlässlich, Skalenbeziehungen selbst wie auch Brüche in Beziehungen über Skalen hinweg zu berücksichtigen.

Dies deckt sich allerdings durchaus mit sich intensivierenden Beziehungen zwischen Lokalitäten durch Mediatisierung und Globalisierung. Dabei gewinnt „Translokalität" (Hepp 2014: 21; Nederveen Pieterse 1995: 45) zunehmend an Bedeutung, also die medienvermittelten *Wechselbeziehungen* zwischen verschiedenen Lokalitäten. Lokalitäten lösen sich nicht auf: Wir sind an unseren Körper gebunden und können nicht anders, als *von* bestimmten Lokalitäten *aus zu handeln,* auch wenn die Ressourcen, auf die das Handeln von diesen Orten aus angewiesen ist, selbst distribuiert sind. Doch die Bedeutung dieser Lokalitäten wandelt sich angesichts einer sozialen Welt, die aus zunehmend komplexeren translokalen Vernetzungen besteht. Infolgedessen wohnt der sozialen Welt zunehmend ein gewisser Grad an räumlicher Komplexität inne, die durch die Operationen der Figurationen inszeniert wird.

Medien und die Organisation des sozialen Raums

Orte sozialer Erfahrung unterscheiden sich sehr stark in ihrer räumlichen Organisation: Wie sie wahrgenommen werden, kann direkt davon abhängen, wie die grundlegenden Ressourcen – von den Wohnverhältnissen über Lebensmittel bis hin zu kulturellem Kapital – in ihr distribuiert sind. Wie Lefebvre (i. E. [1991]: 41) es ausdrückt, produziert eine jede Gesellschaft „einen ihr eigenen Raum". Die jeweiligen Räume mögen hochgradig vielgestaltig sein, auch wenn bestimmte Institutionen sie als ‚einheitlich' darstellen. Aus historischer Sicht bestand ein Schlüsselaspekt unserer Moderne in der Verschiebung von räumlichen Beziehungen, verursacht dadurch, dass wir wirtschaftliche und andere Beziehungen neuerdings über große Entfernungen und in zunehmend schnelleren Zeitrhythmen führen können. Seit den frühen Erfindungen der Nachrichtenrelais (Rantanen 2009) waren Medien wesentlich an dem Prägen von Raum und Territorium beteiligt. Die moderne Nation innerhalb und außerhalb des ‚Westens' (Anderson 2005 [1983]; Thompson 1995; Giddens 1997; Larkin 2008; Spitulnik 2010) war von jeher ein translokaler Raum. Teilweise beruhte dieser auf der Produktion und Zirkulation von Medien und dem damit verbundenen Fortschritt anderer materieller Gegenstände und Körper, beispielsweise im Sinne von Transport. Auch heutzutage verliert die Schlüsselrolle der Medien, die sie beim Aufrechterhalten von ‚Nationalität' spielen, nicht an Bedeutung, auch wenn die Medien nicht zur Aufrechterhaltung jedweder Nationen beitragen: Nationalität bleibt aufgrund der Medien und anderer Kräfte Teil der ‚tiefgründigen Strukturen' des modernen Lebens (Skey 2014; Calhoun 2007).

Welche spezifischen Herausforderungen für unser Verständnis vom sozialen Raum stellen die digitalen Medien dar? Neue Formen translokaler Kommunikation, vor allem über das Internet, haben die Komplexität der räumlichen Beziehungen verschärft und neue Formen räumlicher Ungleichheit geschaffen. Man stelle sich zwei Lebensräume vor, von denen der eine mit dem Internet vernetzt ist und der andere nicht: Sie sind sehr unterschiedlich verankert, sowohl hinsichtlich der Distribution von Kommunikation als auch der Ressourcen im weiteren Sinne. Dies hat erhebliche Implikationen für die Handlungsfähigkeit ihrer Einwohner:innen innerhalb verschiedener Skalen. Einst wurde vielerorts behauptet, dass die neuen Kommunikationstechnologien Raum abschafften. Dies ist jedoch zutiefst irreführend: Vielmehr liegt für die heutige soziale Welt eine „austarierte Distribution von Ko-Präsenz" vor (Boden und Molotch 1994: 278). Anders ausgedrückt: Die Geschichte räumlicher Beziehungen handelte stets von Ausgrenzung, gelegentlich moralisch als „Säuberung" (Sibley 1988) getarnt. Und es gibt keinen Grund zu der Annahme, dass dies im Zeitalter tiefgreifender Mediatisierung anders ist. Tatsächlich argumentieren einige Geografen, dass die intensivierte Infrastruktur der Spätmoderne die Städte in segregierte, vernetzte Räume zersplittert, die in unterschiedlichem Maße und auf verschiedene Weise von ‚Bündeln' vernetzter Infrastruktur, einschließlich digitaler Kommunikation, profitieren (Graham und Marvin 2001). Währenddessen verbergen sich hinter dem scheinbar freien globalen Fluss von Medienrepräsentationen und Informationssignalen Ungleichheiten in der Nachrichtenproduktion, die die Quellen und damit die Inhalte dieser Repräsentationen prägen (Brooker-Gross 1983). Um dies zu ergründen, gilt es, nicht über einzelne Handlungen oder den Raum als solchen nachzudenken, in dem diese ausgeführt werden. Vielmehr geht es um die Beziehung zwischen umfassenderen Handlungsmustern und den verborgenen Zwängen, die ihre Verbreitung prägen: Diese bezeichnete der schwedische Geograf Torsten Hägerstrand als „Absprache-Einschränkungen" (Schwanen und Kwan 2008, über Hägerstrand 1975).

Man denke einen Augenblick lang über spezifische Akteurkonstellationen und ihre Probleme der Raum-(und Zeit-)*Koordination* nach. Alltägliches Handeln setzt zunehmend voraus, sich durch medienvermittelte Kommunikation fortwährend ‚in Echtzeit' an die Anforderungen anderer Menschen anpassen zu können, die sich an entfernt liegenden Orten befinden. Dies führt zu zunehmend komplexerem Planen und Steuern beispielsweise der Bewegungen einer Familie über Räume hinweg. Auf den ersten Blick verringert dies die ‚Absprache-Einschränkungen', indem einige Probleme gelöst werden, wie diese Bewegung mit jener koordiniert werden kann. Doch aufgrund der Koordinationsebenen, auf die man sich jetzt verlässt, kann dies neue Probleme schaffen. Familien unserer Tage, als Figurationen mit koordinierter Mediennutzung verstanden, können eine weitaus größere räumliche Komplexität bewältigen als Familien früherer Zeiten. Und doch sind sie aus demselben Grund zunehmend auf die stetige Verfügbarkeit der Ressourcen *angewiesen,* die eine solche Bewältigung ermöglichen: d. h. den steten Zugang zu denselben Kommunikationsflüssen innerhalb der Familie. Wenn dieser Zugang zusammenbricht – aufgrund leerer Handyakkus, in Gegenden ohne Netzabdeckung oder infolge noch gravierenderer Kommunikationshindernisse –, dann kann dies einen Zusammenbruch auf allen Kommunikationsebenen nach sich ziehen. Familien als Figurationen sind heutzutage selbst in ihrer Grundfunktionalität zunehmend von weiteren Figurationen von Figurationen abhängig, von denen die Internetinfrastruktur nur ein Teil ist. Dies gilt – wenn auch in sehr unterschiedlichen Formen – sowohl für vermögende Eliten, die eine große Anzahl von Mediengeräten besitzen, *als auch* für finanziell schlechter gestellte Familien, deren ‚Medien' aus einem einzigen gemeinsam genutzten Mobiltelefon bestehen, mit dem per sogenanntem *Dropped Call* Rückrufbitten übermittelt werden oder grenzüberschreitend Geld überwiesen wird.

Aus einer anderen Perspektive betrachtet, verstärkt das *verschachtelte* Wesen der digitalen Kommunikation – mit jeder einzelnen Webseite, die zahlreiche zusätzliche Links und mögliche Wege oder Ressourcen enthält – nur noch die Komplexität der Art und Weise, wie sich die raumbezogenen Beziehungen der Menschen durch ihre variable Mediennutzung ausdifferenzieren. Doch wenngleich Kommunikation heutzutage mehrheitlich auf Zugang zum Internet beruht, folgt daraus nicht, dass alle Menschen den gleichen Zugang haben, im Gegenteil. Infolgedessen hat sich auch die Art und Weise der Ordnung des sozialen Raums gewandelt. Prozesse lokativer Medien beispielsweise liefern raumbezogene Informationen, übertragen aber auch die Positionen von Akteur:innen im Raum an Systeme, die dies verfolgen: Auf diese Weise schaffen lokative Medien, wie der brasilianische Autor André Lemos bemerkt, „augmented realities […]: integrierte, vermengte Prozesse, die elektronische und physische Territorien miteinander verschmelzen und neue Formen und neue Verständnisse von Orten schaffen" (Lemos 2009: 96). Diese erweiterten Räume sind stark differenziert. Aufgrund der Kontrolle über raumbezogene Informationen werden neue Machtverhältnisse von erheblicher Bedeutung geschaffen.

Allgemeiner ausgedrückt: Die Vielfalt der Art und Weise, wie Akteur:innen mit der Unendlichkeit räumlich relevanter Informationen interagieren, erfordert möglicherweise das Konzept eines ‚Metaspace', um die sich wandelnden Möglichkeiten zu erfassen, wie wir uns durch den Raum bewegen und uns mit anderen Menschen vergemeinschaften, ob mit nah oder entfernt befindlichen, sowie die Rolle, die Medien-Interfaces und -formate beim Prägen dieser Wandlungsprozesse einnehmen (Humphreys 2012). Für einige Akteur:innen konvergieren, wie Humphreys es ausdrückt (2012: 508), „Mobilität, Sozialität und Medialität". Medien verschiedenster Konfigurationen bringen für uns heutzutage vielfältige und wechselnde raum- und ortsbezogene Beziehungen mit sich. Infolgedessen kann der ‚Metaspace' der einen Person – ihre Art, im Raum tätig zu sein und so ihr Leben räumlich zu gestalten – mit dem einer anderen Person unvereinbar sein.

Es versteht sich von selbst, dass Netzwerke von hoher Relevanz sind. Wenn wir über Netzwerkzugang verfügen, z. B. durch Social Media, positioniert uns dies in Bezug auf die räumlich distribuierten Ressourcen anders, als wenn uns ein solcher Zugang fehlt. Wenn wir beispielsweise mit unserem Laptop auf dem Schoß oder Smartphone in der Hand unser Netzwerk um Rat fragen oder YouTube konsultieren, wie wir ein bestimmtes Gericht zubereiten oder ein Computerproblem beheben können, greifen wir auf vernetzte Ressourcen zu. Wir sollten jedoch nicht den verbreiteten Annahmen über die Beziehungen zwischen ‚Netzwerken' und ‚Gesellschaft' folgen – siehe z. B. Manuel Castells' Ausführungen (2009: 53) –, dass Netzwerke und ihre Wechselbeziehungen das eigentliche Möglichkeitsfeld von Gesellschaft strukturieren. Stattdessen brauchen wir ein differenzierteres Verständnis davon, „wie die Vernetzungen realisiert werden" (Knorr-Cetina und Brügger 2002: 392).

Im nächsten Abschnitt nehmen wir einige Ansatzpunkte für ein umfassenderes Verständnis in den Blick, welche Folgen die Einbettung der Medien in die soziale Welt für die räumlichen Beziehungen hat.

5.2 Kommunikative Praktiken und räumliche Beziehungen

‚Wo die Menschen sich durch Medien befinden', lässt sich beispielsweise erforschen, indem man sich darüber Gedanken macht, wohin es sie zieht (wonach sie streben und wie sie sich zurechtfinden), wenn sie über ihr Handeln vergleichsweise frei entscheiden können. Wir werden später darauf eingehen, wie Menschen in Arbeitsumgebungen einerseits bei der Nutzung von Medien sozial handeln, ohne jedoch andererseits in jedem Fall Kontrolle über die jeweiligen Medienplattformen zu haben, die sie benutzen.

‚Wo wir uns durch die Medien befinden'

Wie sehr sich die Beziehungen zwischen Medien und Räumen gewandelt haben, zeigt sich daran, dass uns sogar die Frage umtreibt, ‚wo die Menschen sich mit und durch Medien befinden'. Im Zeitalter der modernen Medien vor dem Digitalisierungsschub der letzten ein bis zwei Jahrzehnte – ein Zeitraum, in dem sich weltweit Hunderte von Millionen Menschen an eine fortwährende schnelle Internetverbindung innerhalb der Mannigfaltigkeit der Medien gewöhnt haben – *befanden wir uns stets dort, wo sich unsere Körper befanden:* schlicht und einfach in dem sozialen Kontext, in den unsere Körper platziert waren: am Arbeitsplatz oder in unserem Schlafzimmer, in der Schule, in einer Fabrik oder in einem Büro. Vielleicht waren

Medien im Hintergrund aktiv oder wir benutzten die Medien als ein gelegentliches Werkzeug, um etwas herauszufinden, das wir in unserem unmittelbaren Kontext nutzen konnten; vielleicht konsumierten wir Medieninhalte oder produzierten sie als Medienschaffende gezielt. Zwar war uns bereits Anfang der 2000er-Jahre bewusst, dass das Verwenden von Mobiltelefonen zu einer mitunter problematischen Überlagerung von Orten und Lokalitäten führen kann (Moores 2004, in Anlehnung an Schlegloff 2002). Doch dieses Problem löste sich regelmäßig, sobald ein Mobiltelefongespräch endete. Mit dem immersiven, also ultrarealistischen *Gaming* mittels computergestützter Interfaces (Turkle 1996) zeichnete sich eine umfassendere Transformation bereits ab: die Möglichkeit, scheinbar ‚irgendwo anders' zu sein, obwohl wir uns mittels unserer Körper an einem bestimmten Ort befinden. Allerdings stellen Spiele seit jeher eine besondere Domäne des sozialen Lebens dar. Außer in pathologischen Fällen wird im Allgemeinen nicht davon ausgegangen, dass ihre Stellung im Grenzbereich den normalen Ablauf alltäglicher Interaktionen beeinträchtigt.

Angesichts der tiefgreifenden Mediatisierung und der Mannigfaltigkeit der Medien ergibt es jedoch *durchaus* Sinn, zu fragen, ‚wo die Menschen sich mit und durch Medien befinden', ob sie in einem Klassenzimmer, einem Vortragssaal, einem Café oder einem Park sitzen. Es bedarf keiner ultrarealistischen Spiele: Auch durch gewöhnliche Medienvermittlung sind Menschen in etliche Interaktionen, die nicht spielbezogen sind, mit anderen Personen eingebunden, die sich an entfernt liegenden Orten befinden. Mittels ihrer Beziehung zu interaktiven Räumen, in denen sich eine Vielzahl von Geschehnissen abspielt, ob mit oder ohne ihr jeweiliges Zutun, können Menschen für *viele* Personen, die sich an einem entfernt liegenden Ort befinden, sichtbar sein. Zugleich können auch sie *viele* Personen beobachten, die sich an einem anderen Ort befinden, während sie selbst unsichtbar bleiben.

Menschen können das Geschehen, ob auf Twitter, Facebook, in Chat-Streams, oder per E-Mail, in ‚Live'-Interaktionsräumen kommentieren, die Streams anderer Personen umfassen. All dies kann dennoch vor dem Hintergrund traditioneller Medieninhalte stattfinden, beispielsweise in Form einer heruntergeladenen Fernsehsendung. Möglicherweise werden sie von Inhalten aus verschiedenen Quellen erreicht, die sie vorübergehend in neue Interaktionen einbinden. Selbstverständlich ist es weiterhin möglich, dass jemand eine live ausgestrahlte Fernsehsendung verfolgt oder sich in das Lesen einer Online-Zeitung vertieft. Doch viele Menschen folgen gleichzeitig auf anderen Medien einem oder mehreren Kommentar-Streams *um diesen Medieninhalt herum*.[5]

---

[5] Laut dem Meinungsforschungsinstitut Pew Research Centre (2012) haben 53 Prozent aller erwachsenen Handybesitzer:innen in den USA ihr Telefon „kürzlich" beim Fernsehen „zur Beschäftigung, Zerstreuung oder Interaktion" benutzt. Google-Studien zufolge schauen 77 Prozent der Fernsehzuschauer:innen in den USA Fernsehen auch mit einem anderen Gerät, in der Regel mit einem Smartphone, Laptop oder PC (Google 2012).

5.2 Kommunikative Praktiken und räumliche Beziehungen

Infolgedessen kann sich für viele Menschen das primäre ‚Wo' der sozialen Welt auf die Sites *hinüberverlagern,* die von den Medienplattformen und den Interaktionen der Menschen mit und über sie hinweggetragen werden. Zugleich kann es sich allgemein auf ein erweitertes Angebot an Online-Informationen und persönlichen Begegnungen ausrichten. Folglich können sich, wie Sanyang Zhao bemerkt, die Grenzen zwischen dem privaten, verkörperten ‚Hier' der Computer-, Tablet- oder Telefonnutzer:innen und dem öffentlichen ‚Draußen' des Publikums für eine bestimmte Kommunikation verwischen. Dies schwächt womöglich unser Gefühl für eine Offline-Welt, die *nicht Teil* der Online-Welt und auch nicht mit ihr vereinbar ist. Sowohl in Räumen, in denen arbeitsbezogene Interaktionen stattfinden, wie auch in Räumen, die von familiärer Interaktion geprägt sind, lassen sich detailreiche Beispiele finden.

Medienvermittelte Arbeitsplätze und das Privatleben

Die Wechselseitigkeit, die die Face-to-Face-Interaktion charakterisiert, kann in Arbeitsumgebungen aufgrund von Erweiterungen der alltäglichen sozialen Interaktion einem Wandel unterliegen. Dies kann zu Problemen der Reziprozität, Verantwortung und gegenseitigen Sichtbarkeit führen: So jedenfalls argumentieren Heath und Hindmarsh (2000) in einer Studie über Arbeitsumgebungen, bei denen Bildschirme, die entfernt befindliche Räume zeigen, intensiv zum Einsatz kommen. Die daraus resultierende „Entkoppelung von Handeln, Objekt und Umwelt" (2000: 102) kann, so argumentieren sie, die Annahme einer *gegenseitigen Einnehmbarkeit von Perspektiven* untergraben, die laut Schütz für Face-to-Face-Kommunikation unerlässlich ist. Und doch müssen diese Arbeitsumgebungen irgendwie gehandhabt und mit Leben erfüllt werden, wofür Hilfskonstruktionen und -provisorien entwickelt werden.

Die Folgen solcher Erweiterungen dürften komplex sein. Nehmen wir den Fall der Telemedizin. Hier führt, so ein Autor, die räumliche Reorganisation von Menschen, Ressourcen und Informationsflüssen im komplexen Prozess der Betreuung von Patienten bei physischer Distanz (Nicolini 2007) nicht nur zu einer räumlichen Ausdehnung. Auch die *Bedeutung* des Prozesses selbst wandelt sich. Es kommt zu Verlagerungen im Gefüge von Autorität und Legitimität, die von den Akteur:innen bewältigt werden müssen, und zu „eine[r] Erweiterung [...] dessen, was es bedeutet, entfernt befindliche Patienten zu versorgen" (2007: 915). Medizinische Praktiken unterliegen gewissermaßen einer ‚Streckung':

> Bei zeitlicher und räumlicher Ausdehnung geraten medizinische Praktiken unter Druck, da einige der bestehenden, für selbstverständlich gehaltenen Annahmen und praktischen Anordnungen angesichts der neuen Arbeitsbedingungen ungeeignet werden. (Nicolini 2007: 891)

So muss beispielsweise der auf Krankenstationen übliche informelle und teilweise improvisierte Austausch von Fachwissen neu konfiguriert werden, mit einer neuen Rollenverteilung in den Akteurkonstellationen der Figurationen, wenn menschliche und nichtmenschliche Mitglieder und Bestandteile des therapeutischen Teams – ärztliches, Pflege- und Verwaltungspersonal, Messgeräte usw. – an verschiedenen Standorten platziert sind. Dies mag für einige Akteur:innen im Ergebnis durchaus positiv sein, beispielsweise wenn für das Pflegepersonal ein Raum geschaffen wird, in dem es autonom agieren kann, was zuvor bei der Visite auf der Station nicht möglich war.

Viele Arten von Arbeit sind im Alltag abhängig von distribuierten Informationssystemen, z. B. dem sogenannten ERP- bzw. Enterprise-Resource-Planning-System. Dies ist ein Beispiel, dessen Folgen phänomenologisch nicht verstanden werden können, wenn man den Einzelkontext für sich betrachtet (Campagnolo, Pollock und Williams 2015). Es ist auch zu bedenken, wie verschiedene Akteur:innen, die sich über mehrere Standorte hinweg untereinander koordinieren, in die Lage versetzt werden, sich an einer Wirklichkeit zu orientieren, die sich *von ihnen allen* entfernt befindet, und zwar durch einen Prozess, den Schütz und Luckmann als „Appräsentation" bezeichnet haben, d. h. die Wahrnehmung von etwas als gegenwärtig, von dem wir keine genuine Erfahrung haben (siehe Campagnolo, Pollock und Williams 2015, über Schütz und Luckmann 2017 [1973]).

Auch in der Sphäre der politischen ‚Arbeit' gibt es Beispiele für die positive Ausdehnung politischer Prozesse, etwa wenn Online-Handlungen neue Handlungsmöglichkeiten erschaffen. Ein interessantes Beispiel war die politische Kampagne, die 2012 um ein YouTube-Video herum entstand, das einen Protest gegen die Korruption in Mexiko darstellte; es zeigte 131 Demonstrant:innen, die einen mexikanischen Politiker kritisierten, nachdem die Regierung die Korruption und den Protest als unbedeutend abgetan hatte. In der Folge begannen weitere Menschen, das YouTube-Video mit „Ich bin Nr. 132" („Yo soy #132") zu kommentieren. Dies führte zu einer gleichnamigen Kampagne (Gómez García und Treré 2014). Hier beruhte die Ausbreitung des politischen Prozesses, der Akteur:innen eines großen Landes in einer Kette von Kommunikation und Affirmation einbezog, auf dem flexiblen – da indexikalischen – Bezugspunkt des Twitter-Hashtags: Es entstand eine neue Handlungsfiguration, die auf der einfachen Grammatik sich wiederholender Praktiken des Schreibens auf einer distribuierten Plattform basierte. Räumliche Verzerrungen oder Ausdehnungen schienen nicht involviert zu sein. Vielmehr handelte es sich um eine neue Art des Handelns, auch wenn die Grammatik auf das Hinzufügen beschränkt war: Mehr zu tun, als seinen Namen hinzuzufügen – beispielsweise die Komplexität des Falles bzw. damit verbundene Ungerechtigkeiten zu kommentieren –, war nicht möglich. Bedauerlicherweise machte die Überwachungsstruktur des digitalen Raums die Menschen, die sich an diesem Netzwerk beteiligten, für spätere Bespitzelung und Ausspähung ihrer Daten durch die Regierung verwundbar (Treré 2015). Auf diesen Punkt kommen wir später zurück.

Parallel zur aus Medientechnologien resultierenden Transformation von Praktiken in der Arbeitswelt zeigt sich eine solche Transformation auch bezogen auf Praktiken innerhalb von Familien. Zunächst einmal werden die Distribution der Mediennutzung und der Grad der Online-Konnektivität zu einem Schlüsselfaktor beim Strukturieren des familiären Lebensraums, was der Organisation des Zuhauses eine neue Bedeutung verleiht (Bengtsson 2006). Auf den ersten Blick ermöglichen erweiterte Kommunikations- und Geldtransfernetze das Aufrechterhalten von Familienbeziehungen angesichts neuer Entfernungen, was allen Beteiligten zugutekommt. Die Medienanthropolog:innen Madianou und Miller (2012) und der Mediensoziologe Jack Qiu (2009) sehen dies für Großfamilien von Wanderarbeitern auf den Philippinen bzw. in China gegeben.[6] Auch Familien, die nicht immer räumlich verstreut leben, ermöglichen Informations- und Kommunikationstechnologien (engl. „ICT", dt. auch „IKT") und mobile Medien, ihre Aktivitäten, ihre Gedanken und Vertraulichkeiten zu koordinieren, während sie in räumlicher Hinsicht vorübergehend voneinander entfernt sind (Wajcman, Bittman und Brown 2008; Green 2002). Die heutigen Figurationen von Familien können „konnektierte Präsenz" (Licoppe 2004) auch über komplexe räumliche Raster hinweg aufrechterhalten: In diesem Sinne wird die Familie zu einer „distribuierten Familie" (Christensen 2009). Infolge der räumlichen Ausdehnung der Mitwelt der sozialen Akteur:innen können die engsten und vertrautesten Mitakteur:innen unserer Umwelt – die Familie – *diese Rolle nun* trotz physischer Trennung zeitlich kontinuierlich *ausüben* (Christensen 2009: 445). Diese Tendenz anscheinender Enträumlichung von Technologien, um enge Bindungen zu *verstärken,* nicht sie zu schwächen, wurde bereits zu Beginn des zwanzigsten Jahrhunderts für das Festnetztelefon festgestellt (Fischer 1992). Die Rolle, die kontinuierliche Online-Chat-Foren beim Verbinden von Generationen innerhalb einer Familie spielen, ist ebenfalls von Bedeutung. Wenn ein kranker älterer Verwandter bei einer Hochzeit durch Interaktion auf FaceTime ‚anwesend' sein kann, handelt es sich um ein keineswegs triviales Geschehen: Die Grenzen des rituellen Raums werden erweitert, sodass ‚Familie' auf eine neue Art und Weise ausgelebt werden kann. Ob diese verschiedenen Formen der intensivierten Bindungen insgesamt positiv für die Familien sind, ist jedoch eine weitaus komplexere Frage: Christensen wies bereits auf die „Doppelrolle" der Medientechnologien beim „Einbeziehen wie auch Zerstreuen von Familien" hin (2009: 439).

---

[6] Für weiterführende Literatur hierzu siehe Valentine (2006).

Auch eine aufschlussreiche Forschungsarbeit mit kamerunischen Migrant:innen legt ein anderes Ergebnis nahe: „Ausübungen und Äußerungen von Druck, Zwängen und Erwartungen" können, weil sie nicht erfüllbar sind – vielleicht, wenn diejenigen, die weit entfernt sind, nicht die Zeit und das Geld haben, um die Unterstützung aufrechtzuerhalten –, zur „Auflösung von Beziehungen" führen (Tazanu 2012: 259).

Für junge Menschen – ob sie noch bei ihren Familien leben oder ihr Zuhause verlassen haben, aber auf der Suche nach Beziehungen sind – haben die Medien Freundschaften und Bekanntschaften genauso tiefgreifend transformiert wie in den Familien, wenn nicht sogar stärker. Auch hier ist es ein Irrtum, zu glauben, dass der Wandel vorrangig darin besteht, dass sich freundschaftliche Beziehungen *möglicherweise* im Sinne einer größeren Anzahl ausweiten. Wichtiger vielmehr ist die intensivere *Pflege* von Freundschaften über den Raum hinweg.

Für junge schulpflichtige Menschen in wohlhabenderen Ländern, die noch der elterlichen und schulischen Kontrolle unterliegen, ist die Möglichkeit, ständig im Austausch und Gespräch mit ihren Freund:innen und Gleichaltrigen zu sein, während sie auf die Räumlichkeit ihres Kinderzimmers bzw. Schulwegs beschränkt sind, eine wichtige Erweiterung nicht nur ihrer Sozialität, sondern auch ihres Gefühls für den *Raum,* in dem sich ihr Leben abspielt. Die geschlossene Kinderzimmertür stellt nicht länger eine Schutzmauer um die Einsamkeit oder die isolierte Zurückgezogenheit in eine mediale Vorstellungswelt dar; vielmehr ist sie eine Mauer, die den Zutritt *zurück* in die Welt des Peer-Austauschs sichert, der an der Haustür geendet hatte.

danah boyd (2014) maßgebliche Studie über die Nutzung von Online-Medien durch US-Jugendliche zeigt deutlich die Bedeutung der erweiterten Agency-Spielräume und Sozialität, die Social-Media-Plattformen bieten. Zugleich weist boyd darauf hin, wie Social-Media-Plattformen zusätzliche Zwänge, Belastungen und Verantwortlichkeiten mit sich bringen: Innerhalb des ‚Raums' von Social-Media-Plattformen können subtile neue Unterscheidungen entstehen, z. B. zwischen dem „Öffentlich-Privaten" und dem „Privat-Öffentlichen" (Lange 2007). Wenn sich nun der Raum (und die Zeit), in dem (bzw. in der) Gruppendruck kommuniziert und moduliert werden kann, ausdehnen, erhöht sich zugleich das Ausmaß gegenseitiger Überwachung von oben bzw. Ko-Überwachung von der Seite (engl. „surveillance"/„co-veillance") (Andrejevic 2008). In einigen Ländern wird aus politischer und pädagogischer Sicht mit Sorge eine Zunahme von Mobbing konstatiert: Es ist vielleicht kein Zufall, dass in einer internationalen Umfrage aus dem Jahr 2015 die beiden Länder, in denen junge Menschen am unglücklichsten waren – Großbritannien und Südkorea –, in dieser Stichprobe zugleich die Länder mit der intensivsten Konnektivität waren.⁷ Solche Probleme wie auch der damit einhergehende Nutzen sind relevant, weil sie die Bedeutungsbeziehungen transformieren, wie die mexikanische Forscherin Rosalia Winocur verdeutlicht:

> Es ist nicht die digitale Konvergenz an sich, die die Transformationen in Gesellschaft und Kommunikation hervorruft, eher die Art und Weise, wie ihre Möglichkeiten *fantasievoll* in die unterschiedlichen soziokulturellen, alltagsweltlichen Bedingungen der Jugendlichen umgesetzt werden […], [durch] den *Bedeutungszusammenfluss*, den sie organisiert. (Winocur 2009: 184, eig. Hervorh.)

Für junge Menschen, die auf der Suche nach neuen Freundschaften sind – sei es, um Gesellschaft mit Gleichaltrigen zu finden, die in ihrem gewohnten Milieu nicht zur Verfügung stehen, oder sei es, wenn sie etwas älter sind, um romantische Partnerschaften zu finden –, stellen die Medien eine deutliche Erweiterung des Raums dar, in dem Vernetzungen hergestellt, öffentliche Präsenz erreicht oder experimentiert und Identität gelebt werden kann. Dieser erweiterte Raum kann von besonderer Bedeutung für diejenigen sein, deren sexuelle Identität und deren Ausleben im öffentlichen Raum entmutigt oder bestraft wird, wie beispielsweise junge schwule oder lesbische Menschen, die in den konservativen ländlichen USA leben (Gray 2012). Und auch später im Leben können lange unterbrochene Freundschaften oder Bekanntschaften durch die Nutzung von sozialen Netzwerken zuverlässiger und erfolgreicher wiederbelebt werden, als es vor dem Zeitalter der Social-Media-Plattformen möglich war.

Ist also die folgende Geschichte aus einer spanischen Zeitung im Jahr 2015 typisch oder vielmehr außergewöhnlich und deshalb aufmerksamkeitsweckend?

> Sie stammt aus einem Dorf namens Siles, in dem er all seine Sommer verbrachte (Provinz Jaén, 2360 Einwohner:innen); einem jener Orte, an denen die Menschen einander auf der Straße grüßen und gemeinsam in denselben Bars, Geschäften und Plätzen abhängen. Doch sie begegneten einander nicht dort, sondern im bevölkerungsreichsten Land der Welt: Facebook.⁸

Es ist nicht leicht, den tatsächlichen Grad des Wandels hier vom Wirbel darum zu trennen. Doch dass weitreichende Erweiterungen der Arten und Weisen möglicher Sozialität stattfinden, steht außer Zweifel.

---

⁷Guardian 19. August 2015, Artikel über den diesjährigen Bericht der Children's Society über „Gute Kindheit": https://www.childrenssociety.org.uk/sites/default/files/TheGoodChildhoodReport2015.pdf.

⁸El País vom 20. August 2015, S. 40: „Juan y Juana", von Natalia Junquera.

Komplexere Transformationen
Bisher haben wir die zunehmend komplexe Räumlichkeit von familiären und kollegialen Figurationen erörtert. Doch Medien transformieren Interdependenzen auch auf höheren Ebenen organisatorischer Komplexität, beispielsweise innerhalb von Figurationen von Figurationen.

In dieser Größenordnung ermöglichen technologiebasierte Kommunikationsmedien völlig neue *Arten* von Arbeitsräumen und Arbeitsbeziehungen und befördern so neue Arbeitspraktiken. Karin Knorr-Cetinas bahnbrechende Studien über den globalen Finanzmarkt nehmen ihren Ausgangspunkt in Schütz' Überlegungen zu gemeinsamen Arbeitswelten, mit ihrem intensiven Gefühl für die besondere Zeit und den gemeinsamen Fokus. Für Schütz erforderte ein solcher gemeinsamer Fokus physische Kopräsenz. Doch wie der Fall der globalen Finanzmärkte zeigt, ist dies heutzutage nicht länger erforderlich: Bildschirme, die zahlreiche Ströme von Ereignissen, Daten und Handlungen filtern und zu einem kontinuierlichen, geordneten Fluss von ‚Informationen' zusammenführen, können den gemeinsamen Fokus der Aufmerksamkeit auf Mikro-Interaktionen zwischen Akteur:innen an verschiedenen Standorten lenken, indem sie „das territorial Entfernte und Unsichtbare ‚nahe' zu den Teilnehmenden bringen und es interaktiv oder reaktiv-präsent wiedergeben" (Knorr-Cetina und Brügger 2002: 392). Knorr-Cetina bezeichnet diese charakteristischen Medientypen, die nicht nur auf vernetzte Bildschirme angewiesen sind, sondern auch auf eine enorme Rechenleistung im *Hintergrund,* um Daten aus zahlreichen Quellen zu verarbeiten und zu sortieren, als „skopische Medien": Durch ihr konzentriertes Handeln ermöglichen sie neues, gemeinsames Seh-Handeln (vom griechischen Wort σκοπειν, skopein). Wie Knorr-Cetina schreibt, „präsentieren und projizieren skopische Medien visuell Ereignisse, Phänomene und Akteure, die sonst durch Distanz getrennt und nicht von einem einzigen Standpunkt aus sichtbar wären" (Knorr-Cetina: 2014: 43). Das Ergebnis ist eine Transformation dessen, was den Tausenden beteiligten Akteur:innen *als Wirklichkeit* gilt: „Der Bildschirm ist nicht einfach nur ein ‚Übertragungsmedium' für Nachrichten und Informationen. *Er ist eine Baustelle, auf der eine ganze wirtschaftliche und erkenntnistheoretische Welt errichtet wird."* (Knorr-Cetina und Brügger 2002: 395) Die Kraft skopischer Medien hängt jedoch nicht nur von der Infrastruktur der Übertragungstechnik ab, sondern auch von dem *Vollständigkeitsanspruch,* der im Namen dessen, was durch diese Übertragung zusammengebracht wird, erhoben wird: Sie „[stricken] eine analytisch konstituierte *Welt* zusammen, die aus ‚allem' besteht, was für die Interaktion potenziell relevant ist" (Knorr-Cetina 2014: 48, eig. Hervorh.). Das Ergebnis ist ein neu geschaffener Raum nicht nur des Sehens, sondern auch des *Handelns.*

5.2 Kommunikative Praktiken und räumliche Beziehungen

Während die skopischen Medien der globalen Finanzmärkte aufgrund ihres extrem hohen Niveaus an technologischer Infrastruktur, ihrer geografischen Ausdehnung und ihrer Intensität der zeitlichen Interaktionen einen Sonderfall darstellen, ist es nicht schwer, andere, weniger extreme Beispiele dafür zu finden, wie sich durch die zuverlässige Konzentration technologischer Medien zur Fokussierung einer bestimmten Art von *Aufmerksamkeit* der Schwerpunkt der sozialen Interaktion verlagert. Lokative Medien können in kollektives Verhalten eingebettet werden, doch geschieht dies stets vor dem Hintergrund spezifischer kultureller Normen und Geschichten. So schreiben Hjorth und Gu (2012) über die Nutzung der lokativen Plattform „Jiepang" in Shanghai – eine Plattform ähnlich dem US-amerikanischen „Foursquare" – und argumentieren, dass die Plattform angesichts der sehr unterschiedlichen kulturellen Einstellungen zur Privatsphäre in China im Vergleich zu den USA oder Europa eine Form der sozialen Koordination über den Raum hinweg ermöglicht: „Die Hauptmotivation besteht zum einen darin, zu sehen, wo die eigenen Freund:innen sich befinden, und zum anderen, über neue ‚coole' Orte zu berichten." (Hjorth und Gu 2012: 704) „Es ist wie ein Tagebuch mit Standort-Feature", sagte eine 25-jährige Interviewte, wobei dieses Tagebuch dem Wesen nach dadurch gekennzeichnet ist, einer distribuierten Gruppe kontinuierlich zur Verfügung zu stehen (2012: 755). Hinter dem einfachen Begriff ‚Infrastruktur' verbirgt sich etwas äußerst Komplexes mit einer großen Varianz: Die Affordanzen bestimmter Technologien wie etwa von Mobiltelefonen können an verschiedenen Orten je nach wirtschaftlichen, regulatorischen und kulturellen Gegebenheiten sehr unterschiedlich erlebt werden, da ‚Infrastruktur' ein „dynamischer Prozess ist, der gleichzeitig gemacht und nicht gemacht wird" (Horst 2013: 151).

Allerdings können solche Verbesserungen lokaler Informationen eine verstärkte ‚geistige Verengung' nach sich ziehen. Denn das Prinzip besteht darin, Menschen dazu aufzufordern, sich mit anderen Menschen zu verbinden, die ihnen in physischer Hinsicht sehr nahe sind, jedoch auf Grundlage einer Nähe, die nicht durch übliche soziale Interaktion, sondern durch einen institutionell verankerten Schub („X ist gerade in deiner Nähe") hergestellt wird. Statt zu einer bereicherten Wertschätzung des sozialen Raums führt dies vielmehr zu einer „sozialen Molekularisierung".[9] Es gibt selbstverständlich auch Gegenbeispiele, z. B. künstlerische Projekte, die sich die verbesserte Orts- und Informations-Koordination zunutze machen, die durch digitale Plattformen ermöglicht wird. Damit bringen sie neuartige Formen des Bewusstseins für die räumlichen Gesetzmäßigkeiten des Stadtlebens hervor, die weitgehend im Verborgenen liegen, weil sie nicht ‚zusammen gesehen' werden.

---

[9] Siehe Humphreys (2008, 2010) über die frühe Plattform „Dodgeball" in den USA.

Ein anschauliches Beispiel dafür ist das Kunstprojekt „Canal Accesible" in Barcelona, bei dem Menschen mit Behinderung gebeten wurden, über ihre Mobilgeräte physische Hindernisse zu melden, auf die sie stoßen, wenn sie versuchen, sich in der Stadt zu bewegen.[10] Die Medien sind dann an mehreren Arten von ‚skopischen Regimen' beteiligt, wobei sich das Ausmaß ihrer Integration unterscheidet. Auch hat dies etliche verschiedene Folgen für die Art und Weise, wie ihre Nutzer:innen ‚in' den Raum eingebettet sind.

Vielleicht besteht hier ein allgemeines Paradoxon. Hartmut Rosas Ausführungen zufolge (2005: 167) bringt die zunehmende Vernetzung durch digitale Medien es mit sich, dass uns sämtliche Güter losgelöst vom Raum zugänglich geworden sind, während für uns selbst weniger *Notwendigkeit* besteht, uns von Ort zu Ort zu bewegen. Da allerdings Zeit mit Face-to-Face-Kommunikation weiterhin große Bedeutung hat, handelt es sich vermutlich mehr um ein scheinbares als um ein echtes Paradoxon. Zudem wäre es irreführend, all diese Transformationen nur als raumbezogen zu sehen: Der Verlauf, den all diese Transformationen nehmen, erfolgt schließlich nicht, um die Mobilität um ihrer selbst willen voranzubringen, sondern um die *Handlungs*fähigkeit der Menschen zu erhöhen. Allmählich wird uns die Bedeutung der Mythen sichtbar, die wir am Ende des vorangegangenen Kapitels allgemein erörtert haben, von Mythen, die den Glauben an solche Möglichkeiten koordinierten Handelns ‚an Ort und Stelle' halten. Diese Mythen stehen jedoch möglicherweise im starken Widerspruch zu einer komplexeren *Differenzierung* der menschlichen Handlungskräfte, die trotz der Rolle von Technologien bei der Ausweitung von Kommunikation im Raum fortbestehen oder durch diese sogar noch verstärkt werden. Am offensichtlichsten sind die Unterschiede zwischen Frauen und Männern. Werbeaussagen für Smartphones zufolge befähigen diese zwar alle Menschen ungeachtet ihres Geschlechts dazu, ihr Leben damit zu koordinieren. Und doch sind es in der Regel Frauen, für die die Kommunikationstechnologien dazu führen, dass in der Familie herrschender Druck auf den arbeitsbezogenen Raum übergreift (Chesley 2005), während es vor allem der Arbeitsdruck der Männer ist, der auf den familiären Raum übergreift. Damit wird eine sehr alte Aufteilung der häuslichen Arbeit reproduziert (Wajcman 2015), bei der Frauen standardmäßig die Hauptverantwortung für Haushalt und Pflege tragen, einschließlich sämtlicher unerwarteter Anforderungen.

Andere Kommunikationsinfrastrukturen indes – Figurationen von Figurationen – begünstigen neuartige Räume für Alltagsinteraktionen. Im Gegensatz zur Augmented Reality lokativer Medien, von der einzelne Akteur:innen in besonderer

---

[10] Siehe http://www.megafone.net/BARCELONA, diskutiert von Cornelio und Ardevol (2011).

Weise profitieren, können Social-Media-Plattformen generell als ein Raum des gemeinsamen und konzertierten Handelns funktionieren, als ein kollektiv verstandener Raum der Begegnung und des Handelns (boyd 2014: 39). Wie boyd argumentiert, besteht der wesentliche Beitrag von Social-Network-Sites, zumindest für Jugendliche in den USA, nicht darin das Spektrum an *Menschen* zu erweitern, mit denen sie interagieren, also eine Erweiterung bestehender Interaktionen; vielmehr besteht er darin, einen anders nicht verfügbaren *Handlungs*raum, sozusagen einen neuen Schwerpunkt zu schaffen, der vorher nicht vorhanden war und der sich der Kontrolle der Eltern entzieht und so potenziell die symbolische Organisation der Alltagswelt neu prägt (boyd 2014: 55–57).

Es ist verlockend, diese Transformationen so zu lesen, als beträfen sie ausschließlich die Erweiterung der kommunikativen Beziehungen in Raum (und Zeit) durch Übertragungstechnik. Bezogen auf Facebook ergibt das in der Tat Sinn, denn diese Plattform ermöglicht eine Erweiterung des Austauschs zwischen Menschen, die zuvor bereits in Kontakt waren oder die sich ohne Weiteres vorstellen können, miteinander in Kontakt zu stehen. Bei anderen Plattformen wie Twitter sieht das jedoch gänzlich anders aus. Man muss keine Berühmtheit sein, die es gewohnt ist, mit einem Massenpublikum zu kommunizieren, um auf einmal mit Menschen zu interagieren, die man überhaupt nicht kennt: Menschen, die etwas, was man gepostet hat, retweetet oder kommentiert haben. Tatsächlich ist Twitter, obwohl es als ein Raum des Austauschs erlebt wird, überhaupt kein Raum, eher eine *Präsentation* von verknüpften Daten in einem kontinuierlichen Fluss, der die Illusion eines Raums für direkten Austausch erzeugt. Doch anders als in einem physischen Raum können gewöhnliche Twitter-Nutzer:innen die für sie potenziell relevanten Texte, die in diesem Fluss *nicht* präsentiert werden, weder kennen noch sich vorstellen. Der ‚Raum', in dem sie agieren, wird also von den selektiven Produktionen von Software und Datenverarbeitung geprägt: Er ist, wie Zizi Papacharissi es ausdrückt, „eine algorithmisch gerenderte Materialität" für das Soziale (2015: 119). Es ist nun an der Zeit, sich etwas allgemeiner den Implikationen von Software für den sozialen Raum zuzuwenden.

5.3 Software und sozialer Raum

Eine materialistische Phänomenologie kann sich der Herausforderung nicht entziehen, darüber nachzudenken, wie das Erleben von sozialem Raum heutzutage durch die Einbettung von ICTs bzw. IKTs und von Datenprozessen der tiefgreifenden Mediatisierung transformiert wird. Dies geschieht auf eine so grundlegende Weise, wie sie von der klassischen Phänomenologie nie vorhergesehen war. Der soziale

Raum wird durch die Möglichkeit unsichtbarer anderer Menschen oder Systeme transformiert, *uns* aus einer variablen Entfernung *zu sehen,* unabhängig davon, ob wir uns an einem festen Ort befinden oder uns bewegen. Anders als in Science-Fiction liegt dies nicht daran, dass wir im Wortsinne Kameras am Körper tragen, sondern daran, dass Software es ermöglicht, die Text- und Bildspuren, die wir online hinterlassen, und die daraus abgeleiteten Daten aus der Ferne zu erfassen und für weitere Austausch- und Verarbeitungsprozesse zur Verfügung zu stellen.

Wir müssen Fälle in Betracht ziehen, in denen neuartige Begegnungen über Räume hinweg einen Wandel der Möglichkeiten für Selbst*darstellung* innerhalb eines erweiterten Sichtbarkeitshorizonts herbeiführen, also sowohl gegenüber Menschen, die wir nicht kennen und nicht kennen können (Brighenti 2007; Voirol 2005), als auch für den fortgesetzten mobilen Kontakt mit denen, die wir kennen und um die wir uns kümmern. Es ist unmöglich, auf einer endlosen und grenzenlosen Bühne zu leben: In dem Film „The Truman Show" überlebte Truman nur so lange, wie er nicht *wusste,* dass seine Welt eine Bühne ist. In all dem könnte also ein verstärktes Bedürfnis stecken, die Grenzen um die Interaktionen mit geliebten Menschen, die wir schützen wollen, *aufrechtzuerhalten.* Und dass die GPS-Funktion unserer mobilen Kommunikationsgeräte fortwährend, jedoch ohne dass es uns bewusst ist, unsere Daten ‚überträgt', wirft neuerliche Fragen zur sozialen Ordnung und zur Legitimität von Überwachung auf. Wie Mark Andrejevic es ausdrückt, birgt die neue „Enthüllungsrolle des Standortes" (2014) angesichts der damit verbundenen Datenübertragung ganz neue Probleme, was Risiken von ‚öffentlichem' Raum angeht. Inzwischen unterliegen, wie zahlreiche Geograf:innen gezeigt haben, die Räume gewöhnlicher Standorte – oder zumindest die Räume, die viele Menschen für ‚gewöhnliche' Standorte halten, wie Flughafen-Lounges und Supermärkte – aufgrund von Software-Operationen Vertiefungsprozessen, die einigen Menschen neuartige Bewegungsmöglichkeiten verschaffen, während sie andere in ihrer Bewegung einschränken. Wie Kitchin und Dodge anmerken, gibt es inzwischen etliche Räume – sogenannte Code/Räume –, die nur und ausschließlich durch Software-Operationen konstituiert werden: „Raum ist nicht einfach ein Container, in dem irgendwelche Dinge geschehen; vielmehr sind Räume sich unmerklich entwickelnde Schichten von Kontexten und Praktiken, die Menschen und Dinge miteinander verschränken und soziale Beziehungen *aktiv gestalten",* wie beispielsweise die Sicherheitszonen am Flughafen (Kitchin und Dodge 2011: 13, eig. Hervorh.). Die Einbettung von Software in die Organisation der Alltagswelt (Thrift und French 2002: 232, 309) ist zwar von noch größerer Bedeutung. Aber es ist weniger klar, ob sie anzeigt, dass sich Räume *als solche verändern,* oder ob sie vielmehr anzeigt, dass die Handlungen innerhalb der sozialen Welt und Mobilitäts-

5.3 Software und sozialer Raum

vorgänge über sie hinweg zunehmend *differenzierteren Kontrollen* durch zunehmend diskriminierendere Software-Systeme unterliegen. Eine solche diskriminierende Kontrolle hat Folgen für physische Bewegungen – wenn ein System darüber entscheidet, ob bestimmte Passinhaber:innen ein Land verlassen oder darin einreisen können (Amoore 2013). Zugleich kann sie auch in nichtphysischen Räumen Ordnungs- und Ausgrenzungsvorgänge vornehmen: wenn ein System beim Bezahlen in einem Restaurant die Kreditkarte zurückweist. In beiden Fällen wird der Handlungsraum der Alltagswirklichkeit – und damit der institutionelle Entscheidungsraum, der um die Alltagswelt herum aufgebaut ist – nun zunehmend „software-sortiert" (Graham 2005). Dies hat direkte Implikationen dafür, wie sich urbane und andere Räume *anfühlen:* Wir können uns einer „Zersplitterung" (Graham und Marvin 2001) des Urbanen bewusst werden, die nach Grundregeln abläuft, die für individuelle Akteur:innen nicht sichtbar und auch nicht direkt zugänglich sind.

Dies lässt sich noch weiter denken. Die räumlichen Bedingungen der Selbstformung in der Alltagswirklichkeit unterliegen signifikantem Wandel. Im digitalen Zeitalter sind Alltagsräume nicht nur medienvermittelt, sondern ‚vernetzt', was bedeutet, dass die Möglichkeiten, in ihnen zu handeln, durch die hierarchische und differenzierende Tätigkeit von Informationsnetzwerken strukturiert werden. Ein Raum, für den man das richtige WLAN-Passwort kennt, ist ein anderer Handlungsraum als einer, für den man es nicht kennt; ein System, das nur begrenzten Zugang und eingeschränkte Handlungsmöglichkeiten erlaubt, unterscheidet sich stark von einem System, das unbegrenzten Zugang und uneingeschränkte Handlungsfreiheit gewährt. Infolgedessen entwickeln sich direkt unter der räumlichen Oberfläche der Alltagswirklichkeit neue Topologien: Netzwerke, die eine Gruppe von Menschen mit bestimmten Handlungsmöglichkeiten verbinden, aber eine andere Gruppe von Menschen von denselben Möglichkeiten *abschneiden*.[11] Solche Implikationen sind relevant bei den Überlegungen zum Selbst, worauf wir in Kap. 8 zu sprechen kommen. Auch bedürfen sie ihrerseits einer weitergehenden Untersuchung der Implikationen von ‚Daten' für die materialistische Phänomenologie, worauf wir in Kap. 7 eingehen. Zunächst jedoch müssen wir unseren Blick auf einige Transformationen der sozialen Zeit richten, die mit dem Zeitalter der tiefgreifenden Mediatisierung einhergehen.

---

[11] An dieser Stelle schließlich kann der Begriff ‚Topologie' auf nichtmetaphorische Weise verwendet werden, um die gegensätzlichen Kontinuitäten und Diskontinuitäten des Handelns zu erfassen, die unterschiedlich qualifizierte Akteur:innen im Code/Raum charakterisieren (vgl. Diskussion in Kap. 4).

Zeit 6

Erst mithilfe von Zeit werden die alltagsweltlichen Prozesse für uns fassbar. Zeit, in welcher Form sie auch auftreten mag, ist eine der grundlegenden Dimensionen des Lebens. Dies ist schnell ersichtlich, wenn man bedenkt, dass ein ‚gutes Leben' auch bei räumlichen Beschränkungen durchaus möglich ist, wohingegen eine Verkürzung des Lebens in zeitlicher Hinsicht – außer in Fällen extremen Leidens – es zu einem absoluten Verlust macht.[1] Leben bedeutet einen im *zeitlichen* Sinne nach vorne gerichteten Prozess.[2] Dieses Kapitel wird sich allerdings weniger mit der gefühlten inneren Zeit befassen, die alle von uns verspüren, als vielmehr mit den sozialen Aspekten von Zeit, d. h. mit Zeit als einer Dimension der sozialen Welt.

Eine Betrachtung von Zeit in der sozialen Welt darf den Raumaspekt nicht ignorieren. Dies haben wir bereits zu Beginn des letzten Kapitels betont, wo wir Henri Lefebvres Definition von sozialem Raum als „ein Ensemble von *Relationen* zwischen den Dingen", das „ihre Beziehungen in ihrer Koexistenz und Gleichzeitigkeit [beinhaltet]", zitiert haben (i. E. [1991]: 88, 100, eig. Hervorh.). Dass voneinander entfernt befindliche Dinge kontinuierlich, *zu jedem Zeitpunkt,* in einer Beziehung zueinander stehen können, macht ein relationales Denken über den sozialen Raum erforderlich, wie wir es bereits im letzten Kapitel ausgeführt haben. Zeit ist mehr als etwas lediglich Andauerndes. Vielmehr umfasst sie über *Räume*

---

[1] Dieser Punkt lässt sich auf das Gefühl von Verlust und die Verwirrung ausdehnen, das wir empfinden, wenn wir uns mit der Endlichkeit der menschlichen Zeit konfrontiert sehen (Scheffler 2013), z. B. wenn wir über Umweltkatastrophen nachdenken.

[2] Berger und Luckmann äußern sich ähnlich zu ‚Bewusstsein': ‚Zeitlichkeit', so sagen sie, ‚ist eine der Domänen des Bewußtseins' (2010 [1966]: 29) und sprechen auch vom „Strom des Bewußtseins"

hinweg stattfindende Beziehungen von *Gleichzeitigkeit*. Aus diesem Grund geht es beim Zurechtkommen mit dem Gefühl, unter Zeitdruck zu stehen, diesem „Koordinieren", für die Beteiligten ebenso sehr um Fragen des Raums wie um solche von Zeit, wie Dale Southerton, einer der führenden britischen Analysten für dieses Thema, feststellt (Southerton 2003: 23). Zeit – das Erleben von Zeit als Abfolge von Augenblicken – ist daher in diesem Sinne das Mittel, durch das Menschen die *Bezüglichkeiten* des Lebens, die Kosten und Vorteile dieser Bezüglichkeiten und die Verbindung zwischen diesen Bezüglichkeiten und der zugrunde liegenden Organisation des Raumes erleben. Figurationen werden, wie wir sehen werden, ein besonders wichtiger Einstiegspunkt sein, von dem aus sich erfassen lässt, wie eine solche Bezüglichkeit durch die Medien aufrechterhalten und bewerkstelligt wird.

Seit jeher gibt es die Vorstellung von Zeit im Sinne von Beziehungen, zumindest in gewisser Hinsicht. Auch heutzutage noch kommt religiösen Konzepten von Zeit als Art, über die Bezüglichkeiten aller Dinge und Wesen nachzudenken, eine Relevanz zu. Ein Beispiel aus Großbritannien: Wenn evangelikale Christen dort versuchen, die Fragmentierung des säkularen modernen urbanen Lebens zu hinterfragen, tun sie dies mithilfe der Frage „What time is it" – wörtlich: „Wie spät ist es?", gemeint: „In welcher Zeit leben wir eigentlich?" (Engelke 2013: 20 f.). Von besonderer Bedeutung für unsere Überlegungen über Medien- und Informationsinfrastrukturen ist das moderne Konzept der Uhrzeit (Benjamin 1968; Thompson 1967). Die Uhrzeit ist für unser Verständnis der Beziehungen von *Medien* zu Zeit aus drei Gründen wichtig. Erstens, weil Medieninstitutionen, ebenso wie andere Institutionen, sich nach der Uhrzeit richten. Zweitens, weil die Medien zu den bedeutsamsten Institutionen gehören, die unser Bewusstsein für das Verstreichen von Zeit schärfen: So informieren beispielsweise Radiostationen rund um die Uhr über die aktuelle Uhrzeit. Nachrichten-Websites haben in der Regel eine eingebettete Uhr. Drittens, weil Medien als das wichtigste moderne Mittel, mit dem sich die Aufmerksamkeit großer, verstreut lebender Bevölkerungsgruppen auf gemeinsame Bezugspunkte lenken lässt, Teil der Infrastruktur von Zeit sind, wobei interpersonale Medien wie das Mobiltelefon die ‚Domestizierung' von Zeitmessung auf neue Weise erweitern (Ling 2012, Kap. 3 und 7). Insofern lässt sich mittels Medien die implizite *soziale* Grundlage von Zeitdifferenzierung (Durkheim 2014 [1912]: 24–35, 434 f.) in konkreten Praktiken verwirklichen. Aus all diesen Gründen dürften komplexere Wandlungsprozesse in der Art und Weise, wie die Medien eine Klammer für Aspekte von Raum bilden, auch große Folgen für die objektiven und subjektiven Aspekte von Zeit haben. Dies war die Lehre aus der bedeutsamen Forschung über die Transformationen, die die Kommunikationstechnologien im neunzehnten Jahrhundert durchlaufen haben (Beniger 1986), und diese Lehre hat ihre Relevanz bis heute bewahrt.

6 Zeit

Zeit – im Sinne von raumübergreifender Gleichzeitigkeit – lässt sich dem zuzählen, was Medieninstitutionen *aufrechterhalten*. Seit Langem sind Medien- und Informationsinfrastrukturen an dem Markieren der Abläufe sozial wahrgenommener Phasen und Ereignisse des Lebens beteiligt. Möglicherweise könnte es sich hierbei sogar um eine ihrer wichtigeren Rollen handeln, wie Paddy Scannell (1989) als einer der Ersten feststellte. Dass die ‚modernen Kommunikationstechnologien' „einen Wandel in der menschlichen Zeitwahrnehmung herbeiführen" (Nowotny 1989: 9), gilt weithin als ausgemacht. Um jedoch die Rolle der sich wandelnden Medien- und Informationsinfrastrukturen für die soziale Welt in Gänze zu verstehen, müssen wir im Zeitalter der tiefgreifenden Mediatisierung noch weiter denken. Zeit kann ein Schlüsselfaktor für die *Disruptionen* sein, denen unsere Einbettung als Individuen in unsere zunehmend komplexe soziale Welt aufgrund der Medien ausgesetzt ist. Wird Zeit als ein Gefühl notwendiger Wechselbeziehung und verpflichtender Vernetzung empfunden, ist sie vielleicht nicht immer vereinbar mit der gefühlten Zeitdauer, die wir für uns selbst und für unsere Nahestehenden aufwenden wollen. Daher steht Zeit in engem Zusammenhang mit der *Vereinbarkeit* von gelebter Erfahrung und sozialen Beziehungen, d. h. mit dem *Aufrechterhalten* dessen, was wir in Kap. 1 als „figurative Ordnung" bezeichnet haben. Damit meinen wir, welche Relevanz darin liegt, dass die Phänomenologie darauf beharrt, die soziale Welt vom Ausgangspunkt der inbegriffenen gegenseitigen Verpflichtungen her zu verstehen: Die Bedeutung von Zeit für die soziologische Analyse wird völlig verfehlt, wenn wir von der Prämisse ausgehen, dass Beziehungen zu anderen Menschen lediglich Optionen für ein abgegrenztes Bewusstsein sind.

In seinem Buch „Beschleunigung" regt Hartmut Rosa (2005: 61) den Gedanken an, dass Zeit an dem Prägen der Moderne eine noch entscheidendere Rolle als der Raum einnimmt, da die räumlichen Aspekte der Alltagswelt fester und unflexibler seien, wohingegen die zeitlichen Dimensionen fließender seien. Wie bereits dargelegt, können Zeit und Raum nicht getrennt voneinander analysiert werden, zumindest wenn wir Zeit im Sinne von raumübergreifender Gleichzeitigkeit betrachten. Ebenso haben wir bereits aufgezeigt, dass es auch nicht unbedingt hilfreich ist, zeitlichen Beziehungen einen fließenderen Charakter zuzuschreiben als räumlichen Beziehungen. Rosa weist uns nun auf einen weiteren wichtigen Aspekt hin: Bei Zeit handelt es sich aufgrund ihrer *inbegriffenen* Beziehung zum Bewusstsein ihrem Wesen nach um eine Dimension des Handelns, insbesondere des kommunikativen Handelns. Zwar ändert sich die grundsätzliche Substanz und Bedeutung eines Gesprächs auch über große Entfernungen hinweg nicht, beispielsweise bei einem Telefongespräch. Aber sie verändert sich *eben doch*, wenn ein Gespräch in die Länge gezogen wird, oder, wie es in einem Sprichwort heißt: Schweigen ist beredt. Mit anderen Worten: Das Realisieren von Kommunikation hängt stets von einer kontinuierlichen Entfaltung von Zeit ab, nicht aber von einer kontinuierlichen Bewegung über Räume hinweg.

Folglich unterscheiden sich die Beziehungen von Raum zu Macht und von Zeit zu Macht voneinander. Mitunter mögen wir uns gefeit vor räumlicher Macht fühlen, also vor Macht über den Raum: Oft wird uns räumliche Macht erst bewusst, wenn wir versuchen, uns von einem Ort zum anderen zu bewegen und uns dabei blockiert fühlen. Doch wo wir auch sein mögen, wir können uns niemals vor zeitlicher Macht gefeit fühlen, also vor Macht über die Zeit. Denn diese ist in Kommunikation selbst impliziert und zeigt sich in Formulierungen wie „du wirst dies *jetzt* tun, *später* machen usw.": Vielleicht ermöglichen allein Drogen eine Art Befreiung von unserem Gefühl der ablaufenden Zeit – das Gefühl, unter Zeitdruck zu stehen, ist ein wiederkehrendes Thema in Alpträumen –, wobei diese Befreiung nicht lange anhält.

Förmlicher ausgedrückt: Zeit ist die Hauptdimension, entlang derer die soziale Ordnung selbst kommunikativ verwirklicht wird. Dabei liegen die einzigen Grenzen darin, von den Menschen über räumliche Entfernungen hinweg als eine von einem anderen Ort aus ausgeübte Macht akzeptiert zu werden. Die normative Kraft von Figurationen – und von Figurationen von Figurationen – wird also *in einer zeitlichen Dimension* verwirklicht und kann nicht verstanden werden, ohne zu berücksichtigen, wie sich Bedeutung im Laufe von Zeit entfaltet. Aus diesem Grund handelt es sich bei Zeit um eine Schlüsseldimension der Art und Weise, wie Kommunikation an der Konstruktion der sozialen Welt beteiligt ist. Zeit ist die Dimension, in der wir die ‚figurative Ordnung' des sozialen Lebens auf die Probe gestellt sehen.

In diesem Kapitel werden wir bestimmte Tendenzen von Zeitdruck hervorheben, die in der potenziell globalen konnektiven Infrastruktur des Internets und in den mit dem Internet einhergehenden Datenprozessen begründet sind, wenngleich sie sicherlich nicht überall, sondern insbesondere in den wohlhabenden Ländern sowie bei den Eliten weiterer Länder ihre Bedeutung haben. Wir behaupten somit nicht, dass diese Tendenzen universell sind oder dazu bestimmt sind, universell zu sein, oder dass das Internet heutzutage der einzige Faktor sei, der die figurativen Ordnungen der sozialen Welt prägt – auch hier nehmen wir die Kritik am Medienzentrismus ernst.[3]

6.1 Medien und die Zeitlichkeit der sozialen Welt

Es lohnt sich an dieser Stelle, erneut auf Schütz zurückzukommen. Schütz' Verständnis von der sozialen Welt geht vom Erleben von Intersubjektivität aus: der Notwendigkeit, sich an anderen ‚zu orientieren'. Knoblauch zufolge geht Schütz, jedenfalls in seinen von ihm allein verfassten Schriften, davon aus, dass „kommunikatives Handeln auch eine Art Vorwegnahme des Verständnisses des anderen für

---

[3] Vgl. unsere Diskussion in Kap. 3 mit der eindringlichen Kritik von Slater (2013).

sein Handeln mit sich bringt" (Knoblauch 2013a: 331, 332); dies wiederum erfordert, dass es gemeinsam miteinander verbrachte Zeiten gibt, in denen Verständigung zur rechten Zeit erreicht und verwirklicht werden kann (Knoblauch 2013a: 333 f.). An anderer Stelle erkennt Schütz die variable Rolle von Kommunikationstechnologien beim Aufrechterhalten solcher Gleichzeitigkeiten trotz – gegebenenfalls zunehmender – physischer Distanz an:

> Je nach dem Stand der Vermittlungstechnologie können die Symptome, durch die der Andere erfaßt wird, abnehmen, während die Synchronisation der Bewußtseinsströme bis zu einem gewissen Grad noch aufrechterhalten werden kann. (Schütz und Luckmann 2017 [1973]: 576)

Mit Schütz können wir hier erste Einblicke in Zeitbeziehungen als Schlüssel zum Verständnis unserer gegenseitigen Verpflichtungen und ihrer potenziellen Anfälligkeit für technologischen Wandel gewinnen.

Später erkannte Luckmann an, dass ‚abstrakte soziale Zeitkategorien', die das Zeitempfinden von Individuen operationalisieren, soziale Interaktionen ‚in völliger Missachtung der Rhythmen der inneren Zeit' organisieren können, die synchronisiert werden, wenn zwei Individuen in direkter Face-to-Face-Interaktion stehen (Luckmann 1991: 158). Luckmanns Überlegungen folgend gelingt jedoch nicht gerade ein Blick hinaus über diesen Zusammenprall zwischen diesen beiden Arten der Zeitorganisation, der ‚abstrakten' und der ‚inneren': Unklar bleibt, wie Zeit, auch durch die tiefgehende Einbettung der externen Koordination *in das Gefüge* des individuellen Lebens, im weiteren Sinne zur *Verfasstheit* der sozialen Welt beiträgt. In der Tat ist Luckmanns Ansatz voreingenommen für eine Dynamik der inneren Zeit und der Synchronisierung der inneren Zeiten von Menschen, die face-to-face kommunizieren und interagieren, zuungunsten einer breiter zu verstehenden Dynamik der *sozialen* Koordination und Kontrolle durch ein Zeitempfinden, das von sozialen Prozessen getragen wird.[4] Ob diese Sichtweise jemals plausibel war, beispielsweise in den frühen Phasen der westlichen Moderne, ist fraglich. Genauer: Wir bezweifeln es geradezu. Einmal mehr ist sie vollkommen unplausibel in einer Zeit, in der die Rhythmen und Kategorien der Medienoperationen eine derart wichtige Rolle bei sozialer Koordination ausüben. Wie Medien- und Kommunikationsinfrastrukturen hierzu entscheidend beitragen, muss genau in den Blick genommen werden.

---

[4] Wie Luckmann es ausdrückt, „*ist* die alltagsweltliche Zeitlichkeit, so dienlich sie auch durch abstrakte, sozial objektivierte Kategorien strukturiert sein mag, die intersubjektive Zeitlichkeit der unmittelbaren sozialen Interaktion und *beruht auf* der Synchronisation der Rhythmen der inneren Zeit bei Männern und Frauen" (1991: 159, eig. Hervorh.).

Durch die Medien wird Zeit konkret. Das gilt gleichermaßen für die individuelle Zeit, die soziale Zeit und die beispielsweise durch Zeitmessung ermittelten Bezugspunkte, die sowohl der individuellen als auch der sozialen Zeit zugrunde liegen. Daher sind Medien „soziale Zeitgeber im Alltag" (Neverla 2010: 183). Infolgedessen bieten die Medien einen Brennpunkt für neue Wege der Systematisierung und Regulierung der sozialen Welt, wobei Smartphones neue Praktiken der Mikrokoordination ermöglichen.[5] Und insofern nehmen Medien eine Schlüsselrolle bei der Etablierung und Realisierung des „Spannungssystems" in der Gesellschaft ein (Elias 1976 [1939]: 452), wobei Social-Media-Plattformen diesen Prozess enorm verstärken.[6] Für Elias ließ sich gerade anhand des Aufrechterhaltens eines *gemeinsamen* Zeitempfindens über zunehmend größere Räume hinweg erfassen, wie sich die Moderne selbst als ein immer größeres System der Interdependenz und Verpflichtung entwickelte. Eindringlich legt Elias seine Auffassung von ‚Tempo' dar:

> Dieses ‚Tempo' ist in der Tat nichts anderes als ein Ausdruck für die Menge der Verflechtungsketten, die sich in jeder einzelnen, gesellschaftlichen Funktion verknoten, und für den Konkurrenzdruck, der aus diesem weiten und dicht bevölkerten Netz heraus jede einzelne Handlung antreibt […] hier wie dort ist das Tempo ein Ausdruck für die Fülle der Handlungen, die voneinander abhängen, für die Länge und Dichte der Ketten, zu denen sich die einzelnen Handlungen zusammenschließen, wie Teile zu einem Ganzen, und für die Stärke der Wett- oder Ausscheidungskämpfe, die dieses ganze Interdependenzgeflecht in Bewegung halten. Hier wie dort erfordert die Funktion im Knotenpunkt so vieler Aktionsketten eine ganz *genaue Einteilung der Lebenszeit;* sie gewöhnt an eine Unterordnung der augenblicklichen Neigungen unter die *Notwendigkeiten der weitreichenden* Interdependenz; sie trainiert zu einer Ausschaltung aller Schwankungen im Verhalten und zu einem beständigen Selbstzwang. (Elias 1976 [1939]: 338, eig. Hervorh.)

Ein dichtes Netz von Verbindungen hat seinen ‚Preis' in der gefühlten Verpflichtung jeder und jedes Einzelnen, *innerhalb des Zeitgefüges* zurechtzukommen. Aufbauend auf den wegweisenden Überlegungen von Elias hat der Sozialtheoretiker Hartmut Rosa unlängst eine Theorie der Spätmoderne als Zeitalter der zunehmenden „Beschleunigung" entwickelt, einer „Veränderung der Zeitstrukturen in der Moderne". Auf die Einzelheiten von Rosas These gehen wir später noch ein. An dieser Stelle fassen wir ihren Kern wie folgt zusammen: Angesichts der tiefgreifenden Mediatisierung tut sich aufgrund der Beschleunigung der technologiebasierten

---

[5] Vgl. Ling (2012) und Kap. 7.
[6] Luckmann war sich der Arbeiten Elias' bewusst, ließ diese aber schnell hinter sich (1991: 152), da er dort keinen allgemeinen theoretischen Beitrag sah.

Kommunikation und zahlreicher weiterer Prozesse eine zunehmende Kluft zwischen unserem *Erfahrungsraum* und unserem *Erwartungshorizont* auf (2005: 12 f., in Anlehnung an Koselleck 2015 [1979]: 349–375).[7] Für Rosa haben die „Zeitstrukturen" einer jeden Gesellschaft erhebliche Folgen für die möglichen Lebensweisen ihrer Mitglieder. Der Grund dafür ist, dass „Zeitstrukturen und -horizonte einen, wenn nicht *den* systematischen Verknüpfungspunkt für Akteur- und Systemperspektiven darstellen" (2005: 25). Rosas Erweiterung der Arbeiten von Elias ist sowohl plausibel als auch relevant. Ein ähnliches Gespür für die Bedeutung von Zeit bei der Konstruktion sozialer Ordnung findet sich in Niklas Luhmanns Werk. Luhmann wies auf die besondere Rolle hin, die Zeit bei der Gewichtung von Aktivitäten gegeneinander spielt, womöglich sogar dabei, „die Ordnung der Werte durcheinander[zubringen]" (Luhmann 2018 [1968]: 355). Insofern haben Zeitstrukturen, wie Elias feststellte, einen ‚normal*isierenden* Charakter', weil sie einen Rahmen schaffen, in dem das Koordinieren im Kleinen nicht optional, sondern notwendig ist, wenn die umfassendere Koordination nicht zusammenbrechen soll: Ausgehend von Zeitstrukturen lassen sich *übergeordnete* Muster von Ordnung und Unordnung bestens erfassen.

An dieser Stelle wird uns direkt ersichtlich, welche Bedeutung den Beziehungen der Medien zu Zeit innerhalb der medialen Konstruktion der Wirklichkeit zukommt.[8] Doch die Mannigfaltigkeit der Medien und die in sie eingebetteten spezifischen Figurationen führen wohl zu unterschiedlichen Arten von Zeitdruck, die allesamt intensiver sind als Elias erahnte.

Die Unverwechselbarkeit der Gleichzeitigkeit im Zeitalter tiefgreifender Mediatisierung
Im vorangehenden Kapitel haben wir auf die historische Rolle hingewiesen, die Medieninstitutionen beim Aufrechterhalten des Zusammengehörigkeitsgefühls beim faktischen Koordinieren zunehmend größerer Kollektivitäten über Räume hin-

---

[7] Koselleck zufolge haben Wissenschaft und Technik „den Fortschritt als zeitlich progressive Differenz zwischen Erfahrung und Erwartung stabilisiert"; als „untrüglichen Indikator dafür, daß sich diese Differenz nur erhält, indem sie sich stets aufs Neue verändert", sieht er „die Beschleunigung" (2015 [1979]: 368).

[8] Wichtig: Wir sagen nicht, dass Zeit selbst Technologie ist (anders als Ling 2012: 38, es tut). Zeit ist sozial konstruiert und ihre jeweiligen Werte – Instanziierungen – hängen von sozialen Messtechniken ab, aber sie ist auch viel mehr als diese Messungen: Sie ist, wie wir zu Beginn des Kapitels angedeutet haben, ein Rahmen, durch den das Leben selbst verstanden wird. Das darf nicht vergessen werden, wenn wir argumentieren wollen, dass das soziale Leben und die soziale Welt zum Teil durch unsere Beziehungen im Laufe der Zeit strukturiert werden.

weg spielen. Angesichts des Ineinandergreifens von Raum und Zeit können wir ebenso zwingend davon ausgehen, dass Medieninstitutionen seit Langem geradezu eine Schlüsselrolle beim Fortschreiben raumgebundener Kollektivitäten im Zeitgefüge einnehmen (Scannell 1989; Carey 1989). Im Zeitalter der tiefgreifenden Mediatisierung tragen Medien- und Informationsinfrastrukturen Beziehungen des Mit-Bewusstseins, wie Schütz es ausdrücken würde, über Raum *und* Zeit hinweg auf jeweils charakteristische Weise. Dies geschieht erstens *zwischen beliebigen Punkten,* da die Gleichzeitigkeit aufgrund des in Smartphones und zahlreichen weiteren Geräten eingebauten Internetzugangs nicht allein von einem institutionellen Produktionszentrum aus orchestriert werden kann: Damit andere unseren Spuren fortwährend folgen können, reicht es, wenn wir einfach ein Bild von dem, was wir gerade getan haben – mag es auch auf einem anderen Kontinent geschehen sein –, auf eine digitale Plattform hochladen, wobei wir uns dabei selbstverständlich auf eine Infrastruktur stützen, die von etlichen vernetzten Ressourcenkonzentrationen abhängt. Zweitens können Inhalte, unabhängig von ihrer Dateigröße, aufgrund der hohen *Übertragungs*geschwindigkeiten nahezu ohne Zeitverlust übertragen werden. Dies führt allerdings nicht dazu, dass die *erlebten* Zeitunterschiede bedeutungslos werden, sondern im Gegenteil zu einer wachsenden Sensibilität für „die kleinen zeitlichen Differenzen" (Nowotny 1989: 11): Bleibt eine von uns geschriebene SMS oder Chat-Nachricht einige Stunden lang oder eine E-Mail einen ganzen Tag lang unbeantwortet, so bekommen wir es mit und ärgern uns zumeist darüber. Und drittens scheinen zu übertragene Datei*inhalte* schier unendlich groß werden zu können, auch angesichts dessen, dass die Übertragungsraten irgendwann für die meisten Zwecke keine Zeitverluste mehr bedeuten. Das wiederum zieht nach sich, dass die Aufgabe des Interpretierens und Verarbeitens von Inhalten, die von Mit-Bewusstseins-Interaktionspartner:innen *empfangen* werden, ebenfalls ins Unermessliche wachsen kann.

Vor über zwei Jahrzehnten hat Paul Virilio den daraus resultierenden Informationsüberfluss prophetisch als *„allgemeine[…] Ankunft der Daten"* bezeichnet (1996: 79). Mit der relativen Beschleunigung der digitalen Informationsübertragung ist gemeint, dass Akteur:innen – anstatt davon abhängig zu sein, dass sie sich selbst oder ihre Objekte über Räume hinwegbewegen müssen – am selben Ort verbleiben können und von dort aus Zugang zu Informationen über Dinge erlangen, von denen die meisten sich wiederum an deren eigenen Ort befinden: Die Bedeutung des Zwischenraums scheint ausgelöscht (Tomlinson 2007: 90 f.). Das Gefühl der Beschleunigung ist allerdings sicherlich nicht *allgemeingültig*. Nicht nur, dass Menschen sich gegen die von ihnen wahrgenommene Beschleunigung auflehnen, sondern die intensivierten Kommunikationsflüsse führen zu Zusammenbrüchen von Figurationen und neuerlichen Formen von Beharrung oder Entschleunigung

6.1 Medien und die Zeitlichkeit der sozialen Welt

(Rosa 2005: 138 f.; Wajcman 2015). In der Zwischenzeit hat sich unser Zugang zur Vergangenheit durch die Ausdehnung der in und über die ‚Gegenwart' verfügbaren Informationen gewandelt. Untergräbt dies das unilineare Wesen der zeitlichen Entwicklung, wie Rosa behauptet (2005: 161)? Wir bevorzugen eine zurückhaltendere Beschreibung: Wir bewohnen eine soziale Welt, die zum einen durch die Pluralisierung der Zeitlichkeiten und zum anderen durch die Komplexifizierung der technologischen Systeme zur Koordinierung der Zeitlichkeit gekennzeichnet ist.

Sicherlich besteht eine enorme Bandbreite der ineinandergreifenden Kräfte, die die soziale Welt zu einer zunehmend stärkeren zeitlichen Koordinierung drängen (oft lokal als Beschleunigung empfunden): wirtschaftlicher Wettbewerbsdruck, kultureller Druck und soziostruktureller Druck, die jeweils einen oder mehrere Punkte in dem zugrunde liegenden ‚Akzelerationszirkel' der scheinbaren sozialen Beschleunigung verstärken. Dieser ‚Akzelerationszirkel' selbst lässt sich laut Rosa in drei Elemente unterteilen: technische Beschleunigung, Beschleunigung des Lebenstempos und Beschleunigung des sozialen Wandels und dessen Wahrnehmung. Der springende Punkt ist, dass der Akzelerationszirkel der Einflüsse, die die Erfahrung der sozialen Beschleunigung *verstärken*, „weitgehend immun gegenüber *individuellen* Unterbrechungsversuchen" ist (Rosa 2005: 253). Anders ausgedrückt, ist Zeit nicht nur unmittelbar an den Beziehungen beteiligt, auf denen Figurationen und Figurationen von Figurationen beruhen, sondern auch im weiteren Sinne an der Konstruktion und Aufrechterhaltung einer umfassenderen *figurativen Ordnung* (siehe Kap. 4), die sich *nicht* direkt individuell anpassen lässt. Figurative Ordnungen (erinnert sei an Kap. 1) umfassen weitverzweigte *Formen der zeitlichen Organisation* – Metaprozesse –, die Akteur:innen nicht infrage stellen können, ohne die Praktikabilität der Zusammenarbeit selbst zu untergraben, und das beabsichtigt niemand. Medien- und Informationsinfrastrukturen leisten also mehr als eine ‚technische Beschleunigung' im Sinne einer beschleunigten Übertragung von Informationen: Vielmehr prägen sie die Figurationen, durch die diese intensivierten Interdependenzbeziehungen verwirklicht werden, und damit prägen sie auch die Möglichkeiten der sozialen Ordnung *durch* Figurationen.

Das Ergebnis kann als drastische zeitliche Verschiebung erscheinen: eine Welt, in der die Arbeits- und Systemanforderungen, die auf medienvermittelte Kommunikationssysteme angewiesen sind, weit über die üblichen Grenzen hinausgehen, auf denen Alltagsgewohnheiten zu beruhen scheinen. Dadurch kommt es zu schwerwiegenden arbeitsbezogenen Ungleichheiten und auch ganz allgemein, so argumentieren einige Autor:innen, zu Beschädigungen am Gefüge des Lebens an sich. Anhand von Mediengeräten lässt sich das Drängen in Richtung einer erzwungenen Konnektivität und einem 24/7-Leben, bei dem Menschen rund um die Uhr mit Medien zugange sind, auf höchst anschauliche Weise nachvollziehen. In Japan haben die knappen Reaktionszeiten, die den Umgang auf der Freundschafts-Plattform Mixi regeln, die „Unmittelbarkeitskultur" (Tomlinson 2007: 74) und das Prinzip der ständigen Konnektivität, das heutzutage in zahlreichen Kulturen anzutreffen ist,[9] zu einer enorm hohen Intensität getrieben: Infolgedessen schlafen etliche junge Menschen mit ihrem Telefon auf oder unter dem Kopfkissen (Takahashi 2014: 188, 190, 194). Jonathan Crary aus New York verallgemeinert dieses Phänomen zu der Beschreibung einer paradoxen ‚24/7'-Lebensweise, die aufgrund ihrer Nichtumsetzbarkeit – denn bei *völligem* Schlafentzug würden Menschen irgendwann sterben –, Unmögliches verlangt: Ihre Wirksamkeit liegt „in der *Diskrepanz* zwischen [jeder tatsächlichen] menschlichen Lebenswelt und der Beschwörung einer permanent eingeschalteten Welt, für die es keinen Ausschaltknopf gibt" (2014: 34, eig. Hervorh.). Entscheidend ist jedoch, dass es sich bei diesen Prozessen nicht einfach um bloße Beschleunigungsprozesse handelt, sondern um sich verstärkende Figurationen *sinnhafter Interdependenz,* deren Medium technologiebasierte Kommunikationsplattformen sind. Deshalb verbinden wir unser Gefühl, „bedrängt" zu werden, also unter ständigem Zeitdruck zu stehen, nicht so sehr damit, weniger Zeit zu haben, als mit dem Problem des Koordinierens unserer Leistung in Bezug auf die „Dichte der sozialen Praktiken" (Southerton und Tomlinson 2005: 229).

Und doch ist es nur scheinbar paradox, dass diese Entwicklungen, nicht nur von Marketing-Experten, als eine Ausprägung von Freiheit beschrieben werden. Denn wenn wir Freiheit als komplexe soziale Errungenschaft kooperativer Interdependenz verstehen, dann gilt, wie Claus Offe einmal feststellte: „Je mehr Optionen wir uns erschließen, desto weniger stehen die institutionellen Grundlagen, mit deren Hilfe wir sie uns erschließen, selbst zur Option." (2019 [1986]: 128) Die Aufforderung zu ständiger Konnektivität ist Teil dieses ‚institutionellen Rahmens'. Angesichts dessen, dass uns zumindest in demokratischen Gesellschaften grundsätzlich die Vorstellung widerstrebt, unfrei zu sein, bedarf es erheblicher Anstrengungen, um diesen Autoritarismus als etwas zu entlarven, dem wir uns stellen und das wir ändern müssen (Cohen 2012: 188 f.). Elias' Figurationskonzept hilft uns jedoch, diese Infrastruktur als einen Prozessraum entstehender Interdependenz zu sehen, der unsere Handlungs- und Vorstellungsmöglichkeiten aktiv prägt. Im Zentrum solcher Interdependenzprozesse stehen sich wandelnde Medien- und Kommunikationsformen.

Medien und die sich wandelnde ‚Geschwindigkeit' der sozialen Entwicklung

Bevor wir auf diesen umfassenderen Komplex näher eingehen, wollen wir uns grundlegend zu unserem Verständnis der medialen Konstruktion von Zeit äußern. Zeit-Beziehungen sind stets sozial konstruiert. Und zwar ist nicht nur das, was als

---

[9] Vgl. den Titel eines Kapitels von Melissa Gregg: „The Connectivity Imperative" (2011: 21).

Zeit zählt, sozial konstruiert (Durkheim 2014 [1912]: 24), sondern auch das, was zugleich als *kontinuierliche* Zeit gemessen wird. Gemäß Roberto Cipriani „konzentriert sich die Frage der Zeit auf eine Serie von Beziehungen" in dem Sinne, dass zwei oder mehr Ereignisse als eine Art von Serie aufgefasst werden (2013: 14). Cipriani zitiert Elias mit den Worten: „Man kann Uhren gewiß dazu benutzen, um etwas zu messen. Aber dieses Etwas ist nicht eigentlich die unsichtbare Zeit, sondern etwas höchst Greifbares, etwa die Länge eines Arbeitstages oder einer Mondfinsternis oder das Tempo eines Läufers beim 100-Meter-Lauf." (Elias 1988: vi–vii, in Cipriani 2013: 14) Mit der räumlichen Ausdehnung unserer sozialen Welt durch Social-Media-Plattformen wandeln sich auch die als messbar geltenden Zeitdauern und Sequenzen: Mit der ‚Timeline' eines Facebook-Newsfeeds kam eine neuartige, inzwischen längst allgegenwärtige Konstruktion von Sequenzen auf.

Darüber hinaus wird das individuelle Erleben von Zeit durch die Figurationen, an denen wir beteiligt sind, konstruiert. Im Zuge des Wandels der Medien- und Informationsinfrastrukturen haben sich auch diese Figurationen gewandelt, wodurch sich die zeitliche Dimension der sozialen Welt und die Positionierung der Individuen in ihr transformiert hat. Aufgrund ihrer Rolle, neuartige und immer komplexere Figurationen von Figurationen zu ermöglichen, haben die Medien zu einem Wandel der Art und Weise geführt, in der bestimmte Formen des beschleunigten Prozesses mit weiteren Formen verknüpft werden und sie *ineinandergreifen*. Dies hat Folgen für die allgemeine Geschwindigkeit, mit der sich unser soziales Zeitempfinden zu transformieren scheint.[10]

Den Analysen von Elias zufolge entwickelte sich in der Vergangenheit über mehrere Generationen hinweg ein neues Tempo der sozialen Welt, das sich allmählich durch gefühlte Widersprüche zwischen dem früheren Habitus und den entstehenden sozialen Zwängen herausbildet: Solche Widersprüche können im Laufe der Zeit, im Laufe des Lebens jeder und jedes Einzelnen auftreten, aber der soziale Umgang insgesamt damit nimmt erst in neuen kulturellen Maximen Gestalt an, die sich im Laufe von mehreren Generationen entwickeln (Dolan 2010: 9). Doch mit der Einbettung von Normen, die sich auf Social-Media-Plattformen entwickelt haben, in das Alltagsleben, werden wir möglicherweise Zeug:innen rasanterer Transformationen innerhalb eines einzigen Jahrzehnts, mit Implikationen sowohl für *intra*generationelle als auch für *inter*generationelle Beziehungen (Rosa 2005: 180 f.).

---

[10] Aus diesem Grund stimmen wir mit Judy Wajcman (2015) darin überein, dass es zu einfach ist, zu sagen, dass ‚alles' in der Spätmoderne beschleunigt wird. Ihrer Ablehnung von Rosas (2005) These, dass es in der Spätmoderne ein zunehmendes Problem in unseren sozialen Beziehungen zur Zeit gibt, stimmen wir jedoch nicht zu.

Derartiger Wandel ist allerdings keineswegs gleichmäßig über alle Räume hinweg spürbar; alles hängt davon ab, wie die jeweiligen Praktiken verfasst sind. Wie die Soziologinnen Karasti, Baker und Millerand anmerken, „kommt es durch die Produktion und Reproduktion von […] Praktiken zu Institutionalisierungen von zeitlichen Skalen", beispielsweise in Organisationen und Arbeitsumgebungen, was zu spezifischen „zeitlichen Orientierungen" führt (2010: 384). Im nächsten Abschnitt über die konkreten Folgen der Medien für die sich wandelnden Formen der zeitlichen Ordnung müssen wir sowohl berücksichtigen, welchen Angleichungskräften Menschen ausgesetzt sind, als auch, welche Unterschiedlichkeiten Menschen im Einzelnen bei ihren zeitbezogenen Praktiken und ihren jeweiligen Ressourcen zu deren Kontrolle aufweisen.

6.2 Zeitverlust und Wertschöpfung

Bisher haben wir mit eher allgemeinen Bemerkungen einige Merkmale der Beziehungen beleuchtet, die Teile der heutigen Menschheit in ihrem durch die Medien geprägten Umgang mit Zeit ausmachen. Wie in Kap. 5 bemerkt, lässt sich ein allgemeines Verständnis von Infrastruktur nicht aus einem abstrakten ‚Nirgendwo' heraus anbieten. Zu unterschiedlich sind die Funktionsweisen der konnektiven Infrastrukturen an verschiedenen Orten. Das gilt auch für die jeweiligen zeitlichen Folgen. Tatsächlich handelt es sich bei Zeit selbst um eine Art Infrastruktur, deren soziale Konstruktion sich aus etlichen verschiedenen Einflüssen speist.

In diesem Abschnitt wollen wir uns eingehender mit den sich wandelnden Praktiken befassen, durch die die Menschen *innerhalb des Zeitgefüges* agieren, sowie mit der Rolle der Medien beim Aufrechterhalten dieser zeitlichen Beziehungen. Wir sollten uns die Folgen für die soziale Welt vor Augen halten, die sich aus den Verlagerungen des Gleichgewichts in der Kommunikation von face-to-face hin zu räumlich zerstreuten und asynchronen Formen ergeben. Diese Verlagerungen ließen sich auch als Transition oder „Kontinuum" (Ellison 2013: 49) beschreiben: am einen Ende eine Welt, die von „verdichteter" Zeit (engl. „thick time") beherrscht wird, in der Handlungen in kontextuelle Sequenzen eingebettet sind, die klare Beziehungen zueinander und zu bestimmten Zeitabläufen haben, am anderen Ende eine Welt, in der „dünne" Zeit (engl. „thin time") vorherrscht, d. h. eine Verfasstheit von Zeit, die weniger eindeutige Koordinaten für Handlungen bietet. Wie Ellison es ausdrückt, „lässt sich die zunehmende Unmittelbarkeit und Gleichzeitigkeit […] mit einem Konzept von dünner Zeit […] in Zusammenhang bringen. Aufgrund der komplexen Art und Weise, in der Zeit im digitalen Universum verstanden wird, müssen sich die Menschen daran gewöhnen, Informationen über eine Viel-

6.2 Zeitverlust und Wertschöpfung

zahl von ‚Feldern' hinweg buchstäblich ‚augenblicklich' und ‚gleichzeitig' zu verarbeiten, zu kommunizieren und nach ihnen zu handeln" (2013: 58). Sicherlich ist das, was eine Beschleunigung der Kommunikation nach sich zieht, komplexer, als wenn es sich um bloße Ergänzungen oder Verbesserungen handelte. Ein australischer Vater von zwei kleinen Kindern, der von Melissa Gregg interviewt wurde, drückte es so aus: „[Wir] verbringen *weniger* wache Zeit damit, miteinander zu sprechen. Wir leben *nebeneinander her.*" (2011: 135, eig. Hervorh.)

Zeitmangel
In einigen Medienkulturen nimmt im Alltagserleben das Gefühl von Zeitmangel zu: nie genug Zeit zu haben, um all das zu schaffen, was erledigt werden muss. Dieses Problem umfasst weitaus mehr als technologische Beschleunigung: Es geht um die sich wandelnden *Wechselbeziehungen* zwischen wirtschaftlichen, kulturellen und sozialen Praktiken, die Akteur:innen aller Größenordnungen und auf allen Ebenen betreffen, und um die sich wandelnde Einbindung der Medien- und Informationsinfrastrukturen in *all* diese Wechselbeziehungen. Dass das Internet nun mal ein konnektiver, *verbindender* Raum ist, mit praktisch grenzenlosem konnektiven Potenzial, verstärkt dieses Problem noch ins Unermessliche.

Die einzelnen Akteur:innen können spüren, wie es zu Kontraktionen der Gegenwart kommt. Was wir ‚Gegenwart' nennen, ist kein objektives Zeitmaß, sondern unsere Abgrenzung des Alltags als Handlungs- und Planungssphäre, in der wir *berechtigterweise* ‚keine weitere Veränderung' annehmen müssen. Wenn sich nun die Kommunikation beschleunigt, verändert dies auch die ‚Gegenwart', weil dies zwangsweise doch mit weiteren Veränderungen einhergeht. Dies liegt nicht nur an der Beschleunigung der Kommunikation, sondern auch an „der beschleunigten Veränderung der Kommunikations- und Handlungskontexte" (Rosa 2005: 120, Anm. 11). Nur innerhalb unserer ‚Gegenwart' können wir auf Grundlage unserer ‚bisherigen' Erfahrungen Schlussfolgerungen ziehen und an ihnen unser Handeln sicher ausrichten; nimmt jedoch die Anzahl der Signale, die in die ‚Gegenwart' einfließen, im womöglich willkürlichen Maße zu, kann dies für soziale Akteur:innen zu einem Problem werden, insofern sie womöglich nicht länger auf Kommunikationsflüsse eingehen können.

Ein charakteristisches Beispiel hierfür ist das sogenannte Multi-Tasking. Mit dem Wandel der Verteilung von Aufgaben in der Arbeitswelt lassen sich immer mehr Aufgaben ‚noch schnell erledigen', selbst wenn man sich bereits von dem ursprünglich mit dieser Aufgabe verbundenen Ort entfernt hat. Dadurch jedoch, dass zunehmende Telekommunikation das Ausüben von Multi-Tasking begünstigt, kommt es zu tiefgreifenden Folgen für unser Gefühl von ‚Gegenwart'. Die zeitlichen Marker und zeitbezogenen Verpflichtungen aus einer Vielzahl von Aktivitäten münden in einen *einzigen* Zeitablauf. Kein Wunder also, dass eine der britischen Befragten von Southerton und Tomlinson es wehmütig als „entspannendsten Teil des Tages" bezeichnet, wenn sie einmal nur eine einzige Sache erledigen muss (2005: 235). Wir müssen also mehr leisten als absolute Vergleiche von Übertragungsraten und Interaktionsgeschwindigkeiten. Schließlich betrifft uns das Thema Geschwindigkeit nur dann, wenn sie ein *Anpassen* unserer Praktiken erfordert, und ein solches Erfordernis bekommen wir überhaupt nur dann mit, wenn es im Gefüge unserer Praktiken auftaucht. Wenn sich die absolute Geschwindigkeit eines Vorgangs erhöht, ist dies für uns in phänomenologischer Hinsicht zumeist unbedenklich, und zwar immer dann, wenn uns die Geschwindigkeitserhöhung aufgrund des jeweiligen Black-Box-Charakters gar nicht bewusst ist oder wenn sie in Aktivitätsdomänen auftritt, in denen wir selbst nicht im eigentlichen Sinne als direkte Akteur:innen agieren. Dies gilt beispielsweise für die zunehmende Geschwindigkeit hinsichtlich der Stromversorgung oder der Schussrate von Waffen. Wann immer Beschleunigung uns doch beschäftigt, hängt unser Gefühl dafür von mindestens zwei Dingen ab: von der Intensität der Aktivität, die von uns verlangt wird, und – je nach ersterem – von der Intensität der daraus resultierenden Interaktionen anderer mit uns. Unsere Aktivitäten sind jedoch im Allgemeinen innerhalb begrenzter Domänen eines „time–space packings", also eines „gleichzeitigen Vorhandenseins" miteinander verzahnt, womit auf das begrenzte „Fassungsvermögen" von Raum und Zeit verwiesen wird (Hägerstrand 1975, diskutiert von Giddens 1995 [1984]: 162–171). Dies setzt der daraus resultierenden Beschleunigung der Interaktionen *Grenzen*. Zugleich kann es dem Gefühl entgegenarbeiten, um wie viel schneller sich die beschleunigten Interaktionsmöglichkeiten für soziale Akteur:innen tatsächlich *anfühlen*.

Es passt nämlich nur eine gewisse Anzahl an Körpern einer bestimmten Größe in einen endlichen Raum, anderenfalls würden sie aufgrund der ‚natürlichen' Grenzen des Packmaßes zerquetscht, sodass das Befüllen früher oder später enden muss. Anders bei der Zeit: Es gibt *buchstäblich keinerlei Grenzen* dafür, wie viele Nachrichten, die jeweils in einem asynchronen Modus gesendet werden, im Posteingang einer Person ‚zugleich da sein' können, wobei jede einzelne Nachricht auf den verschiedensten Kommunikationsplattformen ‚jetzt' zu beantworten ist. Nochmals anders verhält es sich beim weißen Rauschen, bei dem unzählige einander überlagernde Signale sich gegenseitig aufheben, sodass kein verständliches Geräusch herausgehört werden kann. Die Herausforderung von Kommunikationsüberlastung besteht darin, dass jede Botschaft als Träger einer bestimmten Bedeutung zwar gehört werden kann, aber nicht jede einzelne beachtet werden kann, da die dafür erforderliche Zeit fehlt. Auf diese Weise kommt es bei heutigen Kommunikationsanordnungen immer wieder zu Situationen, in denen Menschen von einem Moment auf den anderen *zeitraubenden* Anforderungen gegenüberstehen, die sie zusammen mit den damit verbundenen kommunikativen Verpflichtungen eigentlich niemals erfüllen können.

Solche unzähligen und unmöglich zu erfüllenden Anforderungen mögen in ‚dünner Zeit' unproblematisch sein, in der es nicht weiter normativ festgelegt ist, wie Handlungsabläufe im Verhältnis zueinander abzulaufen haben und geordnet sind. In „Netzwerkzeit", also „digital komprimierter Uhrzeit", wie Robert Hassan (2003: 233) es nennt, in der sich die zeitliche Kalibrierung von Verpflichtungen innerhalb bestimmter Figurationen intensiviert, kommt es zu massiven Problemen. Die heutige Arbeitswelt und die sozialen Beziehungen in Zeiten intensiver Veränderungen des sozialen Umfelds, wie beispielsweise im Heranwachsen oder im frühen Erwachsenenalter, können leicht als Phasen von „dichter Zeit" erscheinen, in denen die Last der kommunikativen Verpflichtungen, die aufgrund von Zeitmangel nicht erfüllt werden, stärker empfunden wird (Turkle 2012). Koordinierungsprobleme in Phasen ‚dichter Zeit' können für jede breiter angelegte figurative Ordnung zu einem Problem werden.

Praktiken des Reagierens

War unsere Analyse bisher auf einer allgemeinen Ebene angesiedelt, müssen wir die Handlungsmöglichkeiten auch aus der Perspektive konkreter Praktiken betrachten. Zahlreiche simple bis komplexe Praktiken setzen an den erwähnten Transformationen an.

Eine Alltagspraxis, mit der versucht wird, Zeitmangel zu begegnen, ist die des ‚zeitlichen *Vertiefens*'. Wenn wir Zeit als ‚tief' bezeichnen, meinen wir damit keine tatsächliche Zeitdimension. Zeit ist nicht im Wortsinne tief. Vielmehr verweisen wir auf die durch die fortschreitende Beschleunigung unserer Verpflichtungen zur Interaktion hervorgerufene Erfahrung einer Zunahme dessen, was wir zu erledigen haben, einer Zunahme der Anforderungen, wie wir uns ‚angemessen' verhalten sollen, und einer Zunahme der Konflikte, die wir zu überwinden haben zwischen diesen zunehmenden Verpflichtungen und unseren Möglichkeiten, sie in der verfügbaren Zeit zu erfüllen. Eine Praxis aus dem Bereich digitaler Medien ist das *Archivieren*. Digitale Infrastrukturen erleichtern uns das Archivieren von allen möglichen Arten von Informationen, Bildern und weiteren Spuren unserer Lebensprozesse. Infolgedessen wird das Fotografieren als soziale Praxis auf neue Weise eingebettet (van Dijck 2007; Bowker 2008; Christensen und Røpke 2010). Die weitreichenderen Implikationen sind komplex: Größere *institutionelle* Speicherkapazitäten erfordern verbesserte Vorkehrungen zum Interpretieren und Sortieren der inzwischen riesigen Informationsberge, die wir anhäufen. Zugleich gilt es, die Gefahr auszuschließen, dass etwas Geschehenes, das uns peinlich ist, uns *irgendwann* später wieder einholt, wenn es gespeichert wurde und durch jemand anderes veröffentlicht wird. Mit dieser Unsicherheit umzugehen, wird sowohl für Einzelpersonen als auch für Institutionen zu einer immer größeren Gefahr.

Möglicherweise empfinden wir auch zunehmend komplexere zeitliche Verpflichtungen gegenüber anderen Menschen. Denken wir an die heutzutage verbreitete Erwartung, dass alle Menschen jederzeit *über alle Kanäle erreichbar* sind (Couldry 2012), was bereits in der vorangegangenen Diskussion über die Probleme ständiger Konnektivität angedeutet wurde. Wenn wir wollen, können wir mittlerweile fortwährend erreichbar oder auch ‚offen' und damit potenziell reaktionsfähig sein, egal aus welchen Richtungen Inhalte auf uns einströmen. Viele Autor:innen halten die Praxis – oder auch den Zwang – kontinuierlicher Konnektivität für charakteristisch für die Mediengeneration, die mit digitalen Medien aufgewachsen ist (Bolin 2014; Hepp, Berg und Roitsch 2014: 22–31; Palfrey und Gasser 2008). Dass wir damit auf allen Kanälen jederzeit offen sein können, ist Teil des Marketingversprechens neuer tragbarer Interfaces wie dem Smartphone. Es ist zwar unmöglich, für alles offen zu sein, aber die Forderung, ‚erreichbar' zu sein, prägt eine neu aufkommende Praxis, die sich von früheren Formen des Medienkonsums unterscheidet, die auf intermittierender Kommunikation und einer klaren Unterscheidung zwischen Massenmedien und interpersonalen Medien beruhten. Alle Kanäle offen zu halten, bedeutet, sich fortwährend an der Welt jenseits des privaten Raumes und der darin zirkulierenden Medien zu orientieren. Vor dem Hintergrund dieses zuvor unerfüllbaren Standards versuchen einige, ihre Offenheit für Kommunikation *einzuschränken,* zumindest für bestimmte Zwecke.

Als Reaktion auf die neue Intensität der durch die Medien eingehenden zeitlichen Herausforderungen entwickeln wir Selektionspraktiken: Prozesse, mittels derer wir entschieden damit *aufhören,* bestimmte Dinge, die wir schon immer getan haben, weiterhin zu tun; Prozesse, mittels derer wir einschneidende *Auswahlentscheidungen treffen,* um die Umgebung, mit der wir interagieren müssen, handhabbarer zu machen. Sherry Turkles bemerkenswerte Beschreibung (Turkle 2012) einiger der drastischen Arten und Weisen, mit denen sich junge Menschen aufgrund der schwerwiegenden zeitraubenden und raumgreifenden Probleme, mit denen sie konfrontiert sind, dafür oder *dagegen entscheiden (de-*selektieren), einfach nur mit ihren Freund:innen zu *reden,* ist nur ein Beispiel dafür, wie sich die alltagsweltliche Textur durch indirekten Selektionsdruck radikal wandeln kann. Als Reaktion auf diesen Druck suchen wir nach Möglichkeiten, uns aus unserer Kommunikationsumgebung ‚herauszulösen' und gleichzeitig die Illusion aufrechtzuerhalten, dass wir weiterhin voll und ganz mit ihr vernetzt sind. Diese Auswahlvorgänge werden zunehmend an technologische Interfaces wie das Smartphone delegiert, die das Tor zu Medien öffnen, die das Ergebnis ausführlicher vorangehender Auswahlentscheidungen sind. Indem wir aus einem beträchtlichen Spektrum von ‚Apps' einige auswählen, wird uns ein Großteil der weiteren unendlichen Medienumgebung ausgeblendet. Wir erhalten eine ‚kuratierte' Schnittstelle, die sowohl überschaubar als auch dem Anschein nach persönlich ist: Hier sehen wir das zweischneidige Schwert der ‚Mannigfaltigkeit der Medien' am Werk. Einerseits besteht hier die Gefahr, dass unsere Erfahrungen fragmentiert werden,[11] andererseits entwickeln sich auch neuartige Verknüpfungsformen zwischen unterschiedlichen Erfahrungsschauplätzen. Heutzutage tauschen wir uns wie nie zuvor über verschiedenste Aspekte unseres Erlebens aus: Mittels Fotos von besonderem Essen auf unserem Teller, mittels Selfies, mit denen wir festhalten, wo oder mit wem wir gereist sind, und so weiter.

Eine wichtige Selektionspraxis besteht darin, dass Menschen ‚sich verstecken', um sich ‚abzuschirmen'. Damit ist beispielsweise gemeint, online zu sein und gleichzeitig zu versuchen, dies vor anderen zu verbergen, oder das Telefon möglichst nicht für seinen primären Gebrauch, das Sprechen, zu benutzen. Diese Praxis ist in den USA zunehmend anzutreffen. So zitiert Sherry Turkle einen 21-jährigen College-Studenten: „Ich telefoniere gar nicht mehr mit meinem Handy. Mir fehlt *die Zeit* für das ewige Palaver." (2012: 48, eig. Hervorh.) Dies schafft, wie Turkle es sieht, ein Paradoxon: Infrastrukturen, die dafür gedacht sind, interpersonale Kommunikation zu verbessern, führen durch ihre immanente Tendenz, Interaktionen zu beschleunigen, zu Zeitmangel. Dieser Zeitmangel fällt so gravierend aus, dass die Menschen nicht länger miteinander kommunizieren können, zumindest nicht face-to-face. Sie schieben also ihre ‚richtige' Kommunikation auf, um ihren Zeitmangel zu beheben. Sich zu ‚verstecken', ist dann Teil einer breiteren Reihe von ‚Grenzziehungspraktiken', bei denen Menschen sich räumlich und zeitlich abschirmen, wenn sie *nicht* mit bestimmten Individuen, Kollektivitäten oder Organisationen vernetzt sein wollen (Hepp, Berg und Roitsch 2014: 185–191): Das gilt wie selbstverständlich für Feiertage, aber auch für weitere „Zeitfenster" im Alltagsfluss der durchgetakteten Zeit (Burchell 2015). Solche Grenzziehungen erlegen den Menschen im Umfeld weitere Anpassungsnotwendigkeiten auf: Die Kosten dieser Anpassungen können im Gesamtgefüge des Umgangs mit der gegenseitigen Verfügbarkeit aufgefangen werden; werden sie jedoch unterbrochen, kann dies ungleiche Folgen für bestimmte Personen oder bestimmte Klassen nach sich ziehen.

---

[11] Vgl. Crary (2014: 57) über die „Parzellierung und Fragmentierung gemeinsamer Erfahrungsbereiche".

Zeit und soziale Ordnung
Auf den Aspekt der Koordination muss auch im übergeordneten Sinne eingegangen werden. Das Problem besteht nicht nur in der fehlenden Zeit für das bloße Reagieren auf Mitteilungen, sondern auch in der fehlenden Zeit für das *Interpretieren*, d. h. dafür, das, worüber man auf dem Laufenden zu sein hat, auch *narrativ zu erfassen*. Und dem lässt sich möglicherweise nicht unmittelbar beikommen. Wir kommen hier zu einem umfassenderen Problem der figurativen Ordnung: der *„Kon*figuration", wie der phänomenologisch arbeitende Philosoph Paul Ricœur es formulierte. In Ricœurs Werk tritt die Beziehung zwischen Zeit und Narration explizit zutage: „[D]ie Erzählung [wird] in dem Maße bedeutungsvoll, wie sie die Züge der Zeitenerfahrung trägt", hingegen wird „die Zeit […] in dem Maße zur menschlichen, wie sie narrativ artikuliert wird" (2007a [1983]: 13). Die Möglichkeit der Narration erfordert für Ricœur stets das Vollziehen von ‚Konfigurationsakten', zeitlichen Synthesen, die gemeinsam eine Vielzahl heterogener Elemente erfassen. Mittels der Narration (bei Ricœur an dieser Stelle „Fabelkomposition" genannt, im Original „mise en intrigue", Anm. d. Ü.), werden andere Möglichkeiten des In-der-Zeit-Seins greifbar, insofern sie einer bloßen „zeitlichen Abfolge" – „die episodische Dimension der Erzählung", die die Geschichte „als aus Ereignissen bestehend" kennzeichnet – vielmehr eine regelrechte „Konfiguration abgewinnt", also eine „konfigurierende Dimension, durch die die Fabel die Ereignisse in Geschichte verwandelt" (2007a [1983]: 107). Das menschliche Leben, so Ricœur, ist stets geprägt von einer paradoxen Beziehung zwischen der Möglichkeit der Konfiguration und der Wirklichkeit der bloßen Abfolge.

Seine Überlegungen zu Zeit und Narration entwickelte Ricœur in erster Linie für einen philosophischen und literarischen Kontext; die soziale Ordnung war nicht Mittelpunkt seiner Arbeit. Und doch sind sie ein hilfreicher Bezugspunkt, von dem aus wir aus soziologischer Sicht über unsere erlebte Erfahrung mit Medien- und Informationsinfrastrukturen nachdenken können. Dies gilt insbesondere für die Probleme der ‚Konfiguration' der weitaus ausgeprägteren Formen dieser Infrastrukturen, die wir heutzutage erleben: wenn wir einem endlosen Strom bloßer Abfolgen eine echte Konfiguration möglicher Narrationen abgewinnen wollen. Der *Historizität* der narrativen Strukturen, innerhalb derer wir operieren, war Ricœur selbst sich sehr wohl bewusst:

> Vielleicht muß man trotz allem dem Konsonanzbedürfnis vertrauen, das noch heute die Leseerwartung bestimmt, und daran glauben, daß neue Erzählformen, die wir noch nicht bekennen können, im Entstehen begriffen sind, die davon zeugen werden, daß sich die Erzählfunktion wandeln, jedoch nicht sterben kann. Denn wir haben keine Vorstellung von einer Kultur, in der man nicht mehr wüßte, was *Erzählen* heißt. (2007b [1983]: 50 f.)

Ricœur erahnt eine zukünftige Verwundbarkeit von Kultur gegenüber Zeit, die wahrzunehmen wir jetzt erst am Anfang stehen, und auch nur in bestimmten Kulturen: die Möglichkeit einer neuartigen ‚Kultur', die sich Narrationen *widersetzt* und Bedingungen schafft, unter denen das Konfigurieren individueller Erfahrungen allenfalls teilweise möglich ist.

Probleme der figurativen Ordnung – oder, mit Ricœur gesprochen: der ‚Konfiguration' – durch die die Wechselbeziehungen, in denen wir uns befinden, für uns als *Ordnung* Sinn ergeben, sind Ausdruck des Entstehens neuer Figurationen, und Figurationen von Figurationen, die diese Wechselbeziehungen ausmachen. Und mit figurativen Problemen, die von Akteur:innen als Individuen empfunden werden, manifestieren sich wiederum neuere Formen *generalisierter Ordnungen*, mittels derer die Welt auf völlig neue Weise bestimmt werden kann. Im vorangegangenen Kapitel haben wir gesehen, wie eine zunehmende Komplexität der räumlichen Reichweite, die durch neuartige Übertragungstechnik ermöglicht wird, neue Interaktionssphären ermöglicht, wie z. B. die Handelsplätze der globalen Aktienmärkte. Im letzten Abschnitt dieses Kapitels untersuchen wir weitere Möglichkeiten, wie sich in dem zunehmend dichter gewebten Geflecht der heutigen sozialen Figurationen mit der Zeit Ordnungen herausbilden können.

6.3 Die Neuordnung und Umwälzung der sozialen Zeit

Wenn wir weiter über figurative Ordnung nachdenken, sollten wir uns zunächst die sich durch die Medien ergebenden Transformationen in den sozialen Domänen rund um Arbeit ansehen.

Zeit und Arbeit
Zeit ist von großer Relevanz für alles, was mit Arbeit einhergeht, da „Arbeit innerhalb von zeitlichen Strukturen ausgeführt wird", was Arbeit zu einem „zeitlichen Akt [macht], ausgeübt durch Akteure" (Lee und Sawyer 2010: 8). Zeit-Management innerhalb der begrenzten Räume von Organisationen ist eine der Schlüsseldimensionen und -probleme des Organisationslebens (Zerubavel 1981). Doch Arbeitsumgebungen können sich in ihrer zeitlichen Verfasstheit deutlich voneinander unterscheiden. Lee und Sawyer unterscheiden hier klar zwischen monochronen und polychronen Arbeitsumgebungen:[12]

---

[12] Zum Konzept der Polychronie und Medien siehe Neverla (2002).

> Menschen, die polychron arbeiten, legen wenig Wert auf zeitliche Ordnung, akzeptieren Ereignisse, wie sie nun mal eintreten, und können tendenziell mehrere Aktivitäten gleichzeitig durchführen. Im Gegensatz dazu versuchen monochron arbeitende Menschen, Aktivitäten zu strukturieren und Ereignisse zu planen, indem sie jedem Ereignis bestimmte Zeitfenster zuweisen. (Lee und Sawyer 2010: 9)

Da sie sich auf gemeinsame Systeme und Ziele beziehen, setzen die meisten Organisationen eine monochrone Arbeitsweise voraus, ungeachtet dessen, dass die in ihnen handelnden Personen auch polychrone Arbeitsweisen an den Tag legen: Der Zeitdruck, der aus den zugrunde liegenden Zeitstrukturen resultiert, übt eine verstärkte normierende Kraft aus. Eine gemeinsame Zeitumgebung in distribuierten Arbeitsumgebungen zu wahren, ist schwierig. Telekommunikationstechnologien wiederum führen im Allgemeinen zu noch mehr Arbeitsteilung. Sarker und Sahay (2004) kamen darauf, als sie die Arbeit virtueller Teams untersuchten, die an der Entwicklung von Informationsinfrastrukturprojekten in den USA und Norwegen arbeiteten. Ihre Forschung widmete sich der Rolle von Zeit und Raum an dem Prägen der Praktiken der einzelnen Teammitglieder, und sie brachten Interessantes zutage:

> Die Hauptprobleme im Zusammenhang mit Zeit scheinen sich aus der Diskrepanz zwischen den psychologischen und sozialen Uhren der Teammitglieder, der Komplexität bei der Berücksichtigung von Zeitzonen, negativen Interpretationen von Zeitverzögerungen und der Schwierigkeit, chronologisch falsch sortierte Chat- und Thread-Abfolgen zu verstehen, zu ergeben. (Sarker und Sahay 2004: 4)

Um auf diese Weise arbeiten zu können, bedarf es der Entwicklung geeigneter Formen von Koordination und Kooperation zwischen Menschen, die zuvor möglicherweise noch nicht zusammengearbeitet oder einander sogar noch nie gesehen haben. Insbesondere problematisch ist es, wenn es untereinander zu „Misstrauen" kommt, d. h. zu „Schwierigkeiten dabei, die Handlungen entfernt arbeitender Teammitglieder physisch zu überprüfen" (Sarker und Sahay 2004: 10). Um dem zu begegnen, kann Überkompensation betrieben werden, wie eine Studie in Australien unter Menschen zeigt, die von zuhause aus arbeiten:

> Wenn ich eine E-Mail nicht beantworte, denke ich, dass jemand denkt, dass ich sie absichtlich ignoriere. Auch wenn ich sie vielleicht einfach nur noch nicht gelesen habe. Das macht mir Sorgen. Und es hat auch damit zu tun, wie ich mein Auftreten im Job sehe. Ich will, dass die Leute den Eindruck haben, dass ich mich um alles kümmere. (zit. nach Gregg 2011: 15)

Ein weiteres Problem ist kommunikatives ‚Schweigen': eine Zeitspanne, in der keine Kommunikation stattfindet, wo jedoch kontinuierliches Kommunizieren erwartet wird. Bei räumlicher Entfernung voneinander neigen Menschen dazu, kom-

6.3 Die Neuordnung und Umwälzung der sozialen Zeit

munikatives Schweigen negativ zu interpretieren – als durch „Inkompetenz oder mangelndes Engagement" verursacht –, was gelegentlich zu „einem Zusammenbruch eigentlich funktionaler Beziehungen" führt (Sarker und Sahay 2004: 15). Zu den Umgangsstrategien gehört, Abhängigkeiten zwischen verschiedenen Standorten zu minimieren – indem der Grad von Telezusammenarbeit verringert wird – oder auch neuartige Kommunikationsnormen zu entwickeln, z. B. davon auszugehen, dass Nachrichten erst innerhalb von 24 Stunden beantwortet werden. Zusammengefasst wird deutlich: Auch wenn ICTs bzw. IKTs als „Schlüsselfaktoren für distribuiertes Arbeiten" innerhalb von auf technologische Weise medienvermittelten raumzeitlichen Strukturen fungieren, garantieren sie für sich genommen noch keine „Standorttransparenz" (Sarker und Sahay 2004: 16). Translokale Kommunikation schafft eine Komplexität im *Bewältigen* der zeitlichen Abfolgen von Kommunikationsabläufen, die die *gegenseitige Austauschbarkeit von Standpunkten* untergraben kann, die Schütz für eine erfolgreiche soziale Interaktion als notwendig erachtete. Der Druck, sich translokaler Zusammenarbeit zu bedienen, hat inzwischen immer größere Ausmaße angenommen, was bedeutet, dass die Kosten solch nicht perfekt ausgestalteter Arbeitsbedingungen auf individueller Ebene hoch sein können.

Man denke auch an die Organisationen, die die Informationspakete erstellen, die einen Großteil des Hintergrunds unserer gemeinsam verbrachten Zeit ausmachen: die ‚Nachrichten'. Jüngere Untersuchungen zu großen, global agierenden Nachrichtenproduktionsorganisationen zeigen, dass jede Veränderung dabei, wie Nachrichten einlaufen, das Verhältnis beeinflusst, das deren Produzent:innen zu Zeit haben. Schlesinger und Doyle (2014) argumentieren dabei wie folgt: Während die Zeitlichkeit der Nachrichtenproduktion einstmals klar definiert war – mit dem Augenmerk auf einstürmende ‚Breaking News', die es gewissermaßen nach außen weiterzuleiten galt –, hat ein verändertes Finanzierungsmodell dazu geführt, dass sich die Nachrichtenproduzent:innen zunehmend an den nach innen gerichteten Fluss von Publikumsreaktionen und Kommentaren anpassen müssen, z. B. an aktuelle Trends auf Twitter und Facebook. Dies führt, so ihre Argumentation, zu Echtzeit-Anpassungen der Produktionsroutinen, die möglicherweise Zeitkonflikte bei den Praktiken der Nachrichtenproduktion nach sich ziehen (Schlesinger und Doyle 2014: 9, 15): Es geht um die Frage, wofür nun Zeit aufgewendet wird: dafür, eine Quelle für eine neue Geschichte zu überprüfen bzw. zu ermitteln, oder dafür, die Reaktionen auf den Social-Media-Plattformen auf die zuletzt veröffentlichte Geschichte zu überprüfen.

Solche Paradoxien von Zeitverhältnissen, die durch die Medien hervorgebracht werden, betreffen auch informelle Arbeitsformen. Man denke an die Menschen, die sich außerhalb von etablierten Organisationen für ein anderes Wirtschaftssystem einsetzen: Aktivist:innen für sozialen Wandel. Wie die Anthropologin Veronica Barassi (Barassi 2015a, b) betont, müssen sich auch Aktivist:innen mit „der Zeitlichkeit von Unmittelbarkeit" auseinandersetzen: Das bedeutet, dass Face-to-Face-Interaktionen und -Aktivitäten immer wieder unterbrochen werden müssen, weil Nachrichten bei einem selbst eingehen oder Nachrichten an andere verschickt werden müssen. Worauf Barassis Argumentation ähnlich wie unsere in ihrem Kern abzielt, ist die Annahme, dass wir „dadurch, wie wir unsere alltäglichen menschlichen Praktiken konstruieren, spezifische Zeitlichkeiten konstruieren" (2015a, b: 104). Es geht nicht nur um die individuellen Kosten ständiger mobiler Erreichbarkeit, sondern auch darum, bestimmte zeitraubende Tätigkeiten anderer Menschen, die ‚erreichbarer' als wir selbst erscheinen, zu *übertrumpfen*. Das jedoch kann die *Qualität* politischer Praktiken beschädigen, insbesondere der Praktiken, die darauf abzielen, sozialen Wandel durch ausführliche Deliberation herbeizuführen, wie diese von Barassi interviewte Aktivistin feststellt:

> Ich habe das Gefühl, dass man [über Social Media] nicht wirklich diskutieren kann. Die Kommunikation ist zu schnell, es gibt keine Tiefe. Und es ist schwierig, eine Geschichte zu entwickeln, die die Ereignisse und Gedanken erzählt. (Barassi 2015a: 112)

Oder wie ein anderer Aktivist es ausdrückt: „Wir müssen auch unsere Alternativen vorbringen. Das Problem ist, dass diese komplexen Analysen richtig entwickelt werden müssen, dafür brauchen wir *Zeit und Raum*." (Barassi 2015b: 83, eig. Hervorh.) Andere, die soziale Bewegungen erforschen, weisen auf die Kosten hin, die den Aktivist:innen entstehen, wenn sie in „einer [sich beschleunigenden] ereignisorientierten Dynamik" gefangen sind, die sich auf das Mitverfolgen von und Reagieren auf Social-Media-Trends versteift (Poell und van Dijck 2015). Die anscheinende Verpflichtung, ‚vernetzt bleiben zu müssen', führt zu nicht sofort ersichtlichem und doch vorhandenem Zeitmangel, der wiederum Kosten für die weiteren Praktiken verursacht, an denen die Akteur:innen beteiligt sind, wobei digitale Medien in politischen Bewegungen unzweifelhaft auch Praktiken des Erinnerns und Archivierens erleichtern (Cammaerts 2015).

Komplexere zeitlich bedingte soziale Ordnungen

Welche allgemeinen Grundsätze können wir aus diesen unterschiedlichen Fällen ableiten? Erstens können die zeitlichen Dynamiken von *Kommunikations*systemen die zeitlichen Dynamiken *anderer* Prozesse, an denen die Akteur:innen beteiligt sein können, bei denen die Outputs dieser Systeme eingehen, tendenziell überlagern. Social-Media-Plattformen scheinen ihr je eigenes Zeitempfinden und ihre je eigenen zeitlichen Verpflichtungen nach sich zu ziehen, wie zahlreiche Forscher:innen festgestellt haben (Fuchs 2014; Kaun und Stiernstedt 2014; Weltevrede, Ger-

6.3 Die Neuordnung und Umwälzung der sozialen Zeit

litz und Helmond 2013). Politische Aktivist:innen könnten sich dem Zwang ausgesetzt sehen, nur dem zu folgen, was in den Social Media als Spitze erkennbar ist, also z. B. dem, was nach den Algorithmen von Twitter ‚trendet', anstatt mitzubekommen, ob und dass das Interesse an ihren Aktivitäten stetig zunimmt – auch wenn Letzteres hilfreicher und nachhaltiger für ihre Anliegen sein mag (Lotan 2011, zit. nach Poell und van Dijck 2015). Wenn Nachrichten ‚genau jetzt' auf dem Smartphone eingehen und somit zur sofortigen Beantwortung *verfügbar* sind, scheint dies alles andere zu übertrumpfen, wie sich die Zeit, die zum Antworten benötigt wird, ebenfalls nutzen ließe. Hierzu lassen sich in der Welt der allgemeinen sozialen Interaktion Parallelen feststellen: z. B. wenn auf der japanischen Plattform Mixi eine Nachricht eines als nahestehend empfundenen Anderen junge Menschen dazu treibt, sofort zu reagieren (Takahashi 2014), anstatt irgendetwas anderes zu tun. Da es schwierig sein kann, stets sofort zu reagieren und gleichzeitig mehrere andere Dinge zu tun, kann es irgendwann grundsätzlich notwendig erscheinen, einen Zustand ständiger Bereitschaft zu wahren, also umgehend zu reagieren, *wann immer* eine Nachricht eintrifft – selbst wenn man eigentlich schläft. Es liegt etwas Paradoxes darin, wenn *technologische Sachzwänge* angesichts ihres zeitlichen Modus andere Grundbedürfnisse übertrumpfen, z. B. wiederkehrende Phasen von Nichtreagieren (gewöhnlich ‚Schlaf' genannt). Die Art und Weise, wie Sachzwänge gut oder schlecht in die Alltagswirklichkeit eingebunden werden, ist entscheidend dafür, wie sich das Leben dann anfühlt.

Dies analytisch aufzuarbeiten, ist gewiss schwieriger als das Erfassen der Ordnung auch komplexer sozialer Domänen, wie z. B. globaler Handelsräume, die auf mehreren ineinander greifenden Figurationen beruhen, die auf gemeinsame Kommunikation und Datenflüsse ausgerichtet sind. Denn diese Domänen bringen *ihre eigenen* Ordnungsnarrative mit sich, und auch wenn ihre Wirklichkeit von den Menschen gelebt werden muss, die innerhalb dieser Narrative ihrer Arbeit nachgehen, können wir den Gedanken nachvollziehen, dass diese Domänen innerhalb von Grenzen operieren, die ihre Wirksamkeit aufrechterhalten. Schwieriger zu analysieren sind Fälle, in denen Sachzwänge, die mit generalisierten Kommunikationsinfrastrukturen einhergehen, in das Alltagsleben Einzelner übergreifen, und in denen keine Narrative zur Hand sind, die für die daraus resultierenden Disruptionen sinnhaft sind. Dies ist das weitgehend unerforschte Gebiet, das Elias mit seinem Begriff des ‚Tempos' umfasst hat.

Nach Elias' Worten *rekalibriert* sich das Tempo der sozialen Welt aus der Perspektive einiger Akteur:innen im Vergleich zu anderen auf drastische Weise. Aus der Perspektive der tiefgreifenden Mediatisierung betrachtet, treten Social-Media-Plattformen als Triebkräfte dieser Rekalibrierung auf. Elias zufolge erfordert ‚Tempo' als „Funktion im Knotenpunkt so vieler Aktionsketten eine ganz genaue

Einteilung der Lebenszeit; sie gewöhnt an eine Unterordnung der augenblicklichen Neigungen unter die Notwendigkeiten der weitreichenden Interdependenz; sie trainiert zu einer Ausschaltung aller Schwankungen im Verhalten und zu einem beständigen Selbstzwang" (1976 [1939]: 338). Die normative *Kraft* des Tempos leitet sich nicht aus den Intentionen irgendeines Anderen ab. Vielmehr akkumuliert sie sich durch ineinandergreifende gegenseitige Beziehungen vieler Figurationen und Figurationen von Figurationen, die im Laufe der Zeit zu etwas führen, das den Akteur:innen als erwähnte „Notwendigkeiten der weitreichenden Interdependenz" erscheinen. Der Grund, warum diese ‚Notwendigkeit' übergeordnet ist, besteht wohl darin, dass die Zusammenarbeit ohne sie zusammenbricht. Wenn eine an uns gerichtete Anforderung von einer vermeintlich wichtigeren übertrumpft wird, hat dies Konsequenzen: Geschieht dieses Übertrumpfen wiederholt, kann dies dazu führen, dass wir *fortwährend* kostbare Zeit von den vermeintlich weniger wichtigen Aufgaben abknapsen und damit Tür und Tor für ein exponentielles Wachstum der Nutzungsweise öffnen, die das Übertrumpfen erst erzeugt.

Dies treibt das *fortschreitende Neuprägen des zeitlichen Gefüges unserer Alltagswelt, an der die Medien mehr als beteiligt sind,* entscheidend voran. In dem Maße, in dem es uns an Möglichkeiten fehlt, diesen Wandel gedanklich zu durchdringen, ihn mit unseren weiteren Möglichkeiten, die sinnhafte soziale Welt zu verstehen, in Einklang zu bringen, kommt es in der figurativen Ordnung zu Problemen. Hier ist ein Aspekt der tiefgreifenden Mediatisierung am Werk, der nicht durch irgendeine den Medieninhalten oder -formen inhärente ‚Logik' angetrieben wird, sondern durch die *Dynamiken* der zunehmenden Interdependenzen von Bedeutung und Sozialität, die Medien ermöglichen. Und doch ist dies nur eine der Dimensionen, wie Social-Media-Plattformen im Zeitalter der tiefgreifenden Mediatisierung operieren. Ebenso relevant sind neue Möglichkeiten, andere Menschen zu *bewerten,* zu *kommentieren,* was sie gerade gesagt haben oder in Kürze tun werden, oder auch andere *nachzuahmen:* All diese Möglichkeiten weisen zeitliche Aspekte auf, mit denen sie zu stärkerer zeitlicher Relationalität beitragen. Dass sich unser Verhältnis zu Zeit durch das, was wir auf digitalen Plattformen tun, verändern kann, ist bereits von verschiedenen Autor:innen bemerkt worden (Weltevrede, Helmond und Gerlitz 2014; Kaun und Stiernstedt 2014). Wir befinden uns inmitten einer potenziell größeren Transformation der sozialen Ordnung, deren Ausgang von mehr als nur zeitlichen Kalibrierungen abhängen wird. Wie Elias so gut verstanden hat, lassen sich Tempo-bezogene Fragen nicht von Wert-bezogenen Fragen trennen.

Wie sich das ‚Hier und jetzt' transformiert
Vor mehr als einhundertfünfzig Jahren führte die Beschleunigung der Bewegung von Körpern und Dingen – nämlich durch Eisenbahnen – zu Disruptionen des

6.3 Die Neuordnung und Umwälzung der sozialen Zeit

„überlieferte[n] Raum-Zeit-Kontinuums" der Gesellschaft (Schivelbusch 2007 [1977]: 37). Dies wiederum führte dazu, dass nicht nur die Distanz zwischen den Orten verloren ging, sondern in gewisser Hinsicht auch ihr voriges ‚Hier und Jetzt', was Schivelbusch wie folgt beschrieb: „Die Isolation, in welche die räumliche Entfernung die Orte zueinander brachte, machte deren Hier und Jetzt, ihre selbstbewußte und in sich ruhende Individualität aus." (2007 [1977]: 39) Es ist noch zu früh, um zu sagen, ob das „Bewusstsein", wie Schivelbusch es formulierte, das mit dem Hier und Jetzt alltäglicher Orte verbunden ist, wie es vor dem Aufkommen der kontinuierlichen und medienbasierten Vernetzung verstanden wurde, vollständig verloren gehen wird. Zumindest sollten wir die konvergierenden Kräfte, die in diese Richtung weisen, nicht unterschätzen.

An einem geradezu banalen, gestrig anmutenden Beispiel lässt sich ablesen, *welcher Art* manche Probleme sind, die inzwischen vielerorts auftauchen. Im September 2015 berichtete der britische *Guardian,* dass ein nicht namentlich genannter 14-jähriger Junge, der mit einem Mädchen geflirtet hatte, indem er ihr ein Nacktfoto von sich schickte, wegen dieses Vergehens nun für mindestens ein Jahrzehnt in einer polizeilichen Datenbank erfasst sein wird. Beim Absenden des Bildes hatte er vermutlich nicht darüber nachgedacht, was danach mit dem Bild geschehen könnte. Er hatte wohl nicht damit gerechnet, dass die Person, die das Bild empfing, es umgehend an weitere Rezipient:innen weiterleiten würde. Ebenso wenig schien er davon ausgegangen zu sein, dass Erwachsene an seiner Schule von der Sache etwas mitbekommen und den Vorgang in der Datenbank speichern würden, wenngleich keine Anzeige aufgenommen wurde. Nichtsdestotrotz wird der Junge im Ergebnis für lange Zeit für sein ‚fahrlässiges Verhalten', das zunächst einmal zweifellos töricht und anstößig war, bestraft, auf eine Weise, die im Ganzen besehen unverhältnismäßig wirkt. Es scheint etwas in der figurativen Ordnung aus den Fugen zu geraten, wenn kommunikative räumliche (Zirkulieren) und zeitliche (Archivieren) Praktiken etwas hervorbringen, dessen Ausmaß in völligem Widerspruch zu dem steht, was die Akteur:innen selbst vorhersehen.[13]

Weitere Kräfte, die am Werk sind, bestehen in den enormen Investitionen, mit denen die untereinander konnektierte Raumzeitlichkeit der Alltagskommunikation in eine Domäne des Profits umgewandelt wird: Wie ungleichmäßig der Zugang zu Kommunikationsmitteln und -vorgängen auch bleiben mag – der *Drang,* einen sehr

---

[13] Die Besorgnis darüber, dass etwas aus den Fugen gerät, hat in verschiedenen Ländern zu gesetzgeberischen Maßnahmen geführt, so z. B. zu dem in Kalifornien verabschiedeten „Internet-Radiergummi-Gesetz" (engl. „eraser bill"). Dieses verpflichtet Websites und Plattformen dazu, das Material, dass junge Menschen auf ihnen gepostet haben, auf Verlangen zu löschen (Caldwell 2013).

großen Teil der Weltbevölkerung z. B. durch günstige ‚smarte' Telefone oder ‚gratis' Internetzugang wie die Plattform „Free Basics" von Facebook zu ‚vernetzen', ist nicht von der Hand zu weisen.[14] Wie José van Dijck (2013) in ihrem großartigen Überblick über das Wachstum der sogenannten Social Media-Plattformen erklärt, ist es unmöglich, diese Entwicklung und ihre angebliche Transformation des ‚sozialen Lebens' von der Entwicklung von Software zu trennen, die die ‚Daten' unserer Interaktionen für uns als soziale Nutzer:innen in einen *Erscheinungsraum* organisiert. Ohne diese die Daten organisierenden Prozesse *gäbe* es keine ‚Social Media'-Plattformen, was allerdings nicht heißen soll, dass aus Datenprozessen an sich bereits soziale Folgen erwachsen. Eine Folge jedenfalls, die sich aus der Einbettung datenbasierter Prozesse in die Alltagswelt ergibt, kann darin bestehen, dass die Bezugspunkte, nach denen wir unser Handeln organisieren, entsprechend geprägt werden. Diejenigen, die Datenverarbeitungsprozesse entwerfen, sind besonders daran interessiert, richtige Prognosen zu treffen. Wenn die prognostizierten Ergebnisse solcher Datenerhebungen in unsere *eigenen* Erfahrungsströme zurückfließen – in Form von ‚personalisierter' Werbung, differenzierter Preise beim Kauf, maßgeschneiderter Newsfeeds auf unserer Social-Media-Seite, zielgerichteter Handlungsaufforderungen, Lob für unsere Twitter-Performance –, dann kann sich das eigene *Zeitempfinden* der sozialen Akteur:innen, also die verschiedenen miteinander verknüpften Zeithorizonte, an denen sich ihr Handeln orientiert, dabei wandeln.

Wir werden auf diese Fragen von Ordnung und ihre Implikationen für Fragen rund um ‚Wert' in den Kap. 10 und 11 zurückkommen. Im nächsten Kapitel müssen wir jedoch ein Thema näher betrachten, das sich in den Kap. 5 und 6 herauskristallisiert hat, nämlich die Implikationen von ‚Daten' für das phänomenologische Verständnis davon, wie die soziale Welt konstruiert ist.

---

[14] Für einen aufschlussreichen Kommentar zu der Kontroverse, die „Free Basics" zu Recht in Indien entfacht hat, siehe Lafrances (2016) Artikel „Facebook and the New Colonialism", The Atlantic, 11. Februar.

Daten 7

In den beiden vorangegangenen Kapiteln haben wir die klassischen phänomenologischen Verständnisse von der Konstruktion der sozialen Welt erweitert, indem wir uns mit den Folgen von medienvermittelter Kommunikation für Raum und Zeit in der alltäglichen sozialen Interaktion befasst haben. Dabei sind wir bisher auf nichts gestoßen, was den wissenssoziologischen Ansatz von Berger und Luckmann grundlegend beeinträchtigt. Ihrem Verständnis nach beruht soziales Wissen auf einer Ansammlung von Wissen, das Menschen als ‚gewöhnliche' Mitglieder einer Gesellschaft durch alltägliche „Gedanken und Taten" erworben haben (2010 [1966]: 21). Allerdings haben wir festgestellt, dass datenbasierte Infrastrukturen der computervermittelten Kommunikation heutzutage eine Schlüsselrolle bei sozialer Interaktion einnehmen und dass sich dadurch die Art und Weise, wie wir soziales Wissen erwerben, wandeln *könnte*. In diesem Kapitel gehen wir dieser Frage auf den Grund: Wir werden uns mit der tiefgreifenden Einbettung der automatisierten Datenerhebung und -verarbeitung in den Alltag befassen, die in den zugrunde liegenden Operationen sehr weit von alltäglichen ‚Gedanken und Taten' entfernt ist.

Welche Implikationen haben ‚Daten', wie sie von computergestützten Systemen erfasst, verarbeitet, konfiguriert und wiedergegeben werden, für das soziale Wissen? Wir verwenden den Begriff ‚Systeme' hier in einer deskriptiven, nicht theoretischen Bedeutung. Damit beziehen wir uns auf Konfigurationen von Computerressourcen, die enorme Informationsverarbeitungsleistungen ermöglichen, die weitgehend ohne direkten menschlichen Eingriff durch „automatisierte Vermittlung" über „Software-Agenten" ablaufen (Mansell 2012: 108–115). Wir verwenden den Begriff ‚System' nicht im Sinne der sozialwissenschaftlichen

System*theorie*, der wir skeptisch gegenüberstehen.[1] Ungeachtet solcher definitorischen Fragen stellt dieses Kapitel einen Wendepunkt in unserer Argumentation dar. An dieser Stelle beginnt eine materialistische Phänomenologie wesentlich von der klassischen Phänomenologie abzuweichen. Wie in Kap. 1 vorweggenommen, kann hier zugleich der scheinbar unumkehrbare Bruch zwischen der phänomenologischen Tradition (einmal in angemessen materialistische Form gegossen) und augenscheinlich antiphänomenologischen (weil materialistischen) Wissensverständnissen wie dem von Foucault (1970: xiv) behoben werden.

Die Stärke der Arbeit von Berger und Luckmann und der weiteren Tradition der Phänomenologie lag in der Abkehr von einer Beschäftigung mit den sozialen Kontexten, in denen ‚Ideen' entstehen (eine soziologische Erweiterung der traditionellen ‚Ideengeschichte'), hin zu einem Interesse an all dem, „was ‚Wissen' ist", d. h. an „Allerweltswissen" (2010 [1966]: 6). Berger und Luckmann klammerten jedoch die zuvor von Schütz aufgeworfene Frage nach der „‚Distribution' von Wissen in der Gesellschaft" aus (2010 [1966]: 17), um zu versuchen, ein „einheitliche[s] Ganze[s] von systematischer und theoretischer Schlüssigkeit" über soziales Wissen im Sinne Talcott Parsons (2010 [1966]: 19) zu entwickeln. Deshalb fühlten sie sich auch wohl dabei, aus ihrem Soziologieverständnis weitergehende erkenntnistheoretische Fragen auszuklammern, als ob sie keinen Bezug zur Alltagswelt hätten. Beide Entscheidungen erscheinen nun problematisch. Die Zunahme von ‚Daten' ist Teil einer großen Umverteilung der Wissensproduktion: Jedes Verständnis davon, was wir heutzutage in der sozialen Welt wissen, steht vor einem *Konflikt* (oder zumindest einer *Pluralität)* im Hinblick darauf, was als soziales Wissen und in der Alltagsepistemologie gilt. Mit dieser Pluralität sind wir heutzutage konfrontiert. Damit erhält die Wissenssoziologie einen neuen Stellenwert,[2] allerdings zu ganz anderen Bedingungen, als Berger und Luckmann es annahmen.

Gemäß der klassischen These von der ‚gesellschaftlichen Konstruktion der Wirklichkeit' lässt sich ein Verständnis von Alltagswissen entwickeln, indem man einfach überlappende Perspektiven darüber zusammenbringt, wie Wissen für menschliche Akteur:innen in ihren alltäglichen „gesellschaftlichen Gebilden" entsteht (Berger und Luckmann 2010 [1966]: 3). Unsere These in diesem Buch „Die *mediale* Konstruktion der Wirklichkeit" betrachtet die Implikationen von Medien für ein solches Wissensverständnis, das auf Alltagswissen beruht. Doch was ist, wenn die Funktionsweise von ‚Medien' nicht ausschließlich innerhalb unseres Ver-

---

[1] Siehe unsere Diskussion in Kap. 1.
[2] Wie in einem maßgebenden neueren Aufsatz über Algorithmen festgestellt wurde (Gillespie 2014: 169).

ständnisses von bestimmten begrenzten sozialen Kontexten verständlich ist? Die Rolle von Daten beim Operieren von Medien treibt unser Denken weiter in diese Richtung.

Mit ‚Daten' ist das symbolische Rohmaterial gemeint, aus dem durch Akkumulations-, Sortier- und Auswertprozesse ‚Informationen' erzeugt werden, die zur Nutzung durch bestimmte Akteur:innen mit bestimmten Absichten vorgesehen sind (Kallinikos 2009a). Wenngleich wir gelegentlich von ‚Rohdaten' sprechen, gibt es in Wirklichkeit keine ‚rohen' Daten. Der Begriff „Rohdaten ist ein Oxymoron" (Bowker 2008: 184; Gitelman und Jackson 2013: 13; Kitchin 2014: 20). Hiermit ist gemeint, dass Daten sich stets innerhalb einer bestimmten Praxis und Struktur des Sammelns materialisieren: im einfachsten Fall in Form einer Datenbank. Vorläufig können wir die Einzelheiten hierzu beiseitelassen. Worauf wir hinauswollen, ist im Kern, dass ‚Daten' und ‚Informationen', die von Computersystemen erzeugt werden, heutzutage für den Alltag unabdingbar geworden sind; die *Auswahlentscheidungen* aus der weiteren ‚Welt' (Boltanski 2010), die durch Datenprozesse vollzogen werden, sind für das soziale Leben folgenreich. Dies hat Anthony Giddens bereits in den 1980er-Jahren verstanden (1995 [1984]: 309, zit. nach Gandy 1993: 13), wenngleich Giddens' besonderer Schwerpunkt auf der Rolle des Staates beim Sammeln von Informationen lag und nicht auf den weitergehenden Prozessen des staatlichen und privatwirtschaftlichen Monitorings, das wir heutzutage sehen. Ein weiteres bahnbrechendes Verständnis von der sozialen Rolle der Datenverarbeitung sowohl durch Unternehmen als auch durch Staaten bietet James Benigers (1986) Beschreibung der Modernisierung im neunzehnten Jahrhundert, wobei bei ihm jedoch phänomenologische Fragen nur untergeordnet behandelt wurden.[3]

Die Herausforderung für die Phänomenologie durch die gegenwärtigen Praktiken rund um Daten ergibt sich aus drei Entwicklungen, die Giddens noch nicht beobachten konnte. Erstens findet die Datenerhebung heutzutage in vielen Prozessen des sozialen Handelns und der sozialen Interaktion kontinuierlich statt. Es entstehen Datenmengen, deren Verarbeitung ohne Automatisierung nicht mehr zu bewältigen ist. In vielen wohlhabenden Ländern setzen einfache Handlungen, wie das Buchen eines Zug- oder Flugtickets oder das Pflegen freundschaftlicher Kontakte, heutzutage den ungehinderten Betrieb vernetzter Systeme der Datensammlung und -verarbeitung voraus. Solche automatisierten Prozesse sind kein Sonderfall oder großen Institutionen wie Regierungsbehörden vorbehalten: Sie werden für Viele zur *allgemeinen Hintergrundfolie der Alltagswelt*. Zweitens liegt

---

[3] Siehe insbesondere Beniger (1986: 25), der in bemerkenswerter Weise den konnektiven Raum des heutigen Internets als einen Prozess der ‚Digitalisierung' vorhersah.

der größte Teil der Datenverarbeitung heutzutage in den Händen des „privatwirtschaftlichen Sektors" (Gandy 1993: 13), d. h. Organisationen, deren Ziele nicht mit dem allgemeinen sozialen Interesse gleichgesetzt werden können, da sie auf private Wettbewerbsvorteile ausgerichtet sind. Diese Ziele stehen notwendigerweise *außerhalb* des Interesses der klassischen Phänomenologie an sozialem Wissen, und es wird zumindest versucht, sie auf globaler, nicht nur nationaler oder regionaler Ebene umzusetzen (Mosco 2014). Drittens: Zu den Ergebnissen einer solchen Datenverarbeitung gehört offensichtlich die Generierung von sozialem Wissen *an sich*, zumindest in einem instrumentellen Sinne: Informationen, die für das Verwalten sozialer Interaktionen genutzt werden. Soziale Akteur:innen werden in Bezug auf bestimmte Handlungsergebnisse danach sortiert, wie die sie betreffenden Daten kategorisiert und verarbeitet werden. Datenverarbeitung ist, wie Oscar Gandy es formulierte (1993: 15), der hierzu eine bahnbrechende soziologische Studie vorgelegt hat, „eine diskriminierende Technologie", die durch „drei integrierte Funktionen" abläuft: „Identifizierung" (das Sammeln von Daten von administrativer Relevanz), „Klassifizierung" (das daraus resultierende Zuordnen von Individuen zu vorformulierten Gruppen) und „Bewertung" (das Zuordnen von Individuen zu bestimmten Handlungsergebnissen auf Grundlage eines Abgleichs mit ihrer Klassifizierung).

Unter dem Begriff ‚Daten' verstehen wir alle Prozesse und zugrunde liegenden Infrastrukturen für das Ansammeln, Sortieren, Zusammenstellen und Auswerten von Daten sowie jegliches auf Daten beruhende Handeln. Daten machen heutzutage einen wesentlichen Teil des „allgemeinen Wissensvorrat[s] über die Gesellschaft" aus (Berger und Luckmann 2010 [1966]: 43). Datenproduktion ist als solche *asymmetrisch*, und zwar auf eine Weise, die im Modell des sozialen Wissens der klassischen Phänomenologie nicht vorgesehen ist: Datenproduktion orientiert sich an den Zwecken der privaten oder staatlichen Institutionen, die die Daten verwenden. Zwar sind die einzelnen sozialen Akteur:innen selbst an der gegenseitigen Datenerfassung beteiligt und können in einer Art und Weise handeln, die sich an Datenerhebungsprozesse anpasst. Dies ist ein Aspekt, auf den wir noch zurückkommen werden. Doch ändert dies nichts daran, dass die Haupttreiber von Datenprozessen als Formen sozialen Wissens Institutionen sind, die außerhalb der sozialen Interaktionen stehen, in denen die Daten entstehen. Ein großer Teil dieser Daten wird automatisch erzeugt. Dies stützt sich auf Prozesse der Aggregation und algorithmischen Berechnung, die sich nach den Bedürfnissen dieser externen Institutionen richten. Zwar könnte man auch argumentieren, dass die wachsende Interdependenz von Alltagswelt und Medientechnologien – das, was wir als tiefgreifende Mediatisierung bezeichnet haben – selbst ein wichtiger Treiber für die Datenproduktion ist, zumindest aus der Perspektive, wie sich digitale Infrastruktur uns *heutzutage* darstellt: Wir können uns gewiss auch andere Versionen vorstellen, die nicht auf eine kontinuierliche Datenerfassung angewiesen sind. Das wirft dann aber weitergehende Fragen über die besonderen Arten von figurativer Ordnung auf, die heutzutage an Bedeutung gewinnen. Hierauf kommen wir in Kap. 10 zurück. Vorerst stellen wir nur die einfache Frage: Was sind die Folgen der tiefgehenden sozialen Einbettung der Datenverarbeitung für die Sozialphänomenologie?

7.1 Daten und die Prämissen der klassischen Sozialphänomenologie

Berger und Luckmann haben zu Recht auf eine zentrale Strukturierungsdynamik der sozialen Erfahrung hingewiesen, nämlich dass soziale Akteur:innen „die Wirklichkeit der Alltagswelt als eine Wirklichkeits*ordnung* [erfahren]" (2010 [1966]: 24, eig. Hervorh.). Dieser Gedanke ist nach wie vor aktuell: Zustände, in denen wir unsere Alltagswirklichkeit *nicht* als geordnet erfahren können, sind zutiefst beunruhigend und disruptiv für das grundlegende menschliche Miteinander. Phasen von sozialem und zivilem Zusammenbruch, politischer Terror, und tiefgehende Formen sozialer Benachteiligung sind Beispiele dafür. Aber die Fragen, die durch die Datenverarbeitung aufgeworfen werden, konfrontieren uns bereits mit Konflikten darüber, *wie* die Wirklichkeit geordnet ist und *welche* Ordnung sie hat. Schütz betrachtete das „Wie der menschlichen Situation in der Welt" (Schütz und Luckmann 2017 [1973]: 193) als grundlegend für soziales Wissen. Ungeachtet dessen kursieren heutzutage widersprüchliche Verständnisse von diesem ‚Wie': Und viele davon werden durch Datenprozesse erzeugt. Die Ökonomie der Datenerhebung und -verarbeitung stellt heutzutage eine entscheidende Dimension der Marktwirtschaft im weiteren Sinne sowie der Tätigkeit des Staates dar. Das Sammeln von Daten findet nicht durch das Geben und Nehmen – ein gegenseitiges Anerkennen – von sozialer Interaktion statt, sondern vielmehr durch Prozesse der automatisierten Extraktion außerhalb jeder möglichen reflexiven menschlichen Handlung. Soziale Akteur:innen mögen mitunter versuchen, sich dem zu widersetzen. Doch ihr Widerstand kann nur partiell sein. Denn viele Formen des heutigen menschlichen Handelns scheinen eben diese Vorverarbeitungen und Kategorisierungen vorauszusetzen, von denen eine solche Verarbeitung abhängt.

Dies fordert die beiden Prämissen der Phänomenologie von Berger und Luckmann zur sozialen Welt heraus: erstens die Prämisse, dass die „Alltagswelt […] von uns aus als Wirklichkeit, die *von Menschen begriffen und gedeutet wird* und ihnen subjektiv sinnhaft erscheint", an den Tag tritt (2010 [1966]: 21, eig. Hervorh.); und zweitens die Prämisse, dass die Alltagswelt „ja nicht nur als wirklicher

Hintergrund subjektiv sinnhafter Lebensführung von jedermann hingenommen wird, sondern sie *verdankt jedermanns Gedanken und Taten ihr Vorhandensein und ihren Bestand"* (2010 [1966]: 21 f., eig. Hervorh.). Wir vertreten nicht die Ansicht, dass soziale Akteur:innen im Alltagsleben nicht mehr versuchen, in ihrem Denken und Handeln Alltagswissen hervorzubringen, nur weil *automatisierte Prozesse* der Datenverarbeitung tief in ihrem Alltagsleben verankert sind. Gewiss bleibt das „Jedermannswissen" dasjenige, das man „mit anderen in der normalen, selbstverständlich gewissen Routine des Alltags gemein" hat (Berger und Luckmann 2010 [1966]: 26). Doch gibt es im Zeitalter der tiefgreifenden Mediatisierung andere Formen des Wissens über die soziale Welt,[4] die für soziale Akteur:innen nicht immer selbstverständlich sind, über die sie keine Kontrolle haben und durch die *sie dennoch tiefgreifend beeinflusst werden*. Und dies müssen wir nun in unser Verständnis davon, was wir jeden Tag tun und denken, einbeziehen.[5]

Berger und Luckmann waren sich gewiss bewusst, dass soziale Akteur:innen auf breitere Wissensmuster und institutionelle Wissensproduktion angewiesen sind. Sie erkannten die Rolle der Sprache bei der „Transzendierung des ‚Hier und Jetzt'" an (2010 [1966]: 54). Und sie hatten ein Verständnis davon, wie Institutionen im weiteren Sinne daran beteiligt sind, die Hierarchie des Wissens, die der sozialen Ordnung zugrunde liegt, zu untermauern, indem sie Legitimation nicht nur zu einer normativen, sondern zu einer kognitiven Tatsache machen (2010 [1966]: 111). Doch ihr Verständnis davon, wie dies abläuft, lässt sich schwer mit der Rolle von automatisierter Datenverarbeitung im heutigen Alltagsleben vereinbaren. Ihre Beispiele für die Rolle des ‚Systems' in der Wissensproduktion unterschieden sich grundlegend von den heutigen Datenverarbeitungssystemen und waren für den Gegenstand des sozialen Wissens weitaus weniger folgenreich: die

---

[4] Savage und Burrows (2007) sowie Burrows und Savage (2014) haben Soziolog:innen auf das Entstehen neuer Formen von datenbasiertem sozialen Wissen aufmerksam gemacht. Allerdings gilt ihr Interesse den Implikationen für die Methoden und Ziele der in der Soziologie Tätigen. Hier hingegen geht es um die Auswirkungen *für die sozialen Akteur:innen selbst* und für die Domäne des Alltagshandelns, die zu erfassen die klassische Phänomenologie beansprucht.

[5] Für eine Vorwegnahme des folgenden Arguments siehe Calhoun (1992b). Calhoun bezieht sich nicht auf Schütz, sondern auf Cooley, den US-amerikanischen Vertreter des Pragmatismus. Er erweitert Cooleys Verständnis von sozialen Beziehungen, also (rollenbasierten) Primärbeziehungen und (auf die gesamte Person bezogenen) Sekundärbeziehungen. Im späten zwanzigsten Jahrhundert konstatierte er nicht nur „tertiäre" (uns bewusste Beziehungen, die wir mittels entfernt befindlicher Infrastruktur haben), sondern vor allem auch „quartäre Beziehungen" (1992b: 218 f.). Letztere verlaufen – einschließlich von Informationsverarbeitungsprozessen – *automatisiert,* und zwar ohne dass sie den sozialen Akteur:innen bewusst wären.

Hintergrundrolle des Telefonsystems in der alltäglichen Kommunikationsübertragung, die Bürokratie, mit der ein neues Ausweisdokument erstellt wird (2010 [1966]: 56 f.). Berger und Luckmann konnten einfach nicht vorhersehen, welche Rolle Daten- und Informationssysteme bei der Erzeugung von *Wissen* für das heutige Leben spielen, d. h. welche Rolle solche Systeme beim Unterstützen und Prägen der *Ontologie* alltäglicher Interaktion ausüben. Für Berger und Luckmann hängt ‚Institutionalisierung', wenngleich weit gefasst, letztlich davon ab, wie die *menschlichen Akteur:innen selbst* in der Welt agieren und sich in ihr zurechtfinden: „Institutionalisierung findet statt, sobald habitualisierte Handlungen durch Typen von Handelnden reziprok typisiert werden" (2010 [1966]: 58). Wie verwirrend das Ausmaß solcher institutionellen Formen der Sinnstiftung und Wissensproduktion den einzelnen Akteur:innen auch erscheinen mag, die institutionelle Welt, die den Individuen erscheint, *bleibt* eine „von Menschen gemachte, konstruierte Objektivität" (2010 [1966]: 64).

Wie gut kann dieses wissenssoziologische Verständnis die Rolle von Daten im heutigen Alltagsleben fassen? Gewiss scheint unsere Abhängigkeit von Daten in der sozialen Welt bereits eine *soziale* Notwendigkeit zu sein. Das Internet entwickelte sich zu einer Informationsinfrastruktur, die potenziell jeden Computer und jedes computerbasierte Gerät auf der Welt und jede Datei, die dort zu finden ist, miteinander verbindet. Diese enorme Erweiterung des Ausmaßes, soweit es in unserer kognitiven Reichweite liegt, erfordert automatisierte Prozesse. Die Unendlichkeit von Bildern und Texten, Menschen und Ereignissen, die wir heutzutage online als ‚*für uns* da' betrachten, wäre nicht ‚für uns da' – für uns menschliche Akteur:innen mit begrenzten Verarbeitungskapazitäten –, wenn es nicht die automatisierten Prozesse von Suchmaschinen (‚Apps') gäbe. Daher ist es wichtig, die breitere Infrastruktur der gegenwärtigen Kommunikation, einschließlich ihrer Datenaspekte, als eine entscheidende Dimension dessen zu berücksichtigen, was Berger und Luckmann als Objektivation bezeichnen, wodurch „die Produkte tätiger menschlicher Selbstentäußerung objektiven Charakter gewinnen" (Berger und Luckmann 2010 [1966]: 64 f.) und wodurch die gesellschaftliche – soziale – Wirklichkeit konstruiert wird. Aber diese ‚Objektivation' läuft nach ganz anderen Regeln ab als nach denen, die die klassische Phänomenologie vorsieht.[6] Dies ist

---

[6] Uns ist sehr wohl bewusst: Mit unserer Perspektive auf diese Infrastruktur im Sinne der (etwas erweiterten) klassischen Phänomenologie widersprechen wir zugleich denen, die einen bereits verschmolzenen Prozess der ‚Soziomaterialität' für den einzigen Ausgangspunkt für heutige soziologische oder sozialtheoretische Analysen halten. Doch wie in Teil I erörtert, setzt unser Verständnis von der sozialen Konstruktion die gegenseitige Verschränkung von Sozialem und Materiellem wie auch die gegenseitige Verflechtung von Menschlichem und Materiellem als gegeben voraus (Pickering 1995: 15–20). Nicht anders

nicht nur ein Problem der zunehmenden Komplexität und Delegation. Berger und Luckmann hatten dies bereits vorhergesehen. Sie argumentierten, dass das Zwanghafte einer übergreifenden Ordnung überwunden werde, indem „die gesamte Gesellschaft unter ein Dach, das heißt unter ein integriertes Symbolsystem" gebracht werden könne (2010 [1966]: 91), das selbst Wirklichkeiten, die sehr weit von den Erfahrungen der sozialen Akteur:innen entfernt sind, in einer relationalen Hierarchie anordnet (2010 [1966]: 97). Datenprozesse sind nicht nur deshalb störanfällig, weil sie weit voneinander entfernt stattfinden, sondern auch, weil sie eine *unvorstellbar große und automatisierte* Wiederholung von Zähl-, Sortier- und Konfigurationsprozessen von Daten mit sich bringen (die neue Formen der Kognition erzeugen). Allgemeiner gesagt: Ein großer Teil dessen, was heutzutage als soziales Wissen gilt, liegt nicht bei Personen vor, sondern wird in einem unpersönlichen ‚Reservoir' akkumulierter Texte und Bilder vorgehalten: dem Internet. Dieses Reservoir steht uns nicht unmittelbar zur Verfügung, dafür ist es zu groß, sondern mittelbar über *automatisierte Suche* (Halavais 2009) und automatisierte Verarbeitung anderer Arten. Diese neuen Bedingungen erschüttern die einstmals unbedenkliche Aussage von Berger und Luckmann:

> Wenigstens in groben Zügen zu wissen, *wie* der sozial zugängliche Wissensvorrat distribuiert ist, gehört zu den wichtigsten Bestandteilen eben dieses Wissensvorrates. Ich weiß in der Alltagswelt mit einiger Gewißheit, *was ich vor wem geheimhalte*, an *wen* ich mich wenden muß, um zu erfahren, was ich nicht weiß. Und ich weiß auch im Allgemeinen, *welche Typen von Menschen* über welche Typen von Wissen verfügen sollten. (2010 [1966]: 48, eig. Hervorh.)

Und doch haben Berger und Luckmann Recht, wenn sie argumentieren, dass der Druck auf die Dinge, zusammenzuhängen, stark ist und die Notwendigkeit, die

---

verhält es sich mit den Ansätzen von Elias (und Schütz) und, weniger ausdrücklich, von Berger und Luckmann. Aber noch weiterzugehen und dafür einzutreten, dass unser Ausgangspunkt „nicht in von Menschen in Rollen übernommenen Aufgaben bestehen sollte, sondern in materiell-diskursiven Praktiken, die *durch Apparate in Gang gesetzt werden, die Phänomene zugleich konstituieren und organisieren*" (Scott und Orlikowski 2013: 78; siehe Orlikowski und Scott 2014), ist unserer Ansicht nach nicht hilfreich. Ebenso wenig helfen Ansätze zu ‚Sozio-Materialität' weiter, die von einer Lesart wissenschaftlicher Fachgebiete wie der Quantenmechanik inspiriert sind, die *per definitionem* von den Bedingungen alltäglicher Bedeutungsgebung weit entfernt sind (Barad 2007, zit. nach Scott und Orlikowski). Wie Jonathan Sterne feststellt, wird die endlose Debatte zwischen ‚Materialität' und ‚Konstruktivismus' ‚unproduktiv', sobald wir anerkennen, dass wir bei der Erforschung der Kommunikationstechnologien *immerzu* an Prozessen interessiert sind, die „nicht einfach nur materiell sind, sondern unauflösbar materielle Dimensionen haben" (2014: 121). Doch genau hierauf richtet sich das Interesse einer materialistischen Phänomenologie.

Konvergenz der „Relevanz" zu optimieren, hoch ist (2010 [1966]: 68 f.). Der *Eindruck* von „reziproker Sinngebung" (2010 [1966]: 68) zwischen sozialen Akteur:innen ist nach wie vor wichtig, auch wenn es keine Reziprozität (im von Berger und Luckmann gemeinten Sinne) zwischen Menschen und den automatisierten Prozessen geben kann, die Daten für und über sie sammeln, zählen und konfigurieren.

Was wäre, wenn die Wissenssoziologie inmitten der sozialen Welt *andere* Formen (wenn nicht Kräfte) von ‚sozialem' Wissen anerkennt als diejenigen, die von sozialen Akteur:innen erzeugt werden? Das Ergebnis muss nicht die „Verdinglichung" sein, die Berger und Luckmann als das Vergessen der menschlichen Rolle bei der Konstruktion von Wirklichkeit definieren, sodass „die objektivierte Welt ihre Begreifbarkeit als eines menschlichen Unterfangens verliert" (2010 [1966]: 95): Datenprozesse sind schließlich selbst das medienvermittelte Ergebnis einer beliebigen Anzahl von sozialen, kulturellen und politischen Geschehnissen, an denen Menschen auf irgendeiner Ebene beteiligt sind. Aber es ist etwas Bedeutsames daran, dass ‚Daten' Prozesse umfassen, die die unmittelbaren menschlichen Fähigkeiten übersteigen, sei es hinsichtlich der Performanz oder der Modellierung:[7] In diesem Sinne verweisen Daten auf eine bestimmte Art der *Materialisierung* (über Medien und deren Infrastruktur), die wiederum eine bestimmte *Institutionalisierung* von Wissen mit sich bringt. Die Ziele, Normen und ‚Wissensformen' dieser Prozesse unterscheiden sich notwendigerweise in ihrem Wesen von denen menschlicher Akteur:innen. Die Bezüge des ‚sozialen' Wissens zu Fragen der Legitimität, des Wertes und der sozialen Ordnung sind heutzutage daher weniger geradlinig, als sie Berger und Luckmann erschienen. Wir wollen nun versuchen, dies in einigen konkreten Bereichen zu betrachten.

7.2 Neue Institutionen für ‚soziales' Wissen

Wie alle Infrastrukturen *schreibt sich* auch die Infrastruktur von ‚Daten' in soziale Anordnungen *ein* (Star und Ruhleder 1996): Anderenfalls würde sie nicht ihre Aufgabe erfüllen, unserem Leben den gewohnten Ablauf zu ermöglichen. Aber da Dateninfrastrukturen Strukturen für soziales *Wissen* bilden, müssen wir diesen

---

[7] Wie die Software Studies zeigen, ist dieses Übersteigen der menschlichen Fähigkeiten bereits im Code angelegt: „Der Code sagt etwas und er tut etwas, doch was er tut, ist nie genau das, was er sagt" (MacKenzie 2006: 177); „zwar übersetzen bzw. erweitern kodierte materielle *Inszenierungen* die *Agency,* doch tun sie dies nie auf eine genaue Weise" (Introna 2011: 113).

Umstand explizit reflektieren, um ein zufriedenstellendes Verständnis davon zu erhalten, wie die soziale Welt konstruiert wird.

Datengestützte Prozesse der Institutionalisierung von Wissen beruhen auf dem Zusammenspiel zahlreicher Faktoren: Sie operieren mittels der Materialisierung eines Netzwerks von Netzwerken. Angesichts der Komplexität dieses Netzwerks wäre es unsinnig, es als von einer einzigen Logik oder „dominanten prägenden Kraft" (MacKenzie und Wajcman 1999: 18) bestimmt zu betrachten. Insofern verhält es sich nicht viel anders als bei jeglicher anderen Technologie. Ungeachtet dessen geht es darum, so weit wie möglich als Infrastruktur, als praktisches System zu fungieren. Denn im Wesentlichen ist ‚Funktionieren' *genau das,* was Menschen von ihrer Kreditkarte, ihrem Telefon oder ihrem Laptop erwarten: dass sie funktionieren, wenn sie aus einem Flugzeug auf der anderen Seite der Welt oder einfach nur aus einem Zug an einem anderen Ende eines Landes aussteigen wollen. Diese Erwartungshaltung seitens der sozialen Akteur:innen steht im engen Wechselspiel mit den Versprechungen der Unternehmen. Unzählige Konzerne bemühen sich heutzutage um eine wechselseitige Herstellung nahtloser und *universalkompatibler Schnittstellen* zwischen ihren jeweiligen Produkten und Dienstleistungen. Ohne Technik und Praxis des Datentrackings wären derlei ehrgeizige unternehmerische Ambitionen mittlerweile undenkbar. Denn, wie Armand Mattelart bemerkt, „stellen [erst] die durch Tracking hervorgebrachten Datenraster Bedeutungselemente im globalen Maßstab zur Verfügung" (Mattelart 2010: 2). Es ist dabei kaum zu leugnen, dass die Herausbildung einer solchen datenverarbeitenden Infrastruktur gravierende Folgen für die politische und soziale Ordnung mit sich bringt. „Technologische Innovationen ähneln Gesetzgebungsakten oder politischen Übereinkommen, die einen Rahmen für die öffentliche Ordnung [...] in materiellen Anordnungen aus Stahl und Beton, Drähten und Transistoren, Muttern und Bolzen schaffen" (MacKenzie und Wajcman 1999: 33) – und, wie wir jetzt hinzufügen könnten, aus Code.

Datenbanken und soziale Klassifizierungen

Datenbanken spielen bei den neuesten Transformationsprozessen eine tragende Rolle; „die Fähigkeit, mithilfe von Klassifizierungsverfahren personen- und gegenstandsbezogene Informationen in Listen zu sortieren, [ist] eine Schlüsselkompetenz sowohl staatlicher als auch wissenschaftlicher Machtorgane unserer Zeit" (Bowker 2008: 108). Datenbanken verfügen also über eine spezifische Ordnungsmacht, die Bowker als „jussiv" bezeichnet; eine Macht, die basierend auf „Ausschlussprinzipien" entscheidet, was in einer bestimmten Form gespeichert werden kann und was nicht (2008: 12). In gewissem Sinne sind also einmal in Datenbankprozessen gefällte Entscheidungen unwiderruflich: „Was nicht klassi-

7.2 Neue Institutionen für ‚soziales' Wissen

fiziert ist, wird unsichtbar." (2008: 153) Der Hauptzweck von Datenbankoperationen besteht darin, einen *Startpunkt* – die Datenbasis – festzulegen, von der aus Datenverarbeitungsprozesse im engeren Sinne wie Zählen, Aggregieren, Sortieren oder Auswerten ihren Ausgang nehmen. Sobald Daten auf diese Weise in Datenbanken hinterlegt worden sind, kommt es zu einer „Abkoppelung" von ihren zugrunde liegenden materiellen Bedingungen und Kontexten (Kitchin 2014: 72). Solange die grundsätzliche Struktur der Datenbank unverändert bleibt, spielt es dabei für Datenverarbeitungsprozesse keine Rolle, ob ein Teil dieser Prozesse sich nach und nach den im Datensatz entstehenden Mustern angleicht.[8] Denn gesteuert werden solche Anpassungsdynamiken nicht etwa von einem unabhängigen menschlichen ‚Willen', der beim Erfassen der Daten tätig ist, sondern von den entstehenden Mustern und Regelmäßigkeiten, die aus Sicht des Datenprozesses ausreichend sind, um Anpassungsdynamiken auszulösen. Das gesamte datenbasierte ‚Wissen' lässt sich so nicht trennen von den Auswahlentscheidungen, die beim Aufbauen der Datenbankarchitektur und ihren späteren Anpassungen entscheidend sind. Es wäre also irreführend, bereits die datengestützten Befunde als *unmittelbares* Wissen über eine Wirklichkeit anzusehen, die restlos durch Daten abgebildet werden könnte. „Unsere Erinnerungspraktiken", schreibt Bowker, „[sind] der Ort, an dem Ideologie und Wissen verschmelzen" (2008: 228). Wir haben bereits in Kap. 3 angedeutet, dass diese Entwicklungen als ein potenzieller weiterer Mediatisierungsschub betrachtet werden können. Durch diesen *vertiefen* sich unsere Interdependenzen durch Infrastrukturen für die kontinuierliche Produktion und den Austausch *von Daten* zunehmend: Der aufkommende Datafizierungsschub ist insofern Teil des umfassenderen Digitalisierungsschubs.

Die meisten Daten, die für die Gestaltung unseres sozialen Lebens von Bedeutung sind, werden „aus dem Rohmaterial menschlicher Erfahrung gewonnen" (Gandy 1993: 53) und aus ihm für soziale *Klassifizierungs*prozesse aufbereitet. Das Erfassen von Daten dient dabei keinem neutralen, sondern einem diskriminierenden, also ausgrenzenden Zweck, „dem Koordinieren und Kontrollieren unseres Zugangs zu Gütern und Dienstleistungen, die das Leben in der modernen kapitalistischen Wirtschaft bestimmen" (Gandy 1993: 15). Solche diskriminierenden Unterscheidungen erfordern eine enorme Bündelung von Rechenkapazitäten. Eine einzige Datenbank reicht hier nicht aus, vielmehr müssen bisher unverbundene Datenbanken zu wesentlich komplexeren Datenbanksystemen

---

[8] Für eine Differenzierung zwischen Datenbanken und Algorithmen und zwischen den verschiedenen Ebenen, auf denen sie agieren, siehe Manovič (2001: 212–285), Gillespie (2014), Kallinikos und Constantiou (2015).

aggregiert werden. Nur so wird der Abgleich von Mustern („pattern matching") über unzählige Orte der Datenerfassung hinweg möglich, aus denen Vorhersagen getroffen werden können (Gandy 1993: 71–84). Eine entscheidende Voraussetzung für diesen Vorgang war die Ablösung der die 1990er- und 2000er-Jahre bestimmenden „distribuierten relationalen Datenbanken" (DRDA) durch neuere Strukturen. Weit über den stetig und rasant wachsenden Datensektor hinaus, der von global agierenden Unternehmen wie Google, Expedia oder Acxiom angeführt wird (Kallinikos 2009b: 232; Nissenbaum 2010: 41–45), ist die wertschöpfende Nutz- und Verfügbarmachung von Daten, die einmal unter besonderen geografischen und kontextuellen Bedingungen gesammelt worden sind, eine grundlegende Tatsache des gegenwärtigen sozialen Lebens.

Jeglichen Datenerhebungsvorgängen liegen voraussetzungsvolle Auswahlentscheidungen zugrunde. Diese können für die jeweils geltenden Machtverhältnisse wie auch für die langfristige Gestaltung der sozialen Welt folgenreich sein, und diese Folgen zu ignorieren, wäre naiv. Bezogen auf einen größeren Zusammenhang beschrieb Theodore Porter Quantifizierungsmechanismen als „Techniken der Distanzierung", die nicht durch „Treue zur Natur", sondern „Zurückhaltung des Urteils" (1995: ix) motiviert sind. Durch das Neuprägen der sozialen Welt selbst werden auf diese Weise gewisse Urteilsformen ermöglicht und effizient: „Die Quantifizierungstechniken, die zur Analyse des sozialen und ökonomischen Lebens eingesetzt werden", schreibt Porter, „funktionieren immer dann am besten, wenn die Welt, die sie zu beschreiben versuchen, *ihrem Bildnis gemäß neu gestaltet werden* kann" (Porter 1995: ix 43, eig. Hervorh.). Große Institutionen agieren notwendigerweise in weiter Entfernung von den Wirklichkeiten, die sie zu beeinflussen suchen. Daher spielt das Funktionieren von Datenprozessen in der Tat eine entscheidende Rolle, wenn es darum geht, eine entfernte, komplexe ‚Welt' in eine geordnete, kalibrierte Wirklichkeit *umzuwandeln,* die interpretiert und regiert werden kann: Die von James Scott so genannte „Lesbarkeit" (engl. „legibility") ist ihm zufolge „ein zentrales Problem des Staatswesens" und erfordert eine „Politik des Messens" (1998: 2, 27). Die Analyse Scotts müssen wir allerdings, wie einige Rechtstheoretiker angemerkt haben, auf den gesamten Überwachungsapparat des heutigen kommerziellen und informationstechnischen Bereich ausdehnen (Cohen 2012; Pasquale 2015).

Wir werden der sozialen Dimension komplexer Datenprozesse nicht gerecht, wenn wir die in sie eingegangenen Abstraktionsleistungen nicht an diejenigen *Erfahrungskontexte* rückbinden, in die die jeweiligen Datenfunktionen eingebettet wurden (Cohen 2012: 20), um so der Macht und Gewalt datenbasierter „Prozesse der […] Repräsentation und Klassifizierung" (Cohen 2012: 24) gewahr zu werden.

7.2 Neue Institutionen für ‚soziales' Wissen

Um dies zu vermeiden, bedarf es phänomenologischer Orientierungspunkte.[9] Doch ein Kernmerkmal von Dateninfrastrukturen, ihre *Opazität,* steht in deutlichem Widerspruch zu Grundannahmen der klassischen Phänomenologie:[10] „Die Konfiguration vernetzter Räume [...] wird für ihre Nutzer:innen zunehmend opaker." (Cohen 2012: 202) Das ständige Auswählen und Vergleichen in Datenprozessen übt eine generalisierende und homogenisierende Kraft auf einen prinzipiell unendlichen Gegenstandsbereich aus, was Asymmetrien beim Zugang zu und der Verteilung von *sozialem Wissen* schafft. In den Worten von Christine Alaimo und Jannis Kallinikos (2015: 15 f.) ausgedrückt, kann das Soziale „gerade wegen der Abstraktheit der Daten und der Einfachheit der Kodierungslogik [...] in all seiner (nun kompatiblen) hochgradig formbaren Gestalt dargestellt werden [...]. *Sobald das Soziale in Daten eingeschrieben ist, verliert es seine Bezüge zu etablierten Kategorien und Gewohnheiten.* Es wird auf die gleiche Logik übertragen und somit nach derselben Logik" inszeniert, nach der es entstanden ist. Oder, wie José van Dijck prägnanter schreibt, ist es „weitaus einfacher, Sozialität in Algorithmen zu ‚kodieren', als Algorithmen zurück in soziales Handeln zu ‚dekodieren'", also zurückzuübersetzen (2013: 172). Der Versuch, das soziale Leben gänzlich in Daten zu übersetzen, wirft einen langen Schatten voraus, der alle diejenigen Beschreibungsfaktoren – Deskriptoren –, die von Datenprozessen *nicht erfasst werden,* verdunkelt (Balka 2011).

Im Ergebnis werden wir Zeuge eines potenziell tiefgreifenden Wandels unserer Beziehungen zu Infrastruktur. Im Kern sind Infrastrukturen Werkzeuge, die Praktiken ermöglichen und dafür auf den höchsten Komplexitätsstufen operieren – eine Art Black-Box-Unterbau des ‚gewöhnlichen' Handelns von Menschen im Alltag. In der digitalen Welt werden unsere infrastrukturellen Werkzeuge, etwa unsere Nutzerseiten auf Social-Media-Plattformen, zunehmend mit Prozessen verschränkt, die weit über die Einzelanwendungen hinausgreifen, mit denen sich

---

[9] Cohen (2012: 52) bezeichnet ihren Ansatz als „postphänomenologisch": Einerseits dringt er darauf, unsere Beziehungen zu Technologie wahrzunehmen, andererseits stützt er sich weiterhin auf die Phänomenologie. Allerdings *muss* eine angemessen entwickelte phänomenologische Perspektive, wie wir durchgehend argumentiert haben, unsere Beziehungen zu Technologie *sowieso* berücksichtigen.

[10] Auch hier warf die klassische Phänomenologie die Frage nach der Opazität, der Undurchschaubarkeit der sozialen Welt auf. Sie sah sie jedoch als ein Merkmal des relativen Grades an sozialem Wissen und unseres gemeinsamen Unwissens über die Zukunft (Schütz und Luckmann 2017 [1973]: 235). Für Schütz gibt es hier kein unlösbares Problem: „Die Lebenswelt wird als nur relativ [...] undurchschaut, aber prinzipiell durchschaubar erlebt." (2017 [1973]: 236) Nichtsdestotrotz schaffen Datenprozesse durchaus eine Welt, die *grundsätzlich und immer schon* undurchschaubar ist.

große Distanzen überwinden lassen, und die wir weder aufbrechen noch auf andere Art infrage stellen können. All diese Werkzeuge beruhen auf Mechanismen, deren detaillierte Funktionsweisen uns im Moment der Benutzung nicht klar vor Augen stehen – sofern sie uns überhaupt je bekannt waren. Die meisten Menschen mögen noch zumindest eine Vermutung haben, wie etwa ein Hammer angefertigt wird; schon weitaus weniger Menschen wissen, wie man ein modernes Auto zusammenbaut. Doch für Hammer wie Auto gilt: Unsere Unkenntnis über die genaue Funktionsweise dieser Werkzeuge des Alltags, ihr Black-Box-Charakter, mindert ihre Gebrauchstauglichkeit nicht im Geringsten. Viele der heutigen ‚digitalen Werkzeuge' hingegen sind Black Boxes einer ganz anderen Art, denn *sie benutzen auch uns.*[11] Beim algorithmischen Tracking unserer Handlungen geht es aber keineswegs um die Verbesserung des digitalen Werkzeugs für unseren Gebrauch, sondern darum, Daten für die Zwecke des *Werkzeugmachers* zu generieren, damit uns etwa Werbetreibende und Vermarkter gezielter ansprechen können. (Turow 2011). Auf genau dieser Absicht beruht das viel gepriesene ‚Internet der Dinge'. Außer Acht gelassen wurde dabei jedoch, wie radikal sich in ihm unsere bisherigen Beziehungen zu demjenigen transformieren, was wir als Infrastruktur nutzen.

Im Ergebnis entsteht ein völlig anderes soziales Verhältnis zur Abstraktion als dasjenige, das Alfred Schütz im Blick hatte. Schütz sah Artefakte „sozusagen am Endpunkt der Anonymisierungsreihe", also am äußersten Ende des Spektrums der Typisierung bzw. Abstrahierung der Welt durch Menschen (Schütz 2016 [1932]: 282). Im Gegensatz dazu konstruieren die *Artefakte,* die heutzutage durch Datafizierung hervorgebracht werden, nunmehr ihrerseits Typisierungen von *Menschen,* die hauptsächlich kommerziellen Zwecken, der Überwachung wie der Gewährleistung einer möglichst nahtlosen Handelssphäre dienen. Diese Umkehrung des Charakters von Werkzeugen, die damit vornehmlich nicht mehr denjenigen nutzen, die sie als Werkzeuge für ihre Zwecke zu benutzen glauben, könnte man als *tool reversibility* bezeichnen. Zwar tritt eine solche *tool reversibility* bei der Benutzung datenbasierter Werkzeuge nicht immer gleich deutlich hervor, doch sie tut es spätestens dort, wo unsere Nutzungspraktiken auf Hindernisse stoßen: Immer wenn wir ein datenbasiertes Werkzeug benutzen, benutzt es auch uns. Dies ist eine der tiefergehenden kulturellen und sozialen Implikationen der Einbettung von Algorithmen in die Alltagswelt (Napoli 2014).

---

[11] Hierin liegt die Stärke von Frank Pasquales Kritik an der „Black-Box-*Gesellschaft*" (Pasquale 2015).

Kategorisierungen

Datenprozesse produzieren nicht nur Kategorisierungen – das haben wir gezeigt –, sondern beruhen bereits selbst auf ihnen. In der Sozialtheorie sind Kategorien seit mehr als einem Jahrhundert von Bedeutung. Für Durkheim und Mauss (1969 [1902]) handelte es sich bei Kategorien – als Ergebnissen von Klassifizierungssystemen in sogenannten „primitiven Gesellschaften" – um Schlussfolgerungen darüber, wie die Gesellschaft an sich jeweils konkret aufgeteilt ist, sowie darüber, was die Idee der Gesellschaft an sich ausmacht. In den meisten darauf folgenden Ansätzen wurde die Ordnung von Kausalität ersetzt durch Kategorien, die die „Informationsumgebung einer Gesellschaft" fassen (Bowker und Star 1999: 5): ähnlich wie beim Konzept der ‚Typisierung' in der klassischen Phänomenologie. Um aber den Abstraktionsgrad datenbasierter Kategorien zu erfassen, müssen wir ihre Merkmale genauer betrachten.

Wie David Berry erläutert, erfordern sämtliche computergestützten Kategorisierungsprozesse – mithin sämtliche darauf aufbauenden Sortierungen, Kombinationen oder Bewertungen –, dass eigens zu ihrem Zweck ‚Objekte' erstellt werden. „Wenn man die Welt nach diesem Muster zerschneidet, müssen Informationen über die Welt notwendigerweise verworfen werden, um eine Repräsentation im Computer zu speichern […]. [D]iese subtraktiven Methoden des Wirklichkeitsverständnisses […] bringen neue Erkenntnisse und Methoden zur Kontrolle der Wirklichkeit hervor." (2011: 14 f.) Um allerdings derlei Objekte in Datenbanken zusammenstellen zu können, müssen, erstens, zuvor Abstraktionen stattgefunden haben. Wie bereits erwähnt, gibt es so etwas wie ‚Rohdaten' streng genommen nicht, sondern lediglich „Daten […], die zur Ausführung einer bestimmten Aufgabe durch Mess-, Abstraktions- oder Generalisierungstechniken erzeugt werden" (Kitchin 2014: 19). Zweitens, wenn viele Objekte durch automatisierte Funktionen oder Algorithmen zu verarbeiten sind, erfordert die Verarbeitung eine vorherige Organisation, den Entwurf einer Datenbank*struktur,* „um die darin befindlichen Daten so schnell und so zielführend wie möglich zu extrahieren"; in diesem Sinne „bilden Datenstrukturen eine Art Zwischenebene, einen Abstraktionsmechanismus im Prozess der Adressierung des Maschinenspeichers" (Fuller und Goffey 2012: 84, 85). Drittens: Je komplexer die durchzuführenden Operationen sind, desto größer ist die Notwendigkeit, Datenebenen zu *kombinieren* und so eine komplexere Verarbeitung zu ermöglichen. Dies bezeichnen Fuller und Goffey als „Abstraktionsschichten": „Je mehr verschiedene Funktionen eines Prozesses […] oder einer Software durch eine Implementierungsschicht integriert werden können, desto weiter zirkuliert und vereinigt sie. Je abstrakter diese Techniken sind, desto besser eignen sie sich zur Datenverarbeitung; und je beharrlicher sie sich selbst stabilisieren, desto mehr Aktivität findet um sie herum statt." (2012: 88 f.) Zuvor heterogene Informationen können nun zunehmend innerhalb einer gemeinsamen Struktur prozessiert werden, allerdings um den Preis immer höherer Abstraktionsebenen. Viertens müssen die mit den Daten durchgeführten *Berechnungs*prozesse durch den Einsatz von Algorithmen automatisiert werden. Algorithmen werden oft und ganz beiläufig mit dem gesamten Prozess der datenbasierten Transformation von Alltagserfahrungen gleichgesetzt. Doch als „kodierte Prozesse zur Transformation von Input in einen gewünschten Output, basierend auf spezifizierten Berechnungen" (Gillespie 2014: 167), sind Algorithmen nur eines von vielen Elementen in einer Abfolge fortschreitender Abstraktion, wenngleich ein wesentliches.

Neben den bereits dargestellten Beziehungen zwischen Datenprozessen, bei denen es die Kategorien selbst sind, die soziale Einflüsse ausüben, müssen wir auch berücksichtigen, was passiert, wenn der Output solcher Datenprozesse *an die sozialen Akteur:innen zurückgespielt wird*. Dass er zurückgespielt wird (Isin und Ruppert 2015: 113), ist ein weiterer Umstand, dem eine Wissenssoziologie, die Daten ernst nimmt, gerecht werden muss. Alle Formen der Organisation, auch die soziale, sind auf Kategorisierungen[12] angewiesen; anders wären erfolgreiche – oder zumindest nicht willkürliche – Interaktionen mit der Umwelt gar nicht möglich. Doch in der Sphäre des Sozialen ergibt sich eine Besonderheit, die im Typisierungskonzept der Phänomenologie vernachlässigt wird und die im einseitig auf Gesellschaftstheorie fixierten Modell von Émile Durkheim und Marcel Mauss nicht angemessen gedacht werden kann. Wie Ian Hacking unterstreicht, sind Klassifizierungen von Menschen in einer Weise „interaktiv", wie es Klassifizierungen nichtmenschlicher Dinge wohl nicht sind:[13]

> Die Art und Weise, wie Menschen klassifiziert werden, interagiert mit den klassifizierten Menschen. [...] Außerdem existieren Klassifizierungen nicht nur im leeren Raum der Sprache, sondern in den Institutionen, Praktiken und materiellen Interaktionen mit Dingen und anderen Menschen [...]. Den Menschen ist bewußt, was über sie gesagt wird, was über sie gedacht wird und wie man mit ihnen umgeht. Sie denken über sich nach und machen sich einen Begriff von sich selbst. Unbelebte Dinge sind sich definitionsgemäß nicht in derselben Weise ihrer selbst bewußt. (Hacking 2002: 56 f.)

---

[12] Isin und Ruppert (2015: 159–185) bevorzugen den Begriff „Schließungen" (engl. „closings"), um Kategorisier- und Sortierhandlungen sowie eine Reihe anderer Handlungen zu erfassen, die die Interpretationsmöglichkeiten einschränken. Wegen seiner direkten Rückbindung an die Sozialtheorie bevorzugen wir den Begriff ‚Kategorisierung'.

[13] Die Vorstellung, dass das Klassifizieren nichtmenschlicher Objekte nicht interaktiv sei, wird von manchen hinterfragt (Knorr-Cetina 2014). Dieser Aspekt treibt uns hier jedoch nicht um.

Im Zeitalter der tiefgreifenden Mediatisierung, in dem Akteur:innen und Aktionen unentwegt und zu unterschiedlichsten Zwecken kategorisiert und klassifiziert werden, entfaltet das, was Hacking hier beschreibt, eine besondere Bedeutung.

Wie wir mit Kategorien interagieren, ist nicht leicht zu entwirren. Klar ist jedoch, dass sie nicht vollkommen zusammenhangslos, sondern immer schon in stark strukturierten Kontexten auftauchen, die sich aus den Zwecken ergeben, für die Daten allererst gesammelt werden. Das unmittelbar einleuchtende Beispiel sind Social-Media-Plattformen. Wie Daniel Neyland bemerkt, stehen Algorithmen nicht in einer einfach oder automatisch rekursiven Beziehung zur sozialen Welt, sondern verwandeln uns je nach „Konfiguration" in „Nutzer:innen und Kund:innen", die „dazu aufgerufen werden, sich zu den je angewandten Algorithmen zu verhalten" (Neyland 2015: 122). Bemerkenswert an der Konfiguriertheit von Social-Media-Plattformen ist allerdings, dass wir auf ihnen und mit ihrer Hilfe weitgehend so agieren, als *gäbe es gar keine* solchen Konfigurationen. Streng genommen entwirft bereits die bloße Idee einer „Plattform" einen abstrakt konstruierten Raum, in dem die Schnittstelle zwischen alltäglicher Interaktion und kommerzieller Transaktion als ‚natürlich' *erscheint,* als Kanal eines nahtlosen Datenstroms (Gillespie 2010). Aufgrund unseres unterschwelligen Wunsches, unsere sozialen Verpflichtungen in den neu konfigurierten Räumen, in die sie überzugehen scheinen, aufrechtzuerhalten, entsteht eine „wachsende *soziale* Verpflichtung für Funktionalität" (Plantin et al. 2016: 295). Für die soziale Welt und die Praktiken, die wir in ihr ausüben, ist das von erheblicher Tragweite.

Daten in Praktiken umwandeln

Sind Daten erst einmal aus ihren sozialen Erfahrungskontexten abstrahiert worden, lassen sich mindestens fünf grundlegende Weisen unterscheiden, durch die sie in Rahmenbedingungen für soziale Praktiken umgewandelt werden. Diese stehen im Zusammenhang mit den Dimensionen, nach denen die weiteren Kapitel der Teile II und III aufgebaut sind.

Die erste Art der Umwandlung bezieht sich auf die Verfasstheit von *Raum.*[14] Wie Rob Kitchin und Martin Dodge (2011) in einer eingehenden Analyse gezeigt haben, sind die für unsere Gegenwart bestimmenden Räume – etwa physische, organisatorische oder informationelle – häufig und vielfach „kodiert". Was in ihnen vorgeht, wird stark von den Software-Strukturen mitbestimmt, die Dateneingaben verschiedenster Art verarbeiten: Ein deutliches Beispiel hierfür sind die Warteschlangen hochgradig kontrollierter Sicherheitsbereiche an Flughäfen (2011:

---

[14] Siehe auch unsere Diskussion in Abschn. 5.3.

Kap. 7), in die man erst hineingelangt, nachdem zahlreiche Daten in einer vorgeschriebenen Reihenfolge erfolgreich abgeglichen wurden. Allgemeiner gesprochen zeigt sich hieran eine Zunahme des automatisierten Verwaltens sozialer Prozesse. Im Gegensatz zu herkömmlichen Überwachungsmethoden handelt es sich um eine lückenlose Form der Kontrolle, da sie mittels einer „Handlungsgrammatik" operiert, unter der Kitchin und Dodge „ein systematisches Instrument zur Repräsentation von einzelnen Aspekten der Welt [...] und eine organisierte Sprache zur Verarbeitung dieser Repräsentationen" verstehen (Kitchin und Dodge 2011: 80, in Anlehnung an Agre 1994). Unter diesen Bedingungen sind die Räume, die Kitchin und Dodge als „Code/Räume" bezeichnen, unserer Begrifflichkeit nach *Figurationen* einer bestimmten, hochgradig organisierten Art, wie sie von den heutigen komplexen Formen von Interdependenz angetrieben werden.[15] Social-Media-Plattformen *fühlen sich zwar an* wie ‚Räume', in denen wir, um es schlicht auszudrücken, anderen begegnen. Ihrem Wesen nach sind sie jedoch stark durch die zugrunde liegende Software und deren kalkulatorische, also rechnende Infrastruktur geprägt. Wo Social-Media-Plattformen überhaupt Öffentlichkeiten schaffen, handelt es sich stets um „kalkulatorische Öffentlichkeiten" (Gillespie 2014: 188–191). Doch nicht die Kalkulierbarkeit selbst ist das Neue; schon vor einem Jahrhundert sah Max Weber in ihr eine „Eigenart der modernen Kultur" (1980 [1921]: 563). Neu und beispiellos an ihr ist, dass sie nun eine *konstitutive* Rolle einnimmt.

Ähnliches lässt sich über die *Zeiterfordernisse* von Online-Medien sagen, die zweite Ebene, auf der eine Umwandlung stattfindet. Online-Medien geben uns vor, innerhalb bestimmter Zeitspannen zu reagieren, die mit den ‚erwarteten' Rhythmen der Interaktionsform auf der jeweiligen Plattform zusammenhängen: der Facebook-Timeline, des Twitter-Hashtag-Streams usw. (Weltevrede, Helmond und Gerlitz 2014). Diese Zeitspannen sind nicht ‚natürlich', sondern das Ergebnis bestimmter *zeitsequenzieller* Datenkonfigurationen, die zu immer mehr Interaktion anregen sollen. Wir verhalten uns zu diesen Anordnungen, als wären sie ‚auf natürliche Weise' von den am Austausch beteiligten Menschen hervorgebracht. Doch das ist nicht der Fall. Vielmehr kommen das gemeinsame Sich-Orientieren in der digitalen Raumzeitlichkeit und damit sämtliche ‚Interaktionen' darin nur deshalb zustande, weil Social-Media-Plattformen auf eine bestimmte, datengestützte Weise gestaltet sind. Viele Plattformfunktionen – wie z. B. Erinnerungen, die per E-Mail eintreffen – dienen dazu, Menschen beizubringen, sich wieder in den Strom der sogenannten „Social-Media-Zeit" (Kaun und Stiernstedt 2014) einzufügen, falls

---

[15] Dies bezeichnen Kitchin und Dodge als „ein andauerndes relationales Problem" (2011: 78).

7.2 Neue Institutionen für ‚soziales' Wissen

sie aus ihr herausgeraten sollten. Dies trägt zur Stabilisierung neuer datenbasierter Figurationen bei, die als „soziale Zeitgeber" fungieren können (Neverla 2010: 183).

Die dritte Umwandlung erfolgt auf der Ebene des *Selbst*. Wir alle kennen die unvermeidliche Bedingung, unser Selbst unter der Maßgabe wechselnder Zuschreibungen darzustellen; problematisch kann es werden, wenn gegensätzliche Zuschreibungen in einer einzigen Interaktion aufeinandertreffen. Soweit ist dies aus der Sozialphänomenologie bereits bekannt. Unbekannt ist dieser klassischen Betrachtungsweise, dass wir alle nicht nur eine auf dem Selbst basierende Identität haben, wie etwa gegenüber dem Staat oder einem Unternehmen, sondern einen sich ständig aktualisierenden ‚Datendouble', das sich aus dem enormen Datenstrom ergibt, den wir kontinuierlich überall dort erzeugen, wo Daten-Tracking stattfindet (Ruppert 2011: 223, in Anlehnung an Lyon 2003). Dieses ‚Datendouble' speist sich aus mehreren voneinander abhängigen Datenerfassungssystemen und hängt daher ganz von der „Standardisierung [der] Klassifizierungssysteme" ab, die entwickelt werden, um die wechselseitige Kompatibilität und Interoperabilität verschiedener Datenbanken zu gewährleisten (Ruppert 2011: 221). Menschen, deren Gesamtdatenstrom unerwünschte oder widersprüchliche Daten erzeugt, stellt das ‚Datendouble' mitunter vor große Herausforderungen, und es ist, wie bereits erwähnt, vom Schattendatensatz abgeschnitten, der nicht in die entsprechenden Berechnungsprozesse einfließt – vielleicht auch nicht einfließen kann (Balka 2011; Gillespie 2014: 173 f.).[16]

Die vierte Umwandlung vollzieht sich auf der Ebene von *Kollektivitäten*. Datenprozesse beschränken sich nicht darauf, Individuen so zu klassifizieren, dass sie anhand ihrer gespeicherten Daten eindeutig identifizierbar werden, sondern sie erzeugen auch zahllose Gruppierungen, zu denen Einzelne als zugehörig behandelt werden, wobei Gruppierungen stets eine „aggregierende Kraft" haben (Ananny 2016: 100). Unklar ist zwar, ob diesen Gruppierungen immer auch eine soziale Kollektivität entspricht, die von den Akteur:innen über den Prozess der Datengenerierung hinaus als solche anerkannt werden könnte. Doch kennen wir Fälle, in denen allein die beharrliche Zuschreibung von Datenlabels bestimmte Handlungen hervorruft. Facebook-‚Freund:innen' liefern hierzu ein anschauliches Beispiel: Mit einigen von ihnen mag man schon vorher befreundet gewesen sein, doch viele weitere hat man wahrscheinlich erst durch die Praxis erworben, Freundschaftsanfragen auf der Plattform anzunehmen bzw. zu stellen. Wie Taina Bucher es ausdrückt, sind solche Freund:innen „zu einem primären Mittel geworden, durch das

---

[16] Vgl. Mejias (2013) darüber, wie Netzwerke als Knotenstrukturen *per definitionem* die „paranodale", d. h. die nichtvernetzte, nichtsortierte Domäne ausschließen, die ‚neben' Knoten und damit ‚neben' Netzwerkflüssen liegt.

die *Produktion* und das *Verdecken* von Informationen programmiert werden kann" (Bucher 2012b: 490). Gerade bei den alltäglichsten Verrichtungen werden die Akteur:innen darauf eingestimmt, möglichst große und möglichst viele solcher Gruppen einzurichten, die letztlich auf dem Sammeln und Kombinieren von Daten beruhen. Ein weiteres Beispiel wäre die Anreicherung von Daten, die durch den Anreiz entsteht, eine möglichst hohe Anzahl an Twitter-Followern zu erreichen. Kollektivitäten sind Schauplätze (engl. „sites"), an denen nun durch Datenprozesse neue Normen für Handeln und Reaktionen darauf entstehen. Wir wissen bereits, dass Datenprozesse neue Entitäten schaffen, mit denen Regierungen und zivilgesellschaftliche Akteur:innen umgehen müssen. Als beispielsweise während des Wettbewerbs „MasterChef Junior", einer brasilianischen Fernsehserie, im Oktober 2015 im Internet beleidigende bzw. von sexualisierter Gewalt geprägte Kommentare über eine 12-jährige Teilnehmerin auftauchten, schuf eine NGO-Mitarbeiterin den Hashtag #PrimeiroAssédio (dt.: „erste Belästigung", Anm. d. Ü.), der schnell mehr als 80.000 ähnliche Geschichten auf mehreren Plattformen generierte (Gross 2015). Die Bedeutung offener Hashtags als Anziehungspunkte für politisches Handeln wurde bei mehreren großen weltweiten Protesten ersichtlich, beispielsweise beim Aufschwung der Bewegungen „15-M" bzw. „Indignados" in Spanien im Jahr 2011 (Postill 2014).

Die letzte Umwandlung erfolgt auf der Ebene von *Organisationen und Ordnungen*. Sie speist sich direkt aus der dritten, der Transformation des Selbst. Angesichts unaufhaltsam anschwellender Datenströme erweist sich die Überwachung all dessen, was als ‚Risiko' gilt, als immer größere Herausforderung für Regierungen und Unternehmen. Laut der politischen Geografin Louise Amoore verlassen sich Regierungen zunehmend weniger auf menschliche Urteilskraft – wohl auch, weil so etwas angesichts der zu bewältigenden ‚Informationsberge' kaum noch möglich scheint –, sondern bedienen sich stattdessen bei einer gewissen „assoziativen Ontologie". Diese verwendet assoziative Techniken „zur Zusammenführung von disaggregierten Daten", indem sie „über bestehende Lücken hinweg Beziehungen herstellt […], die neue Formen von Datenrückschlüssen ermöglichen" (2011: 27). Laut Amoore führt diese neue „Politik der Möglichkeit" grundlegende Abstraktionen nach sich, *die innerhalb des Zeitstroms selbst erfolgen:* Sie richten sich an der prognostizierten Zukunft aus, an „einer Bevölkerung, die erst noch kommen wird". Dabei gilt die Losung, dass Daten unbedingt „umsetzbar" (2011: 29) gemacht werden müssen, was wiederum bedeutet, „potenzielle, alternative Zukünfte unsichtbar zu machen, zu verdrängen", einige auszuwählen und andere auszuschließen (2011: 38). Praktiken des datenbasierten Ausschließens werden zur Grundlage für das Regieren und Ordnen ganzer Territorien. Hierauf kommen wir in Kap. 10 zurück.

Auf all diese Weisen werden Praktiken in der sozialen Welt und das Wissen über diese neu figuriert, zum Teil als Folge von datengestützten Prozessen der Klassifizierung und Kategorisierung. Die distribuierte Komplexität dieser Prozesse ist ein zentrales gegenwärtiges Beispiel für Figurationen von Figurationen und andere umfassende Beziehungen zwischen Figurationen, die – wie wir argumentiert haben –, eine materialistische Phänomenologie verstehen können muss. Die so entstehende figurative Ordnung transformiert die Grundlage dessen, wie wir in Figurationen der Interaktion verschiedener sozialer Domänen – der Familie, Schule usw. – eingebunden sind. Darüber hinaus sind Datenprozesse in der Lage, die Beschaffenheit des Sozialen selbst mitzuformen, also den Raum, in dem Praktiken stattfinden, im Ganzen zu verändern. Das ist nicht zuletzt deshalb von Belang, weil sich mächtige Akteur:innen, wie etwa Regierungen, als Handelnde an der Beschaffenheit des Sozialen ausrichten. Im folgenden Abschnitt betrachten wir daher einige Konsequenzen des bisher Gesagten für das individuelle und kollektive Handeln in der sozialen Welt.

7.3 Wir in einer sozialen Welt mit Daten

Immer wenn wir mit Online-Medien Zeit verbringen, haben wir mit Erscheinungsbildern zu tun, die in hohem Maße folgenreich für unseren Alltag sind. Doch diese Erscheinungen sind keine ‚soziologischen Tatbestände' im Sinne Durkheims, die aus dem Strom zwischenmenschlicher Interaktionen hervorgehen: Vielmehr werden sie, zumindest teilweise, durch die kommerziellen und anderen äußeren Erfordernisse der Plattformen, durch die sie erscheinen, geprägt. Wenn wir mit Online-Medien zu tun haben, interagieren wir auf der Grundlage von Gewohnheiten, die an diese Plattformen angepasst sind, mit weiteren Menschen, deren Gewohnheiten ähnlich angepasst sind. Dies unterscheidet sich davon, wie Menschen schon immer mit Objekten und Infrastrukturen verflochten waren, und zwar aus zwei einfachen Gründen. Erstens, weil Online-Medien, verwurzelt in der alltäglichen Sozialität und im Alltagswissen, einen Raum umfassen, der von *Normen,* einschließlich Legitimationserwartungen, beherrscht wird (van Dijck 2013: 174). Zweitens, weil diese Normen in Bezug auf Handlungen entstehen, die durch bestimmte Infrastrukturen der Interaktion und des Austauschs geprägt sind; durch Infrastrukturen, die bereits durch die Unternehmensziele motiviert sind, bestimmte Arten von Wirkungen zu *erzeugen* und *anzuregen*. Selbstverständlich stellen wir hier keine Agency in Abrede. Stattdessen wollen wir lediglich betonen, dass, wenn wir uns überlegen, wie wir in der Welt ‚mit' Daten umgehen, die ‚Tatsachen' unserer Online-Handlungen wie alle datafizierten ‚Fakten' sorgfältig unter Bezugnahme auf den motivierten Kontext, in dem sie auftreten, abgewogen werden müssen (boyd und Crawford 2012): die Zielsetzung, alles als Analysedaten zu messen, das in *jedwedem* Online-Kontext geschieht, und das ständige Anregen von Verhalten, das *weitere* solcher Messdaten liefert. Man muss nicht lange auf einer Plattform wie Twitter aktiv gewesen sein, um zu verstehen, was Burrows und Savage (2014) mit der „Metrisierung des sozialen Lebens" meinen.

Monitoring

Während Online-Plattformen auch unmittelbar eigene Überwachungstechniken einsetzen, sind wir alle an den neuen Monitoring-Möglichkeiten digitaler Kommunikationstechnologien mitbeteiligt: Das Spektrum reicht hier von einem einfachen Grübeln („Warum hat er/sie noch nicht geschrieben?") über das Googeln von Menschen vor der ersten Begegnung bis hin zu beharrlicheren Auswüchsen des gegenseitigen Beobachtens mittels verschiedener Formen von ‚Social Media'. Zu diesen zählen nicht nur Social-Networking-Sites, sondern auch solche Plattformen, auf denen „nutzergenerierte Inhalte" veröffentlicht werden, „Handel- und Marketing-Sites" sowie „Gaming-Sites".[17] Daher vermeidet die Rechtstheoretikerin Helen Nissenbaum den Begriff ‚Überwachung' wegen seiner stark abwertenden Assoziationen mit dem Staat und schlägt den offeneren Begriff ‚Monitoring' vor (2010: 22). ‚Digitale Spuren' stellen in der Tat einen wichtigen Faktor im Leben von Kindern dar, die in einem Land wie den USA ständig im Blick ihrer Eltern sind (Clark 2013: 213). Auch Praktiken wie *Selbst*-Monitoring und *Selbst*-Tracking werden im Kontext von Überwachung relevant (Klauser und Albrechtslund 2014). Mitunter werden hiermit klar umrissene Ziele verfolgt, etwa wenn eine Person mit Vorerkrankung freiwillig ein Messgerät trägt, das das nächstgelegene Krankenhaus bei Symptomen eines drohenden Herzinfarkts alarmieren kann. Oftmals allerdings geht es um diffusere Zwecke. In alltäglichen Praktiken offenbart sich, was José van Dijck als „Ideologie des Dataismus" bezeichnet: ein „weit verbreiteter Glaube an die Objektivität von Quantifizierungen und die Möglichkeit lückenlosen Trackings von menschlichem Verhalten und menschlicher Sozialität durch Online-Medientechnologien" (2014: 2). In einigen Bereichen wie dem Gesundheitswesen sind die im Trend liegenden Praktiken des kontinuierlichen Monitorings eine gänzlich neue Erscheinung; in anderen, wie etwa im Bildungswesen, bauen sie auf jahrzehntelangen Erfahrungen mit Messen und Überwachen in schulischen Einrichtungen auf (Selwyn 2015: 74 f.). Da riesige Datenbanknetzwerke über immer größere Rechenleistungen verfügen, gilt in der Tat: „[J]e mehr Daten vorhanden sind, desto weniger von ihnen kann als privat bezeichnet werden, da die Reich-

---

[17] Die Typologie stammt von van Dijck (2013: 8).

7.3 Wir in einer sozialen Welt mit Daten 177

haltigkeit dieser Daten das treffsichere Ermitteln von Personen ‚algorithmisch möglich' macht." (Informatiker Arvind Narayanan aus Princeton, zit. nach Tucker 2013, siehe Narayanan und Felten 2014) Dies kann im Laufe der Zeit einen gewissen Fatalismus hervorrufen. Wir müssen so ggf. akzeptieren, dass eine soziale Welt, die durch ein kontinuierliches und zunehmendes gegenseitiges Monitoring gekennzeichnet ist, *Ausgangspunkt* für unser Nachdenken über das Soziale ist. Dann wiederum ist dies ein weiteres und deutliches Beispiel für das, was wir als *tiefgreifende* Mediatisierung bezeichnet haben.

Eine ganz andere Bedeutung erhält somit der Kerngedanke von Berger und Luckmann, dass „alles menschliche ‚Wissen' [...] *in gesellschaftlichen Situationen* entwickelt, vermittelt und bewahrt wird" (2010 [1966]: 3, eig. Hervorh.) – d. h. in Situationen, in denen Menschen aufgrund ihrer wechselseitigen Abhängigkeit von gemeinsamen Ressourcen *zusammenkommen müssen,* um gemeinsam zu handeln und zu denken. Der Digitalisierungsschub (Kap. 3) hat eine kontinuierliche Interaktionsebene geschaffen, die auf den Technologien von medienvermittelter Kommunikation basiert, bei der im Grunde alle Akteur:innen, wo sie sich auch befinden mögen, jeden anderen Menschen kommunikativ erreichen und von diesem erreicht werden können. Auch die Zeitlichkeit sozialer Situationen (Kap. 6) hat sich grundlegend transformiert, wenngleich auf subtilere Weise, da nun Aspekte des Alltagsflusses zugänglich werden, die bisher verschwanden, sobald sie einmal erlebt worden waren. Die sich hieraus ergebende Bereicherung ist allerdings untrennbar mit einem höheren Grad der *Institutionalisierung sozialer Formen* verbunden. Wie José van Dijck feststellt, sind „die beiläufigen Sprechhandlungen [des bisherigen Alltagslebens] durch Social Media zu *formalisierten Inschriften* geworden, die, sobald sie einmal in die größeren Geschehnisse einer breiteren Öffentlichkeit eingebettet sind, einen anderen Wert erhalten" (2013: 6 f., eig. Hervorh.). Über die Implikationen dieser Entwicklung sollten wir nun etwas gründlicher nachdenken.

Datafizierung
Soziale Situationen sind zunehmend in Ökologien des Messens und Zählens eingebettet und damit unmittelbar beteiligt an der Nutzbarmachung von Daten als Wertschöpfungsquelle. Dass viele Aspekte der Metrisierung des sozialen Raums den sozialen Akteur:innen selbst verborgen bleiben, kann nicht davon ablenken, dass Datenverarbeitungsprozesse immer tiefer in das emotionale Geschehen des Alltags eingreifen: „Algorithmen sind mehr als bloße Werkzeuge, sie sind auch Stabilisatoren des Vertrauens, praktische und symbolische Zusicherungen, dass ihre Bewertungen fair und genau und frei von Subjektivität, Fehlern oder Einflussversuchen sind" (Gillespie 2014: 179). In die Sprache der klassischen Phänomeno-

logie übersetzt, bedeutet dies, dass Algorithmen und andere Aspekte der Dateninfrastruktur zu Formen der „Objektivation, das heißt Vergegenständlichung" werden, also zu einem Teil des „Vorgang[s], durch den die Produkte tätiger menschlicher Selbstentäußerung objektiven Charakter gewinnen" (Berger und Luckmann 2010 [1966]: 64 f.). Das erklärt, warum uns die Enthüllung schockiert, dass die Suchmaschinenergebnisse, auf die wir vertrauen, stets davon abhängen, *wer* etwas in die Suchmaske eingibt (Pariser 2011).

Für Berger und Luckmann hing die Allgemeingültigkeit der Institutionalisierung von den „Relevanzstrukturen" ab, die in der Wissensproduktion erreicht werden (2010 [1966]: 84). Nicht nur der interoperable und durch und durch metrisierte Raum von Social-Media-Plattformen, sondern sämtliche Online-Interaktionen werden künftig eine neue Grundstruktur zur Generierung sozialen Wissens bilden, ohne dass dabei großer Widerstand zu befürchten ist. Laut einer Umfrage suchen 75 Prozent der US-amerikanischen Eltern, die Social Media nutzen, dort Ratschläge zur Lösung von Erziehungsproblemen (Duggan et al. 2015). Anders ausgedrückt, in der Sprache des US-amerikanischen Pragmatismus, wird der „generalisierte Andere" (Mead 1973 [1934]), der das soziale Handeln reguliert, zunehmend durch einen Fluss von Online-Interaktionen aufrechterhalten, die kommerziell motiviert sind. Gillespie stellt fest, dass „Algorithmen beeinflussen, wie Menschen Informationen suchen, wie sie die Konturen des Wissens wahrnehmen und darüber nachdenken und wie sie sich selbst im und durch den öffentlichen Diskurs verstehen" (2014: 183). Sobald die Algorithmen, die mit bestimmten Plattformen, Sites und Praktiken verbunden sind, einmal legitimiert worden sind, muss sich jede Person und jede Organisation, deren Macht und Einfluss auf Legitimität angewiesen ist, damit auseinandersetzen, was von ihr *an einer beliebigen Stelle* im unbegrenzten und unbegrenzt vernetzten Raum des Internets ‚erscheint'. Der Umgang mit dieser „neuen Sichtbarkeit" (Thompson 2005b; siehe Brighenti 2007 und Heinich 2012) wird zu einer alles einnehmenden Herausforderung, die wiederum neue Herausforderungen für das Selbst schafft: „‚[Z]ufällig' gegen den eigenen Willen entdeckt zu werden, ist keine Option; eine zielgerichtete Zurschaustellung zu versäumen, wird zu einem Dilemma." (Izak 2014: 362)

Ein interessantes Beispiel aus dem privatwirtschaftlichen Sektor ist die Transformation des Gastgewerbes und der jeweiligen Beziehungen zwischen Kund:innen, Mitarbeiter:innen sowie insbesondere zwischen diesen beiden Rollen durch datengestützte Systeme zur Erfassung von Kundenrückmeldungen. Wie Orlikowski und Scott (2014) feststellen, ist die *Macht* von Plattformen wie TripAdvisor bemerkenswert. Wichtigstes Wirtschaftsgut dieser Branche ist die Erwartung der Kund:innen an einen guten Service. Hier stellt ein neuer Legitimationsmechanismus

7.3 Wir in einer sozialen Welt mit Daten

im ‚Erscheinungsraum' einen tiefgreifenden Wandel dar, insbesondere wenn die Ergebnisse solcher Empfehlungen nun zunehmend effizienter als Daten innerhalb der Privatwirtschaft distribuiert werden (Hayward 2015). Für politische Organisationen, die ihre Legitimität durch ein Narrativ der Kontrolle ihrer Vergangenheit, aber auch ihrer Fähigkeit, die Zukunft einer ganzen Gesellschaft zu bewältigen, aufrechterhalten müssen, ist die Legitimitäts- und Informationsdynamik noch komplexer (Bimber 2003). Hier entstehen neue Interdependenzformen, die nicht nur auf Digitalisierung, sondern auf Datafizierung beruhen, sowie auf der Verknüpfung von Datafizierung und Kategorisierung. „Menschen ordnen Dinge in Kategorien ein, von denen sie dann lernen, wie sie sich verhalten sollen." (Bowker und Star 1999: 311) Unabhängig davon, ob sich soziale Akteur:innen der vielen Ebenen der Datenverarbeitung bewusst sind, die ihre Handlungskontexte prägen, interagieren sie mit datenbasierten Kontexten wie Social-Media-Plattformen, als wären diese Plattformen Orte sozialer Kategorisierung und Normalisierung.

Es scheint daher ein Orkan durch die Domänen der sozialen Welt und unser Wissen über sie zu wehen, der jeden Bezugspunkt und jeden bisher begrenzten Kontext der Wissensproduktion umzustürzen droht. Zwei wichtige Faktoren halten dieses Chaos im Zaum, auch wenn sie das Soziale dabei nicht vor Datafizierungsprozessen und den damit verbundenen potenziellen normativen Problemen schützen. Da ist erstens die stabilisierende Kraft, dass, wie Berger und Luckmann es ausdrückten, „Institutionen dazu tendieren[,] ‚zusammenzuhängen'" (2010 [1966]: 68): Bedeutungen oder – wie sie es ausdrücken – „Relevanzen" überschneiden sich zwischen Kontexten und institutionellen Settings. Hierdurch werden divergierende Interpretationen eingeschränkt, Vergleichsnormen aufgestellt und – wie wir hinzufügen würden – Kriterien generiert, die sicherstellen, dass Dinge *nicht* erscheinen. Dies wird wohl dazu beitragen, Prozesse der Datafizierung *in der* sozialen Wirklichkeit zu verankern, und zwar durch zeitgemäße Versionen des zirkulären Feedbacks zwischen strukturierenden Kräften und strukturierten Ergebnissen, das Bourdieu als „Habitus" bezeichnet hat.[18] Zweitens gibt es eine anhaltende und unaufhebbare Spannung zwischen den Besonderheiten sozialer Erfahrung und den Formen, in denen sie online erscheint. Es ist wahrscheinlich, dass soziale Akteur:innen sich zunehmend bemühen werden, dieser Spannung entgegenzutreten, mit unterschiedlichem Erfolg.[19] Auf die Implikationen dieses Ringens für die soziale Ordnung kommen wir in Kap. 10 zurück.

---

[18] Siehe Papacharissi (2015: 122 f.), von der wir die interessante Überarbeitung des Habituskonzepts für das Zeitalter der Datafizierung übernehmen.
[19] Dies ist der Bereich der ‚Sozialanalyse', über die einer von uns beiden Forschern geschrieben hat (Couldry, Fotopoulou und Dickens 2016): zu erforschen, wie soziale Ak-

Daten und ihre Herausforderung für das soziale Wissen
Wenn wir die Möglichkeit ernst nehmen, dass die automatisierten digitalen Werkzeuge, die Online-Verhalten und Online-Aktivitäten messen, zu einem wichtigen Faktor im Hintergrund unserer Alltagswelt geworden sind, dann ist die Phänomenologie unumkehrbar komplizierter geworden. Eine materialistische Phänomenologie muss erfassen, auf welche Weisen Menschen im Alltag daran beteiligt sind, die Funktionsweisen solcher digitalen Werkzeuge zu einem Teil ihres Alltagsbewusstseins zu machen. Bei all dem geht es um Kategorisierungsprozesse. Wie Bowker und Star anmerken, stellen Kategorien eine „soziale und moralische Ordnung" her (1999: 3). Dass diese Ordnung unangefochten bleibt, ist im Falle von datenbezogenen Kategorien allerdings unwahrscheinlich.

Die Figurationen der Figurationen, die Industrien mit ihren distribuierten Daten bilden, und die Domänen, die sich auf sie stützen, transformieren den Raum des sozialen Handelns. In diesem Kapitel haben wir den Schwerpunkt auf die Rolle von Daten in Social-Media-Plattformen gelegt. Das hat einen Grund: Genau hier wird der Prozess der Konstruktion sozialer Wirklichkeit auf konkrete Weise *neu geprägt*. Wie Kallinikos und Constantiou (2015: 73) anführen, verfeinern „Social-Media-Plattformen […] architektonische Anordnungen, durch die gemeinschaftliche Interaktion und das Alltagsleben in Daten transformiert werden, die bereit sind, in die Kreisläufe von Berechnung und sogenannter Personalisierung einzutreten". Aber Social-Media-Plattformen sind nur ein Beispiel dafür, dass Datenprozesse tief in die Grundlagen des sozialen Handelns eingebettet werden. Ein anderes Beispiel ist der Gesundheitssektor, in dem zunehmend datengenerierende Wearables eingesetzt werden. Doch all diese Beispiele machen letztlich nur einen Bruchteil eines umfassenden ‚Internets der Dinge' aus, dessen genaue Konsequenzen für die Textur der sozialen Welt zum jetzigen Zeitpunkt noch ungewiss sind.

Wir können all das Gesagte in eine breitere philosophische Perspektive stellen. Der Philosoph John McDowell (1998: 84) fragt, wie sich unsere „Geisteshaltung" – unsere sich für uns als menschliche Wesen entfaltende Bewusstseinsbeziehung zur Welt – in Form von Interaktionen und Ressourcen verkörpert, also als Teil dessen, was er als unsere „zweite Natur" bezeichnet: die kontinuierlich entstehende Menge all derjenigen sozialen Institutionen, die vom Menschen neben seiner ersten, biologischen ‚Natur' herausgebildet werden können (1998: 109). Für McDo-

---

teur:innen datengesteuerte Messungen ihrer eigenen Praktiken nutzen und über sie nachdenken, um ihren selbstgesteckten sozialen Zielen näher zu rücken, wobei es ihnen möglicherweise um andere Werte geht als um diejenigen, die mit der Datafizierung zu tun haben. Zu einem etwas ähnlichen Thema siehe Nafus und Sherman (2014) und Knapp (2016).

well haben alle Formen, die „eine Gerichtetheit auf die Welt" ermöglichen, eine Geschichte (McDowell 1998: 153),[20] die offen ist für fortwährende Anpassungen (Bowker/Star 1999: 153). Diese Formulierung ermöglicht es uns, mit besonderer Klarheit die Herausforderung zu umreißen, die Daten für eine klassisch-phänomenologische Sicht auf die soziale Welt darstellen.

Berger und Luckmann gehen davon aus, dass sich die Ausbildungen unserer Geisteshaltung ausschließlich als Folge einer kontinuierlichen Anhäufung von Sinngebungsakten durch menschliche soziale Akteur:innen entwickeln. Doch was wäre, wenn heutzutage eine *alternative* „Verkörperung der Geisteshaltung" existierte (Bowker/Star 1999: 153)? Was, wenn Daten in all ihren direkten und indirekten Erscheinungsformen als alternative *und externe* kognitive Infrastruktur errichtet werden, durch die nicht nur *wir* Geisteshaltungen entwickeln, sondern auch die Welt *gegenüber uns* und unseren Handlungen eine Form geistiger Aufmerksamkeit einnimmt? Da die in diesem Kapitel erörterten Datenprozesse Teil einer Informationsinfrastruktur sind, die sich mit enormer Geschwindigkeit weltweit verbreitet, handelt es sich hierbei um eine weitere Stufe der tiefgreifenden Mediatisierung. Deren Ausmaß und Umfang hängt davon ab, wie konsequent die Aufgabe der Wissenserzeugung und -anwendung an automatisierte Prozesse *übertragen* wird. Einmal übertragen, werden sie aus dem Feld des sozialen Wissens, wie es von der klassischen Phänomenologie konzipiert wurde, ausgelagert. So werden datengestützte Prozesse der Wissensbildung ein Teil dessen, was wir in Anlehnung an McDowell als ‚dritte Natur' bezeichnen können. Diese Entwicklung wird vorangetrieben von den kommerziellen Erfordernissen der Datenindustrien und den übergeordneten Zielen der kapitalistischen Expansion, die wiederum diese Industrien antreiben. Gemäß ihrer ordnungsbildenden Funktion für das soziale Leben fordert diese ‚dritte Natur' die sozialen Akteur:innen zur permanenten Anpassung auf, ein Prozess, den wir nach Agamben (2009: 15) „Subjektivierung" nennen können: das Hervorbringen von Entitäten, die innerhalb dieses neuen Typs von sozialer Ordnung *als Subjekte* funktionieren können. Eine Errungenschaft der materialistischen Phänomenologie besteht darin, uns daran zu erinnern, dass wir selbst diese Entitäten *sind* – es sei denn, wir weigern uns, sie zu sein.

Zusammenfassend lässt sich sagen, dass in dem Datafizierungsschub neue Mittel zum Hervorbringen von sozialem Wissen entstanden sind, die zwei Hauptmerkmale aufweisen. Erstens erzeugen sie vordergründig soziales Wissen durch Automatisierung, die notwendigerweise außerhalb der alltäglichen Prozesse der menschlichen Sinnstiftung liegt. Zweitens sind sie nach Zielen ausgerichtet, die von umfassenderen kommerziellen Kräften angetrieben werden, die sich wie-

---

[20] Siehe auch das Fazit zu Kap. 1.

derum von den Zielen unterscheiden, die die verkörperten Akteur:innen haben können, sofern sie ihre Autonomie nicht vollständig aufgeben. Im Ergebnis entsteht eine zu diesem Zeitpunkt ungleichmäßig verteilte, neue Art von Sozialität – ganz gleich, ob man sie nun „computerisiert" oder „plattformisiert" nennt (Kallinikos und Tempini 2014; van Dijck 2013: 5) –, die die Ausgangspunkte der alltäglichen wie soziologischen Reflexion gleichermaßen verschiebt. Die soziale Ordnung, die bereits die klassische Sozialphänomenologie zu erklären versuchte, wird nun durch ihre Entstehungsbedingungen von einer Form der bereits „rationalisierten Vernunft" beherrscht (Bernstein 2002: 239, eig. Hervorh.),[21] die nicht ohne Weiteres in die Reflexionspraxis einzelner sozialer Akteur:innen integriert werden kann. Positive Lesarten dieser Welt (die Papacharissi als ihre „algorithmisch gerenderte Materialität" bezeichnet, 2015: 119) sind möglich. Doch die Kluft, die bei der Hervorbringung von sozialem Wissen selbst entsteht, können sie nicht überbrücken. Es überrascht nicht, dass einige als Antwort darauf vielmehr ein ‚Recht auf Abschalten' fordern.[22] Doch die Kluft kann nur überbrückt werden, wenn sich eine Agency des sozialen Lebens über verschiedene Ebenen hinweg entfaltet. Hierauf gehen wir in Teil III ein.

---

[21] J. M. Bernstein (2002) bietet eine interessante Lesart von McDowell, die dessen eindeutig abstraktes Werk in den Kontext der Kritischen Theorie und insbesondere Adornos Idee der Entzauberung der Vernunft stellt.

[22] Nach Evgeny Morozov „wird die einzige Autonomie, für die es sich […] zu kämpfen lohnt, diejenige sein, die in Nichtdurchschaubarkeit, aus Nichtwissen und während des Nichtverbundenseins gedeiht" (2015). Dieser Grundgedanke wurde bereits von Gilles Deleuze ein Vierteljahrhundert zuvor vorweggenommen: „Das Wichtigste wird vielleicht sein, leere Zwischenräume der Nicht-Kommunikation zu schaffen, störende Unterbrechungen, um der Kontrolle zu entgehen." (1993: 252)

Teil III
Agency in der sozialen Welt

Selbst 8

In den vorangegangenen Kapiteln haben wir die Grundlagen für eine umfassendere Untersuchung der Frage nach dem Wandel von Agency in der sozialen Welt gelegt. Um genau diese Frage kreist Teil III. Doch warum dann beginnen wir diesen Abschnitt über Agency mit einem Kapitel über das Selbst? Weil wir nun mal als Selbst auf das Soziale schauen. Sich genauer damit zu befassen, wie dieses Schauen vonstattengeht, ist nicht der schlechteste Ansatz, um zu erfassen, wie die Konstruktion der sozialen Welt heutzutage in verschiedenen Formen von Agency vollzogen wird und wie sich diese Agency im Zusammenhang mit Medien und Kommunikation, worunter auch Datenverarbeitungsprozesse zu verstehen sind, transformiert.

In Kap. 7 haben wir die im zweiten Jahrzehnt des einundzwanzigsten Jahrhunderts erfolgten Wandlungsvorgänge erörtert, wie soziales Wissen hervorgebracht wird. Eben dieser Wandel hat dem *Selbst* eine neue Rolle verliehen, was zu neuen Mechanismen der Sozialisation geführt hat. Der vernetzte Raum des Webs entwickelte sich Mitte der 2000er-Jahre von einer Domäne statischer Websites zu einem regelrechten Plattformgewebe (Gillespie 2010), das zum aktiven *Beteiligen* von Einzelpersonen, von datafizierten Individuen, einlud, ja sogar aufforderte. In den letzten zehn Jahren haben sich im Zuge des aufkommenden neuen Datafizierungsschubs, der sich innerhalb des Gesamtschubs der Digitalisierung vollzieht, die *Grundvoraussetzungen* für die Existenz sozialer Akteur:innen *als solcher* gewandelt: In zahlreichen Gesellschaften besteht an das Selbst eine gewisse Erwartungshaltung, für die Interaktion mittels digitaler Plattformen verfügbar zu sein, mitunter ist sogar ein regelrechter Zwang spürbar, sich auf diesen Plattformen, die in der „Kultur der Konnektivität" (van Dijck 2013) vorzufinden sind, zu repräsentieren.

Seine Person nicht im konnektierten, archivierten Raum des Webs *zur Schau zu stellen,* läuft, so scheint es, auf ein Scheitern des Selbst hinaus. Das lässt sich trefflich am Beispiel des Mobiltelefons zeigen. Nicht nur, dass sich die Nutzungsweisen von Mobiltelefonen als Telefone in den meisten Ländern der Welt mehr oder weniger gleichen – auch ihre Nutzung eben nicht zum ‚Telefonieren' (Fernsprechen), sondern zum Vernetzen mit Online-Netzwerken von Gleichgesinnten über ‚Social Media' entwickelt sich unter dem Drängen von Unternehmen, die den bisherigen Nutzungsspielraum von Smartphones ausweiten wollen, weltweit zu der vorherrschenden Nutzungsweise. In einer länderübergreifenden Umfrage unter Universitätsstudent:innen gestand eine befragte Person: „Ich überprüfe mein Telefon ständig auf neue Nachrichten, auch wenn es nicht klingelt oder vibriert [...] Ich kann gar nichts dagegen machen. Ich mach' das ständig, den ganzen Tag lang." (zit. nach Mihailidis 2014: 64) Die Medien führen auch zu strategischeren Formen von Selbstdarstellung, z. B. bei der Jobsuche. So rät ein südafrikanischer Karriereratgeber für Universitäten: ‚Legen Sie sich eine Persönlichkeit zu und machen Sie sich verschiedene Plattformen zunutze, um verschiedene Aspekte Ihrer Persönlichkeit *zur Schau zu stellen'.*[1] Nach dieser Denkweise versuchen Menschen, die öffentliche Darstellung ihres Selbst in die Operationsprozesse der Social-Media-Plattformen einzubinden, was ein weiteres Beispiel für die tiefgreifende Mediatisierung ist.

Im genannten Karriereratgeber heißt es weiter: „Aber geben Sie nicht zu viel von sich preis." (Im Englischen führt diese Wendung mit „overshare" zu einem interessanten Wortspiel, Anm. d. Ü.) In einer Welt, in der man seine Online-Präsenz selbst *kuratieren* muss – und in der Obacht geboten ist, denn wer weiß schon, wo und wann das eigene Online-Profil oder die Online-Aktivitäten von wem ausgelesen und ausgewertet werden? – ist das Selbst mit neuen Arten von Risiken *und* Chancen konfrontiert. Mit dem *Risiko* des Oversharings ist dabei nicht etwa gemeint, zu großzügig zu sein, weil man zu viel „teilt", sondern weil man zu freigiebig teilt. Insofern besteht das Risiko darin – um die Begrifflichkeit der Management-Welt aufzugreifen –, nicht in der Lage zu sein, das optimale Gleichgewicht zwischen „Selbstdarstellung" und „Selbstentblößung" zu halten. Während man sich mit einer gelungenen Selbstdarstellung positiv präsentiert, setzt man Aspekte seines Selbsts mit einer entblößenden Form gegenüber unbekannten anderen Menschen nicht kalkulierbaren Risiken aus. Dabei war das Selbst schon immer mit

---

[1] Karriereratgeber der Universität Kapstadt (UCT) 2015, Seite 30, zitiert als Musterbeispiel: Was ihn als Beleg so interessant macht, ist seine klare und unmissverständliche Sprache. Vielen Dank an Nawaal Boolay vom Careers Service der UCT für die Bereitstellung eines Exemplars.

Risiken konfrontiert, wenn es von einer Begegnung zur nächsten wechselte. Das Gestalten der eigenen Außendarstellung, die „Imagepflege" (Goffman 1971: 10 ff., im Original: „Face-Work", 1967 [1955]: 5 ff.), ist eine ständige Herausforderung des menschlichen Lebens in einem komplexen sozialen Raum (Goffman 1971: 5–14, 48–53). Doch mit der enorm erhöhten Interkonnektivität des Internets transformieren sich die schon bekannten Risiken in Merkmale einer kontinuierlichen, hinsichtlich Zuverlässigkeit oder Vollständigkeit entgrenzten Raumzeitlichkeit. Die *Chancen,* die andererseits zu benennen sind, bestehen in den neuen Möglichkeiten, wie wir unser Leben als Selbst organisieren: mithilfe von Medientechnologien, von digitalen Geräten, die das Selbst dabei unterstützen, mit den vielfältigen Erwartungen des heutigen Lebens und den neuen Möglichkeiten der Selbstrepräsentation besser zurechtzukommen; dafür ist das „Selfie" nur ein Beispiel aus der jüngeren Vergangenheit (Senft und Baym 2015). Und auch was eine grundlegendere Ebene betrifft, verfügen Individuen nun schlichtweg über einen größeren Handlungsspielraum über Raum und Zeit hinweg, um ihren Bedürfnissen nachzugehen und sie zu befriedigen.

Diese räumliche und zeitliche Transformation, die wir bereits in den Kap. 5 und 6 erörtert haben, führt zu einem Wandel dessen, was es bedeutet, sein Selbst *aufrechtzuerhalten.* ‚Jemand' zu sein verlagert sich von der Assoziation mit einer bestimmten Qualität, die das Selbst und andere Menschen aus dem Strom des alltäglichen gewohnten Handelns abstrahieren können, hin zu einem kontinuierlich gestalteten ‚Projekt', d. h. zu einer ‚externen' Verantwortung des Selbst *gegenüber* der sozialen Welt. Das Selbst ‚befindet sich' jetzt auf andere Weise ‚in der' sozialen Raumzeitlichkeit als zuvor. Wie in Kap. 7 erörtert, bildet der Komplex der Daten eine entscheidende Dimension der Art und Weise, wie diese Neuausrichtung des ‚Selbst' in Raum und Zeit die Machtverhältnisse verlagert und die Art der Spuren verändert, die das digitale Selbst hinterlassen kann; zudem führen Daten auch zu neuen Arten der Reflexivität des Selbst. Auch der *Ort des Selbst* wird transformiert, und hierbei könnte es sich um den wichtigsten Wandel in der Art und Weise handeln, wie Kommunikation die soziale Wirklichkeit im letzten Jahrzehnt geformt hat.[2]

---

[2] Von einigen italienischen autonomen Marxisten stammt der Hinweis auf den folgenden, wenngleich im Rahmen einer breiter gefassten Kritik an den sich wandelnden Formen der Arbeit und der Entfremdung im Kapitalismus entwickelten Punkt: „Sowohl einfache ausführende Arbeiter als auch Unternehmensmanager nehmen deutlich wahr, dass sie von einem unablässigen Fluss abhängen, der sich nicht unterbrechen lässt und dem sie nicht entkommen können, sofern sie nicht marginalisiert werden wollen." (Berardi 2019: 87) Entscheidend dabei ist die Abhängigkeit dieses neuen Flusses von dem räumlichen und zeitlichen Wandel, wie auch unsere Analyse zeigt. Denn, so Berardi: „Das digitale Netzwerk ist der Raum, in

Diese tiefgreifende Transformation ist der Grund dafür, neben den vielschichtigen neoliberalen Anreizen und den entsprechenden ökonomischen Zwängen, warum es heutzutage in einem Land wie den USA *nicht* unbedingt merkwürdig erscheint, von einem ‚gebrandeten' Selbst zu sprechen (Banet-Weiser 2013). So heißt es in dem bereits zitierten Ratgeber für Universitätskarrieren unter der Überschrift „Wie Sie Ihre Online-Marke managen":

> Beim Personal Branding geht es darum, das zu *identifizieren* und zu *kommunizieren*, was Sie einzigartig macht, *relevant* erscheinen lässt und Sie von der Masse *abhebt*. Ihre Online-Marke (digitaler Fußabdruck) stützt sich auf: Fotos, Blogs, Artikel, Kommentare, Empfehlungen, Rezensionen, Likes, Favoriten, Retweets usw. Das Managen Ihrer Online-Marke [...] kann sowohl Ihre *persönliche als* auch Ihre berufliche Marke stärken.

Noch unverblümter: „Wenn Sie kein aktives LinkedIn-Profil haben, können Sie genauso gut tot sein (für die Arbeitswelt)."[3] Diesen Diskurs auf die neoliberale Leistungsideologie zu reduzieren, lässt vieles von dem, was hier wichtig ist, außer Acht. Zunächst ist die Rede von der Online-*Marke,* und das ist untrennbar mit der Abstraktion der ‚digitalen Spuren' verbunden, d. h., mit der Gesamtheit des ‚digitalen Fußabdrucks', den Menschen online hinterlassen. Zweitens ist das, was die einzelne Person anzupassen hat, nicht ihre Einzigartigkeit als Mensch – davon ist auszugehen –, sondern vielmehr ihr einzigartiger *Wert* für eine Außenwelt, ihre ‚Relevanz' und ‚Unterscheidbarkeit' gegenüber anderen in einem gegebenen Bewertungsraum. Drittens steht neben der offensichtlichen und womöglich unbedenklichen Idee von einer beruflichen, einer professionellen Marke die damit einhergehende Notwendigkeit einer ‚persönlichen' Marke, da über diese ebenfalls ein Urteil fallen wird. Viertens reicht es nie aus, das was einen von anderen unterscheidet, nur zu identifizieren; die Unterschiede müssen auch *kommuniziert* werden und ihre digitalen Spuren müssen in einem relevanten Bewertungsraum (wie LinkedIn) hinterlegt werden.

Daher wird das Selbst im Zeitalter der tiefgreifenden Mediatisierung durch neuartige Figurationen konstruiert, die in erheblichem Maße medienvermittelt sind. Was einst unbelastet als ‚Sozialisation' – hier: des frühen Erwachsenenalters – bezeichnet wurde, wird unter diesen Bedingungen ebenso zu einer Frage der System-

---

dem die räumliche sowie zeitliche Globalisierung der Arbeit ermöglicht wird"; die „unendliche Weite der Infosphäre" (2019: 87, 104). Analytisch betrachtet, ist es aber das Mobiltelefon, durch das das Netzwerk errichtet wird, immer wenn es sich mit seinem Netzwerk verbindet (Berardi 2019: 87; siehe Agamben 2009: 21), und nicht durch die allgemeine Infrastruktur des heutigen Internets.

[3] Karriereratgeber der Universität Kapstadt, 2015, Seite 30, eig. Hervorh.

kalibrierung wie des kontextuellen Lernens. Die dokumentierte Leistung des Selbst wird Teil seiner eigenen Daten: Daten, die es zu schützen, zu bearbeiten und zu verwalten gilt. Weiter rät der zitierte Karriereratgeber, man solle seinen eigenen Namen in eine Suchmaschine eingeben, sich also selbst googeln (engl. „vanity search", also eine „Eitelkeitssuche" durchführen, Anm. d. Ü.), „um Suchtreffer in den Social Media aufzuspüren und wenig schmeichelhafte Inhalte zu löschen". Um diesen Prozess zu optimieren, werden inzwischen Online-Tools mit sinnfälligen Namen wie Socioclean vermarktet. Wir sind wieder bei dem Thema, das Marcel Mauss vor über achtzig Jahren angekündigt hat – die soziale *Konstruktion des Selbst*:

> [E]s ist [...] evident, daß es niemals ein menschliches Wesen gegeben hat, welches abgesehen von dem Gefühl seiner Körperlichkeit keinerlei Sinn für seine zugleich geistige wie körperliche Individualität gehabt hätte. [...] Mein Gegenstand ist ein ganz anderer und unabhängig davon. Es handelt sich hier um ein Thema der Sozialgeschichte. Wie hat sich [...] nicht nur das ‚Ich'-Gefühl[,] sondern wie haben sich Vorstellung und Begriff gebildet, die die Menschen verschiedener Zeiten sich davon gebildet haben? (Mauss 2010 [1938]: 225)

Heutige Institutionen üben seit einiger Zeit einen sehr ausgeprägten Druck auf das Selbst als Ort aus, an dem verschiedene Werte- und Wertkonflikte ausgetragen werden müssen (Illouz 2012). Wir erleben jetzt eine Vertiefung dieser Konflikte unter neuen infrastrukturellen Bedingungen, d. h. der tiefgreifenden Mediatisierung.

Die sich wandelnden Figurationen und Figurationen von Figurationen zu analysieren, an denen soziale Akteur:innen mittlerweile in großer Regelmäßigkeit beteiligt sind, eröffnet einen Weg zum Verständnis dieser Konflikte. Heutzutage machen digitale Medienplattformen Funktionen, die der Selbst*projektion* und Selbst*darstellung* dienen, zu einem grundlegenden Mittel des Selbst, das es in der verwalteten Kontinuität von Online-Raum und -Zeit einzusetzen gilt. Derlei Mittel werden durch zahlreiche eigene Darstellungen und Antizipierungen anderer innerhalb bestimmter Figurationen verwirklicht. Die daraus resultierende Neukonfiguration dessen, was das Selbst online tut, hat zu einem Wandel der Art und Weise geführt, wie Individuen *in der Welt sind*. Im gleichen Zug hat diese Neukonfiguration die potenziellen Beziehungen von Individuen zu sozialen Institutionen rekalibriert oder auch neu ausgerichtet.

Es lohnt sich, zwei Punkte unserer Analyse in diesem Kapitel hervorzuheben. Erstens gehen wir nicht von einem bereits existierenden unabhängigen Selbst aus, wie es im konventionellen ‚liberalen Individualismus' angenommen wird. Vielmehr meinen wir mit ‚dem Selbst' nur die Sichtweise auf die soziale Welt, die mit einem bestimmten verkörperten Bewusstsein verbunden ist. Doch diese Sichtweise und Sprechposition entsteht erst im Zuge der Verflechtung eines Individuums mit vielen anderen Individuen und mit einer sozialen Welt von Institutionen und Individuen: Dies ist die grundlegende Erkenntnis von Elias' Konzept der ‚Figurationen' (Elias 2006 [1970]: 175). Dieses Verständnis vom Selbst ist seinem Wesen nach dialogisch: „Das Selbst wird durch die Kommunikationsprozesse ins Leben gerufen, die mit anderen und mit sich selbst etabliert werden", was einen Prozess des ständigen „Aushandelns von Bedeutung mit anderen" bedeutet (Salgado und Hermans 2005: 11). Da dieser Prozess des Ineinandergreifens nie vollständig ist und endlos neue Reibungen und Möglichkeiten mit sich bringt, kann das Selbst keineswegs als statisches Phänomen gesehen werden. Oder, in den Worten von Elias (2006 [1970]: 155): „[D]er Mensch ist ständig in Bewegung; er durchläuft nicht nur einen Prozeß, er *ist* ein Prozeß." Es ist daher unabdingbar, die Vorstellungen von Individuum und Gesellschaft zu *entdinglichen*[4] und ihre sich *entwickelnden* vernetzten Beziehungen zu verstehen.

Der zweite Punkt bezieht sich auf den ersten: Nicht nur das Selbst an sich ist stets prozessual, sondern es muss auch ein besonderes Augenmerk auf die materiellen Prozesse gelegt werden, die das Bilden und Erhalten des Selbst voranbringen. Denn auch die Figurationen und die zugrunde liegenden Infrastrukturen, durch die Individuen in Beziehungen mit anderen Individuen treten, unterliegen ihrerseits angesichts der tiefgreifenden Mediatisierung einem Wandel. In diesem Zeitalter kommt dem von Durkheim als „soziale Morphologie" bezeichneten Analyseansatz, bei dem das von ihm sogenannte „soziale Substrat" in seiner Entwicklung beobachtet wird, um die Prozesse seiner Formung und Gestaltung zeigen zu können (Durkheim 1899: 521), eine besondere Relevanz zu. Wie diese im Wandel begriffene soziale Morphologie vonstattengeht, nicht selten angetrieben von den kommerziellen Interessen der Großkonzerne auf *ihrer* Suche nach immer neuen Wertschöpfungsquellen, lässt sich hervorragend am Selbst ablesen. Diesen Gedankengang wiederum werden wir weiter ausführen, indem wir uns mit Fragen der Sozialisation, der sich wandelnden Ressourcen des Selbst und seiner digitalen Spuren befassen.

8.1 Sozialisation

Elias beginnt die Einführung seines Verständnisses des sozialen Lebens als „Verflechtungserscheinungen" mit dem Beispiel der ‚Sozialisation' (1999 [1987]: 46–48). Wir verwenden diesen Begriff mit einer gewissen Vorsicht. Denn er kann

---

[4] Sewell (2005: 369), und vgl. Elias 1999 [1987]: 25; Martuccelli 2002; Lahire 2007.

ein funktionalistisches Verständnis suggerieren, nach dem soziale Werte stets ungehindert an ihre jüngsten Mitglieder weitergegeben werden, die sie ihrerseits lediglich reproduzieren. Und ein solches funktionalistisches Modell meinen wir ausdrücklich nicht: Vielmehr meinen wir mit ‚Sozialisation' nichts weiter als die verschiedenartigsten Versuche und Ansprüche, welche legitimen Normen auch immer innerhalb des sozialen Lebens weiterzugeben, gleichgültig, ob sie erfolgreich sind oder nicht. Zu der Zeit, als Elias seine Überlegungen niederschrieb, war noch nicht im Geringsten daran zu denken, dass an diesem Konstituieren der grundlegenden menschlichen Beziehungen irgendwelchen Medieninstitutionen irgendeine Rolle zugekommen wäre. Selbst wenn – ohne, dass es Kindern damaliger Zeiten bewusst gewesen wäre – einigen ihrer Spielzeuge so mancher kommerzielle Markenbildungs- und Medienprozess zugrunde gelegen haben mag (siehe Wachelder 2014), bedeutete das damals jedoch noch lange nicht, dass die Medien Zugriff darauf hatten, wie Kinder in Beziehung zu ihren Bezugspersonen standen. Doch in den 1960er- und 1970er-Jahren, in der Kindheit von uns Autoren, waren Fernsehen und Radio in den meisten Wohnzimmern in Europa bereits so weit verbreitet, dass die Medien nunmehr eine bedeutsame Rolle in der kindlichen *Vorstellungswelt* einnahmen, als wichtige Einflüsse von außerhalb: in Form von für Kinder produzierten Fernsehsendungen, Zeichentrickfilmen und Filmen, und auch als Live-Sportübertragungen. Diese in die Wohnzimmer gelangenden Einflüsse lieferten schon damals immer wieder Bezugspunkte für das kindliche Spiel, wenn beispielsweise Zeichentrickfiguren und Sporthelden eingeflochten wurden, und somit kam den Medien bereits zu dieser Zeit eine gewisse Relevanz zu (Kress 1986). In Berger und Luckmanns ‚Sozialisations'-Ansatz blieb dies allerdings völlig außer Acht, sowohl was die primäre Sozialisationsphase angeht, geprägt durch elterliche bzw. familiäre Einflüsse, als auch die sekundäre Sozialisationsphase mit ihren institutionellen, insbesondere pädagogischen Einflüssen (Berger und Luckmann 2010 [1966]: 139–157).[5] Nach ihrem Verständnis waren die Medien an den primären wie auch sekundären Sozialisationsbeziehungen im Mediatisierungssinne gänzlich unbeteiligt. Und in der Tat erfolgte das Weitergeben von Normen und Werten, sei es ausgehend von Eltern, Lehrer:innen oder Mitschüler:innen, damals noch mit hoher Wahrscheinlichkeit face-to-face.

---

[5] Medien tauchen in Berger und Luckmanns Sozialisationskonzept zum ersten Mal auf, als sie sich einen Erwachsenen vorstellen, der in einem Vorortzug zur Arbeit fährt, dabei selbst die New York Times liest und auch andere Fahrgäste sie lesen sieht. Dieser Szene messen sie bei, die Grundstrukturen der Alltagswelt zu sichern: „Die Zeitung garantiert unserem Mann natürlich die ganze große Welt seiner Wirklichkeit. Vom Wetterbericht bis zu ‚Babysitter gesucht' beteuert sie ihm, daß er die wirklichste aller möglichen Welten bewohnt." (2010 [1966]: 160)

Heutzutage jedoch sieht die Situation für etliche Kinder ganz anders aus, zumindest in wohlhabenderen Ländern. Ihre Eltern wie auch ihre Freund:innen können ihnen über Mobiltelefone und andere Mediengeräte eine konsistente ‚Präsenz' bieten. Das, was sich als ‚Tiefenschärfen' höchst komplexer Medien-Interfaces, wie beispielsweise das Tablet eines darstellt, bezeichnen lässt, können Kinder ganz selbstverständlich in ihrem alltäglichen Spiel erleben. Dieses Phänomen kennen wir zugegebenermaßen von Büchern, die ebenfalls eine Form von Medien darstellen, und zwar schon seit dem neunzehnten Jahrhundert. Doch erst seit Kurzem haben Kinder Zugang zu Medien, die *bearbeitbare Interfaces* zur Welt eröffnen (Ito et al. 2010: 1–28). Und so erlebte einer von uns beiden Forschern, im 100. Stock von Shanghais höchstem Wolkenkratzer, dem Financial District Tower, nicht nur eine grandiose Aussicht über die Stadt, sondern bemerkte zu den Füßen der staunenden Besucher:innen auch ein etwa zweijähriges Kind, das – der Aussicht den Rücken zugewandt – völlig versunken mit einem Tablet spielte. Inzwischen sind Tablets in Schulen alltäglich geworden, und zwar aus Gründen, die sowohl mit der Kommerzialisierung der Schule als Lernumgebung zu tun haben (Selwyn 2014: 120–124) als auch mit den neuen Kapazitäten der heutigen Mediengenerationen (Bolin 2014). Die „Klasse", wie Sonia Livingstone und Julian Sefton-Green (2016) es nennen, ist mittlerweile ein tiefgreifend mediatisierter Raum, in dem „persönliche Autonomie und Kontrolle" (2016, 236) in Bezug auf die Medien von großem Wert sind: Eine Schlüsselfrage ist dabei, ob Lehrer:innen auf die Profile ihrer Schüler:innen auf Social-Media-Plattformen zugreifen können, und umgekehrt.

Dabei geht es um zwei wichtige Schritte: Erstens müssen Kinder in zunehmendem Maße frühzeitig für eine Medieninfrastruktur sensibilisiert werden, um für ihre Eltern und mit ihnen präsent zu sein. Anders als früher sind Medien an den grundlegenden Prozessen der Anfänge der kindlichen Sozialisation heutzutage zunehmend beteiligt. Denn, wie Berger und Luckmann zu Recht sagen, stellen die eigenen Eltern in der kindlichen Vorstellung nicht nur irgendein Elternpaar unter anderen dar, sondern sie sind „die Welt *schlechthin,* die einzig vorhandene und faßbare" (2010 [1966]: 145), und daher wird die (medien-)vermittelte Vernetzung zu ihnen nun von Anfang an als unabdingbare Voraussetzung der ‚Welt an sich' errichtet. Zweitens ist der Raum des Spiels tiefgreifend von Medieninfrastrukturen durchzogen: ein medienvermitteltes raumzeitliches Gefüge, indem verschiedenste Vorgänge wie das Spielen, das Suchen in Datenbanken, das Anschauen von Fotos oder das Hantieren mit Bildmaterial stattfinden und *in das Kinder hineingreifen,* sobald sie ihre Hand zum Spielen ausstrecken, ob mit oder ohne ihre Eltern. Diese Transformation findet längst nicht mehr nur bei den Eliten statt, sondern hat sich – zumindest in wohlhabenden Ländern – weithin aus-

8.1 Sozialisation

gebreitet.[6] So schildert Fleer (2014), wie unter Fünfjährige in Australien Videobearbeitungstools am Tablet im Spiel einsetzen, und auch John Gage, damaliger Mitarbeiter von Sun Microsystems, fasst die allgemein zu beobachtenden Transformationsprozesse in folgende, wenn auch nicht objektive Worte:

> Heutzutage können Kinder überall auf der Welt, sobald sie mit dem Internet verbunden sind, darüber auf Bilddatenbanken zugreifen und die Fundstücke auf den eigenen Bildschirm ziehen, oder über die Erde fliegen, indem sie auf die Straßen und zu den Häusern hinunterzoomen oder über Berggipfel und Flusstäler hinweggleiten. Heutzutage können Kinder die Flugzeuge auf den Start- und Landebahnen des Internationalen Flughafens von San Francisco bestaunen, in Tokio das innerhalb des Kaiserpalasts gelegene Krankenhaus besichtigen, über Autos und Lastwagen auf den Straßen Kabuls hinwegschweben, den Mount Everest besteigen oder den Grund des Grand Canyon erkunden. (Gage 2002: 6)

Auf diese Weise wird die medienvermittelte Konnektivität zu einer nicht mehr wegzudenkenden Voraussetzung der kindlichen Vorstellungswelt und kommt später auch in den Institutionen zum Tragen, wo sich die sekundäre Sozialisation vollzieht.

Über Medien zu sprechen und etwas mit Medien zu machen, wird zu einem grundlegenden Bestandteil von Sozialisation. Die Medienumgebungen und computergestützten Informationsinfrastrukturen, auf denen diese Umgebungen basieren, sind heutzutage Teil der interaktionalen Welt, über die Kinder mit zunehmendem Alter nachzudenken beginnen. Wie gewandt Kinder mit dieser Welt interagieren, hängt mehr und mehr damit zusammen, wie *gut* sie darin hineinwachsen. Zwar geschieht dies in verschiedenen Kulturen und unter verschiedenen Bedingungen von Reichtum und Armut auf unterschiedliche Weise (Banaji 2015). Unbestreitbar jedoch lässt sich diese medienvermittelte Abhängigkeit *potenziell* in jeder Sozialisation an jedem Ort der Welt antreffen. Anders gesagt: Die Bedingungen, unter denen Sozialisation stattfindet, haben sich gewandelt. *Sozialisation verläuft, was ihr Grundwesen betrifft, heutzutage stets mediatisiert.*

Dies zeigt sich beispielsweise daran, was Eltern mittlerweile unter Medienkompetenz verstehen: Ging es ihnen früher um eine traditionelle Lesekompetenz im Sinne von Bücherlesen, geht es inzwischen um die Fähigkeit, digitale Technik im Alltag zu nutzen. Das führt zu einer wachsenden Diskrepanz zwischen dem häuslichen und dem schulischen Umfeld in Fällen, bei denen Schulen in manchen Ländern den Zugang zu Tablets für Kinder unter fünf Jahren beschränken, Eltern

---

[6] 2014 hatten mehr als sechzig Prozent der britischen Kinder zu Hause Zugriff auf ein Tablet (Gibbs 2014, basierend auf einer Umfrage der britischen Medienaufsichtsbehörde Ofcom).

sie aber dazu ermutigen.⁷ Das Potenzial der Medien, wie sich Fähigkeiten mit ihnen spielerisch *verbessern* lassen, mag sicherlich noch weitreichender sein. Einige plädieren für neue pädagogische Denkansätze des „partizipativen Lernens" und der „Medienkompetenz" (Jenkins, Ito und boyd 2016: 90–119), die ausdrücklich die Rolle medienübergreifender Interfaces anerkennen: erstens, da die Fähigkeit der Kinder, im Spiel Welten zu konstruieren und dann über diese Welten kommunizieren zu können, vertieft werde; zweitens, da die Gedächtnisstruktur von Kindern im Spiel durch die Archivierungs- und Bearbeitungsfunktionen digitaler Geräte verbessert würde; und drittens, da das Bewusstsein von Kindern für die vielfältigen Möglichkeiten, dieselbe Idee mittels verschiedener Medien auszudrücken (Alper 2011: 184–188), erweitert würde. Besonders interessant ist die Idee einer „distributed cognition" im Sinne eines ausgelagerten Wissens, d. h. „Arten zu denken, die ohne das Vorhandensein von Artefakten oder Informationsvorrichtungen nicht möglich wären" (Jenkins 2006a: 65 f.). Dabei kommt es auf das Potenzial der digitalen Geräte an, die kognitiven menschlichen Fähigkeiten zu erweitern, und damit die kognitive Dimension der Sozialisation (Mansell 2012: 188–190). Die *Übertragbarkeit* von Medieninhalten in multimedialen Kontexten ist zu einem festen Bestandteil praktischer Lern- und Denkweisen geworden (Drotner 2009). Gleichzeitig sollten in der Welt der frühkindlichen Bildung nicht länger Barrieren zwischen dem Kontext der Alphabetisierung und dem des kommerziellen Konsums bestehen, wie der Kultursoziologe Dan Cook nachdrücklich fordert:

> Kindheit – wie auch soziales Handeln – lässt sich am Paradebeispiel der Welt des Konsums und der Marktplätze hervorragend erforschen, gerade weil sich an diesem Beispiel die Disruptionen selbst der freizügigsten Vorstellungen von Kindern und Machtfaktoren zeigen. Wenn wir in unseren Studien und Untersuchungen die Bereiche des Konsums, der Populärkultur und der Medienkultur getrennt von dem Bereich Kinder und Kindheit behandeln, schreiben wir damit eine Vorstellung des sozialen Lebens fort, die von dem tatsächlichen Erleben abgekoppelt ist. (Cook 2005: 158)

In diesem Fall wären sämtliche Bemühungen hin zu neuen Formen von Medienkompetenz, gelinde gesagt, zwiespältig. Dazu gäbe es noch viel mehr zu sagen, z. B. darüber, wie früh Kinder bereits in der Lage sind, etwas im Internet zu suchen, Fotos zu machen, die sie untereinander weiterleiten, Dinge online zu teilen, online zu chatten und die digitalen Fähigkeiten anderer zu kommentieren. Die wesentliche Erkenntnis ist: Die Generationen, die im Zeitalter der tiefgreifenden Mediatisierung aufwachsen, werden in eine Welt *hineinsozialisiert,* in der die Mannig-

---

⁷ So lautet die Empfehlung einer Vier-Länder-Vergleichsstudie an unter 5-Jährigen in Großbritannien, Griechenland, Malta und Luxemburg (Palaiologou 2014: 1).

8.1 Sozialisation

faltigkeit der Medien eine Selbstverständlichkeit ist. Dabei weisen die Medien- und Kommunikationspraktiken der nächsten Generation keineswegs homogene Muster auf – ein Missverständnis, das in der Diskussion über ‚Digital Natives' anzutreffen ist (Hepp, Berg und Roitsch 2014: 22–31). Doch dem Spektrum der Medien- und Kommunikationspraktiken junger Menschen wird ein Grundreaktionsmuster auf eine transformierte Medienumgebung gemein sein, das für sie ‚natürlich' ist und das die Grundlage für ihre Positionierung in der sozialen Welt bildet.

Nicht minder wichtig jedoch sind die Erwartungen der Kinder, dass sie von klein auf digitale Spuren hinterlassen werden. Wir sind beide in einer Zeit aufgewachsen, in der das Benutzen einer Kamera zwar nicht selten vorkam, aber vergleichsweise umständlich war, sowohl hinsichtlich der eigentlichen Benutzung als auch bezogen auf die Fotoentwicklung. Somit geschah das Fotografieren oder Filmen stets gelegentlich, zu besonderen Anlässen, für die ein gewisser Aufwand betrieben wurde: im Urlaub, bei großen Familienfeiern und so weiter. Dies unterscheidet sich sehr von der heutigen Welt, zumindest in wohlhabenden Ländern, in der Bilder ständig weitergeleitet und veröffentlicht werden. Bei welchem Familienanlass gibt es heutzutage *nicht* jemandem, der oder die Fotos – meist mit dem Smartphone – macht und später weiterleitet, damit nicht anwesende Personen sie ansehen und kommentieren können? Das kennen wir unter anderem als ‚Selfies'. Für Kinder ist es heutzutage *selbstverständlich*, dass ihre Handlungen später kommentiert werden: „Das sah super aus!", „Du warst an diesem Tag so hübsch!", „Hattest du einen tollen Tag (ich habe die Bilder auf Facebook gesehen)?" Dies ist nicht das Ergebnis der Technologien selbst – ein technologisch-deterministischer Ansatz würde den hier stattfindenden Vorgang der sozialen Konstruktion geradewegs verfehlen –, sondern unserer Praktiken mit und um digitale Technik herum, die ein *Geflecht* aus Medienressourcen und medienbasierter Reflexion um einen Großteil des alltäglichen Erwachsenwerdens herum bilden. Als wir Kinder waren, wuchsen wir in einer Zeit auf, in der wir nur wenige konnektive Spuren hinterließen, während wir uns von Tag zu Tag, von Situation zu Situation bewegten. Für heutige Kinder gilt das jedoch nicht mehr: Die alltagsweltliche *Textur* in der Kindheit hat sich gewandelt, und diese Textur ist in erster Linie *aus* medienvermittelten Materialien gewebt, *aus* den grundlegenden Plattformen für Externalisierung und Austausch, die Mediengeräte und -infrastrukturen bieten (Christensen und Røpke 2010: 251; van Dijck 2007).

Man kann also mit Fug und Recht von der Mediatisierung der Sozialisation sprechen. Für das frühe Erwachsenenalter gilt dies in mehrfacher Hinsicht: für Jugendliche, die sich noch in der Ausbildung befinden, und für junge Erwachsene – die mitunter noch jugendlich sein können, da das Durchschnittsalter des Erwerbseintritts sich von Land zu Land erheblich unterscheidet –, die vor kurzem in die

Arbeitswelt eingetreten sind und erste wichtige emotionale Partnerschaften außerhalb der Familie eingehen. Das frühe Erwachsenenalter liegt zwischen dem, was Berger und Luckmann (2010 [1966]: 139) als „primäre Sozialisation" bezeichneten, durch die Kinder zu Mitgliedern der Gesellschaft werden (durch Beziehungen zu den Eltern und zunehmend auch zu Gleichaltrigen), und als „sekundäre Sozialisation", bei der die sozialisierten Individuen in weitere Domänen der sozialen Welt eingeführt werden (weiterführende Bildungseinrichtungen, Clubs und Arbeitsplätze).

Die primäre Sozialisation junger Erwachsener mit Gleichaltrigen weist noch drastischere Anzeichen von Mediatisierung auf als die frühe Kindheit. Wir haben bereits die Rolle der Medien erörtert, die sie bei der Mediatisierung der Interaktionen zwischen Kindern und Eltern haben: Dies setzt sich über das Jugendalter fort, mit der Schlüsselrolle des Sendens von SMS, des mobilen Telefonierens und der über Smartphones zugänglichen Online-Chat-Streams bei der Vernetzung von Eltern und Jugendlichen, wo immer sie in ihrem Alltag unterwegs sind (Clark 2013). Darüber hinaus sind medienvermittelte Räume und Plattformen für unzählige Heranwachsende zu *dem* Raum geworden, in dem sie unbehelligt von Eltern und anderen Autoritätspersonen ‚abhängen'. Wie danah boyd (2008) in einem maßgeblichen Essay über junge Menschen in den USA feststellte, können diese weder zu Hause, noch auf öffentlichen Plätzen oder in Einkaufszentren, Schulen und dergleichen ihre Meinung frei äußern, auch ermöglichen diese Orte keinen Raum für unreguliertes Verhalten. Angesichts dessen sind es die Social-Media-Plattformen, die den jungen Leuten einen entscheidenden Raum bieten, in dem sie sich *in* der Welt aufhalten können. In diesem Sinne sind Social-Networking-Sites nicht Ausdruck einer Lifestyle- oder Modeentscheidung, sondern eine Antwort auf eine *Notwendigkeit,* deren Konfiguration von den genauen räumlichen Gegebenheiten des Internets abhängt:

> Das Einzigartige am Internet ist, dass es Teenagern das Teilnehmen an unregulierten Öffentlichkeiten ermöglicht, während sie sich in von Erwachsenen regulierten physischen Räumen wie Wohnungen und Schulen aufhalten […] sie tun dies [nicht, um Erwachsenen den Rücken zu kehren, sondern] weil sie Zugang zur Erwachsenengesellschaft suchen. Ihre Teilnahme ist tief in ihrem Wunsch verwurzelt, sich öffentlich zu engagieren. (boyd 2008: 136 f.; siehe auch boyd 2014: 19 f.)

Dieser Raum, in dem sie *sein können,* ist von besonderer Bedeutung für diejenigen, deren Identitäten in der Erwachsenengesellschaft marginalisiert oder stigmatisiert werden, z. B. sexuelle Minderheiten (Gray 2012). Aus diesem grundlegenden Punkt ergeben sich jedoch gewisse Konsequenzen dafür, wie die primäre Sozialisation mit Gleichaltrigen heutzutage abläuft. Die Grundstruktur von Plattformen und ihre kommerziellen Zwänge schaffen bestimmte charakteristische Bedingungen, die beeinflussen, wie Jugendliche und junge Erwachsene in der Öffentlichkeit existieren können. Im Gegensatz zu Face-to-Face-Begegnungen sind solche öffentlichen Existenzen ‚durchsuchbar' und hinterlassen eine permanente Spur digitaler Fußabdrücke, die auch leicht reproduzierbar sind und so *Signifikanzketten* über mehrere Kontexte und Aktionen in Gang setzen können, die sich dem Einflussbereich der ursprünglichen Akteur:innen entziehen. Diese längerfristigen Folgen spielen sich zum Teil vor einem Publikum ab, das die ursprünglichen Akteur:innen nicht kennen und auch nicht kennen können: das, was danah boyd als „unsichtbares Publikum" bezeichnet. In boyds Worten testen Jugendliche „in nichtmedienvermittelten Räumen strukturelle Grenzen, um zu bestimmen, wer zum Publikum gehört und wer nicht"; in medienvermittelten Räumen hingegen „gibt es keine [räumlichen] Strukturen, die das Publikum einschränken; eine Suche lässt alle virtuellen Wände einstürzen" (boyd 2008: 132). Das bedeutet nicht, dass junge Menschen nicht im Laufe der Zeit Wege finden können, mit diesen Folgen umzugehen, und boyds spätere Arbeiten (2014) zeigen Wege auf, wie zumindest US-Teenager genau dies tun können. Doch es bedeutet, dass junge Menschen während ihres Heranwachsens mit der Unsicherheit darüber konfrontiert sind, ‚wo' und ‚wann' sie handeln, und somit, ob sie selbst oder jemand bzw. etwas anderes letztlich die Kontrolle hat, wann immer sie gewöhnliche Handlungen ausführen.

Die Frage ihrer Online-Performance ist jedoch nur eine von etlichen Fragen, vor denen junge Erwachsene im Laufe ihres Heranwachsens heutzutage stehen, wenn sie über ihre Medienvermittlung nachdenken müssen und Entscheidungen darüber zu treffen haben. In Sherry Turkles Buch „Verloren unter 100 Freunden" (2012; 2011 auf engl. als „Alone Together") geht Turkle darauf ein, wie junge Menschen im Schulalter, Schauplatz erneut in den USA, ihre medienbasierte Echtzeit-Kommunikation mit anderen wegen der Zwänge und Risiken, die mit einer endlosen Kommunikation – z. B. am Telefon oder im Online-Chat – verbunden sind, zunehmend rationieren: z. B. eine siebzehnjährige Schülerin, die Turkle erzählte, dass sie SMS-Schreiben dem Telefonieren vorzieht, „weil es beim Telefonieren ‚viel weniger *Abstandhaltung* vom anderen gibt'" (Turkle 2012: 375). Digitale Medien machen junge Erwachsene für eine so große potenzielle Gruppe von Gleichaltrigen und anderen Menschen sichtbar und bringen sie mit ihnen in Kontakt, dass es nicht überrascht, dass die jungen Menschen Auslesemechanismen entwickeln, mit denen sie Abstand zwischen sich und andere bringen. Wie Turkle feststellt, kann dies jedoch zu einer ungesunden Instrumentalisierung der persönlichen Kommunikation führen. Die Aufforderung des Philosophen Immanuel Kant, andere „jederzeit zugleich als Zweck, niemals bloß als Mittel" zu behandeln (Kant 2008 [1792]), ist nicht, jedenfalls nicht ohne erhebliche Anpassungen, mit der heutigen Zeit *vereinbar,* in der man im gewöhnlichen Verlauf bereits der jungen Lebensjahre Hunderte von Facebook-Freund:innen und Tausende von Twitter-Follower:innen gewinnt. Turkle wirft dabei die Frage auf, ob die kontinuierliche Verfügbarkeit der heutigen medienvermittelten Beziehungen das Zusammensein und die Gemeinschaftsbildung fördert oder ob sie eher eine Hülle oberflächlicher Vernetzungen schafft: kontinuierliche, jedoch nicht tiefgehende Beteiligung. Hinsichtlich der Sozialisation versteht Turkle Face-to-Face-Gespräche als wichtig, sieht sie jedoch zugleich unter dem Druck neuartiger Formen von, wie sie es nennt, „(Quantified)-Self-Mitteilungen" über Social-Media-Plattformen und dem daraus resultierenden Selbstgefühl als „Algorithmic Self" (Turkle 2015: 79–99). Datenprozesse treten hier in das Gewebe der Selbstreflexivität ein.

Der Druck kann weitere Formen annehmen, z. B. wenn Menschen erstmalig eine Erwerbstätigkeit aufnehmen und auf Arbeitgeber als ihnen neuartige Institutionen sekundärer Sozialisation treffen, in einem Alter und unter Bedingungen, in denen sie besonders formbar, wenn nicht gar drillbar sind. Dave Eggers' Roman „Der Circle" (2014) erzählt ein solches Szenario auf brillante Weise. Er schildert den Werdegang einer engagierten neuen Mitarbeiterin, Mae Holland, bei einem Technologieunternehmen, dessen Ziel es ist, eine allumfassende Schnittstelle für sämtliche Online-Interaktionen, -Transaktionen und -Datenakkumulationen aufzubauen. Der zentrale Punkt kommerzieller Zwänge, die hinter solchen Geschäftsmodellen stehen, besteht darin, dass sie auf der Verpflichtung Einzelner beruhen, kontinuierlich Daten aus ihrem ‚natürlichen' sozialen Umgang miteinander *einzugeben,* sodass diese aggregiert und verarbeitet werden können und so zu einer weitergehenden Wertschöpfung beitragen, in Eggers' Vorstellung: zur zunehmend vollständigeren Verwirklichung des „Circles" des Wissens. Die Protagonistin Mae Holland unterwirft sich diesem Zwang und läuft dabei Gefahr, die Grenzen – um ihr eigenes informelles Selbst herum, aber auch um ihre Freund:innen und Eltern – zu zerlegen, auf die ihr alltägliches Funktionieren als soziales Selbst implizit angewiesen war. Die Mauern, nicht nur bezogen auf bestimmte Situationen, sondern auch bezogen auf ihr soziales Selbst, brechen zusammen, sodass sie zunächst nicht mehr weitermachen kann wie bislang. Ein anderer Charakter, Maes Ex-Freund, reagiert noch einschneidender auf den Zwang der ständigen Konnektivität, indem er ‚live' (d. h. sichtbar für die Social-Networking-Sites) Suizid begeht. Was Eggers in seinem Drama erzählt, ist eine in vielen Gesellschaften zunehmend erkennbare Situation, in der der Druck, Teil einer „allgegenwärtigen Sozialität" zu sein – die nicht aus Liebe oder Zuneigung, sondern aus Gewinnstreben kuratiert wird –, mit dem Bedürfnis des Selbst nach Freiheit, nach „Bewegungsspielraum" und „Atempausen" kollidiert (Cohen 2012: 149).

Diese Probleme betreffen nicht nur junge Erwachsene, sondern Erwachsene jeden Alters. Sie treffen jedoch besonders stark Menschen im frühen Erwachsenenalter, die erste Schritte unternehmen, ihre Arbeits- und Freundschaftsnetzwerke außerhalb der Familie für das spätere Leben *aufzubauen* (Marwick 2015). Auf Social-Media-Plattformen präsent zu sein, erfordert zugleich, sich einer externen Beurteilung sowohl von Gleichaltrigen als auch von Nichtgleichaltrigen, wie etwa potenziellen Arbeitgebern, zu unterziehen. Wie eine Teilnehmerin einer Fokusgruppenstudie unter norwegischen Studierenden sagte: „Auf Facebook geht es darum, das Leben anderer zu beurteilen. Genau darum." (zit. nach Storsul 2014: 24)[8] Diese Tragweite steht hinter den vielen heutigen Geschichten junger Erwachsener, die plötzlich feststellen, dass der Regulierungsdruck der Arbeitswelt der Erwachsenen in ihr Miteinander, in ihre Sozialisationshandlungen mit Gleichaltrigen eingreift. Daran, dass Arbeitgeber:innen im Archiv der Social-Media-Plattformen der Gegenwart und der Vergangenheit ihrer potenziellen Arbeitnehmer:innen nach Vergehen und Indiskretionen oder Anzeichen unerwünschter Meinungen suchen können, aber selbstverständlich ohne Zugang zu dem Kontext, in dem diese früheren Spuren ihre Bedeutung hatten, zeigt sich ein fundamentaler Bruch im Gefüge der Sozialisation. Aus Prozessen des gesunden Experimentierens mit sozialen Rollen oder mit sozialen Grenzen werden einfach durch die Art und Weise, wie die Architektur des Internets funktioniert – seine Fähigkeit, alles zu archivieren, ohne es weiter auszudifferenzieren – zu einem beliebigen Zeitpunkt in der Zukunft problematisierende ‚Belege'. Dies schadet eben jener *Bewegung* der Sozialisation, die frühe Perioden verminderter Rechenschaftspflicht zulässt, Zeiten, in denen junge Erwachsene sich auf die voll rechenschaftspflichtige Domäne des Erwachsenseins erst noch vorbereiten. Tiefgreifende Annahmen über die *„kontextuelle Integrität"*, von der das Funktionieren der Alltagswelt abhängt (Nissenbaum 2004, 2010), werden hier durch Billigung der Archiviervorgänge außer Kraft gesetzt. Das junge erwachsene Selbst befindet sich zunehmend in einer neuen, hyperverbundenen *Situation* unsicherer räumlicher und zeitlicher Spannweite: Die erweiterte ‚Situation' ist Teil dessen, worüber das junge Selbst zunehmend nachdenken muss.

Diese heutige Transformation der *Sozialisationsmodalitäten* in der Kindheit und im frühen Erwachsenenalter findet eine frappante, wenn auch thematisch fer-

---

[8] Es mag hier jedoch noch implizite Grenzen geben: Große Kritik erntete eine im September 2015 gelaunchte App namens „Peeple". Sie diente dem einzigen Zweck, dass – einander persönlich bekannte – Menschen sich gegenseitig auf einer festgelegten Skala bewerten konnten. Die Behauptung ihres Gründers, dass es sich um „eine Positivitäts-App für positive Menschen" handele, half da nicht (zit. nach Hunt 2015).

nere Parallele in Norbert Elias' Überlegungen aus den 1930er-Jahren über die Bedingungen für die Entstehung des modernen Staates:

> daß sich mit dieser Monopolisierung der körperlichen Gewalttat als einer Art von Knotenpunkt für eine Fülle von gesellschaftlichen Verflechtungen die ganze Prägungsapparatur des Individuums, die Wirkungsweise der gesellschaftlichen Forderungen und Verbote, die den sozialen Habitus in dem Einzelnen herausmodellieren, und vor allem auch *die Art der Ängste,* die im Leben des Individuums eine Rolle spielen, entscheidend ändern (Elias 1976 [1939]: LXXVIII, eig. Hervorh.)

Furcht ist eine Schlüsselkraft in der Sozialisation; sie prägt unser Gespür für die Räume und Kontexte, in denen wir uns sicher fühlen können, und für die Beziehungen zur Zeit, die sich für uns angenehm oder unangenehm anfühlen. Furcht erzeugt den Bedarf an neuen Regeln, an neuen Verhaltensgrundlagen. In der frühen europäischen Renaissance berieten führende Philosophen wie Erasmus junge Menschen beim Umgang mit ihrem Körper.[9] Heutzutage geht es für junge Erwachsene – und zunehmend schon für Kinder – nicht nur um den Umgang mit ihren physischen Körpern, sondern auch um den mit ihren ‚Datenkörpern'. Ein moderner Erasmus müsste sicherlich ein Kapitel darüber ergänzen, wie man sich auf Social-Media-Plattformen verhält. Denn, wie ein Arbeitgeber in dem zuvor zitierten Karriereratgeber zu den Social-Media-Spuren potenzieller Arbeitnehmer:innen sagt: „Das ist das erste, was ich mir anschaue." Eine Phänomenologie der sozialen Welt muss diese sich wandelnde soziale Morphologie zur Kenntnis nehmen.

8.2 Ressourcen des Selbst im Wandel

Bisher haben wir argumentiert, dass Medien und Kommunikation die Art und Weise, wie wir selbst ‚in' der sozialen Welt sind, und die Prozesse, durch die wir zu sozialen Akteur:innen werden (Sozialisation), transformieren. Diese Transformation kann allerdings nicht gesondert vom Wandel im *Wesen* des Selbst erfasst werden.

Das Selbst – nicht verstanden als Substanz, sondern als Prozess –, ist ungeheuer komplex. Ein wichtiger Strang in der Sozialpsychologie hat betont, dass das Selbst nicht in Opposition zur äußeren ‚sozialen' Welt geformt wird oder zu bestimmten ‚Anderen' in ihr, sondern im ständigen Dialog mit dieser Welt und ihren Anderen (Hermans 2004). Die Anerkennung des komplexen prozessualen

---

[9] Siehe Erasmus' Bestseller „De civilitate morum puerilium" über die moralische und praktische Erziehung von Kindern aus der frühen Neuzeit, 1530.

8.2 Ressourcen des Selbst im Wandel

Wesens des Selbst – das sich ständig wandelt und entwickelt, das sich selbst stetig reflektiert und transformiert und das niemals vollständig ist – ist ganz im Einklang mit der Erkenntnis, dass das Selbst viele Mittel nutzt, einschließlich der Medien, um mit der Welt in Kontakt zu treten. Aber es ist wichtig, nicht davon auszugehen, dass die Ausbreitung der Medienplattformen, durch die das Selbst nun der sozialen Welt gegenübersteht, an sich keine *Veränderung des Selbst* in seinem grundlegenden Wesen nach sich zieht. Mit einer *solchen* Rahmung – beispielsweise durch die Behauptung, dass unser Selbst durch seine technologischen Praktiken einfach nur „erweitert" oder „distribuiert" wird (Belk 1998 2013; Helmond 2010) – verfehlt man genau die Spannungen, die sich aus dem Versuch ergeben, die Freiheit und Integrität des Selbst unter diesen neuen und höchst herausfordernden Bedingungen als Projekt (Touraine 1981) zu erhalten. Es ist nicht das Selbst, das sich ausdehnt, sondern vielmehr die Raumzeitlichkeit, *über die* das Selbst nun exponiert, gemanagt und regiert wird.

Ein positiver Aspekt dieser Transformation ist, dass dem Selbst nun neue Ressourcen zur Verfügung stehen, um seine Integrität als reflexives Handlungsprojekt zu erhalten (Martuccelli 2002). Wir wollen nun einige der neuen Ressourcen untersuchen, die dem Selbst durch die Medien und insbesondere durch digitale Informationsinfrastrukturen zur Verfügung stehen: Im kommenden Abschnitt wenden wir uns den besonderen Fragen zu, die sich für Ressourcen stellen, die aus Dateninfrastrukturen stammen.

Das Selbst ist stets auf Ressourcen angewiesen, die in den Prozessen der Sozialisation und des Alltagslebens erworben wurden. Unter ‚Ressourcen' verstehen wir materielle Strukturen, seien es Institutionen, Räume, Werkzeuge, Einrichtungen oder Kapital,[10] die die Fähigkeit des Selbst, auf verschiedene Weise zu handeln, verbessern: Aus der bisherigen Analyse dieses Kapitels wird deutlich, dass Medien heutzutage zu den Ressourcen des Selbst zählen. Wir können uns diese Ressourcen als drei verschiedene Typen vorstellen: erstens *Ressourcen zur Selbstnarration* (Aufrechterhalten der Identität durch Erzählung); zweitens *Ressourcen zur Selbstrepräsentation* (oder -präsentation); und drittens *Ressourcen zur Selbstpflege*, d. h. um das Selbst als einen funktionierenden sozialen Akteur aufrechtzuerhalten. In einem jeden Gefecht, das das Selbst austrägt, transportiert das Selbst stets eine Narration über sich selbst, die aus dem Wunsch heraus geboren wurde, die Besonderheit seines Weges durch die Welt zu erzählen (Cavarero 2000). Es waren jedoch stets nur bestimmte Gesellschaften und kulturelle Kontexte, in denen Einzelpersonen über die praktischen Mittel, Ressourcen und den Status verfügten, um über die Besonderheiten ihres Lebens berichten zu können. Die Fähigkeit, eine

---

[10] Für ein selten detailliertes Verständnis hiervon siehe Martuccelli (2002).

Erzählung (Text, Bild, Ton, Archiv), die mit digitalen Medien geliefert wurde, zu erstellen und kontinuierlich zu überarbeiten, macht ein bedeutendes Kapitel in der Geschichte des Selbst aus, das auf die Geschichte des Tagebuchs früherer Zeiten aufsetzt, und so weiter. Erst sind Blogs und in jüngerer Zeit die Timeline auf Social-Media-Plattformen zu Selbstverständlichkeiten geworden, die immer dann erwartet werden, wenn jemand für ein Jahr im Ausland arbeitet, eine besondere Reise unternimmt oder vor einer lebensbedrohlichen Herausforderung steht, z. B. einer Krebserkrankung. Diese zunehmende Häufigkeit sollte jedoch nicht darüber hinwegtäuschen, was an diesen Entwicklungen keineswegs banal ist: die erweiterte räumlich-zeitliche Reichweite von Selbstnarrationen, die für das Zeitalter der Digitalisierung kennzeichnend ist. „Mein Blog", um eine Interviewperson der koreanischen Forscher Jinyoung Min und Heeseok Lee zu zitieren, „ist der Ort, an dem meine Gedanken die Welt treffen" (Min und Lee 2011: 23–47).

Je nach der Struktur der eigenen Gesellschaft, insbesondere der Hierarchien der Sprecher:innen, kann diese Schnittstelle zwischen dem Selbst und der Welt transformativ sein, wie z. B. bei den von Guta und Karolak (2015) analysierten Bloggerinnen aus dem Nahen Osten, insbesondere Saudi-Arabien. Wenn das Sprechen im öffentlichen Raum stark eingeschränkt ist, wie für Frauen in mehreren Ländern des Nahen Ostens, stellen Blogs niedrigschwellige Orte dar, an denen üblicherweise schweigende Individuen in die öffentliche Existenz eintreten, wenngleich auch diese Orte weiterhin mit Einschränkungen verbunden sind (z. B. ist es für saudische Frauen unmöglich, Selfies online zu posten: Guta und Karolak 2015: 122).

Sobald wir über die *grundlegende* Innovation der Öffnung unserer Gedanken zur sozialen Welt hin hinausgehen, eröffnet sich eine interessante zugrunde liegende Struktur. Zur konsequenten Pflege eines Blogs oder einer aktiven Plattformseite gehört das Aufrechterhalten einer „Präsenz" (Couldry 2012: 33–58) unter Bedingungen, die ihrem Wesen nach weitaus weniger kontrollierbar sind als in den Fällen der von Erving Goffman analysierten Face-to-Face-Performance. Das bloggende Selbst befördert zwar durch seinen Wunsch, sich selbst auszustellen (Hogan 2010: 381 f.), seine narrative Präsenz, macht sich jedoch abhängig von einer dritten kuratierenden Person oder Plattform: Schließlich kann der eigene Blog-Beitrag jederzeit entfernt oder die Plattform eingestellt werden. Anders als bei der Face-to-Face-Performance wird die Online-Ausstellung stets durch die verwendete Plattform und deren algorithmische Praktiken gefiltert (Litt 2012); ebenso kann sie aufgrund der unendlichen Architektur des Webs über Suchmaschinen aufgefunden und in neuen, unvorhersehbaren Kontexten gelesen werden.

Schon immer waren Selbstnarrationen auf ein *gewisses* antizipiertes potenzielles Publikum ausgerichtet, auch wenn es sich, wie im paradigmatischen Fall des Tagebuchs der Anne Frank, bei dem Publikum um Leser:innen in einer unbekannten

Zukunft handelte. Dies ergibt sich aus dem inhärent sozialen Wesen des Erzählens als einem antizipierten Austausch (MacIntyre 1981; Couldry 2010: 7). Bei Offline-Erzählungen war es jedoch möglich, das Tagebuch in einer Schublade oder an einem anderen geheimen Ort einzuschließen oder seine Leserschaft auf ein oder zwei vertrauenswürdige Freund:innen zu beschränken. Ein solches Maß an Kontrolle ist jedoch unvereinbar mit den Mitteln, mit denen wir Selbstnarrationen heutzutage externalisieren. In den Worten von Andreas Kitzmann:

> Vor den elektronischen Medien war der Ort des Tagebuchs ein privater Ort [...] Der Web-Tagebuchschreiber [...] antizipiert das Publikum nicht nur, sondern erwartet es, und dies beeinflusst die Art und Weise, in der er das Dokument über sein Selbst artikuliert, komponiert und distribuiert. (Kitzmann 2003: 56)

Aus diesem Grund sind Auskünfte über das Selbst im digitalen Zeitalter immer auch „*un*gerichtet" (Jang und Stefanone 2011). Abhängig von der genauen Balance zwischen erwarteten und unerwarteten Komponenten bezogen auf das Publikum können die Erwartungen, ja sogar Normen entfernt befindlicher Publika beginnen, nicht nur das eigentliche Schreiben, sondern sogar den *Lebensprozess* an sich zu prägen, über den das Schreiben berichten sollte, wie ein Reiseblog-Autor vermutet (Magasic 2014). Dies ist umso wahrscheinlicher, wenn die Bloggingpraktiken von der Motivation der Datenmessung überlagert werden: dem Wunsch nach ‚Likes' und anderen validierenden Interaktionen mit einem nicht sichtbaren Publikum (Bucher 2012a; Magasic 2014; Papacharissi und Easton 2013). Was das angeht, können Menschen zweifellos mit einem beträchtlichen Grad an Komplexität leben, ob sie „privat-öffentliche" oder „öffentlich-private" Sphären bewohnen (Lange 2007), und ein prozessuales Verständnis vom Selbst muss dies anerkennen. Aber wenn Selbstpflege heutzutage zwangsläufig die Gefahr birgt, ein *unerwünschtes* Publikum zu erreichen (ein Risiko, das einst nur Rundfunkanstalten betraf, die ihre Botschaften weiträumig ausstrahlten: Peters 1999), dann sind die mit Selbstpflege einhergehenden Prozesse entscheidend erschüttert worden.[11]

Eine weitere Praxis, die unser Gespür für die Grenzen um das Selbst herum infrage zu stellen scheint, ist um das Selfie zu beobachten. Mit der Haltung, Selfies als Ausdruck eines simplen Narzissmus abzutun, macht man es sich zu einfach, so merkwürdig der Anblick von Menschen auch sein mag, die Sehenswürdigkeiten besichtigen, einen Selfie-Stick in der Hand halten, regelmäßig Fotos von sich selbst

---

[11] Aus diesem Grund ist es problematisch, Blogs als bloßen Raum der freien Meinungsäußerung zu betrachten. Gerade wegen dieser Unsicherheiten fühlen sich Menschen möglicherweise davon abgehalten, das zu sagen, was sie denken (Storsul 2014; siehe Couldry 2014a über die neue ‚Schweigespirale').

schießen und dabei kaum Augen für die Sehenswürdigkeit haben. Doch was ist ein Selfie wirklich? Unzählige Interpretationen wurden schon geliefert: Selfies als Versuch, ein Selbst mit schwachem Selbstbewusstsein mittels Visualisierung in seiner Existenz zu bekräftigen (Fausing 2014); Selfies als Praxis des Placemakings (Losh 2014); Selfies als Geste (Senft und Baym 2015); oder Selfies als kindisches Betteln nach Aufmerksamkeit und Kapital (Marwick 2015). Aber die beiden koreanischen Forscher Yoo Jin Kwon und Kyoung-Nan Kwon haben die Grundbedeutung vielleicht am besten erfasst: Das Selfie ist ein praktisches Mittel zum Fortschreiben einer *kontinuierlichen* Erzählung des Selbst, die als ‚natürlich' angesehen werden kann (Kwon und Kwon 2015). Sobald wir diesen *grundlegenden* Zweck erfassen, können wir sein oft zutiefst paradoxes Wesen erkennen, das in diesem Beispiel aus Israel erfasst wurde:

> D., ein 16-jähriger Junge aus Tel Aviv, [der] sich intensiv mit Fotografie beschäftigt. Er macht regelmäßig viele Fotos in den verschiedensten Situationen: in der Schule, mit Freunden, mit Mädchen oder allein. An der Fotografie als solcher ist er jedoch nicht besonders interessiert. In einem Interview beschreibt er sein Themenspektrum als extrem eng: „Nichts außer mir selbst." (Schwarz 2010: 163)

Das Selfie stempelt die Markierung ‚des Selbst' auf alles, was eine Person aufzeichnen möchte, um ihren Wert zu steigern. Doch warum *sollte* das in letzter Zeit so wichtig geworden sein? Zweifellos sind hier mehrere sich überschneidende Faktoren am Werk, einschließlich der sich wandelnden Affordanzen von Smartphones, aber ein zugrunde liegender Faktor, auf den wir hinauswollen, ist die zunehmende *Abwertung von Introspektion:* d. h. des Nachdenkens, Vergleichens, Aufbaus der Grundlage eines Gedächtnisses durch organisiertes Denken, das ‚internalisiert' bleibt, also nicht geteilt wird. Aufgrund der Gewohnheit, Selfies zu machen, wird Introspektion vom ‚höheren' Wert der Erzeugung einer austauschbaren Spur der eigenen ‚Erfahrung' überlagert, deren Form passgenau auf die datenbasierten Anforderungen von Social-Media-Plattformen zugeschnitten ist.

Mit anderen Worten, das Selfie ist eine wiederholte Geste der *Externalisierung,* deren Beharrlichkeit auffallend ist. Und doch gibt es Vorläufer hierzu. Im späten achtzehnten Jahrhundert war es eine Zeit lang in Mode, einen konvexen Spiegel, ein ‚Claude-Glas' mit sich zu führen, wenn man auf dem Land spazieren ging; das Claude-Glas ermöglichte es, eine schöne Aussicht in ein kleines, fokussiertes Bild zu komprimieren, dessen Ähnlichkeit mit einem Gemälde, das man vielleicht einmal gesehen hatte, dadurch deutlicher wurde: Das „Malerische" brauchte eine Technik, um sich selbst zuverlässig herzustellen (Andrews 1989: 67–73). So erzeugt auch heutzutage der Selfie-Stick mit angebrachter Kamera ein zuverlässiges, mit *eigenen, selbst vergebenen* Schlagwörtern versehenes Bild der eigenen Reise durch die Welt – nicht zur sofortigen Benutzung, sondern für einen verzögert eintretenden Wert, der sich aus seiner Verbreitung über Social-Media-Plattformen ergibt. Das Selfie integriert die verzögerte Möglichkeit der Online-Verbreitung perfekt in die Gegenwart und bestätigt damit Sage Elwells Aussage, „dass wir nicht mehr ‚online *gehen*‘, sondern dass das Internet ein Teil der Infosphäre ist, in der wir uns bereits befinden und von der wir zunehmend ein Teil sind" (Elwell 2013: 235).

Wenn wir dies schreiben, wollen wir damit nicht das Potenzial intensiverer und weniger banaler Formen der Selbstexternalisierung durch Medientechnologien leugnen. Zweifellos ermöglichen die Medien neuartige Formen der Intimität mit geliebten Menschen: das Senden von Bildern oder Schreiben von Kommentaren zu gerade gesehenen Dingen (Villi 2012); oder die kontinuierliche phatische Kommunikation wie im „Telekokon" junger Liebender (Habuchi 2005). Und offensichtlich birgt eine derart intensivierte Externalisierung – die sich in Intensität und Regelmäßigkeit von der nur gelegentlichen alltagsweltlichen Generierung von Selbstbildern vor nicht mehr als zwanzig Jahren wesentlich unterscheidet – Risiken, da sich die Speicherung oder Distribution dieser Mengen an symbolischem Material nicht vollständig kontrollieren lässt (Schwarz 2011).

Hier wird deutlich, wie tiefgreifend die Mediatisierung verläuft. Bei denjenigen, die in einer Welt der ständigen ‚Konnektivität' leben, steht das Selbst unter neuen Zwängen, sich online darzustellen, um als soziales Wesen *einfach nur zu funktionieren*. Diese Zwänge gehen weit über den Ausdruck von Identität, einer optionalen Ergänzung des Alltagslebens, hinaus, die, wie Bev Skeggs (1994) argumentierte, Individuen je nach Klasse und Geschlecht sehr unterschiedlich anzieht. Die Transformation der Ressourcen, die wir hier erörtern, ist grundlegender: das Erfordernis, auf bestimmten Plattformen und in bestimmten Austauschformaten einfach präsent zu sein, und die Voraussetzungen, um kognitiv für die Welt gerüstet zu sein. Die Bedürfnisse nach grundlegender sozialer Anerkennung und grundlegendem praktischen Funktionieren kommen bei der Erzeugung des eigenen ‚Datendoubles' zusammen. Um überleben zu können und seine Integrität zu wahren, wird das Selbst zunehmend von der digitalen Infrastruktur *abhängig*.[12] Die Betriebsbedingungen der digitalen Infrastrukturen werden Teil der Funktionsbedingungen des Selbst.

Eine Konsequenz daraus haben wir bereits beim Problem des *übergroßen* sozialen Gedächtnisses festgestellt: also die Notwendigkeit, zu vergessen, um die Möglichkeit zu haben, Handlungen in einer fernen Vergangenheit zu vergeben (Bannon 2006; Dodge und Kitchin 2007). Doch damit ist nur eine, nämlich die

---

[12] Hierzu gibt es umfangreiche Literatur: boyd 2014; Cohen 2012; Mansell 2012; Marwick 2015.

zeitliche Dimension der umfassenderen Transformation des Platzes erfasst, den das Selbst innerhalb des Sozialen einnimmt: Kann es dann so etwas wie eine exzessive Konnektivität geben? Ben Agger nähert sich dem durch die Vorstellung dessen, was er „iTime" nennt: „Es ist nicht trivial, dass Menschen immer verfügbar sind, da sie in iTime existieren […]. Man kann sich in iTime nicht verstecken. Ob Chef:innen, Kolleg:innen, Familie – alle erwarten, dass man zur Verfügung steht." (Agger 2011: 123) In all diesen Kontexten scheint eine *Konsistenz* der Darstellung des Selbst zwar gefordert zu sein (van Dijck 2013), sie ist aber vielleicht unerreichbar. Bevor wir allerdings der Forderung nach Konsistenz einfach erliegen, sei daran erinnert, dass die Problematik in der antiken klassischen Welt ganz anders aussah. Erinnern wir uns an den Ausspruch des römischen Philosophen Seneca: „Schätze es als eine bedeutende Angelegenheit ein, nur einen einzigen Menschen zu spielen." (Seneca 2009 [65]: 573) Zwei Jahrtausende später, in einem Zeitalter, in dem Familie, Freundschaften und Arbeit in einer kontinuierlichen Reihe von miteinander verbundenen Räumen ausgeführt werden,[13] scheint die Anforderung sich ins Gegenteil gekehrt zu haben und die Frage lautet nun: Wie viel *In*konsistenz ist einem Selbst heutzutage erlaubt?

Im nächsten Abschnitt wenden wir uns einer bestimmten Version dieser Spannungen und Potenziale zu: der zunehmenden Fähigkeit, vielleicht sogar Notwendigkeit des Selbst, aus seinen ‚digitalen Spuren' Bedeutung zu generieren, und den infrastrukturellen Abhängigkeiten, die daraus folgen.

8.3 Die digitalen Spuren des Selbst und deren Infrastruktur

Charakteristisch für das Selbst im Zeitalter der tiefgreifenden Mediatisierung sind die *digitalen Spuren, die das Selbst hinterlässt:* Bei all unserem Handeln hinterlassen wir ‚Fußspuren' unserer digitalen Mediennutzung, die sich in digitalen Spuren niederschlagen. Dabei kann es sich um bewusste Handlungen handeln, beispielsweise wenn wir Fotos hochladen oder ‚Timelines' auf digitalen Plattformen kommentieren. Doch noch häufiger handelt es sich um unbewusste Handlungen, als unbeabsichtigte Begleiterscheinung unserer Aktivitäten in medienbasierten Domänen, beispielsweise wenn wir unsere Smartphones oder Navigationssysteme im Auto benutzen und dabei eine ‚Spur' zu unserem Aufenthaltsort hinterlassen; wenn wir unsere Einkäufe erledigen und ‚Spuren' unserer Transaktionen hinterlassen, wenn wir mit Kreditkarte, Smartphone oder Rabattkarte bezahlen. Digitale Spuren

---

[13] Siehe z. B. Agger (2011) und Vaast (2007).

werden jedoch nicht nur von uns selbst, sondern auch von *anderen* generiert, sobald diese online mit Bezug auf uns interagieren, z. B. wenn andere ihre Adressbücher mit unseren digitalen Adressen synchronisieren, wenn sie Bilder, Texte oder andere digitale Artefakte mit unserem Namen taggen und so weiter. Es lässt sich sogar argumentieren, dass digitale Spuren angesichts der „Mediatisierung von Elternschaft" (Damkjær 2015) bereits vor der Geburt beginnen: Wenn Schwangerschaften fortlaufend über Apps und Plattformen mit Kommunikationsflüssen begleitet werden, werden auch Datenspuren werdender Kinder erzeugt. Einige argumentieren auch, dass es heutzutage „nicht möglich ist, *keine* digitalen Spuren zu hinterlassen" (Merzeau 2009: 4, eig. Hervorh.).

Digitale Spuren in ihrem Kontext besehen
Doch wie können wir digitale Spuren im Detail verstehen? Digitale Spuren sind mehr als nur (Big) Data: Sie sind eine Form digitaler Daten, die erst dann sinnhaft werden, wenn eine Abfolge von ‚digitalen Fußabdrücken' mit bestimmten Akteur:innen oder Handlungen in Beziehung steht, typischerweise (von) Personen, aber prinzipiell auch Kollektivitäten oder Organisationen. Und in der *Verknüpfung* von Daten mit dem einmaligen, ‚realen' Individuum liegt das große Interesse kommerzieller Unternehmen und anderer datenverarbeitender Institutionen an der Sammlung und Aggregation von Daten begründet. Solche Daten sind nicht beliebige Informationen, sondern stets solche, die mit Zählprozessen verbunden sind, wie es der französische Ausdruck für digitale Spuren, *traces numériques,* widerspiegelt. Digitale Spuren sind numerisch produzierte Korrelationen verschiedener Arten von Daten, die durch unsere Praktiken in einer digitalisierten Medienumgebung generiert werden. Aufgrund der Bezüge, die solche Korrelationen stets zu bestimmten Entitäten oder bestimmten Prozessen in der sozialen Welt haben, sind digitale Spuren ein wichtiger, aber nicht der einzige Bezugspunkt dafür, wie soziale Entitäten ihre ‚digitale Identität' erwerben.

Diese tiefgreifende Mediatisierung des Selbst hat, was nicht überraschen mag, einige Diskussionen darüber ausgelöst, wie die Soziologie überhaupt noch an dem, was das Selbst ist und tut, dranbleiben kann.[14] Einige Wissenschaftler:innen gehen noch einen Schritt weiter und argumentieren, dass die digitalen Spuren des Selbst über die Spuren eines Selbst, das dem Grunde nach noch über andere Wege wie Beobachten oder Zuhören erreicht werden kann, hinausgehen. Sie argumentieren, dass digitale Spuren es zum ersten Mal ermöglichen, einen *direkten* Zugang zu laufenden Prozessen sozialer Konstruktion zu erhalten. Das vielleicht bekannteste

---

[14] Siehe z. B. Savage und Burrows (2007); Ruppert, Law und Savage (2013: 22); R. Rogers (2013).

Beispiel für eine solche Position ist Bruno Latours Integration von digitalen Spuren in seinen grundlegenden Ansatz der Sozialforschung (Latour 2010 [1967]). Eine „digitale Rückverfolgbarkeit" („digital traceability", Venturini und Latour 2010: 6) wird dann als eine Möglichkeit der Analyse von sozialen Prozessen *in situ* angesehen: „Wenn man interessiert ist an der Konstruktion sozialer Phänomene, so erfordert dies das Tracken eines jeden der involvierten Akteure und jeder der Interaktionen zwischen diesen." (Venturini und Latour 2010: 5) Dieser Ansatz versucht, die alte Mikro-/Makro-Grenze – ein klassisches Thema in der Soziologie[15] – zu überwinden, indem er argumentiert, dass statistische Methoden es uns gestatten, durch eine Analyse der Online-Aktivitäten der Individuen *direkt* an ‚Makro'-Phänomene heranzukommen. Mit digitalen Spuren, so das Argument, bestehe nun ein direkter Zugang zu solchen Informationen, da diese es ermöglichen, Prozesse des „Assemblings" in dem Augenblick zu erfassen, in dem sie stattfinden (Latour et al. 2012; Venturini 2012).

Dieses Argument läuft unserer Ansicht nach grundlegend fehl: Es missversteht das Wesen digitaler Spuren in Bezug auf das Selbst. Der Fehler beginnt bereits damit, die soziale Welt fälschlicherweise als ‚flach' und damit als für die Analyse rekonstruierbar zu interpretieren, und zwar allein durch eine Aggregation von Spurenmustern, die in den verschiedenen Datendomänen registriert werden, die durch die Medieninfrastrukturen untermauert werden. Solche Muster mögen durchaus einen gewissen Wert haben, aber eine derartige Herangehensweise reduziert die Komplexität der heutigen sozialen Welt auf eine flache, nicht ausdifferenzierte Ebene und reproduziert so in großem Maßstab das Problem mit dem Konzept der Assemblagen, das wir bereits in Kap. 4 kritisiert haben. Zweitens, und das ist noch grundlegender, missversteht ein solcher Ansatz digitale Spuren als etwas ‚Neutrales', das uns einen ‚direkten Zugang' zur sozialen Welt eröffnet. Digitale Spuren sind jedoch keine ‚neutralen Phänomene', eher beruhen sie auf technischen Prozeduren von machthabenden *Institutionen,* die diese Art von Informationen produzieren. Die Konstruktion der Spuren des Selbst schreibt also schon durch ihren Prozess bestimmte *Interessen* wie auch *Visionen* der Gesellschaft ein: Wir finden hier ein seltsames Echo von Jacques Derridas (2003 [1967]: 112) Beharren darauf, dass Subjektivität, „das Selbst der lebendigen Gegenwart", stets ‚eine Spur' ist, die mit einer „Zeitigung" und „Verräumlichung", einem „Aus-sich-Herausgehen" verbunden ist. Digitale Spuren eröffnen jedoch keinen Zugang zur ‚tatsächlichen' sozialen Welt, sondern einen Zugang zu den Prozeduren, mit denen machthabende Organisationen versuchen, *eine Welt zu konstruieren, innerhalb derer sie handeln können.*

---

[15] Siehe Knorr-Cetina und Cicourel (1981).

Eine materialistische Phänomenologie muss daher einen ganz anderen Zugang zu den digitalen Spuren des Selbst finden. Fasst man sie also nicht als direkte, reale ‚Spuren' auf, kann man sich ihnen aus zwei Richtungen nähern: entweder im Hinblick auf ihre *Folgen* für die individuelle Alltagswelt oder im Hinblick auf ihre *Ursprünge* in den Strategien machthabender Institutionen, die sich auf das Konstruieren der Welt richten. Insofern alle Klassifizierungen des Sozialen ‚interaktiv' sind (Hacking 2002: 56 f.), überschneiden sich die beiden Blickwinkel bezogen auf den Fluss der von ihnen beobachteten Praktiken, aber zu keinem Zeitpunkt ist ihnen die Möglichkeit gemein, dass die Datenspuren des Selbst einen direkten Zugang zum Sozialen eröffnen würden. Dies erschwert unsere Bewertung heutiger Bewegungen, die versuchen, die Reflexivität durch Prozesse zu transformieren, die auf eben den Formen von Datafizierung basieren, denen wir uns als Nächstes zuwenden.

Quantified Self – Selbstvermessung
Wie groß die Anforderungen sind, die die mit Daten verbundenen Praktiken an die traditionelle Perspektive der Soziologie auf das Selbst stellen, wird deutlich, wenn wir zu den ursprünglichen Gedanken von Berger und Luckmann über das Bewusstsein des Selbst zurückkehren. In ihren Worten heißt es:

> Die Alltagswelt wird ja nicht nur als wirklicher Hintergrund subjektiv sinnhafter Lebensführung von jedermann hingenommen, sondern sie verdankt jedermanns Gedanken und Taten *ihr Vorhandensein und ihren Bestand*. So müssen wir also doch, bevor wir unsere Hauptaufgabe vornehmen, die Grundlagen des Wissens in der Alltagswelt herausfinden, das heißt die Objektivationen[…] subjektiv sinnvoller Vorgänge, aus denen die *inter*subjektive Welt entsteht. (2010 [1966]: 21 f., eig. Hervorh. an der ersten Textstelle)

Zumindest bis zu einem gewissen Grad ist dieser Ausgangspunkt unbestreitbar, aber in bestimmten Schlüsselaspekten steht er nun in Spannung zu einer neueren Vorstellung von Bewusstsein und Erkenntnis über das Selbst, die durch das automatisierte Sammeln von Daten aufkommt. Gary Wolf ist ein wichtiger Protagonist in der Quantified-Self-Bewegung: Er ist sich zwar der Spannungen und der potenziellen Merkwürdigkeit der Vorstellung bewusst, dass „Selbsterkenntnis durch Zahlen" (Wolf 2009) entstehen kann, liefert aber auch einige der Schlüsselargumente, die diese These befeuern. Zum Beispiel die Idee, dass „unser alltägliches Verhalten verborgene quantitative Signale enthält, die zur Information über unser Verhalten verwendet werden können, sobald wir lernen, sie zu lesen" (Wolf 2010: 4), was selbstverständlich auf dem in diesem Kapitel erörterten praktischen Ausgangspunkt aufbaut, dass „Social Media es *normal* erscheinen ließen, alles zu teilen" (Wolf 2010: 4, eig. Hervorh.). Der Prozess treibt sich selbst weiter an: „Je mehr [Menschen] etwas teilen wollen, desto mehr wollen sie etwas zu teilen haben." (2010: 6) Dabei handelt es sich um eine explizit kooperative Form von medialer Konstruktion, die mit zunehmender Regelmäßigkeit und Intensität neben jedem konkreten Individuum ein ‚Datendouble' (Haggerty und Ericson 2000) erschafft, das – aus spezifischer Perspektive wie derjenigen der Quantified-Self-Bewegung, aber vielleicht auch der einiger gegenwärtigen Regierungen (Ruppert 2011) – mehr ‚Wahrheit' enthält, als es die eigenen Selbstreflexionen eines Individuums vermögen. Wir sind hier Zeug:innen von innovativen Vorgängen in Bezug auf die grundlegenden Sprachen zur Beschreibung und Messung des Selbst: Und aus eben diesem Grund sind sie nicht als losgelöst von Machtverhältnissen vorstellbar. Im Gegenteil, wir beobachten hier eine Transformation *von* sozialer und politischer Macht: Wie Julie Cohen (2016: 62) es ausdrückt, „sind wir Zeugen des Entstehens einer eindeutig westlichen, demokratischen Überwachungsgesellschaft, in der Überwachung in erster Linie als eine Frage der Effizienz und Bequemlichkeit verstanden wird".

Besonders aufschlussreich ist der Fall der Selbstvermessung im Gesundheitsbereich. Immer mehr Menschen verwenden Tracking-Geräte, um kontinuierliche Daten über sich selbst zu generieren (z. B. Herzfrequenz, Stoffwechselrate usw.). Wie Deborah Lupton hervorhebt, handelt es sich dabei um mehr als nur eine weitere „Technologie des Selbst" (Foucault 1993 [1988]): Die Rede ist von einer Art Einbettung des Selbst und seiner ‚Datenpraktiken' in eine weitaus umfassendere Infrastruktur der Datengenerierung, -aggregation und -analyse, die das Potenzial hat, die Distribution der Ressourcen im Gesundheitswesen weg von der Heilung und hin zu kontinuierlichen Aktivitäten zur Prävention zu transformieren. Damit geht nicht nur einher, dass Selbstvermessung in die grundlegenden alltagsweltlichen Prozesse – als ‚persönlicher Taylorismus' (Lupton 2014: 8) – eingeschrieben wird. Sondern sie führt zu einem Wandel dessen, was unter Selbsterkenntnis *verstanden wird*, bei der nunmehr sogenannte Selbstquantifizierer „sich Daten zunutze machen, um die Geschichten zu konstruieren, die sie sich selbst über sich erzählen" (Davis 2013, zit. nach Lupton 2014: 8). Damit wandeln sich zugleich die Normen, an denen sich die reflexive Selbsterkenntnis orientiert.[16]

Bislang sind diese Praktiken einer kleinen Bewegung enthusiastischer Early Adopter vorbehalten, aber hinter ihnen steht eine beträchtliche, einflussreiche Dy-

---

[16] So wird der Nutzen, den das Self-Tracking angeblich für die ‚Selbstoptimierung' bringt, in einer Beschreibung bejubelt: „Tracking-Geräte […] eröffnen gänzlich neue Möglichkeiten für das Alltagsfeld des Normalen und des Pathologischen." (Ruckenstein 2014: 81) Genau das, was hier beiläufig offenbart wird, ist ja das Problem.

8.3 Die digitalen Spuren des Selbst und deren Infrastruktur

namik.[17] In der Gesundheitsbranche zählt das kontinuierliche Weitergeben von Gesundheitsdaten durch Patient:innen aus Sicht einiger zu den zunehmend obligatorischen Praktiken des „Selbstmanagements" (Hawn 2009: 365). Wenn auch mitunter als spielerischer Zeitvertreib getarnt, führt Selbst-Monitoring „die Menschen an die Mechanismen der Selbstverwaltung heran, indem es sich die höchsten menschlichen Bestrebungen und Fähigkeiten zunutze macht, die der Selbstverwirklichung und Selbstentfaltung" (Whitson 2013: 170): Wenn wir schon die Lücken in unserem menschlichen Gedächtnis anerkennen, warum ergänzen wir sie nicht einfach durch ‚objektivere' Informationen, die automatisch durch kontinuierliche Datenerhebung generiert werden (Whitson 2013: 175)? Doch das Mitspielen geschieht stets um den Preis, eine Infrastruktur für das Sammeln und Teilen von Daten zu akzeptieren, deren Spielregeln nicht verhandelbar sind (Whitson 2013: 175). Sicherlich führen Tracking-Geräte, die zu viele Informationen generieren, sodass sie gar nicht mehr interpretiert werden können, zu Problemen (Choe et al. 2014). Bedenken dieser Art lassen sich jedoch leicht mit aussagekräftigeren Behauptungen widerlegen: Beispielsweise mit der Behauptung, dass Datenerhebungsinstrumente es den Proband:innen ermöglichen, sich ihrer – ohne Tracking – unbewussten Verhaltensweisen und Verhaltensmuster *bewusst zu werden* (Kido und Swan 2014); dass Menschen auf diese Weise hinsichtlich Präventivmedizin *eigene Verantwortung übernehmen* (Swan 2012); oder allgemeiner, dass sie auf diese Weise ihre „Leistung" entlang verschiedener Dimensionen *optimieren* (Swan 2013).

Unterstützende Leseweisen dieser Entwicklungen sind schnell zu finden: Datensammeltools als schützende „Technologie-Decke", die gleichsam um das Selbst gewickelt wird (Swan 2012: 97); als individuelles Ergebnis ein „verbessertes ‚höherwertiges' Selbst" (Swan 2013: 93); als gemeinschaftliches Resultat eine Form des kollaborativen Gedächtnisses (Frith und Kalin 2016) oder auch ein „Makroskop" (Wolf 2009); oder sogar, laut Kevin Kelly, einem führenden Protagonisten dieser Szene, letztendlich eine Art „Exoselbst" (Kelly 2012; siehe Bostrom und Sandberg 2011). Es besteht kein Zweifel an der ernsthaften kommerziellen Absicht, ein solch umfassendes Gewebe des Daten-Trackings um das Individuum herum zu bilden, zumindest im Kontext der wohlhabendsten Gesellschaften und ihrer ressourcenstarken Gesundheits- und Selbstentfaltungsbranchen. Von solchen Entwicklungen als einer Transformation des ‚Selbst' zu sprechen, wirft jedoch unmittelbar die Kernfrage auf, ob solche Quantifizierungspraktiken mit anderen Verständnissen vom Selbst vereinbar sind und, selbst wenn ja, ob der Preis, den sie fordern, zu hoch ist. Wenn wir das großtönende Gerede einmal beiseite lassen (bei dem z. B. auf der Nesta-Website von einer „people-powered health" die Rede ist,

---
[17] Für ein pointiertes Verständnis von diesen Entwicklungen siehe Andrejevic (2013).

einem von den Menschen getragenen Gesundheitswesen, in Anlehnung an die im engl. Sprach- und Kulturraum übliche Unterscheidung zwischen „public health" und „individual health", Anm. d. Ü.),[18] ist die Vorstellung, dass jeder Mensch eine „algorithmische Haut" trägt, eng mit der Zukunft der „kommerziellen, staatlichen und medizinischen Forschung" verbunden (Williamson 2015: 139), und sie befeuert einen Diskurs über Selbsterkenntnis, der von ausgeprägten institutionellen Zielen getragen wird. Wie Williamson es ausdrückt:

> Selbstvermessung erzeugt eine im Wortsinne „kalkulierbare Öffentlichkeit", […] die durch die Daten, die durch algorithmische Annäherungen ihrer rückverfolgbaren Gesundheitsaktivitäten organisiert und koordiniert werden, letztlich auf sich selbst zurückgeführt wird. (Williamson 2015: 143)

Der Drang zu höherer Selbsterkenntnis und einer nachhaltigeren Selbstverbesserung ist so stark, dass man leicht den potenziellen Schaden aus dem Blick verliert, der hier an unseren alltäglichen Vorstellungen von Selbsterkenntnis angerichtet wird. Noch nie zuvor hatte eine Notwendigkeit bestanden, auf externe Datenerfassungsinfrastrukturen zurückzugreifen, um Annahmen über sich selbst, andere und die soziale Welt zu überprüfen. Schon jetzt zeichnet sich ein Risiko ab, ohne dass wir bereits die Verzerrungen berücksichtigen, die die Metrifizierungs- und Datafizierungsprozesse für das Alltagsleben aufmachen.

Auf dem Weg zur Institutionalisierung des Selbst

Wir haben in diesem Kapitel ein Selbst erkundet, das aufgrund der Operationen, die mit der Mannigfaltigkeit der Medien verbunden sind, zunehmend in erweiterten Domänen der sozialen Welt interagiert – die wiederum auf das Selbst zurückspielen, und zwar zunehmend getrieben durch Datafizierungsprozesse. Dieses Selbst ist ein Schauplatz der Spannungen zwischen seiner eigenen Erwartung an Erkenntnis und neuartigen Vorstellungen von ‚erweiterter' Selbsterkenntnis, die sich aus heutigen automatisierten Datenerfassungstechnologien ergeben. Diese potenziellen neuen Transformationen haben ihren Preis. Während sie die Freiheit des Selbst dem Anschein nach vergrößern, bauen sie in dessen Gefüge zugleich infrastrukturelle Abhängigkeiten ein: Prozesse der *Institutionalisierung* und *Materialisierung,* die aufgrund der asymmetrischen Machtverhältnisse in der Mediendomäne eine Dimension der *Unfreiheit* mit sich führen, mit der sich das heutige Selbst konfrontiert sieht (Cohen 2012).

---

[18] Siehe http://www.nesta.org.uk/project/people-powered-health.

8.3 Die digitalen Spuren des Selbst und deren Infrastruktur

Die tiefgreifende Mediatisierung – d. h. die Integration medienbasierter Prozesse und Beziehungen in genau die Elemente, aus denen das Selbst seine Unternehmung *als Selbst* speist – reißt daher neuerliche Spannungsrisse im Alltagsleben auf. Auf diese Problematik gehen wir in Kap. 10 ausführlicher ein. Unbestreitbar ist jedoch schon an dieser Stelle, dass, wenn aufgrund der Mediatisierung der Ort des Selbst transformiert wird, sich auch der Ort des ‚Wir' transformiert, das sich durch das Zusammenkommen mehrerer Selbste als Gruppe bildet. Die Gefahr, dass wir uns gegenseitig auf bestimmte Weise imitieren, und so in unserem Verhalten auf Online-Plattformen künstlich konvergieren und zu „teilweisen Analogien anderer Menschen" werden, ist schon seit einiger Zeit bekannt (Agha 2007). Angesichts dessen werden wir im nächsten Kapitel genauer untersuchen, wie die Konstruktion von ‚Kollektivität' in einem Zeitalter der tiefgreifenden Mediatisierung funktioniert.

Kollektivitäten 9

Im letzten Kapitel haben wir erörtert, was die tiefgreifende Mediatisierung für das Selbst bedeutet. Die gleiche Frage stellen wir in diesem Kapitel für das, was wir als „Kollektivitäten" bezeichnen werden. Dieser Begriff ist nur der jüngste in einer Reihe von Begriffen, die in der Vergangenheit als Bezeichnung für Gruppierungen verschiedenster Art verwendet wurden: von ‚Massen' (engl. „masses" oder auch „crowds") bis hin zu ‚bürgerlichen Öffentlichkeiten' und ‚Gemeinschaften'.[1] Im Zuge der Digitalisierung gewinnen weitere Formen der Bildung von Kollektivitäten und anderer, ‚kleinerer' medienbezogener Kollektivitäten an Bedeutung. Noch jüngeren Datums ist das Phänomen von Kollektivitäten, die durch automatisierte Kalkulationsprozesse auf Grundlage der ‚digitalen Spuren' entstehen, die Einzelpersonen online hinterlassen. Nun mögen unsere deskriptiven Konzepte, unser Phänomenbereich, sich wandeln, doch ein grundlegender Punkt bleibt bestehen: Medien werden als unabdingbare Mittel zur Schaffung komplexer Kollektivitäten verstanden, und folglich führt Medienwandel zu einer Transformation der Dynamik von Kollektivitäten. Wir brauchen daher eine detailliertere Analyse der verschiedenen Formen von Kollektivitäten und der Kontexte, in denen sie typischerweise gebildet werden.

Nach unserer Definition ist eine Kollektivität *eine jegliche Figuration von Individuen, die eine bestimmte sinnhafte Zugehörigkeit teilen als Grundlage für gemeinsames Handeln und gemeinsame Orientierung*. Die Formen einer solchen sinnhaften Zugehörigkeit können variieren. Es kann ein Gefühl des ‚gemeinsamen Wir'

---

[1] Für eine historische Diskussion dieser Konzepte siehe Briggs 1985; Butsch 2013: 93; Butsch 2008: 1–19; Ginneken 1992; Lunt und Livingstone 2013; Schnapp und Tiews 2006; Williams 1976.

© Der/die Autor(en), exklusiv lizenziert an Springer Fachmedien Wiesbaden GmbH, ein Teil von Springer Nature 2023
N. Couldry, A. Hepp, *Die mediale Konstruktion der Wirklichkeit*, https://doi.org/10.1007/978-3-658-37713-7_9

sein, wie bei traditionellen Face-to-Face-Gemeinschaften (Knoblauch 2008: 74–77). Es kann sich um eine gemeinsame, organisierte situative Aktion handeln, wie im Fall von Smart Mobs, die „[Menschen] befähigen […], auf neue Arten und in Situationen, in denen kollektive Aktionen bisher nicht möglich waren, gemeinsam zu agieren" (Rheingold 2007: 359). Oder sie kann auf Datafizierungsprozessen beruhen wie bei Kollektivitäten, die mittels „numerischer Inklusion" gebildet werden (Passoth, Sutter und Wehner 2014: 282). Und auch bei der Betrachtung von Fragen, die Gemeinschaften betreffen, könnte ein Perspektivwechsel hilfreich sein, sodass Gemeinschaften nicht als gegebene Einheiten, sondern als fortlaufende Prozesse der Gemeinschaftsbildung erfasst werden, d. h., mit Weber gesprochen, als „Vergemeinschaftungen".[2] In all diesen spezifischen Fällen bleibt das Hauptmerkmal von Kollektivitäten ihr *sinnhafter* Charakter für die beteiligten Akteur:innen, wobei die Medien wesentlich zu der Konstruktion einer solchen Sinnhaftigkeit beitragen. Dieses Verständnis von Kollektivität ist weitaus spezifischer als das Konzept der „Kollektive", das in jüngeren Schriften über Assemblagen verwendet wird (Falb 2015: 273–342; Latour 2014: 409–484; und siehe Kap. 4), das in der letzten Zeit Einzug in die Medien- und Kommunikationsforschung gehalten hat (Stäheli 2012). Mit Rückblick auf Tarde (2009 [1899]: 6–33) finden wir dort eine Betonung der ‚Wiederholung', die zur Entstehung von „Kollektiven" führt (Latour 2010 [1967]: 32). Solche Kollektive sind Assemblagen von Menschen und nichtmenschlichen Wesen, die eine bestimmte Form gemeinsamer Agency aufweisen.[3] Diese Überlegungen erlauben uns, über die enge Medienbezogenheit unserer Kollektivitäten nachzudenken (Schüttpelz 2013: 3–18), aber es ist nicht hilfreich, wie auch immer geartete Verknüpfungen von menschlichen Akteur:innen und Medien mit Kollektivitäten zu verwechseln. Damit würden fälschlicherweise jene Gruppierungen abgegrenzt, die über Assemblagen hinausgehen, insofern an ihnen eine Konstruktion sinnhafter „Grenzen" kommunikativ erfolgt.[4]

---

[2] Schon vor hundert Jahren bevorzugte Max Weber in seinen Originalschriften den Begriff „Vergemeinschaftung" (Weber 1980 [1921]: 21).

[3] An diesem Punkt gibt es für Latour keinen Unterschied zwischen einem ‚Früher' und dem ‚Modernen', außer dem technologischen Charakter, den nichtmenschliche Wesen heutzutage haben, was zu einer tieferen Verstrickung zwischen ihnen und Menschen innerhalb von Kollektiven führt (Keller und Lau 2008: 319 f.; Kneer 2008: 295–302). Wie Latour es ausdrückt, sind „im modernen Kollektiv die Beziehungen zwischen Menschen und nichtmenschlichen Wesen so innig […], die Transaktionen so zahlreich, die Vermittlungen so verschlungen, daß eine plausible Unterscheidung zwischen Artefakt, ‚Körperschaft' und Subjekt keinen Sinn mehr hat" (Latour 2002: 240 f.; siehe auch Latour 2014: 409–484).

[4] Oder, in der von uns bevorzugten Terminologie ausgedrückt: Nicht jede Figuration ist eine Kollektivität. Zum Beispiel haben Kund:innen eines Online-Shops, die einfach zur ‚Gruppe'

Wie können wir nun verstehen, wie Kollektivitäten in einem Zeitalter der tiefgreifenden Mediatisierung transformiert werden? Und was sind ihre Merkmale und Besonderheiten? Zunächst werden wir die grundlegenden Prozesse der Kollektivitätsbildung innerhalb von Gruppen erläutern. Im nächsten Schritt nehmen wir Kollektivitäten in den Blick, die rein auf Imaginationen und Datafizierungsprozessen beruhen.

9.1 Gruppen, Kollektivitäten und tiefgreifende Mediatisierung

Während ältere Formen von ‚Gemeinschaft' Stabilität, Kohärenz und Einbettung erfordern, die mit geteilten Erfahrungen oder einer gemeinsam erlebten Geschichte verbunden sind, sind soziale Beziehungen, die auf einer „Netzwerk-Sozialität" basieren, weniger „narrativ" als „informativ" und beruhen „vorwiegend auf Datenaustausch und dem Bestreben, ‚auf den neuesten Stand zu kommen'" (Wittel 2006: 163). Für viele Autor:innen geht Netzwerk-Sozialität mit dem *Verlust* von Gemeinschaft einher und ist „zutiefst eingebettet [...] in die Kommunikationstechnologie, die Transporttechnologie und die Technologien zum Management von Beziehungen" (Wittel 2006: 182).[5] In ähnlicher Weise werden Analysen des „vernetzte[n] Individualismus" angeboten (Castells 2005: 144; Wellman et al. 2003: 3), bei dem es um translokale medienvermittelte Kommunikation geht, die nicht mehr durch Bezug auf einen einzigen Ort konstruiert ist.[6]

---

derer gehören, die dort eingekauft haben, auf keine sinnhafte Weise etwas miteinander zu tun. Daher können sie nicht als Kollektivität bezeichnet werden.

[5] Dieser „Verlust von Gemeinschaft" wird auch als allgemeiner, mit der Individualisierung zusammenhängender Wandel der Gesellschaft diskutiert (Sennett 1998).

[6] In einer solchen Perspektive ist der Charakter heutiger Gemeinschaften sehr spezifisch: Vernetzter Individualismus geht davon aus, dass bei Beteiligung an mehreren Netzwerken oftmals die Beteiligung und das Engagement der Menschen in einem spezifischen Netzwerk zu kurz kommt; ihre Kollektivitäten ähneln mehr und mehr „Gesellschaften mit ‚beschränkter Haftung'" (Rainie und Wellman 2012: 124). Typisch für den vernetzten Individualismus ist das Erleben, dass selbst „schwache Bindungen ein Gemeinschaftsgefühl vermitteln können" (Rainie und Wellman 2012: 132) und dass vernetzte Einzelpersonen „‚spärlich geknüpfte' persönliche Gemeinschaften aufweisen" (Rainie und Wellman 2012: 135). Die meisten Mitglieder sind also nicht direkt miteinander verbunden. Anders ausgedrückt: „Es gibt weiterhin Gemeinschaften, jedoch eher als räumlich verstreute und differenzierte persönliche Netzwerke und nicht als Nachbarschaften oder dicht gestrickte Gruppen." (Rainie und Wellman 2012: 146)

Das Problematische an Verständnissen wie diesen ist, dass sie die geschilderten Transformationen auf eine Verlagerung innerhalb eines simplen Binärsystems (‚Netzwerk' versus ‚Gemeinschaft') reduzieren (Postill 2011: 102). Zudem verengen sie das Phänomen des medienbezogenen Wandels auf nur eine einzige Transformationslinie. Dabei ist das Gegenteil der Fall, die Transformation von Kollektivitäten lässt sich keineswegs auf eine *einzige* Art und Weise eingrenzen: Zum einen sind zahlreiche, untereinander höchst verschiedene Formen von Kollektivitäten vorzufinden, zum anderen lässt sich beobachten, wie mitunter die Grenzen zwischen den unterschiedlichen Formen verschwimmen. Auch wird es ihrem Kern nicht gerecht, derlei Kollektivitäten schlicht als ‚Netzwerke' zu bezeichnen: Vielmehr bilden sie komplexe Figurationen mit je spezifischen Akteurkonstellationen, und nur in eben dieser *Konstellation* können wir sie tatsächlich als Netzwerk bezeichnen. Und doch bleiben Kollektivitäten Phänomene, die durch Sinnprozesse konstruiert werden; sie haben eine sinnhafte Grenze, auch wenn sie sich, wie im Falle von Smart Mobs, lokal situativ konstituieren. Stattdessen hat sich die Vielfalt von Kollektivitäten durch die Nutzung von Medientechnologien noch erweitert.

Dennoch ist es sinnvoll, analytisch zwischen zwei grundlegenden Arten von Kollektivitäten zu unterscheiden, da Medien und ihre Infrastrukturen in diesen Figurationen unterschiedliche Rollen einnehmen. Zum einen gibt es Kollektivitäten, für die Medien in dem Sinne *konstitutiv* sind, dass diese Kollektivitäten ohne Medien nicht existieren können, z. B. Online-Gruppen. Diese von den Medien konstituierten Kollektivitäten sind im Zuge der Mediatisierung aufgekommen, weshalb wir sie ‚medienbasierte Kollektivitäten' nennen. Und dann gibt es Kollektivitäten (z. B. Familien), für die Medien zwar nicht konstitutiv sind, aber die zunehmend durch medienbezogene Kommunikation *konstruiert und geprägt werden:* Diese Kollektivitäten bezeichnen wir als ‚mediatisierte Kollektivitäten'.

Medienbasierte Kollektivitäten

Medien können auf zweierlei Arten Kollektivitäten konstituieren. Erstens können sie *durch ihre Inhalte* einen Rahmen schaffen, der für die Konstruktion solcher Kollektivitäten relevant ist. Zweitens können sie den *Kommunikationsraum* eröffnen, in dem diese Kollektivitäten konstruiert werden, unabhängig von den tatsächlichen Inhalten, die ihre spezifischen Relevanzrahmen erfüllen. Im erstgenannten Fall sind die Medien konstitutiv in dem Sinne, dass sie die sinnhaften Grenzen dieser Kollektivitäten konstruieren. Im zweitgenannten Fall sind die Medien konstitutiv in dem Sinne, dass sie die Kommunikationspraktiken tragen, durch die diese Kollektivitäten stets konstruiert werden. Zwar weist jeder der beiden Typen eine spezifische Dynamik auf, die eine detailliertere Analyse

9.1 Gruppen, Kollektivitäten und tiefgreifende Mediatisierung

erfordert, aber ihnen ist auch etwas gemein: Beide machen die Bezeichnung als ‚medienbasierte Kollektivität' erforderlich.

Die deutlichsten Beispiele für medienbasierte Kollektivitäten sind solche, die sich um sehr bestimmte Medieninhalte drehen (Friemel 2012). Ein Beispiel dafür, das in der Medien- und Kommunikationsforschung oft diskutiert wird, ist das ‚Publikum', insbesondere bei außergewöhnlichen Medienereignissen (Dayan und Katz 1992; Hepp und Couldry 2010; Scannell 2002): Menschen, die im Fernsehen Sportspiele, Zeremonien, außergewöhnliche populäre Sendungen oder vergleichbare ‚Events' verfolgen, die als Quelle kollektiver Identifikation kommuniziert werden. Im späteren Verlauf werden wir ausführlicher erörtern, inwieweit hier Prozesse der Konstruktion von ‚vorgestellten Kollektivitäten' – also Imaginationen von Nationen oder anderen Konstrukten – am Werk sind. Was wir damit sagen wollen, ist, dass diese Menschen, auch wenn sie sich nicht unbedingt einer Gemeinschaft zuzählen, als Zuschauer:innen eines bestimmten Medienspektakels eine loser konnektierte Kollektivität konstituieren können (Kellner 2010: 76, 2011: 127).

In Bezug auf bestimmte Formen von Medieninhalten können wir auch das Entstehen stabilerer Kollektivitäten beobachten, für die „Fangemeinschaften" oder „Fankulturen" ein bekanntes Beispiel sind (Fiske 1989: 146–151; Jenkins 1992; Winter 2010). Medien sind hier in einem doppelten Sinne wichtig: Erstens definieren sie die Relevanzrahmen für solche Figurationen; zweitens sind sie wichtig als Mittel, um diese Kollektivitäten zusammenzuhalten. Im Zuge des Aufkommens der digitalen Medien nahm der mögliche Einfluss dieser Kollektivitäten zu, da eine neue „Politik der Partizipation" möglich wurde, „nicht nur durch die Produktion und Verbreitung neuer Ideen (die kritische Lektüre von Lieblingstexten), sondern auch durch den Zugang zu neuen sozialen Strukturen (kollektive Intelligenz) und neuen Modellen der kulturellen Produktion (Beteiligungskultur)" (Jenkins 2006a: 246). Die Digitalisierung der Fotografie und die Entstehung von Plattformen für das unkomplizierte Austauschen von Bildern, sowohl digital erstellter Bilder als auch digitalisierter Archivbilder, haben es neuen Kollektivitäten ermöglicht, ihren Fokus auf neuartige Formen des Austauschens von Erinnerungen zu richten (MacDonald 2015; van Dijck 2007): So erzählte ein Teilnehmer an Richard MacDonalds Studie: „Ich habe [meine Fotos online] gezeigt, weil es vielleicht dem Gedächtnis von jemand anderem auf die Sprünge hilft" (zit. nach Macdonald 2015: 28). Während wir uns davor hüten müssen, diese kollektiven Kulturen zu romantisieren (Carpentier 2011; Cordeiro et al. 2013; Jenkins und Carpentier 2013), ist es offensichtlich, dass sich mit der Digitalisierung auch der Umfang, die Reichweite und die Regelmäßigkeit solcher Kollektivitäten erweitert haben. Insbesondere eröffnen sich für manche medienbasierte Kollektivitäten nun Möglichkeiten des translokalen Operierens, wenn beispielsweise Menschen aus Taiwan, die sich für japanische und andere ausländische Fernsehsendungen interessieren, diesem Interesse mittlerweile nachgehen können, indem sie die entsprechenden Sender über verschiedene – inoffizielle – Online-Wege live verfolgen können (Tse 2016). Gleichwohl müssen wir uns darüber im Klaren sein, dass die Verwendung des Begriffs ‚Gemeinschaft' als Bezeichnung solcher Kollektivitäten nicht unbedingt hilfreich ist. Schon früh wurde diskutiert, inwieweit „Interpretationsgemeinschaften" (Grossberg 1988; Lindlof 1988; Radway 1984) notwendigerweise Gruppen von Menschen darstellen, die einander kennen und ein Selbstverständnis als Gruppe haben, oder ob es sich tatsächlich um weitaus loser verbundene Kollektivitäten handeln könnte. Eine solche Diskussion gewinnt in dem Maße wieder an Relevanz, wie „die neue digitale Umgebung die Geschwindigkeit von Fankommunikation erhöhte, was zu […] einem ‚just-in time-Fandom' führte" (Jenkins 2006b: 141), eine zielgenaue, bedarfsorientierte Mediennutzungsweise, die teilweise über digitale Plattformen und ‚second screens' parallel zu anderen Formen der Mediennutzung ausgelebt wird. Die Figurationen solcher Fan-Kollektivitäten werden zunehmend vielfältiger, zugleich werden sie immer tiefgreifender mit Medientechnologien verbunden. Anstatt also jede einzelne Fankultur notwendigerweise als eine *spezifische, abgegrenzte* Gemeinschaft zu verstehen, sollten wir sie vielleicht besser als komplexe Figuration von Figurationen verstehen, die verschiedene lokale Gruppen in einem Spektrum von voneinander abhängigen Aktivitäten miteinander verbindet.

Andere medienbasierte Kollektivitäten umfassen verschiedene Arten von ‚Online-Gruppen', und auch hier ist die Frage offen, inwieweit es sich um Gemeinschaften handelt. Vor allem die Eigentümer digitaler Plattformen neigen dazu, ihr Produkt ‚Community' zu nennen und verstehen darunter eher eine Art Forumsfunktion (Deterding 2008; Yuan 2013). Wir sollten uns jedoch davor hüten, solche „technologischen Definitionen von ‚Gemeinschaft'" (Baym 2015: 83) mit soziologischen Begriffsbestimmungen zu vermischen. Im Kern handelt es sich bei Online-Gruppen um Figurationen, die sich mit Bezug auf eine konkrete Plattform und die dort verhandelten Kommunikationsthemen bilden. Aber es bleibt empirisch zu belegen, *ob und inwieweit* diese Kollektivitäten auf dem Weg zu einer Gemeinschaft sind, im Sinne des Weberschen Begriffs der ‚Vergemeinschaftung'. Auf heutigen digitalen Plattformen lässt sich eine *Vielzahl* verschiedener Online-Gruppen auf nur einer Plattform ins Leben rufen, die jeweils auf verschiedenen Themenschwerpunkten basieren; hinzu kommen verschiedene Software-Tools, die sich für die jeweilige Online-Gruppenbildung zunutze machen lassen, z. B. Multi-User-Online-Spiele, bei denen Gaming-Kollektivitäten wie ‚Gilden' gegeneinander spielen und deren Konstruktion von der Gaming-Software auf verschiedene Weise gefördert wird (Williams et al. 2006). Zur Konstruktion von ‚Gilden' kommen beispielsweise parallel zum gespielten Spiel geschaltete Text- oder Video-Chats zum Einsatz: Solche Gaming-Kollektivitäten mögen aus bereits zuvor bestehenden Offline-Beziehungen herrühren, mitunter führen sie im weiteren Verlauf zu Offline-Beziehungen oder sie bestehen ausschließlich in ihrer Online-Form weiter (Domahidi, Festl und Quandt 2014). *Wie intensiv* dabei Gemeinschaft empfunden wird, hängt vom Einzelfall und seiner zugeschriebenen Sinnhaftigkeit ab.

Medienbasierte Kollektivitäten können sich auch lokal und situativ konstituieren, z. B. in Form von ‚Flash Mobs' oder ‚Smart Mobs'. ‚Flashmobs' lassen sich definieren als große Gruppen von Menschen, die sich mithilfe digitaler Medien an einem vorher festgelegten Ort versammeln, eine kurze Aktion durchführen und sich dann schnell wieder zerstreuen (McFedries 2003: 56). Der Begriff „Smart Mobs" (Rheingold 2007: 359) hatte ursprünglich einen spezifischeren politischen Fokus, der jedoch im Laufe der Zeit an Schärfe verloren hat (Houston et al. 2013: 237). Welchen genauen Begriff wir auch verwenden mögen, immer handelt es sich bei derartigen Mobs um Formen von Kollektivitäten, die – digitale – Medien als Voraussetzung für ihre Existenz haben und die an bestimmte lokale Zusammenkünfte oder Situationen gebundene Figurationen sind. Darin ähneln sie anderen neuartigen Formen situativer Kollektivitäten, seien es „Mobile Clubbing" – Gruppen von Menschen, die von Bar zu Bar ziehen, während sie mittels mobiler Medien vernetzt bleiben (Kaulingfreks und Warren 2010: 211) –, „Mobile Gaming" (Frith 2013: 251) oder „Urban Swarms" von Demonstrant:innen (Brejzek 2010: 110). Unabhängig von der Dauer ihres Bestehens sind derlei Figurationen angesichts ihrer engen Bezugspunkte zu den Medien typisch für das Zeitalter der tiefgreifenden Mediatisierung.

Mediatisierte Kollektivitäten

Sogar Kollektivitäten, deren Existenz und Formierung *unabhängig* von Medien bestehen und erfolgen, können Gefüge darstellen, die wir als ‚mediatisierte Kollektivitäten' bezeichnen können: Familien, Peergroups, Migrantengruppen oder Gruppen von sozial ausgegrenzten Menschen sind allesamt Kollektivitäten, deren Formen sinnhafter Zugehörigkeit heutzutage immer auch zum Teil *durch Mediennutzung konstruiert* werden. Hier sehen wir das, was Nancy Baym „vernetzten Kollektivismus" nennt: „Gruppen von Menschen, die sich heutzutage über das Internet und damit verbundene mobile Medien vernetzen, und auch mittels persönlicher Kommunikation, wodurch eine gemeinsame, aber distribuierte Gruppenidentität geschaffen wird." (Baym 2015: 101)

Bezogen auf Familien war und ist Medienaneignung – insbesondere des Fernsehens – eine wichtige Aktivität, mit der Familien als Kollektivität aufrechterhalten werden (Hirsch 1992; Morley 1986, 2001; Peil und Röser 2014). Entscheidend ist dabei allerdings, dass das Aufrechterhalten des Familienlebens sich zu einem medienübergreifenden Unterfangen entwickelt hat (Hasebrink 2014). Wenn Familienfotos auf Online-Plattformen geteilt werden und dadurch ein Familiengedächtnis konstituiert wird (Lohmeier und Pentzold 2014; Pentzold, Lohmeier und Hajek 2016: 2), oder wenn Familienbeziehungen durch die Nutzung digitaler Medien artikuliert werden (Cardoso, Espanha und Lapa 2012: 49–70), ist das gesamte Medienensemble beteiligt. Eine solche Mediatisierung der Familie bringt neue Formen der Figuration der Familie hervor, insbesondere solcher Familien, die über weite Entfernungen verstreut leben und bei denen die Familienmitglieder untereinander gleichzeitig enge Beziehungen pflegen (Greschke 2012; Madianou und Miller 2012: 128–135): Ihr Ensemble *verschiedener* Medien (Mobiltelefone, Video-Telefonie über das Internet, E-Mail, SMS, digitale Plattformen) ermöglicht es, Familienrollen wie die der ‚Mutterschaft' über große Entfernungen hinweg aufrechtzuerhalten. Doch zugleich wandeln sich mit den Medien das ‚Gefühl', die ‚Textur' und die ‚Sinnhaftigkeit' familiärer Beziehungen: Beispielsweise bleiben die Beziehungen zwischen Eltern und Kindern, wenn sie mittels Videokonferenzen, Telefongesprächen und Mobiltelefonüberwachung konstruiert werden, distanzierter als Beziehungen, die hauptsächlich in Face-to-Face-Interaktionen konstruiert werden (Madianou und Miller 2012: 103–123).

Ähnliches gilt für Peergroups. Die Erkenntnis ist nicht neu, aber deswegen nicht weniger bedeutsam: Peergroups, vor allem von Jugendlichen, sind heutzutage in erheblichem Maße durch ihre Mediennutzung geprägt, nicht zuletzt, weil die medienvermittelte Populärkultur für sie einen relevanten Bezugspunkt darstellt. Und so findet die *gruppenbezogene* Kommunikation junger Peergroups zunehmend mittels Medien statt: über Smartphones, digitale Plattformen und Chat-Apps (Buckingham und Kehily 2014). Die Mitglieder von Peergroups fühlen sich unter Druck, sich die jeweils angesagten bzw. gefragten Medien anzueignen und die für sie spezifischen Regeln der Kommunikation zu erfüllen (Hepp, Berg und Roitsch 2014: 175–198). Die Gruppenzugehörigkeit wird durch den Zugang zu bestimmten Medienensembles *definiert,* sodass eine Nichtnutzung dieser bestimmten Medien zum Ausschluss aus der Gruppe führen kann. Anders ausgedrückt: Im Zeitalter der tiefgreifenden Mediatisierung wird die Zugehörigkeit zu einer Peer-Group durch die Aneignung ihres Medienensembles *inszeniert.*

Für die Mediatisierung von Kollektivitäten finden sich auch bezogen auf Migrantengruppen Belege. Heutzutage ist schon der Akt des Migrierens an sich stark medial verflochten: Das ‚Bild' von dem Ort, an den man migriert, sowie das mögliche Migrationsnetzwerk werden bereits *vor* dem eigentlichen Migrationsakt über das Internet erschaffen und aufgebaut (siehe Braune 2013). Die Migration selbst erfolgt mittels digitaler Plattformen und Smartphones, die im Zusammenspiel eine detaillierte Navigation, fortlaufende Information sowie die Dokumentation des Migrationsprozesses ermöglichen. Die Relevanz dieser Medien steht in engem Zusammenhang mit der als „Informationsprekariat" (Wall, Otis Campbell und Janbek 2015: 2) bezeichneten Situation von Geflüchteten, die in großen Lagern untergebracht sind: ohne technologischen und sozialen Zugang zu relevanten Informationen, mit irrelevanten, mitunter gefährlichen Informationen, nicht in der Lage, die Zirkulation ihrer eigenen Bilder zu kontrollieren, und unter ständiger Gefahr der Überwachung durch staatliche Behörden. Als „konnektierte Migranten" (Diminescu 2008: 568) sind Flüchtlinge auf ihrer Route an verschiedenen mediatisierten Kollektivitäten beteiligt, bauen sie unterwegs mediatisierte Supportgruppen auf und halten sie gleichzeitig Kontakt zu Familie, Freund:innen und anderen an ihrem Herkunftsort. Mithilfe der Medien ist es Migrant:innen immer schon möglich gewesen, über verschiedene, vor allem ‚kleinere Medien' Kontakt zu ihrer weitergefassten Gruppe von Migrant:innen zu halten (Dayan 1999: 22). Doch mit der Digitalisierung nehmen diese Möglichkeiten deutlich zu (Leurs 2015: 103–242).

Die tiefgreifende Mediatisierung kann auch zu einer Transformation dessen führen, was stark marginalisierte Gruppen erleben. Ein markantes Beispiel sind obdachlose Menschen. Lange Zeit kam Medien in Obdachlosenunterkünften und dergleichen Einrichtungen eine Rolle als Unterhaltungsquelle und als Möglichkeit der Vergemeinschaftung zu (Fiske 1993: 3–5). Im Zuge der Verbreitung der digitalen Medien werden in medial gesättigten Gesellschaften nun auch obdachlose Menschen zu regelmäßigen Nutzer:innen digitaler Technik, insbesondere von Smartphones (siehe für die USA Pollio et al. 2013). Sie nutzen diese Technologien für organisatorische Angelegenheiten, zur Kontaktpflege mit Freund:innen und Familien und zur Kollektivitätsbildung (Woelfer und Hendry 2012: 2828–2831). Ihre Mediennutzung geht über eine reine Selbstrepräsentation – wie bei den Obdachlosenzeitungen – hinaus (Koch und Warneken 2014). Parallel zu ihrem Leben auf der Straße dreht sich ihre Mediennutzung eher darum, mit bereits bestehenden Kollektivitäten in Kontakt zu sein und zu bleiben.[7]

---

[7] Auf diese Weise eingebunden zu bleiben, kann für obdachlose Menschen wichtig sein, da es ein gewisses Maß an ontologischer Sicherheit für ihr Leben auf der Straße bietet (Hepp, Lunt und Hartmann 2015: 186–189).

Einige sich abzeichnende Prinzipien
Es liegt auf der Hand, dass die Besonderheiten und möglichen Transformationen der bisher angesprochenen Kollektivitäten nicht allein auf die Medien bezogen werden können. Weitere treibende Kräfte sind Individualisierung (Beck und Beck-Gernsheim 2001; Burzan 2011), Globalisierung (Tomlinson 1999; Slater 2013; Waisbord 2013a) und Kommerzialisierung (Lash und Lury 2007; Lupton 2013). Doch wenn man sich diese weiteren Metaprozesse des Wandels vor Augen hält und ‚medienbasierte' und ‚mediatisierte Kollektivitäten' vergleicht, wird deutlich, dass sich Kollektivitätsbildung nicht in eine einzige Form individualisierter Netzwerke auflöst. Auch im Zeitalter der tiefgreifenden Mediatisierung sind Kollektivitäten weiterhin sinnhafte Einheiten des menschlichen Lebens, aber in vielfältiger Weise transformiert werden sie durch Prozesse der Mediatisierung.

Dabei fällt dreierlei auf:

1. *Medieninhalte werden zu wichtigen Ressourcen für die Definition von Kollektivitäten,* wann immer Medieninhalte zu einem ‚Thema' werden, um das herum diese Kollektivitäten konstruiert werden. Besonders deutlich wird dies bei medienbasierten Kollektivitäten wie Fankulturen, die überwiegend durch eine gemeinsame Begeisterung für einen bestimmten Medieninhalt – eine Serie, ein Genre usw. – geprägt sind. Aber es gilt auch für mediatisierte Kollektivitäten, seien es Familien oder Peer-Groups, die sich verschiedene Arten von Medien bei der Konstruktion ihrer Moralvorstellungen, Regeln, Grenzen und gemeinsamen Erlebnisse aneignen. Während solche Inhalte vor einem Jahrzehnt typischerweise über Massenmedien, also Print, Film, Radio, Fernsehen, kommunikativ vermittelt wurden und der Zugang zu ihnen beschränkter war als heutzutage, ist inzwischen über Online-Verbreitungswege eine große Vielfalt symbolischer Ressourcen zugänglich. Damit hat sich das Spektrum *möglicher* Kollektivitäten grundlegend erweitert.
2. *Medien sind Mittel zur Konstruktion von Kollektivitäten,* insbesondere für Online-Gruppen, die konstitutiv auf ihren Online-Kommunikationsraum angewiesen sind, aber auch für jene Peer-Groups und Familien, die untereinander mithilfe der Nutzung von Medien wie Smartphones in Verbindung kommen. Akteurkonstellationen können über große Entfernungen hinweg aufrechterhalten und Kollektivitäten können auf Distanz synchron erlebt werden, selbst unter Umständen intensiver Mobilität, sei es von Einzelpersonen oder der gesamten Kollektivität. Neue Texturen von Kollektivität entstehen durch eine Vielzahl von Medienensembles sowie durch sehr unterschiedliche Möglichkeiten der Konstruktion von Kollektivitäten. Gemeinsam bestimmen die spezi-

fischen Merkmale einer Kollektivität und die kommunikativen Fähigkeiten ihres Medienensembles ihre Möglichkeiten der Transformation.
3. *Medien lösen in Kollektivitäten Dynamiken aus.* Dabei kommt es weniger auf das einzelne Medium an als auf das gesamte Medienensemble,[8] dessen Dynamik jedoch sehr unterschiedlich sein kann: Zugang zu bestimmten Medien zu haben, kann für die Mitgliedschaft in einer bestimmten Kollektivität von grundlegender Bedeutung sein. Auch können die Medien die Kommunikation innerhalb von Kollektivitäten beeinflussen. So sind beispielsweise Online-Gruppen für ihre Praktiken des ‚Flamings' bekannt, die auf der fehlenden Ko-Präsenz ihrer Mitglieder beruhen. Selbst in mediatisierten Kollektivitäten ist das Ausmaß, in dem Mitglieder ‚always on' sind, folgenreich für die Qualität ihrer Kommunikation.

In Anlehnung an die ursprünglichen Überlegungen von Hubert Knoblauch (2008) können wir eine Verlagerung von ‚Kollektivitäten *reiner* Ko-Präsenz' zu ‚Kollektivitäten *multimodaler* Kommunikation' nennen. Damit wollen wir darauf hinaus, dass vor der Verbreitung der heutigen Kommunikationsmedien menschliche Kollektivitäten mit einer Ko-Präsenz verbunden waren, in denen jede:r jede:n kannte, Praktiken typischerweise geteilt wurden und Kernwissen für die gesamte jeweilige Kollektivität kennzeichnend war. Dies ist die Konzeption von Gemeinschaft, die sich in klassischen Werken über Gemeinschaften findet (Tönnies 2001 [1935]). Doch mit den aufeinanderfolgenden Mechanisierungs-, Elektrifizierungs- und Digitalisierungsschüben gewannen weitere Arten von Kollektivitäten an Bedeutung, die wir ‚Kollektivitäten multimodaler Kommunikation' nennen können. Basierend auf und geprägt durch vielfältige Medienensembles, weniger verwurzelt in direktem Erleben, sondern in gemeinsamen Prozessen der medienvermittelten Kommunikation, werden derlei ‚Kollektivitäten multimodaler Kommunikation' immer dann zu Gemeinschaften, wenn sie ein ‚gemeinsames Wir' sowie langfristige Strukturen aufbauen. Ein wichtiges Charakteristikum der tiefgreifenden Mediatisierung besteht jedoch in der *unterschiedlichen Intensität* solcher Kollektivitäten und der Rolle, die die Wahl *zwischen* den Medienmodalitäten, also Medienoptionen innerhalb der Mannigfaltigkeit der Medien, bei der Herausbildung von untereinander eindeutig unterscheidbaren Kollektivitäten einnimmt, sprich: das, was sie ‚multimodal' macht. Weit entfernt von einem generellen Übergang zu

---

[8] Medienensembles können, wie Charles Hirschkind für den vordigitalen Kontext der Kassettenpredigten bemerkt, die in Ägypten zumindest bis Mitte der 2000er-Jahre sehr populär waren, „auf das menschliche Sensorium, auf die Affekte, Sensibilitäten und Wahrnehmungsgewohnheiten [eines] großen Publikums" einwirken und „Praktiken der öffentlichen Geselligkeit" verändern (2006: 2 f.).

rein ‚persönlichen' Netzwerken sehen wir in einem Zeitalter der tiefgreifenden Mediatisierung ein *differenzierteres Spektrum* von Kollektivitäten, zum Teil deshalb, weil inzwischen auch ältere, noch von Ko-Präsenz geprägte Kollektivitäten inzwischen mediatisiert sind.

9.2 Das politische Projekt der vorgestellten Kollektivitäten

Bisher haben wir über Kollektivitäten gesprochen, deren Mitglieder miteinander in Interaktion stehen. Aber wir müssen auch Kollektivitäten berücksichtigen, die durch bestimmte Arten der *Repräsentation* dieser Kollektivität konstruiert werden. Dabei wird stets eine, ob kleinere oder größere, Anzahl von Personen adressiert, die einerseits untereinander nicht in persönlichem Kontakt miteinander stehen, und die andererseits gleichzeitig angesprochen werden. Historisch gesehen können wir unter vorgestellten Kollektivitäten Religionsgemeinschaften fassen und später die Nation als ‚vorgestellte Gemeinschaft', die durch Printmedien und elektronische Massenmedien wie Radio und Fernsehen konstruiert wird. Die Akteur:innen, die diese Kollektivitäten konstruierten, waren in der Regel mächtig: Kirchen, politische Staatsinstitutionen und ihre Vertreter:innen. Im Zuge der tiefgreifenden Mediatisierung ist das ‚Vorstellen' von Kollektivität jedoch zu einem zunehmend umkämpften Feld geworden.

Vorgestellte politische Gemeinschaften
Ursprünglich beinhaltete die Nation als ‚vorgestellte Gemeinschaft' die Idee, dass nationale öffentliche Medien entscheidend an der Konstruktion dieser vorgestellten Gemeinschaft beteiligt sind. In seiner aufschlussreichen Analyse betonte Benedict Anderson „Roman und Zeitung" als hierfür zentral, denn sie „lieferten die technischen Mittel, d. h. die Repräsentationsmöglichkeiten für das Bewußtsein von Nation" (Anderson 2005 [1983]: 32). Aus einer solchen Perspektive liegt in der „Entwicklung von Druckerzeugnissen" der Schlüssel zum Verständnis der Konstruktion eines kommunikativen Raums, der die Möglichkeit eröffnete, sich ein „Nationalbewußtsein […]" vorzustellen (Anderson 2005 [1983]: 44). Später stellten die elektronischen Medien – vor allem Radio und Fernsehen – den „Druckmedien Verbündete an die Seite, die vor einem Jahrhundert noch nicht zur Verfügung standen" (Anderson 2005 [1983]: 134). Auf diese Weise wurden die Kommunikationsprozesse noch intensiviert, die die Konstruktion von Nation ermöglichten.

9.2 Das politische Projekt der vorgestellten Kollektivitäten

Es wäre jedoch ein Fehler, diese medienvermittelte Repräsentation der Nation als einen *expliziten* Diskurs über die Nation als politische Einheit zu verstehen. Vielmehr handelt es sich um einen „banalen (also allgegenwärtigen und doch kaum wahrgenommenen, Anm. d. Ü.) Nationalismus", eine routinemäßige Repräsentation der Nation als Identifikationspunkt auf „profane Weise" (Billig 1995: 6). Dieser Konstruktionsprozess entfaltet seine Kraft dadurch, in Medienrepräsentationen ein jeweiliges ‚Heimatland' als ein ‚Hier' und die Gruppe der in dieser Heimat lebenden Menschen als ein ‚nationales Wir' zu artikulieren. Reibungen und Konflikte mit anderen Menschen bzw. ‚Völkern' werden zu einem Wettbewerb der ‚Nationen'; und selbst das Wetter ist etwas, das automatisch mit einem nationalen Territorium in Bezug gesetzt wird. Dieses „ständige Flaggenhissen" der Nation gewährleistet jedenfalls eines zuverlässig: „Was auch immer in einer Welt der Informationsüberflutung vergessen wird, unsere Heimatländer vergessen wir nicht" (Billig 1995: 127). Und auch heutzutage noch setzt sich dieser Prozess der Konstruktion der Welt als eine Welt, die sich aus Nationen zusammensetzt, fort, beispielsweise auf Online-Plattformen, auch wenn diese gar nicht an ein nationales Territorium gebunden sind (Hepp et al. 2016: 112–121; Skey 2014). Für zahlreiche Arten von politischen Akteur:innen – Politiker:innen, Parteien, Regierungen und Journalist:innen – bleibt die vorgestellte Gemeinschaft der Nation der wesentliche Bezugspunkt für die Konstruktion der sozialen Ordnung. Dadurch wird die Imagination der Nation als eine ‚quasi-natürliche' Lebens- und Identifikationseinheit fortgeschrieben: „Es ist eine Lebensform, in der ‚wir' ständig eingeladen sind, uns zu Hause, innerhalb der Grenzen des Heimatlandes, zu entspannen" (Billig 1995: 127).

Im Zuge der Globalisierung im Allgemeinen und der Globalisierung der Medien im Besonderen schwächten sich solche sozialen Imaginationen jedoch ab (Hepp 2014: 19–46; Taylor 2004). *Neben* dem ‚Projekt' der Konstruktion der Nation als Kollektivität gewannen auch weitere Arten von ‚Projekten' der Vorstellung von Kollektivität an Verbreitung. Ein bekanntes Beispiel dafür ist die ‚Gemeinschaft der Europäer:innen', die analog zum Fall der Nation als ‚Gemeinschaft der Kommunikation' verstanden werden kann (Risse 2010: 157): sie wird durch kollektive Kommunikationsprozesse vorgestellt. Der zugrunde liegende kommunikative Raum ist dabei eine *transnationale* und *multilinguale* Öffentlichkeit, die sich aus der zunehmenden grenzüberschreitenden Diskussion europäischer Themen sowie einem zunehmenden Monitoring europäischer politischer Angelegenheiten in Brüssel ergibt (Koopmans und Statham 2010: 63–96; Risse 2015: 144–153; Wessler et al. 2008: 40–54). Ungeachtet dessen, dass auf der Ebene der Alltagserfahrung diese Art der vorgestellten Kollektivität dem ‚natürlichen' Charakter der

Nation nicht entspricht, können wir eine fortwährende Konstruktion eines ‚banalen' im Sinne eines allgegenwärtigen, wenn auch umstrittenen Europäertums beobachten (Hepp et al. 2016: 217–231).

Alternative Wege, sich Kollektivität vorzustellen
Aber solche weiteren auf Territorien bezogene Gemeinschaften sind nur eine von zahlreichen Möglichkeiten, sich Kollektivität vorzustellen. Im Zuge der tiefgreifenden Mediatisierung sehen wir eine Vielzahl weiterer Öffentlichkeiten und vorgestellter Kollektivitäten, die teilweise miteinander konfligieren und teilweise miteinander verbunden sind (Baym und boyd 2012: 321). Dies beginnt mit „persönlichen Öffentlichkeiten" (Schmidt 2013: 121) oder „privaten Sphären" (Papacharissi 2010: 161), die sich um bestimmte Personen gruppieren, und endet mit den „vernetzten Öffentlichkeiten" (Benkler 2006: 11; boyd 2008: 61) digitaler Plattformen, die sich durch besondere kommunikative Architekturen auszeichnen, die diese Kommunikationssphären ermöglichen (Loosen und Schmidt 2012: 6). Um einige Themen herum entstehen situative „Issue Publics" (Lippmann 1993 [1925]; Marres 2007) über verschiedene digitale Medien, einschließlich des Mobiltelefons selbst (siehe Wasserman 2011 zu Mobiltelefonen und politischer Partizipation in Afrika). Was wir hier feststellen können, ist eine erhebliche Ausdifferenzierung und Vervielfachung der verschiedenen Räume der politischen Kommunikation, die insbesondere durch die zugrunde liegenden Ungleichheiten der sozioökonomischen Ressourcen geprägt ist. Dies macht ein „kontextzentriertes Modell" der Rolle der Medien bei der Kollektivitätsbildung unabdingbar (Wasserman 2011: 150). Zwar ist uns daher nicht einmal die gesamte Vielfalt der vorgestellten Kollektivitäten bekannt, die solche Öffentlichkeiten tragen, aber was wir wissen, ist, dass sie sich weit über die Grenzen oder Bezugspunkte von Nationalstaaten oder Konföderationen hinaus erstrecken.

Um dies näher zu erkunden, lohnt es sich, den Fall des Online-Bloggens zu betrachten. Unter dem Begriff „Blogosphäre" (Schmidt 2007: 1409) wird ein Online-Raum von Blogger:innen verstanden, die mehr oder weniger eng miteinander verbunden sind. Typischerweise werden diese Beziehungen als Netzwerke technischer (Bruns 2007; Reese, Hyun und Jeong 2007) oder semantischer Verknüpfungen – gegenseitiger – persönlicher Referenzen (Tække 2005; Vicari 2015) visualisiert. Die Kernfrage ist hier, welche Arten von Kollektivitäten von diesen Blogger:innen gebildet werden. Zum Teil werden sie als eine Art „praktikengestützte Gemeinschaften" (engl. „communities of practice", Wenger 1999) verstanden, die sich mit einem bestimmten Thema beschäftigen, sich mehr oder weniger aufeinander be-

9.2 Das politische Projekt der vorgestellten Kollektivitäten

ziehen und so letztlich eine Diskursarena bilden.[9] Es stellt sich jedoch erneut die Frage, inwieweit der Begriff ‚Gemeinschaft' hilfreich ist bzw. ob diese Gemeinschaft allein durch das gemeinsame Interesse der beteiligten Blogger:innen definiert wird. Die Situation wird noch komplizierter, wenn wir die Leser:innen der Blogger:innen berücksichtigen. Die „intensive affektive Vereinigung" (Stage 2013: 216) des Bloggens rund um ein bestimmtes Thema kann zu „Online Crowds" mit einer je eigenen Dynamik führen: Mitglieder solcher Kollektivitäten kommen auf bestimmten Online-Sites zusammen, imaginieren sich als eine Art Kollektivität rund um ein politisches Interessengebiet und artikulieren ihre politische Position auf affektive Weise.[10] Angesichts eines solchen „Online Crowdings" werden wir Zeug:innen der Vereinigung und der relativen Synchronisation von Öffentlichkeiten in Bezug auf bestimmte politische Themen durch gemeinsame affektive Praktiken (Stage 2013: 216) und spezifischer Gefühlsstrukturen (Papacharissi 2015: 116, in Anlehnung an Williams 1958).

Die Vervielfachung potenzieller Öffentlichkeiten vervielfacht auch die Möglichkeiten, Arten von vorgestellten Kollektivitäten zu konstruieren. Die bekanntesten Beispiele dafür sind soziale Bewegungen. Während soziale Bewegungen eine lange Tradition der Imagination von Kollektivitäten haben – das bekannteste Beispiel dafür ist die internationale sozialistische Bewegung –, zeichnen sich sogenannte neue soziale Bewegungen (Porta 2013; Rucht und Neidhart 2002) wie die Umwelt- oder Alter-Mondialismusbewegung durch ihre *globalen* Imaginationen von Kollektivität aus, die sich jenseits jeglicher nationaler oder supranationaler politischer Einheiten bewegen. Gestützt auf Medien(-technologien) zielen diese Bewegungen auf Transformationen auf globaler Ebene ab (Klein 2000) und stellen neue Imaginationen von Kollektivität auf der Grundlage gemeinsamer „Projektidentitäten" (Castells 2003: 12) und des Angebots von „Netzwerken der Hoffnung" (Castells 2012) in den Raum. Es gibt jedoch gute Argumente, bei solchen Behauptungen vorsichtig zu sein. Soziale Bewegungen verfügen heutzutage sicherlich über bessere Ressourcen für die Kollektivitätsbildung als vor der Digitalisierung: ein bekanntes Beispiel aus der jüngeren Zeit war die ‚Occupy-Bewegung'.[11] Gleichzeitig eröffnet das Internet aber auch politischen Eliten zahlreiche Möglichkeiten, die Art und Weise, wie sie sich in Machtpositionen behaupten, zu intensivieren und zu diversifizieren (Chadwick 2006: 202). Daher könnte das transformative Potenzial neuer politischer Kollektivitäten weitaus begrenzter sein, als

---

[9] Siehe Ekdale et al. 2010: 218–220; Schmidt 2007: 1411–1418.
[10] Siehe Olofsson 2010: 770–772; Striphas 2015: 401–403.
[11] Siehe Crane und Ashutosh 2013; Juris 2012; Kreiss und Tufekci 2013; Penney und Dadas 2014; Salvo 2013.

ihre eigenen Imaginationen vermuten lassen. Im Zuge der Digitalisierung wandelt sich jedoch der tatsächliche Charakter sozialer Bewegungen. Es entsteht ein Spannungsfeld zwischen einerseits loser konnektierten, individualisierten Formen politischen Handelns und andererseits neuen Wegen, politische Kollektivität tatsächlich zu konstruieren. Während die beiden Typen auf den ersten Blick widersprüchlich erscheinen, zeigt ein zweiter Blick, dass beide Ausdruck der sich wandelnden Figurationen sozialer Bewegungen und ihrer Imaginationen von Kollektivität sind.

In einem wichtigen Buch beschreiben W. Lance Bennett und Alexandra Segerberg diese Verlagerung in den sozialen Bewegungen als eine Verschiebung von einer „Logik kollektiven Handelns" hin zu einer „Logik konnektiven Handelns" (Bennett und Segerberg 2013: 27). Bei digitalen Medienplattformen, so argumentieren sie, lassen sich drei Arten von Figurationen sozialer Bewegungen unterscheiden: Erstens gibt es „kollektives Handeln", das in Figurationen von „organisatorisch ausgehandelten Netzwerken" stattfindet, die durch eine starke organisatorische Koordination des Handelns gekennzeichnet sind. Medientechnologien werden hier eingesetzt, um die Beteiligung zu steuern und die organisatorischen Ziele sowie die Kommunikation weiterer Ziele zu koordinieren. Zweitens gibt es eine Form „konnektiven Handelns", die durch mit organisatorischer Unterstützung in die Lage versetzte Netzwerke mit einer loseren Koordinierung des Handelns verwirklicht wird: Medientechnologien unterstützen hier kommunikative Praktiken, die stärker personalisierte Handlungsformen ermöglichen. Und drittens gibt es eine andere Form „konnektiven Handelns", die von Netzwerken unterstützt wird, die von einer Vielzahl von Menschen getragen werden und die nur wenig oder gar keine formale organisatorische Koordination aufweisen. Hier sehen wir einen breit gefächerten persönlichen Zugang zu vielschichtigen Medientechnologien und Kommunikationsformen, in deren Mittelpunkt das emergente persönliche Handeln steht. Diese dreifache Unterscheidung mag das Geschehen sicherlich idealisieren. Klar ist aber, dass sie sich mit den vielfältigen Folgen der digitalen Medien für die Struktur heutiger sozialer Bewegungen auseinandersetzt: Digitale Plattformen unterstützen *sowohl* hierarchisch verfasste soziale Bewegungen *als auch* ein stark individualisiertes politisches Engagement, das eher „ich-zentriert" ist (Langlois et al. 2009: 418; siehe auch Fenton und Barassi 2011: 180).

Doch wir müssen uns sehr davor hüten, diese potenzielle Verlagerung mit einem Verschwinden der Imaginationen von Kollektivität zu verwechseln. Selbst weitaus losere Figurationen kreisen weiterhin um die Konstruktion vorgestellter (politischer) Kollektivitäten. In einer gründlichen Analyse belegte Anastasia Kavada (2015) dies für die Occupy-Bewegung, die Proteste ohne formelle Organisation umfasste, unterstützt von einer sehr offenen Figuration von Aktivist:innen, die

9.2 Das politische Projekt der vorgestellten Kollektivitäten 231

durch Protest- und medienbasierte Kommunikationspraktiken verbunden waren. In einer solchen offenen Figuration „bildeten die Follower:innen der Social-Media-Plattformen einen äußeren Ring, während der innere Ring Aktivist:innen umfasste, die regelmäßig an den physischen Besetzungen teilnahmen" (Kavada 2015: 879). Aufgrund der Nutzung digitaler Medienplattformen wurde es möglich, zwei Arten von Kollektivitäten zu konstruieren: erstens die Kollektivität der Gruppe, die auf den Straßen und in den Parks protestierte, und zweitens eine Kollektivität, die die Ereignisse verfolgte, eine Art vorgestellte Kollektivität von Followern. Occupy wurde auch deshalb zu einer Bewegung mit transnationalem Einfluss, weil sie *symbolische* Ressourcen bot, mit denen man sich als Teil einer solchen breiteren Kollektivität vorstellen konnte, wodurch sie ihre eigene Ausbreitung über die Figurationen lokaler Proteste hinaus befeuerte. Solche offeneren Strukturen der Protestorganisation führen nicht standardmäßig zu einem ‚ich-zentrierten Protest', sondern vielmehr zu einer differenzierteren Imagination von „Protestkollektivität" (siehe Kavada 2015: 883). In dieser Kollektivität können all diejenigen einen Platz finden, die sich der „99-Prozent"-Bewegung gegen den globalen Kapitalismus zuzählen.

Kollektivitäten für den Medienwandel

Soziale Bewegungen sind sich heutzutage dessen bewusst, wie wichtig Medientechnologien für soziale Prozesse im Allgemeinen und für Kollektivitätsbildung im Besonderen sind. Folglich betrachten sie Medien und deren Infrastrukturen ihrerseits zunehmend als *Gegenstand* politischen Engagements. Wurzeln hierfür finden sich in den „alternativen" und „radikalen" Medienbewegungen der 1970er-Jahre (Atton 2002; Downing 1984; Rodriguez 2001), die auf „alternative" Formen von Öffentlichkeit abzielten (Negt und Kluge 1993: 94, 127). Als wichtige Beispiele in Bezug auf Netzwerkinfrastruktur und digitale Medien sind die ‚Hackerbewegung' und die ‚Open-Source-Bewegung' zu nennen. Das politische Ziel der Hackerbewegung war es, die Einflüsse der zunehmenden Omnipräsenz von Computern und Datenkommunikation öffentlich bekannt und damit politisch verhandelbar zu machen (Levy 1984). Der Schwerpunkt der ‚Open-Source-Bewegung' lag zunächst auf der Förderung einer bestimmten Form nichtproprietärer Softwareentwicklung; später wurde daraus eine politische Bewegung, die mit einem allgemeinen politischen Engagement für den ‚offenen Zugang' zu Informationen verflochten war: die ‚Open-Data-Bewegung' (Baack 2015). Ein bemerkenswertes hybrides Beispiel ist der Chaos Computer Club, eine der größten Hackerorganisationen der Welt und Europas älteste ihrer Art (Kubitschko 2015). Zu den jüngeren Beispielen gehört die technologiegetriebene ‚Repair-Café-Bewegung', die die Kompetenzen von Hacker:innen mit dem Engagement für Nachhaltigkeit und eine Nullwachstumswirtschaft verbindet (Kannengießer 2017, 2018). Kollektivitäten wie diese *nutzen* die Medien und ihre Infrastruktur nicht nur, um ihr Engagement für bestimmte politische Ziele zu unterstützen; sie betrachten die Medien und ihre Infrastruktur *an sich als einen Gegenstand* des politischen Engagements.

Diese Fokussierung bestimmter Kollektivitätsbewegungen auf miteinander in Wettbewerb stehende *Medien* ist ein allgemeines Charakteristikum des Zeitalters der tiefgreifenden Mediatisierung: In einer solchen Ära werden Medien und Arten der Reflexion über Medien Teil des Materials, aus dem die soziale Welt aufgebaut ist, und so kommen beispielsweise auch größere Kollektivitäten *als solche* zusammen. Bekannte Beispiele aus der jüngeren Zeit sind die „medienbezogenen Pioniergemeinschaften" (Hepp 2016) wie die „Quantified-Self-Bewegung" (Boesel 2013; Lupton 2015; Nafus und Sherman 2014) oder die „Maker-Bewegung" (Anderson 2012; Hyysalo et al. 2014; Toombs, Bardzell und Bardzell 2014).[12] Auch wenn diese Kollektivitäten sich selbst als ‚Bewegungen' bezeichnen, handelt es sich bei ihnen eigentlich vielmehr um Hybride zwischen sozialen Bewegungen und Thinktanks. Wie soziale Bewegungen verfügen Pioniergemeinschaften über informelle Netzwerke, eine kollektive Identität und ein gemeinsames Handlungsziel. Insbesondere kommen sie „technologie- und produktorientierten Bewegungen" sehr nahe (Hess 2005: 516), wie der Open-Source-Bewegung (Tepe und Hepp 2008). Anders als soziale Bewegungen befinden sich Pioniergemeinschaften in der Regel nicht in konfliktgetriebenen Beziehungen mit identifizierbaren Gegnern: Sie sind in der Tat offener für Formen des Unternehmertums und der Politikgestaltung, was ihnen eine Affinität zu Thinktanks verleiht (McGann und Sabatini 2011; Shaw et al. 2014; Stone, Denham und Garnett 1998). Pioniergemeinschaften teilen dabei mit Thinktanks die Fähigkeit, Ideen hervorzubringen, und das Bestreben, sowohl die Öffentlichkeit als auch politische Entscheidungsträger:innen zu beeinflussen.

Die Imaginationen, die *all* diese Kollektivitäten charakterisieren, richten sich auf Medientechnologien. Die ‚Quantified-Self-Bewegung' kennzeichnet sich durch ihre Vorstellung von verbesserten Formen der Gesundheitsversorgung durch

---

[12] Diese Pioniergemeinschaften gehören zu einer längeren Tradition der Kollektivitätsbildung durch internetbasierte Medien; siehe z. B. Rheingold 1994 über „virtuelle Gemeinschaften", (Castells 2005: 47–75) über die „virtuelle kommunitäre Kultur" innerhalb der „Internet-Kultur", oder Turner 2006 über die sogenannten „Neuen Kommunalisten", die sich „weg von der politischen Aktion hin zur Technologie und der Transformation des Bewusstseins als primäre Quellen des sozialen Wandels" wandten (Castells 2005: 4). Vgl. allgemein Streeter 2010.

9.2 Das politische Projekt der vorgestellten Kollektivitäten

kollektive Selbstvermessung und die Akkumulation persönlicher und kollektiver Daten. Die ‚Maker-Bewegung' teilt die Vorstellung, dass neuartige Technologien dezentralisierte Produktionsformen und neuartige Kollektivitäten der Wertschöpfung ermöglichen werden, die die traditionellen Formen der – industriellen – Produktion verdrängen werden. All diesen Pioniergemeinschaften ist gemein, dass sie ihre Imaginationen transkulturell verbreiten.[13] Wir könnten unsere Analyse fortsetzen und etliche weitere Beispiele erörtern, seien es religiöse Kollektivitäten[14] oder transnationale politische Kräfte, die immer mehr auf der Kollektivitätsbildung durch die Medien beruhen.[15]

Doch auch hier wollen wir auf etwas Allgemeineres hinaus, und zwar darauf, dass wir *einen Wandel in der Art und Weise erleben, wie Kollektivitäten zu politischen Zwecken imaginiert werden*. Während die mediale Imagination von Kollektivität lange Zeit überwiegend mit der Imagination der Nation verbunden war, stehen wir heutzutage weitaus vielfältigeren und konfliktreicheren Imaginationsprozessen gegenüber, die sich nicht mehr ohne Weiteres in den Container gut eingebundener ‚nationaler Projekte' integrieren lassen. Im Rückblick stand das Projekt der Imagination der Nation im engen Zusammenhang mit den Mechanisierungs- und Elektrifizierungsschüben und mit den jeweiligen nationalen Medieninfrastrukturen, auf denen sie beruhen, ob wir nun nach Frankreich, in die USA oder in das koloniale Nigeria zurückblicken (Flichy 1995; Larkin 2008; Starr 2005). Der Höhepunkt der kommunikativen Konstruktion der Nation ereignete sich in der zweiten Hälfte des zwanzigsten Jahrhunderts. Im Zuge der tiefgreifenden Mediatisierung und ihrer vielfältigen konfigurierten Medieninfrastrukturen werden auch die politischen Projekte zur Imagination von Kollektivitäten ihrerseits vielfältiger und dabei auch widersprüchlicher.

Dabei fällt zweierlei auf. Erstens lösen sich die kommunikativen Räume der Konstruktion dieser imaginierten Kollektivitäten zunehmend von territorialen Grenzen. Dies bedeutet zwar nicht, dass das Projekt der Imagination nationaler Gemeinschaften zu einem Ende gekommen ist. Doch solche Imaginationen stoßen zunehmend auf mediatisierte ‚alte' und ‚neue' Imaginationen von Kollektivität:

---

[13] Die Quantified-Self- und die Maker-Bewegung hatten ihren Ursprung in der „Bay Area", dem Gebiet um die Bucht von San Francisco, versuchten aber schnell, ihren Einfluss auf Nordamerika, Europa und andere Teile der Welt auszudehnen. Für Einzelheiten siehe Hepp 2016.

[14] Siehe insbesondere Hoover 2006; Hjarvard 2011; Lundby 2013; Clark 2011; und die Beiträge in der Sonderausgabe 1/2016 von „Media, Culture and Society" über Medien und Religion.

[15] Zu dieser Diskussion siehe Freedman und Thussu 2012; Seib und Janbek 2011; Weimann 2004; und zuletzt Berger 2015; Gates und Podder 2015; und Zelin 2015.

Supranationale Imaginationen rangeln sich mit nationalen Imaginationen um die Vorherrschaft, während soziale Bewegungen neue Imaginationen transnationaler und transkultureller politischer Zugehörigkeit anbieten und neue Typen medienorientierter Kollektivität entstehen. Ein Charakteristikum der tiefgreifenden Mediatisierung ist die *parallele* Existenz dieser widersprüchlichen Imaginationen von Kollektivität und die daraus resultierende unauflösbare Vielfalt politischer Werte und politischer Projekte.

Zweitens wird die enge Beziehung zwischen unseren Imaginationen vom kollektiven Leben und den Medien zunehmend als selbstverständlich vorausgesetzt. Anzeichen dafür sind die verschiedenen sozialen Bewegungen, die die Medien und ihre Infrastrukturen als politisches Thema in den Mittelpunkt stellen. Vielleicht charakteristischer für die tiefgreifende Mediatisierung sind die medienbezogenen Pioniergemeinschaften, die sich zwar selbst ‚Bewegungen' nennen, aber enger an bestehende Machtzentren gebunden sind. Ihre Imaginationen von Kollektivität kreisen um Ideen eines besseren Zusammenlebens durch und mithilfe von Medientechnologien: Diese Vorstellungen werden nicht nur durch die Verbreitung von Medien beeinflusst, sondern durch eine weitaus umfangreichere Bandbreite von Praktiken rund um die Medien, die das ausmachen, was Hilde Stephansen als die „sozialen Grundlagen" von Öffentlichkeiten bezeichnet (Stephansen 2016). Mit unserer Terminologie gesprochen, eröffnen medienbezogene Praktiken das Feld für die Bildung neuer Arten von Figurationen, die im öffentlichen Raum sinnhaft sind. Im Zuge der tiefgreifenden Mediatisierung werden diese Imaginationen zu konkreten politischen Projekten, die in den materiellen Medien- und Kommunikationsstrukturen verankert sind.

9.3 Kollektivitäten ohne Vergemeinschaftung

Es gibt ein weiteres Merkmal heutiger Kollektivität, das wir erörtern müssen. Darunter verstehen wir Kollektivitäten, deren Konstruktion zwar verschiedene Formen medienvermittelter Kommunikation und Datafizierung beinhaltet, bei denen jedoch keinerlei *Vergemeinschaftung* stattfindet. Solche ‚Kollektivitäten ohne Vergemeinschaftung' sind häufig von kommerziellen Interessen getrieben und beziehen sich insbesondere auf ‚digitale Arbeit', d. h. auf Tätigkeiten, die in der Sphäre der digitalen Medien geleistet werden, ohne dass die beteiligten Personen dies *als* Arbeiten verstehen. Solche Kollektivitäten nehmen verschiedene Formen an.

9.3 Kollektivitäten ohne Vergemeinschaftung

‚Arbeiten' für Marken und die Datenwirtschaft
Wir können diese Entwicklung auf die Idee der ‚Brand Communities' zurückführen. Auf den ersten Blick ähneln diese frappierend den Fankulturen, da es sich um Kollektivitäten handelt, die sich um bestimmte (Medien-)Produkte oder sogar, wenn wir an Apple denken, um die produzierenden Unternehmen selbst gebildet haben. Es lohnt sich jedoch, dieses Phänomen näher zu untersuchen. In ihrem ursprünglichen Sinne waren Brand Communities spezialisierte, nicht geografisch gebundene Gemeinschaften, die auf einem strukturierten Set sozialer Beziehungen zwischen Menschen basierten, die sich für bestimmte Markenprodukte begeisterten (Muniz und O'Guinn 2001: 412). Sie waren „weitgehend imaginierte Gemeinschaften" (Muniz und O'Guinn 2001: 419) insofern, als ihr Interesse nicht nur dem Artefakt einer bestimmten Art von Produkt galt, wie Computer oder Autos, sondern der Marke selbst, die dieses Artefakt repräsentiert. Der grundlegende Punkt bei Brand Communities ist, dass sie nicht von Unternehmen ‚gemacht' werden können, sondern in den Alltagspraktiken derjenigen verwurzelt sind, die diese Marken nutzen (Pfadenhauer 2010: 363). Heutzutage gehen solche Kollektivitäten über die Marketingstrategien der Unternehmen selbst hinaus und umfassen auch die medienvermittelte Kommunikation der Gemeinschaftsmitglieder. Mit einer Bezeichnung als ‚Sub-' oder ‚Fankulturen' wären solche Brand Communities allerdings nicht treffend benannt. Denn ihre Mitglieder sehen sich selbst nicht als etwas ‚Herausgehobenes' oder ‚Marginalisiertes', sondern einfach als gewöhnliche Konsument:innen, die ein Interesse für eine bestimmte Art von *akzeptierter* Marke eint (Muniz und O'Guinn 2001: 414). Und doch findet die eigentliche Gemeinschaftsbildung wie bei den Fangemeinden durch Interaktion statt, sei es bei physischen Treffen oder online (Bagozzi und Dholakia 2006: 46 f.).

Paradoxerweise wurde die Idee von Brand *Communities* im Marketing als Top-down-Strategie aufgegriffen, was zu ‚Markenkollektivitäten' führt, die einen weitaus geringeren Grad an Vergemeinschaftung aufweisen. Die Möglichkeiten digitaler Plattformen regten Unternehmen dazu an, mit ‚Online-Gruppen' von Konsument:innen zu experimentieren, um Beziehungen zwischen und zu ihnen zu fördern (Andersen 2005: 41 f.; Arnone et al. 2010: 97). Die parallele Beziehung, die die Konsument:innen zu einer Marke haben, bringt bereits eine Figuration hervor, wenn auch eine, die durch eine intensive Asymmetrie gekennzeichnet ist. Oftmals verbinden Unternehmen mit ihren Bemühungen die Hoffnung, zugleich verlässlichere Konsumentenbeziehungen zu erzielen (Tsimonis und Dimitriadis 2014: 333–336). Das, was tatsächlich stattfindet, ist jedoch etwas anderes: Es kommt zu der Konstruktion einer sichtbaren und daher sinnhaften Kollektivität von ‚Followern', die diese Figuration nicht unbedingt als eine ‚Gemeinschaft' wahrnehmen. Dabei besteht ein großer Unterschied zwischen denjenigen, die einfach nur ‚Likes' für die Websites bestimmter Marken auf digitalen Plattformen vergeben, und den markenbezogenen Gruppen auf diesen Plattformen, die von den Nutzer:innen selbst gegründet wurden (Zaglia 2013: 221). Die erste Gruppe wird zwar durch die Akkumulation von Daten als Kollektivität dargestellt, teilt jedoch eigentlich nur eine positive Sichtweise auf eine Marke (mit). Im zweiten Fall findet Interaktion von unten nach oben statt, und zwar zwischen Menschen, die nicht nur ein gemeinsames Interesse an dieser Marke und ihren Produkten haben, sondern die zudem einen gemeinsamen Diskurs über diese Marke und möglicherweise eine Beziehung zueinander entwickeln (Habibi, Laroche und Richard 2014). Nur Letzteres kommt der ursprünglichen Idee der ‚Brand Communities' nahe.

Im Zuge der tiefgreifenden Mediatisierung und der Ausweitung der medienvermittelten Interdependenzen, die sie mit sich bringt, kommt es zugleich zu einer zunehmenden Verbreitung der erstgenannten Art von Markenkollektivitäten, insbesondere in der Privatwirtschaft. Nun streben Unternehmen jedoch zunehmend danach, Formen kollektiver Praktiken zu bestärken, die zu greifbarerer Wertschöpfung führen: Darum geht es beispielsweise bei online stattfindenden ‚Arbeitskollektivitäten', die Menschen ohne formales Beschäftigungsverhältnis oder Organisationsmitgliedschaft in die interaktive Produktion von Datenflüssen und Aktivitätsströmen einbeziehen, aus denen ein monetärer Wert gezogen werden kann. Lassen wir die eindringliche Debatte über den Status dieser Art von Arbeit – die sich unter anderem in dem Wortspiel „playbor" (in Anlehnung an engl. „labour", Anm. d. Ü.) widerspiegelt (Mejias 2013) – beiseite[16] und konzentrieren wir uns auf die *zugrunde liegende* soziologische Frage: Was für eine *Art* von Kollektivitäten bringt eine solche im großen Stil geleistete ‚Arbeit' hervor? Dazu betrachten wir den Fall des sogenannten Brand Volunteerings (Cova, Pace und Skalen 2015: 16), also nicht vergütete Tätigkeiten von Menschen bezogen auf eine Marke. ‚Brand Volunteering' wird durch ein komplexes Set von Figurationen ausgeübt: Die Figurationen lokaler Brand Communities – ‚Clubs' mit einem geteilten Interesse an einer bestimmten Marke – werden mit den Figurationen von Online-Plattformen und Marketingkampagnen verknüpft, mit dem Ziel, eine bestimmte Arbeitskollektivität ins Leben zu rufen. Wie eine Untersuchung des Brand Volunteerings bezogen auf einen Autohersteller ergab, entstand so etwas wie Gemeinschaft nur bei den lokalen Markengruppierungen oder bei Face-to-

---

[16] Siehe Ritzer und Jurgenson 2010; Burston et al. 2010: 214; Fuchs 2014: 120; siehe auch die Artikel in Scholz 2013.

9.3 Kollektivitäten ohne Vergemeinschaftung

Face-Veranstaltungen (Cova, Pace und Skalen 2015). Das ‚Brand Volunteering' ist geprägt von etlichen Spannungen, was sich unter anderem in einem Misstrauen der eigentlichen Unterstützer gegenüber der Gesamtstrategie des Unternehmens zeigt. Hinzu kommt das Gefühl, ausgenutzt zu werden. Nichtsdestotrotz scheint das *Interesse* an der Marke, das einige Mitglieder von Brand Communities dazu motiviert, sich als ‚Brand Volunteers' zu betätigen, für die um die Marke herum aufgebaute Figuration und den breiteren Kontext, in dem diese ‚Einladung zur Arbeit' erfolgt, zumindest stark genug zu sein, die Menschen dazu zu ermutigen, ihre knappe Zeit ‚kollektiven' Projekten zu widmen, die sich lediglich an einem abstrakten Bezugspunkt orientieren, der *Repräsentation* eines Wertes.

Bei anderen ‚Arbeitskollektivitäten' ist nicht einmal dies der Fall. Sie sind um Online-Plattformen herum aufgebaut, zu denen Einzelpersonen als Kollektivitäten, die aus ‚Online-Mitarbeiter:innen' bestehen, ‚Arbeit' beisteuern. Die Einzelpersonen haben dabei wenig oder gar keine Möglichkeit für direkte Interaktion, weswegen es sich in diesem Sinne nicht um ‚Gemeinschaften' handelt. Gemeint sind beispielsweise Plattformen, die individuelle Beiträge *integrieren,* wie Bewertungsplattformen für Personen, Restaurants, Standorte usw., oder Plattformen, die Dienstleistungen, die Einzelpersonen anbieten, wie Unterkünfte, Mitfahrgelegenheiten usw., *miteinander verknüpfen.* Ob in der einen oder in der anderen Ausprägung: Plattformen dieser Art werden typischerweise als ‚kostensparend' und ‚demokratisierend' angepriesen, aber ebenso plausibel ist es, sie als Formen unbezahlter Ausbeutung anzusehen. Die Grundidee von Bewertungsplattformen besteht darin, dass Unternehmen Online-Infrastrukturen zur Bewertung bestimmter Dienstleistungen anbieten. Die unbezahlte Arbeit, die die einzelnen Personen leisten, besteht darin, ihre Bewertungen in öffentlich zugängliche Foren einzubringen, mit dem angenommenen Mehrwert, dass andere Nutzer:innen den Meinungen der Rezensent:innen Beachtung schenken. Diese Plattformen funktionieren dann als „reflexive Feedbackschleife" (Zukin, Lindeman und Hurson 2017: 461), insofern sie sowohl verbreitete Ansichten über bestimmte Dienstleistungen widerspiegeln als auch dazu beitragen, diese Ansichten erst noch zu formen. So gesehen, sind die Akteur:innen und Rollen in solchen Figurationen durch den vermeintlichen ‚Profit' für alle Beteiligten klar definiert. Die Anbieter:innen dieser Plattformen profitieren *finanziell,* indem sie die von dieser Plattform produzierten Informationen verkaufen. Die Rezensent:innen profitieren angeblich, indem sie die Möglichkeit haben, ihre Meinung zu äußern. Und die Leser:innen der Bewertungen denken vermutlich, dass sie durch den Erhalt der aktuellsten Informationen profitieren.

Was in diesen Kollektivitäten nicht stattfindet, ist eine Vergemeinschaftung der (unbezahlten) Arbeit, deren Erzeugnisse von den Plattformbetreiber:innen verkauft werden. Im Gegenteil, es lässt sich auch argumentieren, dass derlei Arbeitskollektivitäten die Nebenfolge haben, Gemeinschaft zu untergraben. Siehe z. B. die Untersuchung von Zukin, Lindeman und Hurson (2017) über eine Bewertungsplattform für Restaurants und Klublokale, die bestehende Gemeinschaftsstrukturen schwächte, indem sie symbolische und andere Formen von Privilegien verstärkte, die in den Praktiken ihrer ‚Arbeiter:innen' verankert waren. Anstatt also selbst als Vergemeinschaftung zu fungieren, können diese ‚Arbeitskollektivitäten' anderswo tatsächlich stattfindende Vergemeinschaftungsprozesse vielmehr unterhöhlen. Eine ähnliche Dynamik entfaltet sich auf Plattformen, die von Einzelpersonen angebotene Dienstleistungen wie Unterkünfte, Mitfahrgelegenheiten usw. miteinander verknüpfen. Solche Vermittlungsplattformen lassen sich der „Sharing Economy" zuzählen (Zervas et al. 2014: 5). Das Modell solcher Plattformen besteht darin, eine einfach benutzbare Schnittstelle anzubieten, die Angebot und Nachfrage zusammenführt und die vertrauenswürdig ist (siehe Rosen et al. 2011).[17] Plattformen, die nach diesem Modell arbeiten, sind in so unterschiedlichen Bereichen wie Unterkünfte, Mitfahrgelegenheiten oder Jobs sehr erfolgreich (Guttentag 2015; Irani 2015; Yannopoulou 2013; Zervas, Proserpio und Byers 2014).[18] Wir können die um diese Plattformen herum strukturierten Kollektivitäten insofern als ‚Arbeitskollektivitäten' verstehen, als ihre Mitglieder ihre Gastfreundschaft, ihren Transportservice oder ihre Datenarbeit gegen Entgelt anbieten. Doch auch solche Figurationen sind in erster Linie mit dem Ziel um Unternehmensplattformen herum strukturiert, Profit zu machen. Dies führt mitunter zu irritierenden Nebenfolgen. Ein Beispiel ist, wenn auf Unterkunftsplattformen rassistische Segregationsmuster zutage treten, worunter unter anderem unterschiedlich hohe Gebühren fallen, die unter Zuhilfenahme von Daten zur ethnischen Zugehörigkeit berechnet werden – Daten, die aus dem Bildmaterial generiert werden, das die Nutzer:innen über sich selbst einstellen und das automatisiert ausgewertet wird (siehe Edelman und Luca 2014). Zwar mag auf einigen zivilgesellschaftlichen Plattformen, die auf der ‚Sharing Economy' basieren – einschließlich solcher, die sozialen Bewegungen wie OpenStreetMaps (Lin 2011) nahestehen – die Arbeit weitaus weniger individualisiert sein und auf sozialen Bewegungen und lokalen Gruppen mit spezifischen

---

[17] Es ist erstaunlich, inwieweit diese Plattformen sogar als Modell zur Lösung der finanziellen Probleme der von Verarmung bedrohten US-amerikanischen Mittelschichten diskutiert werden (siehe Sperling 2015).

[18] Zum Zeitpunkt der Abfassung der englischsprachigen Fassung dieses Buches waren die bekanntesten Beispiele für diese Plattformen Airbnb (Unterkünfte), Uber (Personentransport) und Amazon Mechanical Turk (Microtasks/Crowdworking). Unsere Argumentation zielt jedoch nicht auf diese spezifischen Angebote, sondern auf die um sie herum gebildeten Arbeitskollektivitäten, deren Figurationen grundlegende Ähnlichkeiten aufweisen.

Interessen an solchen alternativen Plattformen beruhen. Worauf wir allerdings abzielen, ist der generelle Trend, der von den kommerziell erfolgreichen Plattformen dominiert wird, die einer anderen Art von Dynamik folgen.

Andere Plattformen produzieren ein ‚Heer' gering qualifizierter digitaler Arbeitskräfte, die eine beträchtliche Anzahl an kleineren datenbezogenen Aufgaben ausführen und für diese ‚Mikrotätigkeiten' kleine Geldbeträge erhalten (Irani 2015: 721). Solche Plattformen organisieren ihre digitalen Arbeitskräfte so, dass sie den Anforderungen gerecht werden, die mit der Datafizierung einhergehen. Und das funktioniert so: Diejenigen, die eine Dienstleistung anfordern, posten zu diesem Zweck eine ‚Aufgabe', die dann von den ‚Mikroarbeiter:innen' entsprechend den Anforderungen der Programmier- oder Digitalindustrie ausgeführt werden kann. Dieses Modell „lässt Menschen zu modularen, protokolldefinierten Rechendiensten werden" (Irani 2015: 731), die in der Gesamtheit umfangreiche Arbeitspakete auf vollständig überwachbare Weise abarbeiten. Was wir hier erkennen, ist eine gewaltige, auf der tiefgreifenden Mediatisierung basierende Dateninfrastruktur, die *um den Preis versteckter ausbeuterischer Arbeit zu haben* ist. Inzwischen sind derartige Arbeitsformen ihrerseits nur noch auf der Grundlage eines bestimmten Typus von Figurationen möglich: Kollektivitäten *ohne* Gemeinschaft. Aufgrund dieser Formen, wie Arbeit organisiert ist, wird der Einzelne buchstäblich *zum Teil* des Datafizierungsprozesses: „humans-as-a-service" (Irani 2015: 724) im wahrsten Sinne des Wortes.

Numerisch hervorgebrachte Kollektivitäten

Heutige Dateninfrastrukturen erzeugen aber auch eine weitere neue Art von Kollektivität, die auf ‚numerischer Inklusion' (Passoth, Sutter und Wehner 2014: 282) beruht. Daran, Medienpublika (Ang 1991) oder nationale Bevölkerungen zahlenmäßig zu erfassen (Porter 1995), ist zunächst einmal nichts Neues. Die Datafizierung eröffnet aber neue Möglichkeiten, wie sich präzise Messungen *an einem Datenerfassungspunkt* nahezu in Echtzeit mit Informationen kalibrieren lassen, die *in unzähligen anderen Datenbanken* bereits gespeichert sind oder zum selben Zeitpunkt gesammelt werden. Das ermöglicht es, in Echtzeit Kategorisierungen vorzunehmen und ‚geeignete' Maßnahmen zu ergreifen. Auf Grundlage der digitalen Spuren, die ein:e jede:r von uns online hinterlässt, werden kontinuierlich Gruppierungen von Personen gebildet, denen bestimmte Eigenschaften gemein sind, um das übergeordnete Ziel der Werbebranche zu unterstützen, Einzelpersonen mit maßgeschneiderter Werbung anzusprechen (Couldry und Turow 2014; Turow 2011). Diese Akkumulation von Daten wird anschließend an die Einzelpersonen zurückgespielt: sei es durch Online-Shops, die Listen der weiteren Waren erstellen und anzeigen, die von denjenigen, die denselben Kauf getätigt haben, zusätzlich gekauft wurden; durch Online-Radiosender, die Charts, Zugriffsstatistiken und Rankings in Bezug auf spezifische Vorlieben ihrer Benutzer:innen erstellen; durch Nachrichtenseiten, die weitere Informationen auf Grundlage der vorherigen Leseentscheidungen anderer Benutzer:innen anbieten usw. Prozesse der ‚numerischen Inklusion' zielen daher darauf, Kollektivitäten zu konstruieren, die „ohne die an Algorithmen und statistische Programme delegierten Messungen und Aktivitätsbewertungen nicht möglich wären" (Passoth, Sutter und Wehner 2014: 282). Was hier konstruiert wird, ist eine *Akkumulation* von Individuen, die in vernetzten Prozessen der Verarbeitung von ‚Big Data' im Sinne sehr großer Datenmengen als Träger:innen gemeinsamer Merkmale behandelt werden.

Sobald die Ergebnisse ‚numerischer Inklusion' jedoch wieder in Alltagspraktiken rückverankert sind, stimulieren und instrumentalisieren sie die Konstruktion sinnhafter Horizonte – vor allem des Geschmacks, des Interesses und der Orientierung[19] –, innerhalb dessen sich die Individuen als Mitglieder einer bestimmten Kollektivität positionieren *können:*[20] und damit als Menschen, die nach ihrer Vorliebe für die gleiche Band, den gleichen Buchtyp oder ein anderes kategorisiertes Merkmal selbst kategorisiert werden. Ihrem Wesen nach aber entstehen auf ‚numerischer Inklusion' basierende Kollektivitäten ohne jegliche oder mit allenfalls begrenzter Vergemeinschaftung: In der Tat bestehen keinerlei Bezugspunkte für affektive Beziehungen zwischen den Mitgliedern der Kollektivität untereinander; sie bleiben einander verborgen, miteinander verbunden durch nichts außer der *Annahme,* dass sie alle auf die gleiche Weise kategorisiert wurden. Nichtsdestotrotz sind derlei Kollektivitäten potenziell einflussreich, repräsentieren sie doch eine große Anzahl von Personen, die aus wichtigen Gründen *als Teil derselben Kategorie* konstruiert wurden und die ihr Handeln entsprechend ausrichten können. Insofern sind auch diese Kollektivitäten darin begriffen, zu einer aufkommenden sozialen Ordnung beizutragen.

---

[19] Barile und Sugiyama (2015: 413) betonen besonders die Rolle von ‚Geschmack'; wir wollen jedoch argumentieren, dass solche Kollektivitäten rund um Interessen und allgemeine Orientierung ausgerichtet sein können.

[20] Vgl., was Nicholas Carah (2015: 13) als ‚algorithmisches Branding' bezeichnet hat. Der Kernpunkt geht über die datengesteuerte Produktion von markenbezogenen Kollektivitäten hinaus und verweist vielmehr auf die datenbasierte Imagination von bestimmten Kollektivitäten mit Bezug auf bestimmte ‚Stile' und ‚Geschmäcker', von denen einige, aber nicht alle, sich auf Marken beziehen.

9.3 Kollektivitäten ohne Vergemeinschaftung

Unsere Kollektivitäten neu gestalten
Zum gegenwärtigen Zeitpunkt ist die Frage offen, wie viel solche durch ‚numerische Inklusion' – d. h. durch Datafizierung – gebildeten Kollektivitäten mit den zu Beginn dieses Kapitels erörterten medienbasierten und mediatisierten lokalen Kollektivitäten gemeinsam haben könnten. Sie scheinen an entgegengesetzten Enden des erweiterten Spektrums medienvermittelter Kollektivitäten im Zeitalter der tiefgreifenden Mediatisierung zu stehen. Lassen sich aufkommende Praktiken beobachten, die diese verschiedenen Arten von Kollektivität miteinander verbinden und so das Wesen von Vergemeinschaftung noch weiter transformieren könnten?

Als eine wichtige derartige Praxis ist die Einbettung der Robotik, oder besser gesagt der ‚sozialen Robotik', in die Alltagswelt anzuführen: die „Platzierung von Robotern in menschlichen sozialen Räumen" (Sandry 2015: 335). Gegenwärtig sind die weitverbreitetsten Formen dieser ‚sozialen Roboter' keine physischen Artefakte, sondern auf unseren Smartphones installierte ‚Assistenz-Apps' (Barile und Sugiyama 2015: 407; Turkle 2015: 339). Solche Apps werden uns als quasimenschliche Interaktionspartner präsentiert, mit denen wir mittels Spracherkennungssoftware sprechend kommunizieren können. In Wirklichkeit handelt es sich bei solchen ‚Assistenten' jedoch um Schnittstellen zu großen Computernetzwerken, die unsere potenziellen Fragen verarbeiten und ‚beantworten'. Ihre ‚Antworten' gleichen sie unter Berücksichtigung ihrer Vergleichbarkeit mit verfügbaren Datensätzen von Fragen und Antworten ab, kombiniert mit den von uns eingegebenen Daten. Wann immer wir uns auf eine solche Beziehung einlassen, werden wir zu einem lebendigen, interaktiven Mitglied einer Kollektivität ohne Gemeinschaft.

Leicht vorstellbar, dass es Face-to-Face-Communities von Menschen gibt, die in solchen ‚Beziehungen' leben und sich mit anderen zusammentun, um ihr jeweiliges eigenes Erleben mit dem anderer zu vergleichen. Dies mag nur einer von mehreren Einstiegspunkten für die soziale Robotik in die Domäne der sozialen Interaktion sein: Es wurde schon viel über Pflegeroboter oder Roboterpuppen in der Demenzpflege diskutiert,[21] aber nicht weniger relevant sind ‚smarte' Lebensumgebungen und ‚smarte' selbstfahrende Autos und Züge. Schon jetzt schulen uns die Kernfunktionen von Smartphones und Smartwatches für die Kommunikation mit solchen Systemen.

---

[21] Hier werden Roboter eingesetzt, um Gesprächsanlässe oder sogar komplexe Kommunikationssettings mit Fokus auf das jeweilige Artefakt zu schaffen (Pfadenhauer und Dukat 2015: 401 f.).

Selbstverständlich lässt sich die Erzählung, wie solche neuartigen, technologisch-medialen Arten der Konstruktion von Kollektivität überall ‚die Welt', ‚unsere Welt' oder ‚jedermanns Welt' transformieren, nicht beliebig zu einer weltweit gültigen Geschichte vereinfachen: Solche Erzählungen sind nichts weiter als *Phrasen,* die Prozesse enormer Ungleichheiten verschleiern, die wiederum tief in die zugrunde liegenden Ungleichheiten der sozioökonomischen Ressourcen verwickelt sind, und an deren weiterer Vertiefung sie wiederum beteiligt sind.[22] Auch wenn derlei Phrasen in Pioniergemeinschaften und dergleichen bereits zum ganz normalen Wortschatz gehören mögen, beruhen sie doch auf einem sehr spezifischen Verständnis von ‚Zentrum' und ‚Peripherie', das die meisten alltagsweltlichen Schauplätze weltweit auf „Schauplätze *der Replikation* einer Zukunft, die zu einem früheren Zeitpunkt und an einem anderen Ort erfunden wurde", reduziert, wie eine jüngere Analyse von IT-Praktiken in Peru feststellt (Chan 2013: x, eig. Hervorh.).

Unser Ziel dabei, einige der mit solchen Phrasen verflochtenen Praktiken zu erfassen, bestand zu *keinem* Zeitpunkt darin, diese Phrasen zu reproduzieren. Doch es wäre ebenso gefährlich, nicht anzuerkennen, welcher Druck und welche Zwänge in Richtung einer Transformation am Werk sind. Denn diese Kräfte laufen auf nichts Geringeres hinaus als auf den Versuch, unsere Modelle des Sozialen zu transformieren, was eine von starken Motiven getriebene Neuausrichtung der eigentlichen Grundlage von Kollektivität bedeutet. Wie Sherry Turkle (2015: 338, eig. Hervorh.) es ausdrückt: „Noch bevor wir die eigentlichen Roboter erschaffen, *erschaffen wir uns selbst neu als Menschen,* die bereit sind, ihre Gefährten zu sein." Wenn dies tatsächlich der Fall ist, haben wir keine andere Wahl, als unsere Kollektivitäten und möglicherweise auch unsere Sozialitäten in wichtigen Aspekten neu zu gestalten. Doch um welchen Preis? Was folgt daraus für die Möglichkeit einer sozialen Ordnung? Dies sind die Fragen, denen wir uns in den letzten beiden Kapiteln des Buches zuwenden.

---

[22] Zu wichtigen Arbeiten über die Zusammenhänge zwischen der Nutzung neuer Medien und der sozialen Schichtungsverhältnisse in China siehe Pan et al. (2011); Zhou (2011).

Ordnung 10

Wir kommen nun zu der zweifachen Frage, auf die sich dieses Buch zubewegt hat: Welche Art von *Ordnung* hat das heutige soziale Leben? Und welche Rolle spielen die Medien im weitesten Sinne beim Konstruieren und Aufrechterhalten dieser Ordnung?

Wir entwerfen hier nur ein schmales, grundlegendes Verständnis von ‚sozialer Ordnung'. Mit ‚Ordnung' meinen wir ein relativ stabiles Muster von Interdependenzen nicht nur zwischen Individuen, Gruppen und Institutionen, sondern auch – in einer höheren Dimension – zwischen den zahlreichen Arten von Beziehungen, die am sozialen Leben beteiligt sind und die alle von weiterreichenden ressourcenbezogenen und infrastrukturellen Stabilitäten abhängen. Mit ‚Ordnung' meinen wir hier *keineswegs* eines der beiden verbreiteten Verständnisse, also weder das funktionalistische Verständnis des sozialen Lebens, gleich welcher Größenordnung, das als eine homöostatische und sich selbst erhaltende Ordnung angesehen wird, in der unzählige Prozesse, Werte und Handlungen allesamt nahtlos zu den weiteren Zwecken des sozialen Funktionierens beitragen (siehe Couldry 2006); und auch keine soziale Ordnung, die ausschließlich auf der Ebene ‚nationaler Container' funktioniert, die als ‚Gesellschaften' bezeichnet werden (siehe Beck 2004, 1997). Tatsächlich haben wir unsere Argumentation zu keinem Zeitpunkt auf der Grundlage geführt, dass wir in Gesellschaften leben, die „spezifische, separate Einheiten [konstituieren], die kohärente Ganzheiten oder Systeme bilden" (Wrong 1994: 8), oder dass es vielmehr die Medien sind, die entsprechende separate und kohärente Systeme bilden. Stattdessen bestehen wir auf der Pluralität sozialer ‚Zentren', ja auf regelmäßigen Aushandlungen über die Konstruktion und die Definition des sozialen Lebens sowie auf der Pluralität der konkurrierenden Werte, die solchen Aushandlungsprozessen zugrunde liegen (Boltanski und Thévenot 2014

[1991]). Dabei steht diese Position in völligem Einklang mit der Erkenntnis, dass ein *gewisses* Maß an Ordnung im von uns vorgeschlagenen grundlegenden Sinne notwendig ist, damit das soziale Leben überhaupt erträglich lebbar sein kann: Denn, umgekehrt betrachtet, wenn *sämtliche* Ebenen menschlicher Aktivitäten und Wechselbeziehungen Gegenstand endloser und erschöpfender Aushandlungen wären, wäre die Welt unbewohnbar, beherrscht von einem Chaos, wie es Hobbes mit seinem „Leviathan" in Worte gefasst hat. Jede Lebensweise, die nur minimal erfolgreich ist, unterliegt daher einem gewissen Maß an sozialer ‚Ordnung'. Und diese zu identifizieren und zu analysieren ist, wie Dennis Wrong (1994) vor zwanzig Jahren in „The Problem of Order" argumentierte, die grundlegende Frage der Sozialtheorie.

Unser Hauptthema in diesem Buch war stets die *Relationalität* als Grundmerkmal der sozialen Welt und die Relevanz der Analyse von Relationalitäten auf allen Ebenen, die durch Anordnungen spezifischer Figurationen auf der Grundlage einer eindeutigen Organisation der materiellen Ressourcen zustande kommen. Und es sind eben diese Relationalitäten, die bereits auf die Frage der Ordnung *hinweisen,* denn wie Elias seinerseits in Bezug auf die Zivilisation – um seinen Wortlaut aufzugreifen –, feststellte, „vollzieht [diese] sich als Ganzes ungeplant; aber sie vollzieht sich dennoch nicht ohne eine eigentümliche Ordnung" (1976 [1939]: 313). In diesem Kapitel lautet daher unsere Frage: Was trägt die *tiefgreifende* Mediatisierung – also das Durchdrungensein der Formungsvorgänge und der Aufrechterhaltung der Kernelemente des sozialen Lebens von medienvermittelten Prozessen – konkret zu der *Art* von Ordnung bei, die heutzutage möglich ist? Unser Verständnis von sozialer Ordnung als im Grunde genommen das höherdimensionale ‚Regelwerk', das ein Mindestmaß an Stabilität bei Erfüllung sehr spezifischer Bedingungen ermöglicht, lässt hier zwei weitere Fragen offen. Beide von ihnen haben normative Implikationen.

Bei der ersten Frage geht es um den *relativen Nutzen der verschiedenen Arten von Ordnungen, die unter den gleichen materiellen Grundbedingungen möglich sind.* Wie Dennis Wrong aufzeigt, gibt es in der Sozialtheorie und in der politischen Theorie verschiedene Lesarten, wodurch soziale Ordnung ermöglicht wird: mittels Zwang, mittels gegenseitigem Eigeninteresse und mittels Normen. Dafür, dass ein gegenseitiges Eigeninteresse ausreicht, um soziale Ordnung zu begründen, findet sich wohl nicht viel Fürsprache. Vielmehr kommt es entweder auf ‚Zwang' oder auf ‚Normen' an. Nun lehnen wir in diesem Buch funktionalistische Lesarten der sozialen Ordnung ab, in denen die kausale Rolle von Normen dominiert, also, mit Parsons gesprochen, eine auf Normen basierende integrative soziale Ordnung. Stattdessen ist unser Ausgangspunkt stets, ‚Zwang' eine erklärende Rolle zuzuschreiben. Im Lichte der tiefgreifenden Mediatisierung betrachtet, stellt sich allerdings eine weitere Frage. Denn zweifellos begünstigen die Medien eine Verstärkung und Bündelung bereits gebräuchlicher Normen, vielleicht auch das Erfinden neuerlicher Normen. Zudem stellen Medien auch einen kognitiven Hintergrund dar, vor dem das Selbst – und aus einer Vielzahl von Selbsten bestehende Kollektivitäten – ihre Interessen verfolgen können. Doch wie ist dann das Verhältnis zwischen Medieninfrastrukturen und Zwängen charakterisiert? Wird vielleicht, wie in Kap. 7 angedeutet, infolge der heutigen Dateninfrastrukturen *eine neue Art von Zwang* im sozialen Leben errichtet? Eine autoritäre Zwangsstruktur, die mit unserer zunehmenden Abhängigkeit von diesen Infrastrukturen für die Bedingungen des Lebens als solchen verknüpft ist? Wenn ja: Wie sehr von Ordnung geprägt kann das, was als soziales Ergebnis eines solchen Zwangs hervorgebracht wird, langfristig sein, insbesondere, wenn ihre Operationen zunehmend von bestimmten wichtigen Normen abweichen, die die institutionelle Legitimität auf verschiedene Weise begründen? Das ist eine Schlüsselfrage, die durch den radikalen Wandel in der Art und Weise aufgeworfen wird, wie soziale Relationalitäten heutzutage funktionieren, wenn sie aus der *tiefgreifenden* Mediatisierung zu resultieren scheinen. Ist es möglich, dass das *Gleichgewicht* der Zwänge, die die soziale Ordnung ausmachen, aktuell im Wandel begriffen ist und dass die durch Medieninfrastrukturen konstituierten und untermauerten Wechselbeziehungen entscheidend an diesem Wandel beteiligt sind? Um einen solchen Wandel auszuschließen, müssten wir uns auf die Annahme Parsons verlassen, dass soziale Ordnungen zwangsläufig und weitgehend stabil sind; eine Sichtweise, die Elias entschieden ablehnte (2006 [1970]: 150). Mit anderen Worten: Wir müssen die heutigen potenziellen Zwänge in Richtung „Unordnung" ernst nehmen (Wrong 1994: 12), egal, ob diese in kleinerem oder größerem Maßstab greifen.

Bei der zweiten Frage geht es um den Aspekt des *Werts* und darum, wie bestimmte Formen von Ordnung mit bestimmten übergreifenden Werten zusammenpassen oder auch nicht. Zwar haben wir Menschen alle irgendein Interesse an ‚Ordnung', aber es geht uns dabei nicht um *irgendeine beliebige* Ordnung: Unterschiedliche Ordnungen erzeugen unterschiedliche Arten von Nutzen, Kosten und Widersprüchen, und diese unterschiedlichen Ergebnisse können positiv oder negativ beurteilt werden. Wie wir in eine ‚Welt' eingebettet sind, bringt eine moralische und ethische Verantwortung mit sich, *weil* die Art und Weise der jeweiligen Einbettung integraler Bestandteil unserer Ressourcen und Handlungshorizonte ist, sowohl räumlich als auch zeitlich gesehen. Nur insofern, als die soziale Welt bis zu einem gewissen Grad ‚zusammenhängt', *können* wir uns vollständig in sie einbetten, doch jede Form der Ordnung bringt für jeden Menschen spezifische Kosten mit sich. Hier hat eine kritische Phänomenologie einen besonderen Beitrag zu leisten. Wir haben argumentiert, dass unter den Bedingungen der tiefgreifenden

Mediatisierung die Rolle der Medien gerade darin besteht, das *Wie* des Zusammenhängens der sozialen Welt auf allen Ebenen zu prägen, also die Schlüsselelemente zu prägen, *aus denen* sie sich konstituiert. Dies unterscheidet sich deutlich von der Auffassung der klassischen Sozialphänomenologie, nach der das Zusammenhängen der sozialen Welt zu einem großen Teil das Ergebnis der *menschlichen* „Geisteshaltung" (McDowell 1998: 207) ist. Was wäre, wenn, wie bereits in Kap. 7 angedeutet, der Druck in Richtung Datafizierung – neue Aktionsebenen, entstanden durch automatisierte Prozesse der Datensammlung und -verarbeitung – eine *extern* erzeugte Art von ‚Geisteshaltung' hervorbrächte, die sich radikal von der des vordigitalen Zeitalters unterschiede? Würde diese auf Systemen mit enormer Rechenkapazität beruhende ‚Geisteshaltung' nun auf große Mengen anonymer Daten angesetzt, könnte sie die Anonymisierung von Identitäten spielend leicht aushebeln; dass dem bereits so ist, wissen wir durch Hinweise von Rechtstheoretiker:innen (Ohm 2010). Auf diese Weise werden Menschen als Einzelpersonen mittels Algorithmen erkennbar und auffindbar – auch wenn dies der Absicht der menschlichen Akteur:innen, die an der ursprünglichen Datensammlung beteiligt waren, völlig zuwiderläuft. Was folgt daraus für die Art von sozialer Ordnung, die sich heutzutage herausbildet, und auf die Frage, ob sie mit Werten wie sozialer Anerkennung und Freiheit vereinbar ist? Indem sie solche Fragen aufwirft, wird die Phänomenologie zu einer *kritischen* Wissenschaft, zu einem Register potenzieller ethischer und politischer Herausforderungen angesichts unseres Lebens mit den uns umgebenden Medien.

Entscheidend für die so verstandene Phänomenologie ist es, die Macht anzuerkennen, die die Institutionen innehaben können, die, wie Luc Boltanski es formulierte, „sagen, was es mit dem, was ist, auf sich hat" (Boltanski 2010: 117). Die tiefgehende Einbettung von Datenprozessen in die Alltagswelt beispielsweise verleiht der Interaktivität von sozialen Klassifizierungen neue Kraft und hat das Potenzial, die soziale Wirklichkeit selbst zu prägen; wie Espeland und Sauder (2007) es in der Überschrift ihres Artikels „Public measures recreate social worlds" formulieren, dass jedwede obrigkeitliche Maßnahmen also soziale Welten nur reproduzieren. Dabei ist Datafizierung nur ein Aspekt der normativen Folgen der entstehenden sozialen Ordnung.

Hinzu kommt der zunehmende Druck, der sich aus der schieren Komplexität des heutigen Geflechts von Interdependenzen ergibt, die durch die Medien noch verstärkt wurden. Wieder einmal bietet Norbert Elias eine nützliche Perspektive. Als Elias in seinem Spätwerk die zunehmende Komplexität der Figurationen in großen Gesellschaften erneut in den Blick nahm, reflektierte er über die Möglichkeit allgemeiner „Schwankungen dessen, was man vielleicht als ‚gesellschaftlichen Druck', im Besonderen als den ‚inneren Druck' eines Gesellschaftsverbandes bezeichnen könnte" (1999 [1987]: 199). Ist dies vielleicht das, was wir heutzutage konstatieren können? In dem Maße, wie vernetzte Kommunikationsinfrastrukturen an Umfang und Intensität zunehmen und wie die Figurationen – und Figurationen von Figurationen –, die auf dem Rücken dieser Infrastrukturen aufgebaut sind, stabile Vernetzungen zwischen zunehmend größeren Handlungsdomänen schaffen und neue *Formen* koordinierten sozialen Handelns hervorbringen, nimmt der ‚Druck', der an jedem einzelnen Knotenpunkt und für die mit diesem Punkt verbundenen Akteur:innen entstehen kann, exponentiell zu. Am deutlichsten, wenn nicht gar ausschließlich daran, lässt sich dieser Anstieg des allgemeinen Drucks und die damit verbundenen Kosten am Phänomen des Zeitdrucks erfassen; diese Kosten greifen bei den verschiedenen Akteur:innen unterschiedlich und schaffen neue Formen der Ungleichheit, die sich auf Zeit und andere Ressourcen beziehen. Gleichzeitig eröffnen solche intensivierten Interdependenzmuster neuartige Möglichkeiten für koordiniertes komplexes Handeln.

Dies sind einige der Aspekte der sozialen Ordnung unter den Bedingungen der tiefgreifenden Mediatisierung, die wir in diesem Kapitel zu entwirren versuchen werden. Wenn uns dies gelingt, werden wir unseren Überblick über die mediale Konstruktion der Wirklichkeit vervollständigt haben. Zuvor aber müssen wir unsere Argumentation auf eine noch komplexere Ebene bringen: eine Ebene, die zwar abstrakt erscheint, in Wirklichkeit aber direkt das Gefüge unseres persönlichen Lebens berührt. Was uns dabei ermutigt, ist Elias' entschiedenes Eintreten für Komplexität in seinem Band „Was ist Soziologie?":

> Die Indizes der Komplexität, auf die hier hingewiesen wurde, können vielleicht dazu helfen, das Alltägliche etwas fremdartig erscheinen zu lassen. Dessen bedarf es, ehe man verstehen kann, daß der Gegenstand der Soziologie, die Beziehungsgeflechte, die Interdependenzen, die Figurationen, die Prozesse, die interdependente Menschen miteinander bilden, kurzum die Gesellschaften, überhaupt ein Problem sind. (2006 [1970]: 133)

Aufbauend auf den früheren Kapiteln dieses Teils unseres Buchs werden wir uns dieser schwierigen Ordnungsfrage zunächst unter dem Gesichtspunkt von ‚Selbst' und ‚Kollektivitäten' nähern, dann unter dem Gesichtspunkt von ‚Organisationen' als besonderen Ordnungsfigurationen, bevor wir uns zum ersten Mal der noch komplexeren Ebene der ‚Regierung' als Entscheidungsstrukturen zuwenden.

Bevor wir aber im Detail darüber nachdenken, welche Folgen die tiefgreifende Mediatisierung für die heutzutage möglichen Arten der sozialen Ordnung haben könnte, müssen wir den hermeneutischen Ansatz zum sozialen Verständnis, der unserer Argumentation in diesem Kapitel und im gesamten Buch sowie der Argumentation der materialistischen Phänomenologie – wenn nicht gar allen Phänomenologien – zugrunde liegt, so explizit wie möglich machen. In der heutigen sozialen Welt ist die Produktion von sozialem Wissen an einem paradoxen Punkt angelangt: an dem es sich selbst als Wissen verleugnet und an dem diejenigen, die behaupten, ‚Wissen' über das Soziale zu haben, auch beanspruchen, zu wissen, auf welchen Wegen man an dieses Wissen gelangen kann; auf Wegen, die nichts damit gemein haben, wie soziales Wissen in der Vergangenheit produziert worden ist. Dies geschieht jedoch nicht zufällig, sondern ergibt sich aus bestimmten Formen der symbolischen Macht, die mit den Dateninfrastrukturen verbunden sind, von der die tiefgreifende Mediatisierung abhängt. Wir befinden uns mitten in einem „sich wandelnden Verhältnis zwischen Arten des Wissens und Formen der Macht" (Andrejevic 2013: 5 f.), beobachten nicht weniger als einen Versuch, eine „globale Kultur des Wissens" bei der Datenverarbeitung zu schaffen (Mosco 2014: 2), die aufs Engste mit spezifischen kommerziellen Bestrebungen verbunden ist. Unter diesen Umständen wird eine hermeneutische Annäherung an das Soziale um so wichtiger.

Einige Autor:innen sehen in dieser Transformation ein Anzeichen dafür, dass die Geistes- und Sozialwissenschaften höchst grundlegend umgewälzt werden müssen, um die Datenverarbeitungstechniken integrieren zu können, ein notwendiger „Bruch", der „den digitalen Imperativ akzeptiert" (Wieviorka 2013: 60). Ein völliges Umwälzen führt allerdings über das Ziel hinaus. Denn der langwährende Konflikt zwischen Kommunikationstheorien, die Informationen nur als (reibungs-)frei zu übertragende ‚Bits' sehen (Shannon und Weaver 1959), und einem Ansatz, der die „Bedeutung von Information aus interpretativer Sicht" betrachtet (Mansell 2012: 47), würde damit gänzlich ignoriert. Nun beruhen Big-Data-Ansätze zu sozialem Wissen auf keiner Kommunikationstheorie. Und doch beruhen sie darauf, das kontextuelle Wesen von Informationen, ihren Interpretationsbedarf und sogar ihre Quelle in einer *situierten und interpretierenden* Welt zu *ignorieren*. Es ist daher unerlässlich, auf genau diesem Aspekt von Wissen zu bestehen, wenn wir verstehen wollen, was bei den Kämpfen um die Definition der heutigen sozialen Ordnung auf dem Spiel steht.

10 Ordnung

Einflussreiche Stimmen, die sich auf Big-Data-Verarbeitungstechniken als neuartige, radikal *verbesserte* Form des sozialen Wissens berufen (Anderson 2008), zielen darauf ab, ältere Ansätze der Interpretation der sozialen Wirklichkeit aus der Perspektive situierter Menschen zu ächten. Die soziale Wirklichkeit – in der Tat die Wirklichkeit, die auch die physikalischen Wissenschaften kennen – ist für eine Interpretation, Theorie oder Taxonomie einfach zu komplex, behauptet Anderson. Obwohl umstritten und in einigen Kreisen gar verspottet, bieten derartige Behauptungen eine Blaupause für Ansprüche auf ‚Wissen', die völlig neue Arten von Wissensproduzent:innen, Wissensinstitutionen und Mechanismen zur Finanzierung von Wissensproduktion legitimieren: eine neue *soziale Ordnung* des Wissens, könnte man sagen. Diese soziale Ordnung des Wissens ist, wie wir in Kap. 9 gesehen haben, in verschiedene Praktiken eingebettet, z. B. in die Praktiken von ‚Pioniergemeinschaften', die Einfluss auf Individuen und Institutionen im Gesundheitssektor gewinnen. Wir sollten die Kraft der Prozesse nicht unterschätzen, durch die neue Arten der ‚Wissensproduktion', die auf dem Sammeln, Aggregieren und Verarbeiten von Daten an unzähligen Standorten basieren, zur Normalität werden. Es gibt keinen wirksameren Weg, eine neue Methode der Wissensproduktion in der sozialen Ordnung zu installieren, als durch schlichte Wiederholung. Wie Schütz und Luckmann schrieben, hängt unser Alltag von einem hohen Maß an Ordnung ab: „Solange die Weltstruktur als konstant hingenommen werden kann, solange meine Vorerfahrung gilt, bleibt mein Vermögen, auf die Welt in dieser und jener Weise zu wirken, prinzipiell erhalten." (2017 [1973]: 34) Wenn sich das Wesen dieser Ordnung wandelt, wandeln sich auch die Grundlagen des sozialen Lebens.

Bei dieser Verlagerung zu einer neuen sozialen Ordnung des Wissens kann die hermeneutische Perspektive, von der Schütz' und Luckmanns gesamtes Verständnis des Sozialen abhängt, auf der Strecke bleiben. In ihrem Buch „Die Strukturen der Lebenswelt" definieren sie die „alltägliche Lebenswelt" als „die Wirklichkeitsregion, in die der Mensch eingreifen und die er verändern kann, indem er in ihr durch die Vermittlung seines Leibes wirkt" (2017 [1973]: 29). Sie verstehen die Lebenswelt – von uns bevorzugt als ‚soziale Welt' bezeichnet – als die Sphäre, in der Menschen durch die Auseinandersetzung mit dieser Welt handeln, d. h. indem sie ihre Fähigkeit ausüben, *sie zu interpretieren*. Dieser hermeneutische Ansatz zum Wesen des Wissens ist so grundlegend, dass wir ihn sowohl bei Jakob von Uexküll sehen, der ihn zu Beginn des zwanzigsten Jahrhunderts teilte. Von Uexküll hatte etwa zur gleichen Zeit wie Schütz den Begriff der ‚Umwelt' entwickelt, in seinem Fall jedoch, um die Welt der Tiere im Allgemeinen und nicht nur die der Menschen zu verstehen. Ein wichtiger Teil der ‚Umwelt' eines jeden Tieres waren für von Uexküll die Zeichen, die sie *für* dieses Tier enthielt, Zeichen, die, so von

Uexkülls Übersetzer vom Deutschen ins Englische, „die Art und Weise bezeichnen, in der das Subjekt seine Umwelt durch *selektive Wahrnehmung* dieser Merkmale organisiert" (von Uexküll 2010 [1934/1940]: 36, eig. Hervorh.). Für den Fall, dass Zweifel bestehen, dass es sich um einen hermeneutischen Ansatz zu tierischen Lebenswelten handelt, schreibt von Uexküll selbst: „Der Frage *nach der Bedeutung* gebührt daher bei allen Lebewesen der erste Rang." (1956: 115, eig. Hervorh.)

Diese hermeneutische Lesart der sozialen Ordnung wird ihrerseits von einer bestimmten Richtung des sozialen Lebens herausgefordert: dem Ansatz zur Erkenntnis über das Selbst und zum sozialen Wissen, den van Dijck als „Dataismus" bezeichnet. Damit meint sie ein ideologisches Neuprägen von Datafizierung in „einen weit verbreiteten Glauben an die objektive Quantifizierbarkeit und potenzielle Trackbarkeit aller Arten menschlichen Verhaltens und menschlicher Sozialität durch die Technologien der Online-Medien" (2014: 28), was eine kontinuierliche Aufzeichnung und Akkumulation von Daten ermöglicht, die sich leicht in Zahlen übersetzen lassen. Was sich jedoch niemals in Zahlen übersetzen lässt, ist die Perspektive der interpretierenden Person selbst, ihre Position in einem Handlungs- und Interpretationsfeld, das sich auf die Vergangenheit bezieht und dabei jede neuerliche Handlung und Interpretation beeinflusst. Der Dataismus steht also in direktem *Gegensatz* zu einem phänomenologischen Ansatz zu Wissen, einschließlich zu sozialem Wissen: Genaugenommen bildet er eine „Anti-Hermeneutik", deren Entstehung im heutigen sozialen Leben selbst interpretiert und verstanden werden muss (Couldry 2014a). Der Dataismus verneint nicht nur einen entscheidenden Aspekt unserer Interpretation der sozialen Welt, sondern er leugnet die Fähigkeit des Menschen im Allgemeinen, das zu entwickeln, was der Philosoph Hans-Georg Gadamer als „wirkungsgeschichtliches Bewusstsein" (1990 [1960]: 307) bezeichnet hat. Dieses Bewusstsein ergibt sich aus unserer besonderen Art und Weise, in die soziale Welt eingebettet zu sein, und baut auf der ‚*Situation*' jeder Interpretin, jedes Interpreten in der sozialen Welt auf: Hermeneutik als interpretatorisches Wissen basiert auf der ‚Handlung des Seins in der Welt' des Einzelnen und der Gruppe (1990 [1960]: 315, 317–319). Gadamer erkennt aber auch die Möglichkeit der „Überfremdung" der Interpretin bzw. des Interpreten zu der „Überlieferung, mit der er es zu tun hat" und bezeichnet diese „als Folge einer falschen Vergegenständlichung" (1990 [1960]: 319). Während Gadamer dies, als er es in den 1960er-Jahren schrieb, damals dem Einfluss naturwissenschaftlicher Methoden zurechnete, handelt es sich beim Dataismus um eine mächtige gegenwärtige Version einer solchen Entfremdung, die paradoxerweise behauptet, eine neue Art von sozialem Wissen zu sein (Couldry 2014a; Mosco 2014).

Wenn auch die vermeintlichen Vorzüge eines solchen datafizierten Wissens diskussionswürdig sind, sind doch die Kosten absolut klar: ein soziales Gefüge, das aus einer kontinuierlichen gegenseitigen Überwachung hervorwächst. Der Preis, den die Datafizierung fordert, wird in Dave Eggers' Roman „Der Circle" treffend in dem paradoxen Bild eines Systems zur Integration der Kameras von Millionen von Menschen auf der ganzen Welt eingefangen, das den Namen „SeeChange" trägt: „Das ist ultimative Transparenz. Ungefiltert. Alles sehen. Immer." (Eggers 2014: 84) Dennoch bietet die Philosophie, die dem ‚Dataismus' zugrunde liegt, keinerlei Grundlage für das Erfassen der sozialen Ordnung, die ihre zutiefst begrenzte Perspektive auf soziales Wissen hervorgebracht hat. Um die soziale Ordnung zu erfassen, müssen wir an anderer Stelle ansetzen und uns erneut den Fragen der materialistischen Phänomenologie zuwenden.

10.1 Institutionalisiertes Selbst und Kollektivitäten

In den Kap. 8 und 9 betrachteten wir verschiedene Arten des Wandels der Praktiken des Selbst und von Kollektivitäten, wie er sich im Zuge der tiefgreifenden Mediatisierung ereignet. In diesem Kapitel kehren wir zu dieser Perspektive zurück. Dabei fragen wir aber noch mal anders: Was implizieren solche sich wandelnden Praktiken – auf der Ebene des Selbst und auf der Ebene von Kollektivitäten –, wie sich die *soziale Ordnung* heutzutage in und durch die Medien konstituiert? Im Kern geht es dabei um die Implikationen, die die zunehmende *Institutionalisierung* des Lebens von Einzelpersonen und des von Gruppengefügen für sich wandelnde Formen der sozialen Ordnung hat.

Zu Beginn des Buches blickten wir zurück auf die frühmittelalterlichen Vorläufer für grundlegenden Wandel der Medienpraktiken – neue Praktiken der Alphabetisierung und des Lesens, Speicherns und Transportierens von Texten – und stellten fest, wie dieser Wandel mit einem auf neue Weise individualisierten Selbst verbunden war (Illich 1991b: 29). Wie wir in Kap. 8 gesehen haben, stehen wir erst am Anfang der Transformationen des Digitalisierungsschubs und können noch keine eindeutigen Verlagerungen im Wesen des Selbst feststellen. Bereits mit Sicherheit sichtbar aber sind einige Verschiebungen in der Beziehung zwischen Selbstpflege und sozialer Ordnung im breiteren Sinne.

Das Selbst ist ein zeitliches Projekt, das sich im Laufe der Zeit entfaltet. Doch wie Hartmut Rosa (2005: 13) zeigt, haben sich aus komplexen Bündeln an Gründen, u. a. aufgrund der massiven Beschleunigung der Kommunikationsübertragung, die sozialen Domänen des Selbst transformiert, was für die einzelnen Akteur:innen eine „*Erweiterung des Möglichkeitshorizonts*" nach sich zieht. Dies wiederum bringt eine Divergenz zwischen dem „Erwartungshorizont" (die Zeit, die sie antizipieren können und die sie orientiert hält) und ihrem „Erfahrungsraum" (ihrer unmittelbaren Handlungssphäre) mit sich (Rosa 2005: 14). Tatsächlich haben sich auch die sozialen Domänen der einzelnen Akteur:innen erheblich erweitert. Infolgedessen müssen sie über ihre auf technologische Weise medienvermittelten Schnittstellen zu anderen Akteur:innen regelmäßig konkurrierende Anforderungen und Erwartungen ausbalancieren und dies über lange Zeiträume hinweg. Anders gesagt: Schon um einfach nur als ein Selbst zu funktionieren, müssen sich die einzelnen Akteur:innen mit einer größeren Anzahl von Menschen über längere Zeiträume hinweg und sehr kleinteilig abstimmen (Lahire 2007: 11–41). Dadurch *intensivieren sich die Interdependenzen* zwischen den sozialen Akteur:innen, ob sie einander nun gut kennen, wie in Familien und Freundschaften, oder nicht. Zugleich *vergrößern sich die Abhängigkeiten* jedes Einzelnen *von den Medien und ihren Infrastrukturen,* die die Möglichkeiten solcher Abstimmungsvorgänge begünstigen. Bei beidem nimmt auch die Verflechtung der Individuen in eine übergeordnete Ordnung zu, wie auch ihre Fähigkeit, negativ oder positiv zu ihr beizutragen. Darüber hinaus führt die zunehmende Fähigkeit, Kommunikations- und Informationsressourcen über große Entfernungen zu empfangen, Fernbeziehungen durch auf technologische Weise medienvermittelte Kommunikation erfolgreich zu führen und auch tatsächlich physisch große Entfernungen zu überwinden, zu einer solchen Verschiebung in der Beziehung zwischen Raum und Handlung, dass nach Rosa „der Raum in vielen Hinsichten seine Eigenschaft der *unverrückbaren Gegebenheit,* der *unveränderlichen Hintergrundbedingung* verloren hat" (2005: 167). Auch in dieser Hinsicht kann die feste Verankerung des Individuums in Alltagsroutinen infrage gestellt und gestört werden, da das Verhältnis zwischen angenommenem Vordergrund und angenommenem Hintergrund im sozialen Leben in Transformation begriffen ist. In diesem Zusammenhang tragen Social-Media-Plattformen – und auch ihre begünstigenden Eigenschaften für die Beziehungen von großen Gruppen von ‚Mitmenschen', ob sie einander nahestehen oder nicht – auf nicht unerhebliche Weise zur Ordnung der Alltagswelt bei.

In einem solchen Kontext intensivierter translokaler Kommunikation sind neue „Beziehungen zwischen Menschen und riesigen Anordnungen von Technologien und Konventionen" banal geworden, wie Isin und Ruppert feststellen, worunter sie unter anderem „Tweeting, Messaging, Friending, E-Mailing, Blogging, Sharing" verstehen (2015: 2). Indem sie banal und gewohnheitsmäßig werden, verlieren diese einst seltsamen Aktivitäten ihre, wie Schütz und Luckmann es ausdrückten, „Typenhaftigkeit" (2017 [1973]: 33) und betreten die Domäne des ‚Natürlichen'. Auf verschiedene Weise beteiligen sich nun Einzelpersonen an der umfassenderen Aufgabe, an der auch Unternehmen beteiligt sind: der Aufgabe, die *Kontinuität* zwischen Menschen, Situationen, Standorten und Kontexten zu *bewerkstelligen.* In dem, was Gerlitz und Helmond (2013) als „Like-Economy" bezeichnen, finden sich die Spuren dessen, was soziale Akteur:innen auf Social-Media-Plattformen tun, und zwar über das Web in einer Weise distribuiert, die es weiter in eine ökonomische Funktionalität integriert. Über die Einführung von Sozial Plugins und des Open Graph Protocols (OGP) bei Facebook stellten sie fest:

> Facebook-Aktivitäten wie Liken, Kommentieren und Teilen sind nicht mehr auf die Plattform beschränkt, sondern werden über das Web distribuiert und ermöglichen es den Nutzer:innen, eine größere Bandbreite von Web-Inhalten mit ihren Profilen zu verbinden. (2013: 7)

Wieder einmal zeigt dies Dave Eggers' Roman „Der Circle" auf, mit der Schilderung einer Szene, in der zwei Charaktere eine andere Figur dafür kritisieren, dass sie einen Eintrag über einen Spaziergang in ihrem handschriftlichen Tagebuch geschrieben hat:

> Papier ist für mich ein Problem, weil damit jede Kommunikation stirbt. Es hat kein Potenzial zu Kontinuität. […] Es hört auf mit dir. Als wärst du der einzige Mensch, der zählt. […] Wenn du ein Tool benutzt hättest, um jeden Vogel, den du siehst, zu identifizieren, dann hätte jeder was davon gehabt […] Es ist einfach zum Verrücktwerden, wie viel Wissen jeden Tag durch diese Art von Kurzsichtigkeit verloren geht. (Eggers 2014: 215 f.)

In Eggers' Roman wird der Druck, „sich einzubringen" (2014: 7) und hierdurch ‚soziales Wissen' zu schaffen, für einige der Charaktere unerträglich, für die die Slogans der Firma, die hinter dem „Circle" steht – „Teilen ist Heilen" oder, noch pathetischer, „Gleicher Zugang zu allen menschlichen Erfahrungen ist ein grundlegendes Menschenrecht" (2014: 343) – wenig Tröstliches zu bieten haben.

Die Frage ist in der Tat, *wem* der Zugang denn gewährt wird. Bei diesem datafizierten Modell muss jeglicher Zugang, den Menschen zu den Erfahrungen anderer erhalten, stets über die Ordnungsoperationen einer Plattform und ihrer Dateninfrastruktur medienvermittelt werden, deren Ertrag einem privatwirtschaftlichen Unternehmen zukommt. Partizipation bedeutet also Zusammenarbeit in etwas Kollektivem, aber nur in einem hochgradig medienvermittelten Sinne: Sie ist, wie Ulises Mejias es ausdrückt, ein Beitrag „zur sozialen *Ordnung*" (2013: 8, eig. Hervorh.), d. h. für diejenige soziale Ordnung, die von und für Unternehmen aufrechterhalten wird. Diesen Aspekt werden wir in einem späteren Abschnitt näher erläutern. Wenn ein Selbst bestimmte Beziehungen zu einer Dateninfrastruktur führen muss, um sich selbst als Selbst aufrechtzuerhalten, *revolutioniert das die Art und Weise, wie sich das Selbst in eine soziale Ordnung einbindet.* Welchen Platz das Individuum in den sozialen Beziehungen einnimmt, hängt somit direkt vom guten Funktionieren der privatwirtschaftlichen Infrastruktur und von den verwalteten Beziehungen des Individuums zu dieser Infrastruktur ab. Was van Dijck als „den Imperativ des Teilens" bezeichnet (2013: 50) entspricht, auf einer anderen Ebene, dem bereits erwähnten *„impératif numérique"*. Mit dem Imperativ des Teilens ist ein Prozess der Institutionalisierung verbunden, in dessen Verlauf das Selbst bei der Ausübung seiner Grundfunktionen inhärent institutionalisiert wird. Folglich verlässt es sich auf die Ziele und Anforderungen externer, im Allgemeinen kommerzieller Institutionen und bezieht sich selbst wiederum teilweise auf diese. Oder, wie es die kanadische Autorin Margaret Atwood in ihrer Rezension von „Der Circle" formulierte: „Was passiert mit uns, wenn wir die ganze Zeit ‚on' sein müssen? Dann werden wir rund um die Uhr vom Flutlicht angestrahlt, überwacht wie im Gefängnis." (Atwood 2013: 8)

Dabei wäre es keine Lösung, sich ‚außerhalb' des Kreises, des „Circle" zu begeben: Ein solches Draußensein stellt in der Tat eine neue und tiefgreifendere Form des Ausschlusses dar, insofern es nicht freiwillig erfolgt. Wie es bei jeglichen Prozessen der Institutionalisierung der Fall ist – jedoch in einem Ausmaß, das dem Grad der hier angestrebten funktionalen Integration entspricht –, bedeutet auch dieser Prozess den *Ausschluss* einer beträchtlichen Gruppe von Menschen. Im Jahr 2015 konstatierte das Projekt „Unreported Britain" eine „digitale Zwickmühle": Um Arbeitslosigkeit und anderen Formen sozioökonomischer Ausgrenzung zu *entkommen,* bedarf es gewisser Mittel; diese wiederum hängen davon ab, ob man bereits über eine kontinuierliche und qualitativ hochwertige Internetverbindung verfügt; und diese wiederum können Erwerbslose sich nicht leisten (Armstrong und Ruiz del Arbol 2015). Zwar mag der Hype um das Internet anhaltend groß sein. Doch selbst in einem wohlhabenden Land wie Großbritannien haben 14 Prozent der Haushalte bis heute keinen Internetzugang (Office for National Statistics 2015).

Lässt sich hier ein breiteres Muster erkennen? Unserer Auffassung nach schon. Normen – einer von Wrongs drei aufgeführten Mechanismen, die soziale Ordnung tragen – haben eine besonders hohe Wichtigkeit, wenn es um das Aufrechterhalten von ansonsten unwahrscheinlich komplexen und vielfältigen Beziehungen geht. Auf der Ebene der Produktion gilt es für Plattformen, sich in einem weiter gefassten Raum der „nahtlosen Interoperabilität" zu bewähren (van Dijck 2013: 166), die es ermöglicht, über zahlreiche verschiedene Plattformen und Anwendungen hinweg kommunikative Praktiken durchzuführen und ökonomische Wertschöpfung ungehindert zu betreiben: Damit dies wiederum gelingt, müssen die Schnittstellen von Systemen innerhalb der verschiedenen miteinander verknüpften Softwarepakete genormt sein. Auf der Ebene der Nutzer:innen besteht an sie für einen gleichmäßig fließenden Datenstrom die Erwartung, einer Reihe von Verhaltensnormen zu entsprechen:

10.1 Institutionalisiertes Selbst und Kollektivitäten

> Die Macht der Normen, im Bereich der Sozialität, ist weitaus einflussreicher als die Macht von Recht und Ordnung [...]. In weniger als einem Jahrzehnt haben sich die Normen für die Online-Sozialität dramatisch gewandelt: Drehte sich anfangs alles um Vernetzung, musste sich diese Vernetzung dann der Wirtschaftlichkeit anpassen. Inzwischen werden die Begriffe austauschbar verwendet. (van Dijck 2013: 174)

Die von einzelnen Akteur:innen verkörperten Normen tragen zu einer gewohnheitsmäßigen Ordnung bei, in die auch Kollektivitäten, Institutionen und Marktwirtschaftsstrukturen eingebunden sind. Innerhalb dieser Ordnung wandeln sich die Bedeutungen einzelner Handlungen mit ihrem wirtschaftlichen Wert (van Dijck 2013: 6 f.), dem Wert, der diesen Handlungen innerhalb einer breiter gefassten Ökonomie der Datenverarbeitung beigemessen wird.

Aus dieser Matrix von Konnektivitätspraktiken, die heutzutage auf Social-Media-Plattformen sehr verbreitet sind, lassen sich drei weitreichendere Folgen für die soziale Ordnung ausmachen. Erstens kommen Menschen durch eben diese gesteuerte Kontinuität der Interfaces in eine ‚Situation' gemeinsamen Handelns mit anderen, wie sie es sonst nicht täten. Wie Boltanski und Thévenot (2014 [1991]: 58) anmerken, gibt es in komplexen Gesellschaften zwar unzählige Beziehungen von „Nebeneinander", wenngleich „[i]m wirklichen Leben [...] aus dem Nebeneinander nicht immer gleich eine Situation" entsteht, eine Begegnung mit gegenseitigem Einfluss. Doch die gesteuerte Kontinuität der Plattformen bringt zwangsläufig *neue Formen von ‚Situationen'* zwischen den Menschen hervor, die wiederum neue Ansatzpunkte für die soziale Ordnung schaffen. Zweitens entstehen in solchen Situationen unterschiedlich relevante *Kollektivitäten,* wie in Kap. 9 erörtert: Mitunter ist die Relevanz für die Nutzer:innen real, in Ausnahmefällen kann sie auch im Mittelpunkt kollektiven Handelns stehen, obwohl diese Kollektivitäten selten, ohne dass andere Bedingungen erfüllt sind, um Solidarität und Risikobereitschaft kreisen. Mitunter ist die Relevanz zwar für die Nutzer:innen unwesentlich, aber für die zugrunde liegenden kommerziellen Interessen erheblich, da diese eine Voraussetzung für die Wertschöpfung darstellen. Drittens schaffen solche Interfaces neue Formen engerer Interdependenz mit *kommerziellen* Machtzentren, die früher am alltäglichen sozialen Leben weitgehend unbeteiligt waren, wenn sie nicht gerade durch die Kaufentscheidung für ein Konsumprodukt ‚hierzu eingeladen' wurden. Wie Ulises Mejias schreibt, entstehen unter diesen Bedingungen „neue Formen der Soziabilität", die jedoch „in einer Struktur verfasst werden, in der jeder Aspekt der Öffentlichkeit von kommerziellen Interessen beherrscht, beherbergt oder angetrieben wird" (2013: 131). Einige gehen noch weiter und sehen hier in der Art und Weise, wie Normen sozialer Leistung zunehmend Normen der Marktwirtschaftsleistung nachahmen, eine „Ökonomisierung des Selbst" als ein

Bündel von Kapital, das „produktiv investiert werden muss" und letzlich die Anzahl der Follower:innen, Likes, Retweets usw. steigert (Brown 2015: 33 f.). Wie man auch dazu stehen mag: Die *Bedeutung* der kommerziellen Macht in der Alltagssozialität ist enorm gestiegen und das hat Folgen für die gesamte soziale Ordnung, in der wir leben.

10.2 Organisationen

Wie lassen sich diese Verschiebungen im Wesen der kommunikativen Prozesse für das Selbst und für Kollektivitäten auf die Ebene von Organisationen übertragen? Typischerweise wird eine Organisation durch ihre Ausrichtung auf einen gemeinsamen Zweck und gemeinsame Praktiken, durch eine koordinierte Arbeits- oder Verantwortungsteilung und durch bestimmte Mitgliedschaftsregeln definiert.[1] Wenn wir Organisationen auf diese Weise charakterisieren, können sie als unverwechselbare Institutionen angesehen werden, die sich spezifischen Zielen widmen und bestimmte Rollen in Bezug auf Mitgliedschaft und Praktiken anbieten. Nun sind Organisationen aber keine statischen Phänomene: Sie sind in Praktiken verwurzelt und werden durch fortlaufende Prozesse der „organisierten Sinnstiftung" hervorgebracht (Weick, Sutcliffe und Obstfeld 2005: 410). Organisationen sind ‚diskursive Konstruktionen' (Fairhurst und Putnam 2004: 22), konstruiert durch eine Art „Metakonversation" (Robichaud, Giroux und Taylor 2004: 624) über ihre Zwecke, die sich durch die Praktiken entwickelt.

Es gibt zwei Seiten dieser organisationsbezogenen Sinnstiftung: eine interne Seite, also wie Akteur:innen innerhalb der Organisation den Sinn, die Bedeutung dessen konstruieren, was die Organisation bedeutet, und eine externe Seite, also wie die Organisation den Sinn, die Bedeutung dessen konstruiert, was die Organisation in Bezug auf ihre äußere Umgebung bedeutet. Doch auch diese Trennung zwischen intern und extern ist eine *Konstruktion,* kontinuierlich als Teil der Praktiken der Organisation hervorgebracht, aufbauend auf den verschiedenen Ressourcen, die der Organisation zur Verfügung stehen. In diesem Sinne bilden Organisationen eine besondere Art von Figurationen – oder Figurationen von Figurationen –, in die Individuen auf formale Weise involviert sind und die durch ihre fortwährenden Konstruktionsprozesse und verschiedene Prozesse der rechtlichen Anerkennung als „privatwirtschaftliche Akteure" eine bestimmte Art von Agency er-

---

[1] Mit diesem Verständnis von Organisation verweisen wir auf Kühl 2011: 9–22; Meier und Schimank 2012: 26 und Weick 1995 [1979]: 26.

werben, die sich von der in Kap. 9 erörterten informellen Agency von Kollektivitäten sehr unterscheidet (Mayntz und Scharpf 1995: 49–51). Aufgrund dieser Agency verfügen Organisationen innerhalb größerer institutioneller Bereiche wie Recht und Wirtschaft über Ordnungsmacht (siehe Thornton, Ocasio und Lounsbury 2012: 133–147). Organisationen und ihre Ordnungsmacht sind auf mindestens drei Ebenen vom Wandel der Medienumgebung betroffen, der sich angesichts der tiefgreifenden Mediatisierung vollzieht: auf der Ebene der organisationsspezifischen Ausrichtung, der Organisationsprozesse und der zugrunde liegenden Wissensproduktion.

Die *organisationsspezifische Ausrichtung* – die Gesamtbedeutung einer Organisation – wird durch die Beziehungen zu den Medien transformiert, und zwar nicht nur innerhalb der Organisation, sondern auch durch außerhalb davon stattfindende Diskurse. Meyer und Rowan (1977) haben vor langer Zeit das Konzept des „rationalisierten institutionellen Mythos" aufgeworfen: d. h., die soziale Konstruktion von Mythen wie organisationsbezogene „Effizienz", „Strukturen" und „Missionen", die Organisationen *als solche* legitimieren und wonach sich ihre Praktiken ausrichten. Solche Mythen werden hauptsächlich *durch Medien* vermittelt. Sie sind das, was wir in Kap. 4 ‚sinnhafte Anordnungen' der sozialen Welt genannt haben. Sowohl innerhalb als auch außerhalb der Organisation sind sie folgenreich, insofern sie „die Vorstellungen der Öffentlichkeit von den Organisationen und die Vorstellungen der Organisationen von sich selbst *mitkonstituieren*" und dabei „nicht nur [als] Beschreibungen *von* Organisationen, sondern [als] Beschreibungen *für* Organisationen" fungieren (Schultz, Suddaby und Cornelissen 2014: 26; eig. Hervorh.). Ganz gleich, ob solche Mythen allgemein gefasst oder spezifischer sind: Immer dann, wenn sie sich auf bestimmte Organisationen beziehen, liefern sie *Ordnungsvorstellungen*. Denken wir an die bekannten Mythen vom ‚Erfolg' für Unternehmen oder von der ‚Effizienz' für Bürokratien oder an den Mythos des ‚Lieferns', der in neoliberalen Demokratien sowohl von Organisationen als auch von Entscheidungsstrukturen verwendet wird. Entscheidend ist *weniger*, dass all diese Organisationen solche Erwartungen stets erfüllen. Vielmehr geht es darum, dass solche Mythen den Organisationen Legitimität verleihen und als normative Grundlage für die organisatorischen Praktiken und ihre Bewertung dienen. Oder wie Magnus Fredriksson und Josef Pallas es ausdrückten:

> Die jeweilige Art und Weise, wie die Medien […] eine Organisation im Blick haben und hinterfragen, ist von großer Bedeutung, um zu verstehen, wie die Legitimität und das Ansehen dieser Organisation konstruiert sind und wie sie operieren. (Fredriksson und Pallas 2014: 235)

Neuartige Mythen wie der Dataismus (van Dijck 2014) können auch organisationsübergreifend funktionieren, so wie Diskurse über ‚neue Technologien' der Kommunikation in der Geschichte der ‚Modernisierung' funktioniert haben (Martín-Barbero 1993: 182–186). Im weiteren Sinne sind Organisationen als Orte, an denen Menschen einen Großteil ihrer Tageszeit verbringen, mächtige *Verstärker* allgemeiner Mythen über erwünschte *Ordnungsformen*. Und damit tragen sie auch zur Konstruktion einer umfassenderen, an bestimmten Mythen orientierten sozialen Ordnung bei.

Medien sind auch an der *Transformation von Organisationsprozessen* beteiligt. Es wurde schon viel darüber geschrieben, wie digitale Medien die Strukturen von Organisationen von oben nach unten verändert haben.[2] Wesentliche organisationsbezogene Veränderungen sind, so die Annahme, auf digitale Medieninfrastrukturen zurückzuführen, die neue Arten von ‚Netzwerkorganisationen' ermöglichen. Manuel Castells beispielsweise verknüpfte die Transformation der Wirtschaft Ende des zwanzigsten Jahrhunderts mit organisationsbezogenen Wandlungsprozessen, die durch das Internet und den Aufstieg von „Netzwerkorganisationen" möglich wurden (Castells 2001: 173–228). In jüngerer Zeit wurde auch argumentiert, dass „das globale Datennetzwerk eine institutionelle Kraft auf alle gegenwärtigen Organisationen ausübt" (Lammers und Jackson 2014: 33). Medien- und Datennetzwerke sind für die meisten Organisationen zu einer kritischen Infrastruktur geworden, die Wandel in der Art und Weise, wie sie auf Mikroebene verfasst sind, mitprägt, und die in die Ambitionen und Ziele der in den jeweiligen Organisationen arbeitenden Personen eingebettet ist (Fredriksson und Pallas 2014).

Während die tiefgreifende Mediatisierung je nach organisationsbezogenem und institutionellem Kontext unterschiedlich verläuft (Donges 2011; Fredriksson, Schillemans und Pallas 2015; Hjarvard 2014; Øyvind und Pallas 2014; Thorbjornsrud, Figenschou und Ihlen 2014), vollzieht sich auch eine allgemeine transformative Prägkraft der Medien auf Organisationen. Die Fähigkeiten der digitalen Medien und ihrer Infrastrukturen ermöglichen den Figurationen, die den Organisationen zugrunde liegen, sich anders im Raum anzuordnen: Sie sind nicht mehr notwendigerweise auf physische Nähe ausgerichtet (siehe Lammers und Jackson 2014: 41). Dies bedeutet nicht, dass Lokalität bedeutungslos geworden wäre, wie die Forschung zu globalisierten Städten gezeigt hat: Städte sind nach wie vor kulturell dichte Orte und daher für viele Organisationen, insbesondere für Unternehmen, wichtig (Krätke 2011; Zook 2005). Nun ist es aber für Organisationen

---

[2]Vgl. als Überblick über die aktuelle Diskussion z. B. die Kapitel in Pallas, Strannegård und Jonsson (2014) oder die verschiedenen Kapitel über Organisationen in einem von Knut Lundby (2014) herausgegebenen Handbuch zur Mediatisierung.

leichter geworden, über verschiedene Standorte hinweg distribuiert zu sein und gleichzeitig intensive Praktiken hinsichtlich interner Kommunikation und Kommunikationsnormen fortzuführen, mit denen räumlich verstreute Akteur:innen integriert werden. Im Ergebnis kommt es zu einem Wandel *der Qualität und der Komplexität* des Verhältnisses von Individuen und Kollektivitäten zu Organisationen. Anzunehmen ist, dass „die Verbreitung von Social-Networking-Technologien zu einer größeren Vertrautheit mit dem Bilden von Teams und Gruppen führt" (Noveck 2009: 161). Wenn wir außerhalb der Domäne von Organisationen schauen, lassen sich Verbindungen zu den im vorigen Kapitel erörterten Arten von Arbeitskollektivitäten ausmachen, die dazu führen, dass sich die traditionelle Organisationsform auch auf andere soziale Domänen ausdehnen kann. Die Kommunikationspraktiken in Organisationen werden ihrerseits durch das Medienensemble der jeweiligen Organisation geprägt: Beispielsweise beschleunigt und intensiviert das Schreiben von E-Mails anstelle von Briefen, die gemeinsame Nutzung von Dokumenten und die Durchführung von Videokonferenzen anstelle des Benutzens von Memos die alltägliche Kommunikation in Organisationen. Auch können digitale Archive schneller und auf andere Weise durchsucht werden als Archive von Drucksachen. Aufgrund der Art und Weise, wie individuelle Praktiken geprägt werden, intensiviert die tiefgreifende Mediatisierung die Beschleunigung von Kommunikationsprozessen innerhalb und zwischen Organisationen.

Zusammenfassend lässt sich sagen, dass sämtliche medienbasierten Wandlungsvorgänge, die wir in den Kap. 5 und 6 in Bezug auf Raum und Zeit erörtert haben, auch für Organisationen und ihre Praktiken von Bedeutung sind. Hier ist eine grundlegende Dialektik am Werk: Einige organisationsbezogene Transformationen werden durch eine sich wandelnde Medienumgebung von außen initiiert. Mitunter transformieren sich so ganze institutionelle Felder. Andere organisationsbezogene Transformationen vollziehen sich intern durch die *Nutzungsweisen* ihrer sich wandelnden Medienumgebung. Hier sehen wir die Verwirklichung der Mannigfaltigkeit der Medien einer Organisation, wie sich durch sie *ihr* Ensemble ordnet. Aus dieser Dialektik ergeben sich im Kontext bestimmter Organisationen weitergehende Folgen für die soziale Ordnung.

Drittens gibt es die *Transformation der Wissensproduktion* innerhalb von Organisationen, die mit der sich wandelnden Medienumgebung zusammenhängt. Wir haben bereits auf das Internet und die Datennetzwerke als wichtige organisationsbezogene Infrastrukturen hingewiesen, die begünstigend für die Ausweitung der organisationsbezogenen Kommunikation in Raum und Zeit sind. Doch der weitreichendere Punkt ist – womit die in Kap. 7 vorgebrachten Argumente bekräftigt werden –, dass die Datafizierung als ein automatisierter Prozess Teil der Wissensproduktion der meisten Organisationen geworden ist. Die Rechtstheoretikerin Julie Cohen (2012: 188) stellt z. B. im Hinblick auf die heutigen standardisierten Daten- und Informationsinfrastrukturen fest, dass diese „Kontrollarchitekturen sind […], die einen grundlegenden Wandel in unserer politischen Ökonomie widerspiegeln, hin zu einem Regierungssystem, das auf genau definierten, ständig aktualisierten Zugangsberechtigungen von und zu Akteur:innen, Ressourcen und Geräten beruht". Gewiss gab es schon immer Systeme innerhalb von Organisationen, die den Zugang zu verschiedenen Arten von Informationen auf die eine oder andere Weise beschränkten. Worauf wir hinauswollen, ist Folgendes: In Organisationen, die eine Datenarchitektur in ihre Operationen integriert haben, *bildet* ihr Daten-‚System' – das oft über eine externe Anordnung ‚in der Cloud' gespeichert ist, siehe nächster Abschnitt – jetzt den Arbeitsspeicher und das Langzeitgedächtnis dieser Organisationen. Wieder einmal, und parallel zur Transformation des individuellen und kollektiven Lebens, wird das organisationsbezogene Leben von einer äußeren Schicht *institutionalisierter* Interdependenz abhängig, die Folgen für die umfassendere Machtverteilung und das Wesen der sozialen Ordnung hat.

Zahlreiche Organisationen integrieren heutzutage algorithmische Modelle in ihre Arbeitsprozesse, in die die Normen und Ordnungsprozesse dieser Organisationen eingeschrieben werden. Ein Beispiel, das wir in vorangegangenen Kapiteln erörtert haben, sind Organisationen, die auf den Finanzmärkten agieren. Deren Modelle, die das Marktgeschehen simulieren, sind zumindest teilweise von komplexen Computersystemen abhängig geworden, die sich über die zahlreichen Zentren elektronisch vernetzter Marktaktivitäten erstrecken: „Der Markt verfasst sich selbst in Form dieser Bildschirme, an die die Trader angeschlossen sind, und auf denen Produktion und Analyse gleichermaßen ablaufen." (Knorr-Cetina 2014: 40) Nur durch die ‚synthetischen Situationen', die durch diese Systeme ‚skopischer Medien' konstruiert werden, können ihre *Organisations*zwecke erfüllt werden. Und nur durch diese Situationen wird ‚der Markt', sprich: der Organisationsmythos, auf den diese Organisationen in erster Linie fokussiert sind, als solcher konstruiert. Immer mehr ‚synthetische Agenten' übernehmen die organisatorische Arbeit, auch wenn Trader sie dabei überwachen. Auch andere Organisationstypen sind dabei, sich in diese Richtung zu bewegen: So beginnen beispielsweise Polizeibehörden und Finanzämter damit, akkumulierte und automatisierte Datenanalyseverfahren zu nutzen, um Fälle zu lösen – und sogar, um zukünftige Fälle *vorherzusagen,* womit sie die Hoffnung verbinden, sie von vornherein zu verhindern.[3] Und selbst Organisationen im institutionellen Bildungsbereich wie Schulen verlassen sich auf Methoden der Datafizierung, um die Qualität von Schule und Unterricht

---

[3] Siehe z. B. Gernert (2015); und allgemeiner Ruppert (2011); Amoore (2013).

auf der Grundlage datengesteuerter Lerner-Evaluationsmodelle zu bemessen (Breiter 2014; Selwyn 2015). Dabei stehen wir allerdings erst am Anfang dieses Wandels des organisatorischen Wissens durch Datafizierung, nicht am Ende.

Zusammenfassend lässt sich sagen, dass die tiefgreifende Mediatisierung dabei ist, das ‚Innenleben' von Organisationen zu transformieren und damit auch die Bedingungen, unter denen Organisationen mit umfassenderen Machtstrukturen und deren Implikationen für die soziale Ordnung interagieren. Im Kern geht es dabei um die Rolle, die Medien im Allgemeinen und die Datafizierung im Besonderen als Grundlage der Ordnungsprozesse von Organisationen im Zeitalter der tiefgreifenden Mediatisierung einnehmen. Es geht aber auch um die Art und Weise, wie Organisationszwecke im breiteren öffentlichen Diskurs konstruiert werden. Wenn wir also die Rolle, die Organisationen in weitergefassten institutionalisierten Feldern haben, und ihren Beitrag zur sozialen Ordnung betrachten wollen, müssen wir ihre tiefgehende Einbezogenheit in Medienvermittlungsprozesse ernst nehmen.

10.3 Politik und Regierung

Wir haben argumentiert, dass die drei grundlegenden Akteure des sozialen Lebens – das Selbst, Kollektivitäten und Organisationen – durch Medien und Medieninfrastrukturen, einschließlich Daten- und Informationsinfrastrukturen, transformiert werden und im Zuge dessen in radikal neuer Weise in die soziale Ordnung eingebunden werden. Was geschieht, wenn wir unsere Argumentation auf die scheinbar offenen Räume *jenseits* von Organisationen ausdehnen, in denen die Regierung und verschiedene andere machtausübende Akteur:innen zu intervenieren und zu regulieren versuchen? Es handelt sich dabei um Räume, die durch eine Vielzahl von Akteur:innen mit unterschiedlichem Komplexitätsgrad gekennzeichnet sind, sodass es schwierig ist, herauszuarbeiten, welche übergeordneten Folgen des Wandels bestehen und in welche Richtungen sich der Wandel bewegt. Vorausgesetzt jedoch, wir wählen einen guten Blickwinkel, kommen mehrere wichtige Entwicklungen in Sicht.

Politik und damit verbundene Entscheidungsstrukturen waren schon immer komplex, verglichen mit den Normen der sozialen Domänen, in die sie einzugreifen versuchten. Aber das *Ausmaß,* in dem die Komplexität der Kommunikationsherausforderungen *zugenommen* hat, mit denen die Akteur:innen in politischen Entscheidungsstrukturen zu Beginn des einundzwanzigsten Jahrhunderts konfrontiert sind, ist nicht zu unterschätzen. Dabei müssen sowohl die positiven als auch die negativen Seiten des sich vollziehenden Wandels berücksichtigt werden. Wie die Rechtstheoretikerin und ehemalige US-Regierungsberaterin Beth Simone

Noveck aufzeigt, ermöglichen neuartige Formen kommunikativer Verknüpfungen neue Wege, wie sich Bürger:innen und Expert:innen in leistungsfähige Entscheidungsstrukturen einbeziehen lassen: „Der Verwaltungsapparat, mittels dessen Gesellschaft verwaltet wird, ist", so warnt sie zu Recht, „nicht vielfältig genug aufgestellt" (Noveck 2009: 16). Allerdings gibt es weiterhin kaum Anzeichen dafür, dass das Potenzial, das digitale Netzwerke bieten, um den Wandel in der Funktionsweise von Demokratien entscheidend voranzutreiben, auch tatsächlich genutzt wurde. Stattdessen wird der Ausschluss aus staatsbürgerlichen und politischen Prozessen mit immer neuen Formen weiterbetrieben.

Historische Parallelen und Unterschiede

Wir können uns das *potenzielle* Ausmaß des gegenwärtigen Wandels politischer Entscheidungsstrukturen besser vorzustellen, wenn wir uns ein historisches Beispiel einmal genauer ansehen: die Zeit, als ein Zusammenhang zwischen mit Mediatisierung einhergehenden Verlagerungen und dem Wandel in der Verfasstheit von Regierungen ausgemacht wurde. Die meisten Schilderungen der frühen Moderne richten ihr Augenmerk auf die Erfindung des Buchdrucks in Europa ab dem fünfzehnten Jahrhundert als entscheidend für die *spätere* Entstehung des modernen Nationalstaats. Entscheidender, so argumentieren einige Historiker:innen, und weitreichender in seinen Auswirkungen auf die Art und Weise, wie moderne Regierungen zustande kommen, war jedoch der Übergang zur *Herrschaft durch Schriftstücke*. Und dies hat sich M. T. Clanchy (1993 [1979]) zufolge bereits weitaus früher ereignet, nämlich im elften bis dreizehnten Jahrhundert. Die sich wandelnden Regierungsmodalitäten waren zugleich eine entscheidende Triebkraft des kulturellen Wandels: „Die Alphabetisierung von Laien *entstand aus bürokratischen Erfordernissen* und nicht aus einem abstrakten Wunsch nach Bildung oder Literatur" (1993 [1979]: 19, eig. Hervorh.). Die zunehmende Verbreitung von Schriftstücken für alltägliche Zwecke – von Landkarten über juristische Aufzeichnungen bis hin zu königlichen Erlassen – und die mit ihrer Herstellung und Interpretation verbundenen Fähigkeiten transformierten die Art und Weise, wie Herrscher(-innen) mit ihrem Territorium interagieren konnten. Zur Zeit von Englands König Edward I. (1239–1307) hatte die Regierung, zumindest theoretisch, „Zugang zu jeder Wohnstätte, war sie noch so klein, und zu jedem Mann, war er noch von so niedriger Geburt" (1993 [1979]: 47). Und zwar nicht etwa, weil der persönliche physische Zugang leichter geworden war, denn die Straßen waren weiterhin sehr einfach, sondern aufgrund der koordinierten Kraft eines Netzwerks von Praktiken, die auf Schriftstücken beruhten. Die führende Rolle des Staates bei dieser Verlagerung passt auch zu Elias' Verständnis von der führenden Rolle des Staates beim „Aufbau des ‚zivilen' Verhaltens" und der „Tischsitten" (1976 [1939]: LXXVI) im fünfzehnten und sechzehnten Jahrhundert in Europa. Die zunehmende Verlagerung von Regierungsmodi, die auf Normen persönlicher (Face-to-face-)Befehlsgewalt beruhen, hin zu Regierungsmodi, die auf der aufgeschobenen Kraft schriftlicher Beschreibung und Unterweisung beruhen, zog noch mehr nach sich: die Zunahme *ständig verfügbarer* schriftlicher Aufzeichnungen als Bezugspunkte für die Herrschaft (1993: 153 f.); die Notwendigkeit, Lösungen zu finden, um die plötzlich aufkommenden Mengen wichtiger Aufzeichnungen zu *ordnen* (die Erfindung des alphabetischen Index: Clanchy 1993 [1979]: 177–179; Illich 1991b: 296 f.).[4]

Auffallend sind die deutlichen Parallelen zur tiefgreifenden Transformation von politischen Entscheidungsstrukturen durch die explosionsartige Zunahme digitaler Aufzeichnungen seit den 1990er-Jahren (Bimber 2003). Ebenso auffällig ist die Entstehung extremer Ungleichheiten bei den Ressourcen, die mit den historischen und gegenwärtigen Transformationen verbunden sind: So wie heutzutage die Macht, digitale Infrastrukturen zu errichten, zu gestalten und zu verwalten, in sehr wenigen finanzstarken Institutionen konzentriert ist (Google, Facebook, Amazon: siehe Kap. 4), so verfügte im Frühmittelalter „nur der König über dauerhaft angelegte und betriebene Schreibeinrichtungen" (seine „Kanzlei": Clanchy 1993 [1979]: 57). Das Potenzial für umfassendere Verschiebungen in der Organisation von Macht und Ordnung durch Verschiebungen im Grad der Mediatisierung war im Frühmittelalter ebenso vorhanden wie heutzutage. Diese Verschiebungen finden sowohl innerhalb der Nationen als auch zwischen ihnen statt; sie zeigen sich in Begriffen wie ‚digitale Unterschicht' (Helsper 2011), die einen mehrdeutigen Stellenwert haben, sind sie doch zugleich ein nationales *und* ein transnationales Phänomen.

Wenn wir uns dagegen dem Amerika des neunzehnten Jahrhunderts zuwenden, lernen wir auch aus James Benigers Verständnis von der Entwicklung der modernen Kommunikationsmittel – Telegraf, Zeitung, Post, Telefon – als Antwort auf die ‚Krise der Kontrolle', die durch das Missverhältnis zwischen den ‚Kommunikations-‚Anforderungen' einer expandierenden sozialen und wirtschaftlichen Domäne und dem ‚Angebot' einer rudimentären Kommunikationsinfrastruktur entstanden war. Bei der Transformation der Kommunikationsmodi, die sich in der zweiten Hälfte des neunzehnten Jahrhunderts in den expandierenden kapitalistischen Ökonomien in allen Bereichen der Wirtschaft und der Regierung ereignete, ging es nicht darum, ein einziges Medium zu erfinden und dieses im täglichen

---

[4] Es gibt noch einen weiteren Aspekt, der an dieser Stelle unbeachtet bleiben muss: die Rolle der Schreibtechniken bei der Entstehung des modernen Buchhaltungswesens im frühmittelalterlichen Europa (Bisson 2009: 336–349).

Leben zu verankern. Vielmehr handelte es sich um Verschiebungen in der *Interdependenz* aller Aspekte des organisationsbezogenen Lebens, was Beniger als „die fortschreitende Schichtung der Kontrollebenen" bezeichnete (1986: 292).

Was können wir dann aus diesen früheren Vorläufern für die Transformation der sozialen Ordnung lernen, die jetzt durch den Digitalisierungsschub in Gang gekommen ist? Ein Hauptunterschied zwischen damals und heute ist die neue Relevanz, wenn nicht gar Dominanz privatwirtschaftlicher Unternehmen, ein Thema, das wir bisher allgemeiner in unserer Diskussion über die *Institutionalisierung* von Selbst, Kollektivitäten und den Rahmenbedingungen, in denen Organisationen operieren, angegangen sind. Alle Prozesse, die wir hier erörtern, haben ihre Grundlage in der institutionell verankerten konnektiven Infrastruktur, die wir ‚Internet' nennen. Sicherlich war der Staat in zahlreichen Ländern enorm wichtig für die frühen Investitionen und die Planung des Internets als konnektive Infrastruktur (Mazzucatto 2013; Keen 2015); ein Beitrag, der in der Tat weit in die Geschichte des Computers und der ihm vorausgegangenen kalkulatorischen bzw. Rechnertechnologien des neunzehnten Jahrhunderts zurückreicht (Agar 2003: 41). Doch heutzutage ist der Staat zwar ein Hauptnutznießer neuer Formen der digitalen Herrschaft, aber nicht länger der Hauptmotor des Wandels. Wie Louise Amoore in ihrer Aufarbeitung der Geschichte der neuartigen datenbankgestützten, grenzüberschreitenden Überwachungs- und Monitoring-Systeme argumentiert:

> Nicht der aufziehende Krieg gegen den Terrorismus war es, der eine Vielzahl an neuartiger und beispielloser Sicherheitstechnik hervorgebracht hat. Tatsächlich ist das Gegenteil der Fall: Die Ereignisse vom 11. September und die außergewöhnlichen, umgehend ausgerufenen Maßnahmen eröffneten vielmehr das Feld für die staatliche Einführung alltäglicher, gewöhnlicher Technik, die schon seit etwa acht Jahren eingesetzt worden war, wann immer im Alltag Brot und Würstchen eingekauft wurden. (Amoore 2013: 41 f.)

Detailliert beschreibt Amoore die Rolle der Führungskräfte von IBM und des britischen Lebensmittel- und Bekleidungseinzelhändlers Marks and Spencer bei der Entwicklung von ‚Verbandsregeln', mit denen sich das Konsumentenverhalten anhand der Textspuren, die dank neuartiger Data-Mining-Techniken zur Verfügung stehen, besser vorhersagen lässt (2013: 39–41, 50 f.). Das Bestreben der Marketingleute, die Konsument:innen kontinuierlicher und mit mehr Vorhersagekraft zu tracken – wovon wiederum die Staaten profitierten –, war Teil dessen, wie sich die Möglichkeiten *für privatwirtschaftliche Unternehmen* erweiterten, die sich aus der neuen digitalen Infrastruktur ergaben. Ein anderer Druck in Richtung Data Mining ergab sich jedoch aus dem zunehmenden Problem für Werbetreibende, das aus der explosionsartigen Verbreitung digitaler Medieninhalte in den späten 1990er-Jahren folgte: Infolgedessen ließ sich immer schwerer behaupten, dass die *eine* teure Werbemaßnahme ihr Publikum besser erreichte als *irgendeine andere* (Turow 2011). Darauf aufbauend „überarbeiten mächtige Medienakteure wie Facebook das Gefüge des Web", um es zu einem Raum zu machen, der besser zu ihren wirtschaftlichen Zielen passt (Gerlitz und Helmond 2013: 7).

Aus vielen Richtungen also haben die organisatorischen Folgen der Digitalisierung auch tiefgreifende Folgen für Ordnung und Herrschaft. Ebenfalls wichtig ist unter dem Gesichtspunkt der Machtverhältnisse die Verlagerung der Kontrolle über die Computerinfrastruktur, auf die sich die Kommunikationsinfrastruktur der digitalen Welt stützt. Die heutige Wirtschaft hängt von riesigen Datenverarbeitungskapazitäten ab, die in den meisten Fällen zu teuer für einzelne Unternehmen *oder* nationale Regierungen geworden sind, als dass sie sie noch selbst besitzen könnten. Das Aufkommen der ‚Cloud' – d. h. der „Speicherung, Verarbeitung und Distribution von Daten, Anwendungen und Diensten für Einzelpersonen und Organisationen" (Mosco 2014: 17) – stellt eine massive Verlagerung der Kontrolle *weg* vom Nationalstaat dar, der bis vor einem Jahrzehnt noch weitgehend die Kontrolle über seine Informationsressourcen hatte (2014: 66 f.), und *hin* zu der kleinen Anzahl dominanter Unternehmen wie Apple, Google, Microsoft, die die Remote-Computer-Server verwalten, auf denen ‚die Cloud' existiert. Wir argumentieren hier nicht, dass das Ergebnis notwendigerweise mehr Ordnung ist, geschweige denn eine Ordnung, die besser auf die zentralen normativen Werte abgestimmt ist. Auch wenn das Wachstum der Informationsinfrastruktur gemäß einiger klassischer Lesarten als entscheidend dafür gilt, wie in verschiedenen Phasen der Geschichte tatsächliche soziale Ordnung erreicht wurde (z. B. Beniger 1986), gibt es auch Gegenbeispiele, z. B. die doppelbödige Rolle der Bürokratie in der verheerenden Gewalt, die im zwanzigsten Jahrhundert ausgeübt worden ist. Auf die normativen Fragen werden wir in Kap. 11 zurückkommen.

Eine neue Art von Politik?

Nachdem wir nun aufmerksam sind dafür, dass der Wandel in der Kommunikationsinfrastruktur, der durch die Digitalisierungs- und Datafizierungsschübe hervorgerufen wird, *seinerseits* zu einer signifikanten Verschiebung im Wesen der sozialen Ordnung beitragen kann, wie können wir nun eine Verbindung zur Materie alltäglich stattfindender Entscheidungsfindung durch Politik und Regierungen herstellen?

Der offensichtliche Wandel im Wesen der Politik, der von den digitalen Medien herrührt, hat bereits große Aufmerksamkeit auf sich gezogen. Zweifellos kann politische Mobilisierung dank der Medienplattformen für Social-Networking-Sites heutzutage rascher und einfacher erfolgen (siehe Kap. 9); gleichzeitig haben dieselben Plattformen die Dynamik politischer Skandale verstärkt (Thompson 2005b). Doch daraus sollten wir noch nicht schlussfolgern, dass diese neuartigen Kommunikationsinstrumente *insgesamt* einen Wandel im Wesen der Politik und ihres Gleichgewichts herbeigeführt haben.

Es gibt mindestens vier starke Gründe zur Vorsicht mit einer allzu voreiligen Entscheidung. Erstens sind es vorwiegend die ‚*negativen*' Aspekte der Politik, die durch die digitale Kommunikation transformiert worden zu sein scheinen, was Pierre Rosanvallon (2009) als „Gegendemokratie" bezeichnet, wobei die Implikationen für andere Aspekte der Politik, z. B. für den langfristigen Aufbau von Parteien für politische Transformationsvorgänge, weniger klar oder gar negativ sind (Couldry 2012: 108–132). Zweitens handelt es sich bei den komplexen Erzählungen, die schildern, wie sich die Politik durch die digitalen Medien gewandelt hat, in der Regel um *allgemeingültig gehaltene Geschichten,* die auf Verallgemeinerungen aus einer begrenzten Anzahl von Fällen gründen, vor allem aus den USA und Großbritannien. Sorgfältigere vergleichende Analysen der digitalen Politik zeichnen ein gemischtes Bild, mit sehr unterschiedlichen Implikationen in verschiedenen politischen Systemen (Nielsen 2012; Stanyer 2013; Vaccari 2013). Drittens, wenn wir erst einmal anfangen, die *Komplexität* der Folgen des Digitalisierungsschubs für Organisationen zu erfassen, dürfen wir die Komplexität der Folgen für politische Organisationen wie Parteien, die in Konflikten auf mehreren Ebenen beteiligt sind, nicht unterschätzen. Aufgrund des Zusammenspiels aus gestiegener Produktion und Archivierung politisch relevanter Informationen und mehr distribuiertem Zugriff innerhalb und über Organisationsgrenzen hinweg auf dieselben Informationen *verringert* sich wahrscheinlich im Durchschnitt die Stabilität politischer Institutionen (Bimber 2003). Inzwischen ist es Organisationen wie etwa politischen Parteien, die an Wahlen teilnehmen, dank erweiterter Kommunikationsnetzwerke möglich, mehrere politische Akteur:innen in ‚Wahlkampfveranstaltungen' zusammenzubringen – von Rasmus Kleis Nielsen als „Wahlkampagnen-Assemblagen" bezeichnet –, wofür sie *Face-to-Face*-Kommunikation mit potenziellen Wähler:innen organisieren (Nielsen 2012). Dies kehrt nicht nur die Vorhersage der Wahlkämpfer:innen der 1990er-Jahre um, dass ‚personalisierte' Kommunikation im modernen digitalen Wahlkampf überflüssig sei, sondern verdeutlicht uns auch die Wirkmächtigkeit von Figurationen von „grundlegend und nie vollständig integrierten, voneinander abhängigen Akteuren, die dann nach der Wahl getrennte Wege gehen" (Nielsen 2012: 179). Auch in solchen Kontexten mag das Gleichgewicht zwischen politischer und kommerzieller Macht überraschen: „Ihr örtlicher Supermarkt ist in organisatorischer und technologischer Hinsicht höchstwahrscheinlich anspruchsvoller als Ihr örtlicher Wahlkampf", bemerkt Nielsen (2012: 183 f.).

Ein letzter Grund zur Vorsicht, der allerdings in die andere Richtung weist, ist, dass die allgemeine Verbreitung politisch relevanter Informationen, ebenso wie bei verbraucherorientierten Informationen, es umso schwieriger macht, die Folgen der politischen Kommunikation bestimmter Organisationen vorherzusagen. Nicht nur die kulturellen und historischen *Kontexte* sind wichtig, sondern auch – und potenziell ebenso kulturell verschieden – die Gewohnheiten der Bürger:innen, *ihre Auswahl zu treffen* aus dem endlosen Informationsuniversum, das ihnen zur Verfügung steht, um sie zu bestimmten politischen Entscheidungen zu bewegen (Zolo 1992). Es besteht eine weit verbreitete Furcht, dass die Auswahl von Informationen regelmäßig Menschen in „Blasen" einschließt, die durch die Operationen von Suchmaschinen verstärkt werden, da diese den Web-Suchern stets Informationen präsentieren, die besser zu ihren bisherigen Mustern der Informationsnutzung passen (Pariser 2011). Vor diesem Hintergrund müssen wir mehr über die *Solidaritäts- und Ausdrucksfigurationen* wissen, an denen Bürger:innen bestimmten Typs an bestimmten Orten beteiligt sind oder nicht. Die übermäßige Betonung der vernetzten Politik auf Kosten einer detaillierteren Erforschung der sozialen Figurationen, in denen Netzwerkinteraktionen tatsächlich eine Rolle spielen, hielt die Forschung in diesem Bereich bisher zurück.[5]

Ein anderer Staatstyp?

Anstatt darauf zu setzen, klare Muster zu finden, wie sich *bestimmte politische Konflikte* unter den Bedingungen der tiefgreifenden Mediatisierung von selbst lösen, wäre es vielleicht erfolgversprechender, die sich wandelnden Bedingungen für *allgemeine Projekte der politischen Ordnung*, d. h. für Entscheidungsfindungsstrukturen, zu untersuchen. Wie wir bereits gesehen haben, sind die Regierungen, die Verkörperung des Nationalstaates, zutiefst von den kommerziellen, privatwirtschaftlichen Interessen abhängig, die die heutige Dateninfrastruktur betreiben. Wenn wir dies einmal hinnehmen, welche Implikationen zieht die tiefgreifende Mediatisierung dann für Herrschaftsverhältnisse nach sich?

Wenn wir uns Regierungsapparate als sehr große Figurationen von Figurationen vorstellen, dann gelten für sie die Implikationen der tiefgreifenden Mediatisierung für Organisationen in noch stärkerem Maße: Inzwischen lassen sich Koordinationsvorgänge in weit größerem Ausmaß und mit weitaus größerer Präzision durchführen, was das Regieren erleichtert, weil sich etliches Verwaltungshandeln an eine große Bandbreite von Behörden *delegieren* lässt. Die Domänen interner vernetzter Kommunikation sind für die immer größeren Regierungsaufgaben von grund-

---

[5] Siehe Couldry (2014b) für eine ausführlichere Argumentation.

legender Bedeutung. Aber Regierungsapparate funktionieren selbstverständlich nicht in einem Vakuum. Das insbesondere in demokratischen Staaten bestehende Erfordernis des Regierens, ein minimales bis maximales Maß an Legitimität vor den Bürger:innen zu wahren, setzt Regierungen notwendigerweise den beschleunigten Kommunikationsströmen der allgemeinen Medienumgebung aus. Vor bald zwei Jahrzehnten argumentierte der deutsche Politikwissenschaftler Thomas Meyer (2003: 40–44) pessimistisch, dass die verkürzten Zeiträume der Medienerzählungen in der digitalen 24/7-Nachrichtenumgebung nicht nur den Zeitrahmen beschleunigten, innerhalb dessen Regierungen auf Nachrichtenereignisse reagieren müssen, sondern auch den *Zyklus der Politikgestaltung* insgesamt. Dies hat zersetzende Folgen für die Qualität der Politik an sich. Nun finden sich sicherlich Berichte früherer hochrangiger Regierungsmitglieder, die diese Ansicht unterstützen (Foster 2005). Auch gibt es in ersten Ansätzen vergleichende empirische Arbeiten, die diese Befürchtungen in gewisser Weise belegen könnten (Kunelius und Reunanen 2014). Es sind jedoch umfangreichere empirische Arbeiten erforderlich.

In der Zwischenzeit, weit entfernt von den Orten, an denen politisches Handeln entwickelt wird, leben die Bürger:innen ihr Leben weiter, aber in einem veränderten Verhältnis zu dem, was sie weiterhin als ‚Staat' imaginieren, womit sie inzwischen jedoch durch immer umfangreichere Dateninfrastrukturen medienvermittelt verbunden sind. Zwei maßgebliche Stimmen, Engin Isin und Evelyn Ruppert, merken an: „Wenn auch das Internet die Politik in den fünfzehn Jahren [zwischen 1998 und 2013] vielleicht nicht radikal verändert hat, so hat es doch die Bedeutung und Funktion, *Bürger:innen zu sein,* mit dem Aufkommen sowohl der privatwirtschaftlichen als auch der staatlichen Überwachung radikal verändert" (Isin und Ruppert 2015: 7, eig. Hervorh.). Es geht nicht nur darum, eine bürgerliche Identität in einer neuen Reihe von Situationen zu verwirklichen: Es geht eher grundsätzlich darum, die Rhythmen und Muster der individuellen Praktiken immer weiter entsprechend den Anforderungen der neuen Datenerhebungssysteme zu integrieren, auf die der Staat zunehmend angewiesen ist. In Kap. 7 haben wir gesehen, welche Bedeutung die Zunahme komplexer Kategorisierungsformen mittels Datenprozessen für das Selbst hat, in Kap. 8 haben wir es uns bezogen auf Kollektivitäten und ihre imaginären politischen Gemeinschaften angeschaut. Doch was genau sind die Implikationen für die Regierungsapparate und die Möglichkeit einer durch das Regieren hergestellten sozialen Ordnung? Noch einmal: Um ein endgültiges Urteil abgeben zu können, stehen wir noch zu sehr an den Anfängen des Wandels, aber zumindest zeichnen sich einige Richtungen ab, wohin der Wandel führt.

Bereits seit Jahrzehnten ist klar, wie wichtig es für die Stabilität von Regierungen ist, einen guten Umgang mit den Medien zu finden (Meyrowitz 1985; Scam-

10.3 Politik und Regierung

mell 1993; Bimber 2003; Chadwick 2013). Dabei dreht sich stets alles um die mediale Darstellung der Bewältigung von externen Realitäten wie Krisen, Skandale und Naturkatastrophen. Doch während sich das Aufgabenfeld des Regierungsapparats in Teilen auf die *Verwaltung* der riesigen Dateninfrastruktur verlagert, von der seine auf Externes abzielenden Handlungen abhängen, sind die Beziehungen zwischen Regierung und Bürger:innen *selbst* zunehmend davon geprägt, aufgrund dieser Infrastruktur und ihrer bürokratischen Schnittstellen medienvermittelt stattzufinden. In den Worten von Ruppert ausgedrückt:

> Was Menschen in Bezug auf die Regierung tun (Transaktionen) wird zentraler als das, was sie sagen, dass sie tun und was sie sagen, wer sie sind (subjektive Identifikationen) […] All dieses Tun vermindert die Fähigkeit der Subjekte, ihr eigenes Datendouble zu hinterfragen, zu unterlaufen oder medienvermittelt auszudrücken. (2011: 227)

Das Konzept des ‚Datendoubles' haben wir bereits in Kap. 7 in Bezug auf das Selbst erörtert. Wir müssen hier aber nochmals darauf zurückkommen, da es grundlegend für das Verständnis der Art von staatlicher ‚Ordnung' ist, die unter den Bedingungen der tiefgreifenden Mediatisierung aufkommt. Für die Beziehungen zwischen Bürger:innen und dem Regierungsapparat bestand schon immer das Risiko von Entfremdung. Doch wenn das Handeln von Regierungen, *unabhängig* von ihren demokratischen Absichten, standardmäßig von Prozessen automatisierter Kategorisierungen abhängig wird, droht eine Verschiebung zwischen dem, was die Bürger:innen erleben, und dem Datenverlauf, auf dessen Grundlage sie beurteilt werden. In Schütz' und Luckmanns Phänomenologie gründete die „natürliche Einstellung der Welt des täglichen Lebens gegenüber" „jeweils auf einem Vorrat früherer Erfahrung" (2017 [1973]: 33) des Individuums. Dennoch gab es in der Mitte des zwanzigsten Jahrhunderts mehr als genug düstere Erfahrungen, die zeigten, dass die Bürger:innen von ihren Regierungen nicht immer erwarten konnten, dass sie Handlungen vermieden, die gewaltsam mit ihrem Erfahrungsvorrat kollidierten. Doch noch beunruhigender, nämlich auf eine banalere Weise, ist die Datafizierung, weil es sich hierbei um eine Form des Regierens handelt, die wahrscheinlich niemals auf das reagiert, „was sie [die Bürger:innen] sagen, dass sie tun, und was sie [die Bürger:innen] sagen, wer sie sind".[6]

---

[6] Vgl. Amoores (2013: 61) Verständnis von Regierung, das sich auf datengesteuertes Risikomanagement konzentriert: „Bei Risikoableitungen geht es nicht darum, wer wir sind, und auch nicht darum, was unsere Daten über uns aussagen. Es geht darum, wie wir sein könnten, es geht um nichts anderes als unsere Neigungen und Möglichkeiten und die dementsprechenden Vorstellungen und Schlussfolgerungen."

Welche Folgen können wir dann längerfristig für die Kernbestandteile von Ordnung und legitimer Regierung erwarten: für das *Vertrauen,* für die *Legitimität,* für die Glaubwürdigkeit des Regierungshandelns, für das Gefühl der Bürger:innen für ihre eigene *Wirksamkeit* als politische Akteur:innen? Das wissen wir noch nicht. Doch zwei großmaßstäbliche und beunruhigende Trends müssen zumindest registriert werden. Da ist zunächst die Verbindung der neuen datafizierten sozialen Infrastruktur mit der Verschärfung der sozialen, wirtschaftlichen und ethnischen Ungleichheiten (Gangadharan 2015). Zweitens werden, wie bereits erwähnt, in der Konstitution der sozialen Ordnung Zwänge zunehmend wichtiger als konsensorientierte Normen. Die Normen im Zusammenhang mit der Datenerfassung sind, wie wir gesehen haben, im Wandel begriffen: Hinter Dataismus verbirgt sich eben der Versuch, neuen Normen der Datengenerierung *den Boden zu bereiten,* die für die Akzeptanz einer gewissen Unterwerfung unter die neuen Beziehungen zwischen zum einen Unternehmen und Konsument:innen sowie zum anderen Bürger:innen und Staat sorgen, und zwar Beziehungen auf Grundlage kontinuierlicher Überwachung und einer aktiven Rolle der Bürger:innen bei der Datengenerierung. Doch gerade die Infrastruktur, auf die sich unsere vernetzte digitale Kommunikation stützt, ist in einem wichtigen Sinne „autoritärer Natur" (Cohen 2012: 188 f.): Sie beruht auf „gefügiger Unterwerfung unter Autoritäten" und nicht auf Zustimmung. Normen, die in Ermangelung von möglichem sinnvollen Konsens und von Verhandlung zustande kommen, unterscheiden sich nicht sehr von *Zwang.* Dies zieht potenziell gefährliche langfristige Implikationen für die breitere institutionelle Legitimität nach sich.

Hierin liegt unsere Sorge: dass unter den Bedingungen der tiefgreifenden Mediatisierung eine zunehmend komplexere Infrastruktur interdependenter Kommunikation eine datafizierte soziale Ordnung installiert, die sich mehr auf infrastrukturellen Zwang (oder Beinahe-Zwang) als auf die offen anfechtbare Legitimität von Normen stützt. Im nächsten und abschließenden Kapitel müssen wir uns eingehender mit den normativen Implikationen solcher umfangreichen Verlagerungen in der Konstruktion der sozialen Welt und der sozialen Ordnung befassen.

Fazit

11

Eingangs zu diesem Buch stellten wir eine Frage, die wir an dieser Stelle wieder aufgreifen: Welche Folgen bringt es mit sich, wenn die soziale Welt medial konstruiert wird, also von und durch Medien, d. h. mittels technologisch-medialer Kommunikationsprozesse und -infrastrukturen? Wir haben in diesem Buch versucht, diese Frage schrittweise anzugehen.

In Teil I analysierten wir die Folgen für das Grundgefüge der sozialen Welt, wenn es durch medienvermittelte Kommunikation konstruiert wird. Insbesondere betrachteten wir die Rolle von Kommunikation in der Geschichte der letzten sechs Jahrhunderte und den langfristigen Prozess der aufeinanderfolgenden Mediatisierungsschübe, die zur gegenwärtigen Phase der ‚tiefgreifenden' Mediatisierung geführt haben. Die tiefgreifende Mediatisierung bezieht alle sozialen Akteur:innen in Interdependenzbeziehungen ein, die zum Teil von medienbezogenen Prozessen abhängen: Aufgrund dieser Beziehungen nehmen die ‚Medien' in der gesellschaftlichen bzw. sozialen Konstruktion der Wirklichkeit nicht nur eine einseitige oder auch breiter gefasste Rolle ein, sondern haben einen ‚tiefgreifenden' Charakter. Damit sind sie für die Elemente und Prozesse, *aus denen heraus* die soziale Welt und ihre Alltagswirklichkeit geformt und getragen wird, von wesentlicher Bedeutung. Gleichzeitig, und damit verbunden, werden die Medien und Plattformen ihrerseits sowohl hinsichtlich der Produktionsarten als auch der Nutzungsweisen zunehmend miteinander vernetzt. Dadurch entsteht ein vieldimensionaler Möglichkeitsraum, den wir die Mannigfaltigkeit der Medien genannt haben. Als hilfreich dabei, unsere Beziehungen zu und innerhalb der Mannigfaltigkeit der Medien zu erfassen, hat sich das Figurationskonzept erwiesen, entwickelt aus dem Spätwerk von Norbert Elias. Teil II war der Erforschung der grundlegenden Dimensionen unserer sozialen Welt unter diesen neuen Bedingungen gewidmet, insbesondere ihrer zunehmenden Relationalität mit Medieninhalten und Medieninfrastrukturen. Wir untersuchten die Dimensionen von Raum und Zeit und die neue Dimension der ‚Daten', die mehr und mehr an der Prägung dessen, was als soziales Wissen gilt, beteiligt ist. In Teil III befassten wir uns mit Agency in der sozialen Welt: der Konstruktion des Selbst und von Kollektivitäten sowie der Entstehung einer umfassenderen sozialen Ordnung unter den Bedingungen der tiefgreifenden Mediatisierung.

Mit der Erörterung von Fragen der Ordnung begannen wir in unserem letzten Kapitel neue Fragen darüber aufzuwerfen, wie wir die Folgen für das menschliche Zusammenleben, das geprägt ist von der medialen Konstruktion von Wirklichkeit, *insgesamt einordnen*. Das ist der Hauptschwerpunkt dieses abschließenden Kapitels. Unsere Argumentation war durchweg darauf ausgerichtet, die Grenzen von Bergers und Luckmanns klassischem Ansatz der „Gesellschaftlichen Konstruktion der Wirklichkeit" zu überwinden, der die Rolle, die medienvermittelte Kommunikation in dieser Konstruktion spielt, völlig außer Acht ließ. Aber um die Medien in einem phänomenologischen Ansatz wahrhaftig zu erfassen – angesichts dessen, dass ‚Medien' unbestreitbar eine *komplexe materielle* Infrastruktur bilden –, gilt es nicht nur, eine vollständig materialistische Phänomenologie zu entwickeln. Vielmehr gilt es auch, den besonderen neuartigen Typus einer tiefgreifenden Infrastruktur für die Konstruktion der sozialen Welt zu erkennen, den die heutigen datengesteuerten Plattformen und Muster sozialer Vernetzungen darstellen. Und diese Erkenntnis bildet die Grundlage für einen zweiten Schritt über Berger und Luckmann hinaus, der eine Analyseebene identifiziert, die in ihrer Argumentation nicht vorkommt, eine Ebene, auf der der Druck auf bestimmte Arten der sozialen Ordnung mit wichtigen menschlichen Zielen und Bedürfnissen in Konflikt geraten kann. Eine solche Ebene der *evaluativen Kritik,* die auf phänomenologischen Prämissen aufbaut und insbesondere von Elias' Erkenntnissen über die Konstruktion der sozialen Ordnung und den von ihr ausgeübten Druck inspiriert ist, war Berger und Luckmann nicht zugänglich. Denn ihre Analyse verharrte in ihrem Schwerpunkt auf Face-to-Face-Kommunikation und Formen der Institutionalisierung, die sich letztlich aus Face-to-Face-Interaktionen ergeben. Damit ignorierte ihre Analyse die transformative, aber spannungsträchtige Rolle, die die medienvermittelte Kommunikation bei der Konstruktion der sozialen Welt ausüben kann. Wir möchten betonen, dass wir im Folgenden nicht so tun, als gäbe es keine Unterschiede zwischen den Kulturen und Gesellschaften, was das Ausmaß von tiefgreifender Mediatisierung in all ihren Aspekten betrifft. Das Ziel dieses Fazits besteht allerdings darin, unsere Leser:innen für die immanente *Richtung* des Wandels im Zusammenhang mit tiefgreifender Mediatisierung wachsam zu machen. Daher gehen wir hier weniger auf die unterschiedlichen Ausprägungen als vielmehr auf die aus unserer Sicht wichtigsten Umrisse eines sich abzeichnenden Trends ein, der in etlichen Teilen der Welt – *ungeachtet* des ungleichen Zugangs und der ungleichen wirtschaftlichen Entwicklung – an Kraft gewinnt: eine Tendenz zu einer neuen *Art* von sozialer Ordnung, die gekennzeichnet ist von tiefgreifender Mediatisierung und Datafizierung. Wir haben jedoch nicht zum Ziel, eine allgemeingültige Vorhersage zu treffen, in welche Richtung der Weg führt. Sollte der Widerstand gegen diesen Trend die von uns festgestellten Tendenzen bremsen, fänden wir dies erfreulich. Genauso wichtig wie das Identifizieren starker Tendenzen Richtung Ordnung ist es, aufmerksam zu sein für die Möglichkeiten, die in der *Agency* liegen, und für den Widerstand gegen Ordnung, wie wir an verschiedenen Stellen in Teil III erwähnt haben.

Wir befassen uns damit, wie sich Transformationen in Medieninfrastrukturen *sozial* entfalten, d. h. mit den komplexen Folgen der Einbettung von Medientechnologien in die Alltagswelt des Sozialen. Dabei lehnen wir einen technologisch-deterministischen Ansatz entschieden ab, insbesondere einen Ansatz in der Form, dass neue ‚Medien' eine spezifische ‚Logik' erzeugen, die auf simple Art und Weise über das soziale Terrain ausgespielt wird. Weder dafür, was Technik nach sich zieht, noch dafür, wie sich sozialer Wandel vollzieht, ist das der geeignete Ansatzpunkt. Gleichermaßen kann auch die Zunahme von *Interdependenzbeziehungen* nicht verstanden werden, wenn man nicht ein Modell nichtlinearer kausaler Komplexität anwendet.[1] Aus diesem Grund *ergibt es keinen Sinn*, tiefgreifende Mediatisierung als die Entfaltung lediglich *einer* ‚Logik' zu verstehen. Vielmehr umfasst die tiefgreifende Mediatisierung einen Metaprozess, bei dem auf jeder Ebene der sozialen Gestaltung medienbezogene Dynamiken aufeinandertreffen, miteinander in Konflikt geraten und in den verschiedenen Domänen unserer sozialen Welt unterschiedliche Ausdrucksformen finden. Zumindest lässt sich konstatieren, dass die tiefgreifende Mediatisierung aus dem Zusammenspiel zweier sehr unterschiedlicher Transformationstypen folgt: Damit meinen wir zum einen die sich wandelnde Medienumgebung, die durch zunehmende Differenzierung, Konnektivität, Omnipräsenz, Innovationsgeschwindigkeit und Datafizierung gekennzeichnet ist (die Entstehung der Mannigfaltigkeit der Medien); und zum anderen

---

[1] In verschiedenen Domänen, in denen über Mediatisierung diskutiert wird, erfreut sich kausale Komplexität zunehmender Wertschätzung. Wissenschaftler:innen erkennen eine Vielzahl unterschiedlicher ‚Logiken' an, die den medialen Einflüssen zugrunde liegen (Strömbäck und Esser 2014a: 19; auch Strömbäck und Esser 2014b), bzw. lehnen die Idee einer universellen Medienlogik ab, die zu einer allumfassenden Medienabhängigkeit der Politik führt (Schulz 2014: 61). Stattdessen betonen sie verschiedene ‚Mediatisierungsmodi' (Lundby 2014: 19 f., eig. Hervorh.) und ihre Wechselbeziehungen.

die zunehmende Interdependenz der sozialen Beziehungen (die komplexe Rolle von Figurationen und Figurationen von Figurationen im sozialen Leben, die zum Teil auf einer medienbasierten Infrastruktur beruhen, deren Dynamik sich aber darüber hinaus entwickelt).

Um den Rahmen abzustecken, wollen wir zunächst noch einmal auf die allgemeinen Grundsätze zurückkommen, die wir im Laufe dieses Buches über tiefgreifende Mediatisierung gelernt haben. Welche Implikationen haben diese Grundsätze dafür, wie wir die mediale Konstruktion von Wirklichkeit *einordnen?*

Tiefgreifende Mediatisierung und ihre weitreichenderen Implikationen
Um eine der Grundaussagen des Buches nochmals zu bekräftigen: Die soziale Welt ist aus Interdependenzen konstruiert. Im Zuge ihrer Entwicklung, die über aufeinanderfolgende Phasen verlief, haben die Medien ihre eigenen Interdependenzen hervorgebracht, die nach und nach alltagsweltlich verankert werden und in der Gesamtheit das ‚Ergebnis' erzeugen, das wir der Einfachheit halber als ‚Mediatisierung' bezeichnen. Doch wenn „alles medienvermittelt wird" (Livingstone 2009: 2), erreicht die Mediatisierung einen neuen Punkt: eine Phase *tiefgreifender* Mediatisierung, in der die Art und Dynamik der Interdependenzen – und damit der sozialen Welt – *ihrerseits* im erheblichen Maße von Medieninhalten und Medieninfrastruktur *abhängig werden*. An diesem Punkt kann Mediatisierung zu Recht als ‚tiefgreifend' bezeichnet werden.

Die tiefgreifende Mediatisierung resultierte aus einer besonderen historischen Verlagerung sowohl der Medieninfrastrukturen als auch der Einbettung der Medien in das soziale Leben. Der entscheidende Bruch erfolgte mit dem, was wir in Kap. 3 als den Digitalisierungsschub bezeichnet haben. Dieser beruhte auf dem gestiegenen Ausmaß der *Vernetztheit der Medien,* die die Digitalisierung der Inhalte und den parallelen Aufbau eines offenen, vernetzten Raums – das Internet – ermöglichte. Diese Vernetztheit zwischen den Medien führte unweigerlich zu einer Interdependenz zwischen den Akteur:innen – ob individuellen, kollektiven oder Organisationsakteuren –, die Medien aus verschiedenen Gründen nutzen, nicht zuletzt, um sich miteinander zu vernetzen und zu interagieren. Von dieser Transformation der Medien aus nahm auch die Transformation der sozialen Ordnung ihren Anfang. Die Folgen *all dessen* für soziale Prozesse und für die Möglichkeiten der sozialen Ordnung zu verstehen, ist das Ziel der Erforschung von tiefgreifender Mediatisierung.

Die tiefgreifende Mediatisierung operiert, wie gerade erwähnt, auf nichtlineare Weise. Wir können den Einfluss ‚der Medien' nicht mehr als den Einfluss einzelner Domänen, z. B. der des Journalismus, *auf andere* Domänen der sozialen Welt verstehen. Welchen Teil der sozialen Welt wir auch betrachten: Immer ist ihre Gestaltung auf die eine oder andere Weise mit den Medien verbunden. Die umfassenderen Transformationen, die sich daraus ergeben, sind komplex, widersprüchlich und führen mit großer Wahrscheinlichkeit zu Spannungen zwischen Akteur:innen und Institutionen und zwischen verschiedenen Ebenen von Organisationen und Ressourcenallokationen, die nur teilweise lösbar sind. Folglich interessieren wir uns, wenn wir tiefgreifender Mediatisierung Aufmerksamkeit widmen, für weitaus mehr als für das Vorhandensein von Medienprozessen in allen oder zumindest den meisten sozialen Domänen des Alltagslebens – inzwischen ‚trivialen Wahrheiten', wie Philosoph:innen sagen. Wir beschäftigten uns auch mit der Frage, wie sich durch die sich wandelnde Nutzung der Medien durch die sozialen Akteur:innen *die Art und Qualität der sozialen Interdependenz an sich verändert:* mit anderen Worten, wir beschäftigten uns mit Agency.

Dies zeigt sich z. B. in den Momenten, in denen Einzelne versuchen, sich von den verschiedenen Medien-Interfaces zurückzuziehen, auf die die soziale Welt heutzutage angewiesen zu sein scheint. Genauso wie jeder Versuch, sich aus der „sozialen Beschleunigung" in „künstliche Entschleunigungsoasen" zurückzuziehen und sich dort beispielsweise verschiedenen Formen der Körper- und Geistespflege zu unterziehen, paradox ist, weil dies nur kurzzeitig und notdürftig erfolgen kann (Rosa 2005: 149), so ist dies auch bei der Mediatisierung der Fall. Ob Menschen, die sich weigern, bestimmte – digitale – Medien zu nutzen und versuchen, ihre Erreichbarkeit durch Medien einzuschränken, oder Unternehmen, die E-Mail-freien Urlaub einführen, oder Hotels, die in den Hotelzimmern Schalter anbieten, mit denen sich der WLAN-Empfang blockieren lässt (Moore 2015), und so weiter, um den Menschen zu helfen, ‚aufzutanken' und dann ‚wieder einzusteigen' – *sie alle* suchen nach dem, was man nach Rosa als „Entmediatisierungsoasen" bezeichnen könnte (vgl. Turkle 2015: 3–17). In zahlreichen Werken populärer Selbsthilfeliteratur werden solche Versuche reflektiert, den Prozess der Mediatisierung zu verlangsamen. Allesamt aber sind sie zum Scheitern verurteilt: Mit ziemlicher Sicherheit stellt ein jeder Versuch nur ein Vorspiel zu einer Rückkehr dar, zu einer Wiederaufnahme der Mediennutzung, was wiederum ‚letztlich doch nur' bestätigt, wie tiefgreifend die Mediatisierung längst ist.

Dabei gibt es drei grundlegende Implikationen der tiefgreifenden Mediatisierung, die erst in diesem Stadium unserer Argumentation vollständig deutlich werden: tiefgreifende Rekursivität, gestiegene Institutionalisierung und verstärkte Reflexivität.

Erstens werden unter den Bedingungen der tiefgreifenden Mediatisierung sowohl soziale als auch mediale Prozesse *zutiefst rekursiv*. ‚Rekursivität' ist ein Begriff aus der Logik und Informatik, der angibt, dass Regeln auf die Entität, die sie zuvor erzeugt hat, erneut angewendet werden (Kelty 2008). Im weiteren Sinne bezieht sich dies auf Prozesse, die sich selbst reproduzieren, indem sie die kalkulatorischen oder anderen rationalen Prozesse, die sie ursprünglich erzeugt haben, ganz oder teilweise nochmals durchlaufen lassen. Dabei war die soziale Welt in vielerlei Hinsicht schon immer rekursiv, zumindest insofern sie auf Regeln und Normen beruht: Wir halten sie am Laufen und beheben auftretende Probleme, indem wir die Regeln und Normen, auf denen sie bereits vorher beruhte, erneut ablaufen lassen.[2] In einer sozialen Welt, die durch Interdependenzen gekennzeichnet ist, deren Praktikabilität von einer Infrastruktur aus mehreren miteinander vernetzten Medien – der Mannigfaltigkeit der Medien – abhängt, vertieft sich die Rekursivität weiter.

Viele Formen des heutigen menschlichen Handelns umfassen den Einsatz von Software, und Software selbst beinhaltet Rekursivität (MacKenzie 2006). Mit anderen Worten: „Wenn symbolische Formen in Code-Formationen miteinander verschmelzen, die in erheblichem Maße vernetzt sind, werden die Agency-artigen Beziehungen in der Software involutiert (engl. „involuted", etwa „eingerollt" oder hier: „in sich verzahnt", Anm. d. Ü.) und rekursiv."[3] Da Software im weiteren vernetzten Raum funktionieren muss, hängen selbst scheinbar einfache Handlungen sozialer Akteur:innen von sehr vielen Rekursionsebenen ab. Diese tiefgreifende Rekursivität wird zum Standardmerkmal des sozialen Lebens, das zunehmend von den digitalen Medien, ihrer Infrastruktur und ihren institutionellen Grundlagen sowie von der Zeit, die wir mit ihnen verbringen, abhängt. Wir spüren die Kosten eindringlich: Wenn ‚unsere' Medien zusammenbrechen – wenn wir keinen Internetempfang haben, wenn wir uns nicht an unser Passwort erinnern, wenn wir daran scheitern, die neueste Version der Software herunterzuladen, die für das Gerät oder die Funktion, die wir nutzen wollen, erforderlich ist – dann ist es, *als ob* die soziale

---

[2] Darin besteht der Kern von Giddens' Strukturationstheorie, wenngleich das Beschriebene, wie William Sewell darauf hinwies, für den Aspekt der ‚Regeln' der Sozialstruktur viel plausibler ist als für den der materiellen „Ressourcen" (Sewell 2005: 124–151). Siehe auch Abschn. 2.2. von Kap. 2 oben.

[3] Gewiss argumentiert MacKenzie (2006), dass „den Konzepten rund um *signifiant* und *signifié* […] der Bezug zu den Strukturen, Mustern, Beziehungen und Operationen, die Code-Objekte darstellen, fehlt" (15). Ungeachtet dessen gibt es bei ihm eine Betonung der Diskontinuitäten und Instabilitäten in der tatsächlichen Funktionsweise von Code in der Welt. In unserem breit angelegten Zusammenhang müssen wir dies nicht betonen, wenngleich wir es anerkennen. Software ist bei MacKenzie, „formal besehen, ein Set permeabler Distribuierungen von Agency zwischen Menschen, Maschinen und gegenwärtigen symbolischen Umgebungen, in Form von Code. Code wiederum ist strukturiert als Distribution von Agency" (19).

Infrastruktur in gewisser Hinsicht selbst zusammenbrechen würde: Die Rekursivität ist unterbrochen, unsere ontologische Sicherheit ist bedroht. Die tiefgreifende soziale Rekursivität ist die Begleiterscheinung der tiefgreifenden Mediatisierung unter den Bedingungen zunehmend enger miteinander verflochtener Medien- und Dateninfrastrukturen.

Unter solchen Umständen wird das, was einst an einigen Versionen der Medientheorie radikal erschien – nämlich ihr Fokus auf die von einem einzigen ‚Medium' bewirkten Transformationen: Innis 1951; McLuhan und Lapham 1994; Meyrowitz 2009 – nunmehr radikal unzulänglich. Zwar gilt nach wie vor, dass wir die „Materialität der Medien" (Gumbrecht und Pfeiffer 1994) betonen müssen. Aber diese Materialität lässt sich nicht mehr erfassen, wenn man sich nicht auf jedes Medium *im Verhältnis zu anderen Medien* konzentriert und auf die Formen der *sozialen* Interdependenzen, die sich um diese Wechselbeziehungen der Medien herum aufbauen.

Zweitens hat eine tiefgreifende Mediatisierung auf Ebene der Wechselbeziehungen der Medien und der grundlegenden sozialen Beziehungen Implikationen für die soziale Ordnung im weiteren Sinne: Dies ist der Prozess der *gestiegenen Institutionalisierung,* von dem wir in den Kap. 8, 9 und 10 gesprochen haben. Akteur:innen – ob individuelle, kollektive oder Organisationsakteure – und andere Elemente des sozialen Lebens, die einst als separat betrachtet werden konnten, d. h. die relativ unabhängig agierten, haben ihre Unabhängigkeit im digitalen Zeitalter eingebüßt. Nun sind sie für ihre grundlegenden Operationen und ihr Funktionieren abhängig von einer umfassenden Medieninfrastruktur, die durch neue Arten institutioneller Macht wie Suchmaschinen, Datenaggregatoren, Cloud-Computing-Anbieter usw. bereitgestellt und kontrolliert wird. Unter diesen Bedingungen wird der Raum des sozialen Handelns von einem konnektiven Geflecht überlagert, dem man sich kaum entziehen kann, weil es Akteur:innen jeder Größenordnung ineinander verflechtet. Diese Transformation erfolgt keineswegs zufällig, sondern unterliegt im hohen Maße gewissen Motiven: Sie bietet völlig neue Einkommens- und Gewinnquellen, indem sie eine privatwirtschaftliche, kommerziell betriebene Infrastruktur bereitstellt, die nicht nur Aspekte des materiellen Lebens wie Postdienstleistungen oder Treibstoffversorgung, sondern auch *die materiellen Räume des sozialen Lebens selbst ermöglicht.* Diese *Konstruktion* des Sozialen ist buchstäblich genau das: eine *Neukonstruktion* des Sozialen. Das Zeitalter der tiefgreifenden Mediatisierung bringt weniger eine Vertiefung der Institutionalisierung mit sich – denn es ist die laterale Kraft dieser Verflechtungen in zunehmend weiter entfernte und undurchsichtige Institutionen, die uns ins Auge fällt – als vielmehr ihren Anstieg.

Drittens zieht die tiefgreifende Mediatisierung eine *verstärkte Reflexivität* der sozialen Akteur:innen nach sich. In diesem Zusammenhang sei auf die doppelte Bedeutung von ‚Reflexivität' hingewiesen. Erstens, wenn wir Ulrich Beck (1994) folgen, bezieht sich Reflexivität in einer zunehmend komplexen Welt auf die zunehmende Anzahl von Nebenfolgen sozialer Prozesse – auf Nebenfolgen, die ihren Entstehungskräften entgegenwirken und dabei verschiedene Formen stabiler Tradition und Struktur untergraben können. Offen bleibt, ob die tiefgreifende Mediatisierung zum Untergraben der Struktur beiträgt. Sicherlich aber zieht Reflexivität viele komplexe und unerwartete Nebenfolgen nach sich, darunter die der tiefgreifenden Rekursivität und der steigenden Institutionalisierung.[4] Wir haben bereits eine Reihe von Beispielen für diese Art der Reflexivität von tiefgreifender Mediatisierung erörtert. Interessanterweise scheint ein grundlegendes Charakteristikum der tiefgreifenden Mediatisierung zu sein, dass eine typische Reaktion auf die negativen Nebenfolgen der Mediatisierung nicht darin besteht, sich zurückzuziehen, sondern darin, die erwarteten Probleme durch eine noch weitergehende Einführung von Medientechnologien zu lösen (Grenz und Möll 2014) und so die Struktur zu stärken, nicht zu untergraben. Es gibt jedoch eine zweite Bedeutung von Reflexivität, die von Anthony Giddens (1996) vorgebracht wurde, der das praktische Bewusstsein für das *Selbst* und die Ausrichtung auf das *Selbst* sozialer Akteur:innen betont (Giddens 1997: 52–62). Das Herstellen und Betreiben von Medien, sowohl hinsichtlich ihrer Inhalte als auch ihrer Infrastruktur, erfordert das Handeln von sozialen, reflexiven Akteur:innen: Welchem Druck sie auch ausgesetzt sein mag – und in Kap. 7 haben wir erörtert, wie viel von der heutigen Medieninfrastruktur in einer für soziale Akteur:innen undurchsichtigen Weise funktioniert: Reflexivität im letzteren Sinne kann nicht aus der sozialen Welt verdrängt werden. Aber an den Schauplätzen der Reflexivität der Ausrichtung auf das Selbst ändert sich etwas. In dem Maße, in dem die wechselseitigen Transformationen der Medien und des sozialen Lebens entlang mehrerer Dimensionen zunehmen, legen sie zunehmend ‚Ränder' frei, die Besorgnis und Beunruhigung hervorrufen und die Menschen zum Rückzug drängen und ein Beheben und Erfinden normativer Vorgaben erfordern. Die Selbstreflexivität in einer Welt, die durch die „Medienvermittlung von einfach allem" (Livingstone 2009) gekennzeichnet ist, wird zunehmend offener für Ängste, was zu einer, wie einer von uns beiden es genannt hat, „normativen Wende" in den Mediendiskursen führt (Couldry 2016). Einige dieser Ängste und Befürchtungen hin-

---

[4] Uns ist dabei Margaret Archers sehr von uns abweichende Ansicht bewusst, dass eine verstärkte ‚Reflexivität' der Entwicklung sozialer Struktur und Kultur nicht entgegensteht, sondern integraler Bestandteil dieser Entwicklung ist (Archer 2012: 3 f.).

sichtlich dessen, wohin die Reise im Zeitalter der Digitalisierung führt, greifen wir im weiteren Verlauf dieses Kapitels auf.

Die normativen Verschiebungen im öffentlichen Diskurs bringen auch praktische Veränderungen mit sich. Medien als technologische Kommunikationsmittel werden grundsätzlich auf eine Weise entwickelt und eingeführt, die verschiedene Formen von Vorausplanung und Reflexion erfordert. Doch im Zeitalter der tiefgreifenden Mediatisierung geht die Selbstreflexivität noch einen Schritt weiter: Auf der Ebene der Mediennutzung im Alltag haben die Menschen ein praktisches Bewusstsein für die Besonderheiten der verschiedenen Medien und treffen ihre Auswahl entsprechend aus der Mannigfaltigkeit der Medien. Technik wird in komplexen Interaktionsprozessen zwischen verschiedenen Akteurgruppen entwickelt, auf den Markt gebracht und ständig neu entwickelt und modifiziert (Grenz 2017: 120–153). Einen zusätzlichen Schub erhält tiefgreifende Mediatisierung durch dieses medienbezogene ‚Selbst-Monitoring', also Vermessung, die zu einem dauerhaften Merkmal auch der ‚institutionellen Reflexivität' wird (Giddens 1996: 217; siehe Grenz, Möll und Reichertz 2014: 82). Einen Aspekt davon stellt beispielsweise die Datafizierung dar: Einerseits eröffnet sie Gelegenheiten für neuartige, quantifizierte Formen von ‚Reflexivität' durch die fortlaufend von Einzelpersonen hervorgebrachten Daten. Andererseits jedoch wird die Datafizierung zutiefst von den Bedürfnissen der Medien- und Datenindustrien selbst bestimmt, wodurch sie ganz andere Kosten nach sich zieht als diejenigen, die bisher mit Reflexivität assoziiert wurden. Einmal mehr sehen wir, wie komplexe ‚Lösungen' für Interdependenzprobleme zugleich noch größere systemische Abhängigkeiten in den Raum stellen.

Mögliche normative Folgen der tiefgreifenden Mediatisierung
Wie können wir als Medien- und Sozialtheoretiker dann damit beginnen, über die normativen Folgen der tiefgreifenden Mediatisierung und ihre Folgen für die soziale Welt nachzudenken? Wir müssen an dieser Stelle von dem unordentlichen und überladenen Bild, wie die Wirklichkeit im Einzelnen durch die Medien konstruiert wird, abstrahieren. Damit gelingt es uns, ein verstecktes, aber nichtsdestoweniger beunruhigendes Spannungsverhältnis aufzudecken, und damit eine Spannung, die, so glauben wir, auch unseren Spiritus Rector durch einen Großteil dieses Buches – Norbert Elias – aufgeschreckt hätte.

Dabei haben wir uns an keiner Stelle des Buches substanziell auf Elias' Konzept eines „Prozeß[es] der Zivilisation" gestützt: Stattdessen haben wir uns auf den Ansatz zum Verständnis des sozialen Lebens im Hinblick auf die materiellen Beziehungen von Interdependenzen gestützt, der es Elias erlaubte, die Idee eines

„Prozeß[es] der Zivilisation" zu formulieren, der durch den frühneuzeitlichen Staat angeregt wurde. Insbesondere haben wir uns auf das Konzept gestützt, mit dem er in seinem späteren Werk diese Interdependenzen besser zu verstehen lernte: das Figurationskonzept. Ungeachtet dessen behält die weiter gefasste Hypothese eines zivilisatorischen Prozesses, so umstritten sie auch war, im weitesten Sinne ihre Relevanz dafür bei, *normative* Fragen über die weitreichenden Folgen aufzuwerfen, die sich daraus ergeben, wie viele einander überschneidende Interdependenzen und die Kosten oder Defizite, zu denen sie führen, ausagiert werden und mitunter zu ‚Lösungen' führen. Und mit normativen Fragen wollen wir unsere Argumentation abschließen.

Ist die Tendenz der Verlagerung hin zu einer komplexen Medienumgebung und -infrastruktur und einer verstärkten sozialen, wirtschaftlichen und politischen Interdependenz, die wir als tiefgreifende Mediatisierung bezeichnet haben, insgesamt positiv zu bewerten – wenn man sie unter Bezugnahme auf die ‚Lebensqualität' betrachtet (Nussbaum und Sen 1993; Hepp, Lunt und Hartmann 2015), die sie ermöglicht – oder als negativ?

Zwar ist dies keine Frage, die wir hier abschließend beantworten können. Denn etliche der vielschichtigen Transformationen, die wir hier erörtert haben, befinden sich noch in einem frühen Stadium. Ihre langfristigen Interaktionen sind nicht vorhersehbar. Dennoch haben im letzten Jahrzehnt eine Reihe von Autor:innen begonnen, Mutmaßungen darüber anzustellen, in welche Richtung der Weg führt. Zu dieser Debatte möchten wir einen Beitrag leisten.

Damit kommen wir der normativen Verpflichtung nach, die in das Projekt der materialistischen Phänomenologie eingebettet ist, der Verpflichtung, eine möglichst reichhaltige hermeneutische Lesart dessen zu entwickeln, wie die Alltagswelt den Menschen unter bestimmten materiellen Bedingungen zu erscheinen pflegt. Auch Elias' Anliegen, den sozialen Wandel zu verstehen, war im Kern ein moralisches Anliegen. Es konzentrierte sich darauf, worum es für die Menschen in bestimmten Formen des Zusammenlebens wirklich geht. So schrieb er gegen Ende seines Buchs „Was ist Soziologie?":

> Man scheint heutzutage oft zu glauben, es sei nötig, weitmöglichst davon abzusehen, daß man es bei gesellschaftlichen Entwicklungen mit Veränderungen in der Interdependenz von Menschen und mit Veränderungen von Menschen zu tun hat. Aber wenn man das, was *mit Menschen* im Zuge solcher gesellschaftlicher Wandlungen – solcher Wandlungen der von Menschen gebildeten Figurationen – *geschieht*, aus den Augen verliert, kann man sich seine wissenschaftliche Arbeit ersparen. (Elias 2006 [1970]: 234)

Dadurch, dass wir Menschen sind, können wir nicht irgendeinen imaginären neutralen Standpunkt in Bezug auf das, ‚was mit Menschen geschieht', einnehmen.[5] Doch so zu tun, als könnten wir es dennoch, oder, alternativ, als könnten wir intellektuelle ‚Werte' aus Raffinessen theoretischer Spekulationen ziehen, die von dem, ‚was mit Menschen geschieht', abgelöst sind, ist nur allzu verbreitet und vielleicht Teil dessen, was Axel Honneth meinte, als er schrieb: „Aus dem theoretischen Vokabular der Soziologie sind heute moraltheoretische Kategorien so gut wie verschwunden." (Honneth 2010: 131)

Was sich in allen unseren Kapiteln herauskristallisiert hat, ist eine strukturelle Spannung innerhalb dessen, ‚was *unter den Bedingungen der tiefgreifenden Mediatisierung* mit Menschen geschieht'. Wir werden diese Spannung zum Ende hin offenlegen, auch wenn sie zu diesem Zeitpunkt der Geschichte sicherlich nicht gelöst werden kann. In diesem letzten Schritt in unserer Argumentation zeigen wir, dass eine Konzentration auf Mediatisierung genau die Arten von Widersprüchen in den Vordergrund rücken kann, die die figurative Ordnung – oder, vielleicht besser gesagt, die ‚Ordnungen' – des sozialen Lebens kennzeichnen.

Ungelöste normative Fragen
Auf der einen Seite hat die Entstehung des Internets als unendlicher vernetzter Raum und als Informationsspeicher aufgrund seiner Einbettung in den Alltag die Reichweite und Tiefe des Alltagshandelns auf unzählige Arten erweitert. Das, was Anthony Giddens „die digitale Revolution" nennt (Giddens 2015), hat eine Tiefe, die leicht übersehen werden kann, gerade weil es einen Wandel in der Art und Weise darstellt, wie das soziale Leben tiefgreifend, konnektiert, ressourcenreich, reflexiv und beständig *sein kann.*

Neue konnektive Figurationen ermöglichen zweifellos in verschiedenen Kontexten auf der ganzen Welt „aufstrebende soziale und kulturelle Systeme" (Stokes et al. 2015), die Menschen und Ressourcen auf neue Art und Weise und auf der Grundlage neuer räumlicher Kartierungen rekonfigurieren. Mediatisierung ist ein Metakonzept (Krotz 2001, 2007), und in vielerlei Hinsicht handelt es sich dabei um Veränderungen auf einer ‚Meta'-Ebene: Um einen Wandel dessen, was

---

[5] Oder, wie Robert Bellah es ausdrückte: „[O]hne einen Bezugspunkt in den Traditionen der ethischen Reflexion wären die Kategorien des sozialen Denkens selbst leer." (Bellah 2006: 394) Siehe allgemein zum Risiko, dass ‚Wert' in den Sozialwissenschaften vernachlässigt wird, Sayer (2011).

denkbar, machbar und handhabbar ist. Wie kann diese Erweiterung der Möglichkeiten für soziales Handeln nicht in gewisser Hinsicht positiv sein, auch wenn das Tempo des Wandels eine Situation geschaffen hat, in der sich noch keine zufriedenstellenden Konventionen zur Stabilisierung und Lösung der daraus resultierenden Probleme der Interdependenz abzeichnen? Das ist in der Tat eine Lesart der heutigen normativen Wende im sozialen Denken über Medien und Kommunikation, Daten und Informationen: dass wir uns in der frühen Phase eines epochalen Wandels der materiellen Grundlagen des sozialen Lebens befinden, der seine eigenen Lösungen hervorbringen und dabei das soziale und persönliche Leben neu gestalten wird. Anstatt besorgt zu sein, sollten wir, so argumentieren einige Stimmen (z. B. Mark Deuze 2012), eher den Beginn eines neuen Zeitalters ethischer Erfindungen feiern, den Beginn eines neuen ‚Medienlebens' – gar eines ‚Datenlebens'? Das ist jedoch nur eine mögliche Sichtweise.

Auf der anderen Seite ist ein wachsender Chor von Stimmen in der gesamten Öffentlichkeit und quer durch die Sozialwissenschaften besorgt über die Richtung des Wandels. Einige dieser Stimmen wollen wir benennen. Der Medienanalytiker Mark Andrejevic fordert uns dazu auf, „die Erfahrung des Verkümmerns der Erfahrung an sich zutage zu bringen" (2013: 162). Die Rechtstheoretikerin Julie Cohen ist besorgt über die „Kluft zwischen der Rhetorik der Freiheit", die mit der neuen Informationsumgebung verbunden ist, und der „Situation der schwindenden individuellen Kontrolle" über die eigenen Beziehungen in und mit dieser Umgebung (2012: 4). Ein anderer Rechtstheoretiker, Paul Ohm, ist besorgt über die Notwendigkeit, neue menschliche und normative Lösungen für das Problem finden zu müssen, dass selbst der Versuch, persönliche Daten zu anonymisieren, fast immer durch ressourcenstarke algorithmische Verfahren vereitelt werden kann (2010: 1761). Der Sozialtheoretiker Hartmut Rosa ist besorgt darüber, dass der „Beschleunigungsprozess als Kern der Modernisierung [...] sich damit gegen das ihn ursprünglich motivierende und fundierende Projekt der Moderne gekehrt [hat], das ihn einst mit in Gang setzen half" (2005: 452). Grund dafür sei das Paradoxon, dass die akkumulierten Investitionen der Moderne in Kommunikationstechnologien und zunehmend komplexere Koordinationspraktiken Nebenfolgen der sozialen Beschleunigung hervorbringen, die die Selbstbestimmung des modernen Individuums untergraben. Aber wenn diese kritischen Stimmen zu Recht erklingen, können die Probleme, auf die sie verweisen, nicht einfach als Probleme Einzelner abgetan werden. Vielmehr handelt es sich um Probleme der *sozialen Ordnung,* die sich im Zuge der tiefgreifenden Mediatisierung herausbildet. Implizit problematisch ist dies zudem für ihre normative Legitimität und damit ihre langfristige Nachhaltigkeit.

11 Fazit

Die Spannungen, die hier zutage treten, sind keineswegs trivial, sondern finden sich auch in philosophischen Überlegungen wieder. So beklagt die renommierte Sozialpsychologin Sherry Turkle (2015: 345), dass die mit fortschreitender Digitalisierung einhergehende enorme Zunahme von Kommunikationsmöglichkeiten und -pflichten uns dazu drängt, *andere Menschen gewissermaßen in Maschinen* zu verwandeln: „Gleichzeitig damit, dass wir Maschinen beinahe so behandeln, als glichen sie Menschen, entwickeln wir Gewohnheiten, nach denen wir Menschen beinahe so behandeln, als glichen sie Maschinen." Dabei bildet das Gebot, andere Menschen *nicht* wie Dinge zu behandeln, den Kern der führenden – kantschen – Moralphilosophie der Aufklärung. Dieses Gebot greift auch der Philosoph Axel Honneth wieder auf. Vor einigen Jahren hat Honneth das Konzept der „Verdinglichung" wieder aufleben lassen, womit gemeint ist, andere Menschen „als Sache" zu behandeln, d. h. „ihn oder sie als etwas [zu] nehmen, dem alle menschlichen Eigenschaften und Fähigkeiten fehlen" (2015: 166). Interessanterweise setzt sich Honneth auch mit der Möglichkeit der „*Selbst*verdinglichung" (2015: 92) auseinander und erklärt diesen Begriff auf eine Weise, mit der sich der Druck, den wir an verschiedenen Punkten unserer Argumentation aufgedeckt haben, fassen lässt:

> [J]e häufiger ein Subjekt solchen Inszenierungszumutungen ausgesetzt ist, desto eher wird es die Tendenz entwickeln, alle seine Wünsche und Absichten nach dem Muster beliebig manipulierbarer Dinge zu erfahren […] die Art der standardisierten Kontaktaufnahme [zwingt] die jeweiligen Benutzer zunächst dazu, ihre Eigenschaften in dafür vorgesehene, skalierte Rubriken einzutragen. (2015: 105 f.)

Welchen Abstraktionsgrad man auch wählen mag, wir spüren hier etwas von den Befürchtungen, die die heutigen immer umfassender werdenden Prozesse der Datafizierung bei den verschiedensten Bürger:innen auslösen, nicht nur bei Philosoph:innen. Solche medienbasierten Formen der Verdinglichung sind das Ergebnis (Hepp 2011: 59; 13–32) einer fortschreitenden Materialisierung der Medien und ihrer Infrastrukturen: Wenn komplexe technologische Mediensysteme aufgebaut und stabilisiert werden, und damit verbundene Kommunikationspraktiken institutionalisiert werden, erscheint die mediale Konstruktion der Wirklichkeit ‚natürlich', und auf diese Weise verdinglichen sich die Prozesse der *medialen* Konstruktion.

Infolgedessen besteht ein Spannungsgefühl zwischen der entstehenden Infrastruktur und den tradierten Normen des sozialen Lebens. Ist diese Spannung lediglich ein unglückliches Missverständnis, das nach und nach ausgemerzt werden wird, wenn wir uns an die tiefgreifende Mediatisierung gewöhnen? Warum diese

Annahme riskant ist, wird deutlich, wenn wir uns die Worte Harold Innis' in Erinnerung rufen, des bedeutenden kanadischen Kommunikationswissenschaftlers der Mitte des zwanzigsten Jahrhunderts und Lehrers von Marshall McLuhan: „Verbesserungen in der Kommunikation", schrieb er, „neigen dazu, die Menschheit zu spalten" (Innis 2004: 95).

Anders betrachtet: Geht es darum, dass die schiere Komplexität unserer medienvermittelten Interdependenz inzwischen so groß ist, dass wir darum ringen, angemessene Konventionen zu entwickeln, mithilfe derer wir unsere Beziehungen und ihre Kosten in einer normativ und praktisch befriedigenden Weise stabilisieren könnten? Das mag durchaus zutreffen. Zwar ist es verfrüht, dies mit Sicherheit zu wissen, doch es sei an die Definition von ‚Konventionen' in der klassischen philosophischen Studie zu diesem Thema erinnert: „[…] Konventionen sind Regelmäßigkeiten des Verhaltens, die auf einem Interesse an Koordination beruhen und auf der Erwartung, daß andere das Ihre tun." (Lewis 1975: 212) David Lewis erläuterte, wie menschliches Leben auf Grundlage minimaler Informationen koordiniert, also einer Ordnung unterworfen werden kann und wird, *vorausgesetzt*, die Akteur:innen haben ein Interesse an Koordinierung. Allerdings ist die Art von Regelmäßigkeit, die Honneth im Allgemeinen und viele Kritiker:innen an dem Datafizierungskonzept im Besonderen befürchten, eine Regelmäßigkeit, die sich nicht aus dem allgemeinen ‚Interesse der sozialen Akteur:innen an Koordinierung' untereinander speist. Vielmehr resultiert sie aus dem Interesse kommerzieller Plattformen, die nahtlose Generierung von Daten aus den Interaktionen Anderer im Dienste ihrer eigenen Profite zu *betreiben.*

Hier liegt also die tiefste Spannung: zwischen der notwendigen *Offenheit* des sozialen Lebens als dem Raum, in dem sich das menschliche Zusammenleben autonom, also seinen eigenen Gesetzmäßigkeiten zufolge entwickelt, und den kommerziell motivierten – in ihrer eigenen Domäne äußerst vernünftigen – und *eingehegten* Räumen, in denen das heutige soziale Leben stattfindet. Für jede soziale Ordnung, die hofft, auf längere Sicht ein gewisses Maß an Legitimität zu erlangen, wird dies dann problematisch, wenn unsere Räume und Prozesse der gegenseitigen Anerkennung mit den Zwängen kommerzieller Interessen verschwimmen, *aus* eben diesen Räumen und Prozessen Profit zu ziehen. Das Problem ist nicht das Profitmotiv als solches, sondern das Verschwimmen seiner motivierten Konstruktionen des ‚Sozialen' mit den Lebensformen, nach denen wir selbst und andere als Autonomie wertschätzende Wesen leben wollen.

Unter den Bedingungen der heutigen Medienvermitteltheit ist also die soziale Konstruktion der Wirklichkeit in eine starke Spannung zwischen Bequemlichkeit und Autonomie, zwischen Zwang und unserem Bedürfnis nach gegenseitiger

Anerkennung geraten, die wir noch nicht aufzulösen vermögen. Der mit diesem Buch unternommene Versuch, eine materialistische Phänomenologie unserer medienvermittelten Welt zu entwickeln, hat, so hoffen wir, zumindest dazu beigetragen, diese Spannung zu erkennen. Herauszufinden, mit welchen kollektiven Ressourcen sie zufriedenstellend aufgelöst werden kann, wird sicher noch eine ganze Generation beschäftigen.

Literatur

Adoni, H. & Mane, A. (1984). Media and the Social Construction of Reality. *Communication Research, 11(3)*, 323–340.
Agamben, G. (2009). *What is an Apparatus? And Other Essays*. Stanford, CA: Stanford University Press.
Agar, J. (2003). *The Government Machine: A Revolutionary History of the Computer*. Cambridge, MA: MIT Press.
Agger, B. (2011). iTime: Labor and Life in a Smartphone Era. *Time and Society, 20(1)*, 119–136.
Agha, A. (2007). Recombinant Selves in Mass Mediated Spacetime. *Language & Communication, 27(3)*, 320–335.
Agre, P. (1994). Surveillance and Capture. *Information Society, 10(2)*, 101–127.
Alaimo, C. & Kallinikos, J. (2015). Encoding the Everyday: Social Data and its Media Apparatus. In C. Sugimoto, H. Ekbia & M. Mattioli (Hrsg.), *Big Data is Not a Monolith: Policies*.
Albion, R. G. (1932). The „Communication Revolution". *American Historical Review, 37(4)*, 718–720.
Allen, J. (2011). Powerful Assemblages? *Area, 43(2)*, 154–157.
Alper, M. (2011). Developmentally Appropriate New Media Literacies: Supporting Cultural Competencies and Social Skills in Early Childhood Education. *Journal of Early Childhood Literacy, 13(2)*, 175–196.
Altheide, D. L. & Snow, R. P. (1979). *Media Logic*. Beverly Hills, CA: Sage.
Amin, A. (2002) ‚Spatialities of Globalisation', *Environment and Planning A, 34(3)*: 385–400.
Amoore, L. (2011). Data Derivatives. *Theory, Culture & Society, 28(6)*, 24–43.
Amoore, L. (2013). *The Politics of Possibility*. Durham, NC: Duke University Press.
Ananny, M. (2016). Towards an Ethics of Algorithms. *Science, Technology & Human Values*. 41(1), 93–117.

Andersen, P. H. (2005). Relationship Marketing and Brand Involvement of Professionals Through Web-enhanced Brand Communities. *Industrial Marketing Management, 34(3),* 39–51.

Anderson, B. (2005 [1983]). *Die Erfindung der Nation. Zur Karriere eines folgenreichen Konzepts.* Frankfurt am Main/New York: Campus.

Anderson, C. (2008). The end of theory: The data deluge makes the scientific method obsolete. *Wired Magazine,* 23. Juni 2008.

Anderson, C. (2012). *Makers: The New Industrial Revolution.* New York: Random House.

Andrejevic, M. (2008). *I-spy.* Lawrence, KS: University of Kansas Press.

Andrejevic, M. (2013). *Infoglut.* London: Routledge.

Andrejevic, M. (2014). Becoming Drones: Smart Phone Probes and Distributed Sensing. *The ICA Annual Conference,* 22.–26. Mai. Seattle, WA.

Andrews, M. (1989). *The Search for the Picturesque.* Aldershot: Scolar.

Ang, I. (1991). *Desperately Seeking the Audience.* London: Routledge.

Appadurai, A. (1996). *Modernity at Large.* Minneapolis, MN: Minneapolis University Press.

Archer, M. (2012). *The Reflexive Imperative in Late Modernity.* Cambridge: Cambridge University Press.

Armstrong, S. & Ruiz del Arbol, M. (2015). Digital Catch-22, *The Guardian,* 10. April.

Arnone, L., Colot, O., Croquet, M., Geerts, A. & Pozniak, L. (2010). Company Managed Virtual Communities in Global Brand Strategy. *Global Journal of Business Research, 4(2),* 76–112.

Arthur, W. B. (2009). *The Nature of Technology.* Harmondsworth: Penguin.

Atton, C. (2002). *Alternative Media.* London: Sage.

Atwood, M. (2013). When Privacy is Theft. *New York Review of Books,* 21. November.

Austin, J. L. (1962). *How to do Things with Words.* Oxford: Clarendon Press.

Averbeck-Lietz, S. (2015). *Soziologie der Kommunikation.* Berlin: de Gruyter.

Baack, S. (2015). Datafication and Empowerment. *Big Data & Society, 2(2),* 1–11.

Baecker, D. (2007). *Studien zur nächsten Gesellschaft.* Frankfurt am Main: Suhrkamp.

Bagozzi, R. P. & Dholakia, U. M. (2006). Antecedents and Purchase Consequences of Customer Participation in Small Group Brand Communities. *International Journal of Research in Marketing, 23(1),* 45–61.

Balbi, G. (2013). Telecommunications. In P. Simonson, J. Peck, R. Craig & P. Jackson (Hrsg.), *The Handbook of Communication History* (S. 209–222). London: Routledge.

Balka, E. (2011). Mapping the Body Across Diverse Information Systems. *The Annual Meeting for the Society for Social Studies of Science,* 2.–5. November. Cleveland City Center Hotel, Cleveland, OH.

Banaji, S. (2015). Behind the high-tech fetish: children, work and media use across classes in India. *International Communication Gazette, 77 (6),* 519–532.

Banet-Weiser, S. (2013). *Authentic™.* New York: New York University Press.

Bannon, L. J. (2006). Forgetting as a Feature, Not a Bug: The Duality of Memory and Implications for Ubiquitous Computing. *CoDesign, 2(1),* 3–15.

Barad, K. (2007). *Meeting the Universe Halfway: Quantum Physics and the Entanglement of Matter and Meaning.* Durham, NC: Duke University Press.

Barassi, V. (2015a). *Activism on the Web.* London: Routledge.

Barassi, V. (2015b). Social Media, Immediacy and the Time for Democracy. Critical Reflections on Social Media as „Temporalizing Practices". In: L. Dencik & O. Leister (Hrsg.), *Critical Perspectives on Social Media and Protest. Between Control and Emancipation* (S. 73–88). London/New York: Rowman & Littlefield.

Barbrook, R. (2007). *Imaginary Futures*. London: Pluto Press.
Barile, N. & Sugiyama, S. (2015). The Automation of Taste. *International Journal of Social Robotics, 7(3)*, 407–416.
Barker, C. (1997). *Global Television: An Introduction*. London: Blackwell.
Barnouw, E. (1990). *Tube of Plenty*. New York: Oxford University Press.
Bausinger, H. (1984). Media, Technology and Daily Life. *Media, Culture & Society, 6(4)*, 343–351.
Baym, N. K. (2015). *Personal Connections in the Digital Age* (2. Auflage). Cambridge, MA: Polity.
Baym, N. K. & boyd, d. (2012). Socially Mediated Publicness. *Journal of Broadcasting & Electronic Media, 56(3)*, 320–329.
Beck, U. (1994). The Reinvention of Politics. In U. Beck, A. Giddens & S. Lash (Hrsg.), *Reflexive Modernization* (S. 1–55). Cambridge: Polity.
Beck, U. (1997). *Was ist Globalisierung? Irrtümer des Globalismus – Antworten auf Globalisierung*. Frankfurt am Main: Suhrkamp.
Beck, U. (2004). *Der kosmopolitische Blick oder: Krieg ist Frieden*. Frankfurt am Main: Suhrkamp.
Beck, U. (2006). *Cosmopolitan Vision*. Cambridge, MA: Polity.
Beck, U. & Beck-Gernsheim, E. (2001). *Individualization*. London: Sage.
Behringer, W. (2003). *Im Zeichen des Merkur. Reichspost und Kommunikationsrevolution in der Frühen Neuzeit*. Vandenhoeck & Ruprecht: Göttingen.
Behringer, W. (2002). „Die Welt in einen anderen Model gegossen". Das frühmoderne Postwesen als Motor der Kommunikationsrevolution. *Geschichte in Wissenschaft und Unterricht, 53(7–8)*, 424–433.
Belk, R. (1998). Possessions and the Extended Self. *Journal of Consumer Research, 15(2):* 139–168.
Belk, R. (2013). Extended Self in a Digital World. *Journal of Consumer Research, 40(3)*, 477–499.
Bellah, R. (2006). The Ethical Aims of Social Inquiry. In R. Bellah & S. Tifton (Hrsg.), *The Robert Bellah Reader* (S. 381–401). Durham, NC: Duke University Press.
Bellingradt, D. (2011). *Flugpublizistik und Öffentlichkeit um 1700*. Stuttgart: Franz Steiner.
Bengtsson, S. (2006). Framing Space: Media and the Intersection of Work and Leisure. In J. Falkheimer & A. Jansson (Hrsg.), *Geographies of Communication* (S. 189–204). Göteborg: Nordicom.
Beniger, J. (1986). *The Control Revolution*. Cambridge, MA: Harvard University Press.
Benjamin, W. (1968). The Storyteller. In H. Arendt (Hrsg.), *Illuminations* (S. 83–110). New York: Schocken Books.
Benkler, Y. (2006). *The Wealth of Networks*. New Haven, CT: Yale University Press.
Bennett, W. L. & Segerberg, A. (2013). *The Logic of Connective Action*. Cambridge: Cambridge University Press.
Berardi, F. (2019). *Die Seele bei der Arbeit. Von der Entfremdung zur Autonomie*. Berlin: Matthes & Seitz.
Berger, J. M. (2015). The Metronome of Apocalyptic Time. *Perspectives on Terrorism, 9(4)*, 61–71.
Berger, P. L. (2002). The Cultural Dynamics of Globalization. In P. L. Berger & S. P. Huntington (Hrsg.), *Many Globalizations* (S. 1–16). Oxford: Oxford University Press.

Berger, P. L. & Luckmann, T. (2010 [1966]). *Die gesellschaftliche Konstruktion der Wirklichkeit* (23. Auflage). Frankfurt am Main: Fischer.
Berker, T., Hartmann, M., Punie, Y. & Ward, K. (2006). *Domestication of Media and Technology*. London: Open University Press.
Bernstein, J. M. (2002). Re-enchanting Nature. In N. Smith (Hrsg.), *Reading McDowell* (S. 217–245). London: Routledge.
Berry, D. (2011). *The Philosophy of Software*. Basingstoke: Palgrave Macmillan.
Billig, M. (1995). *Banal Nationalism*. London: Sage.
Bimber, B. (2003). *Information and American Democracy*. Cambridge: Cambridge University Press.
Bird, S. E. (2003). *The Audience in Everyday Life*. London: Routledge.
Bisson, T. (2009). *The Crisis of the Twelfth Century: Power, Lordship and the Origins of European Government*. Princeton, NJ: Princeton University Press.
Blumer, H. (1954). What is Wrong with Social Theory? *American Sociological Review, 19(1)*, 3–10.
Boden, D. & Molotch, H. (1994). The Compulsion of Proximity. In R. Friedland & D. Boden (Hrsg.), *Nowhere: Space, Time and Modernity* (S. 257–286). Berkeley, CA: University of California Press.
Boesel, W. E. (2013). What is the Quantified Self Now? *The Society Pages*. http://thesocietypages.org/cyborgology/2013/05/22/what-is-the-quantified-self-now/
Bolin, G. (2014). Media Generations. *Participations, 11(2)*, 108–131.
Boltanski, L. (2009). *De La Critique: Précis de Sociologie de L'émancipation*. Paris: Gallimard.
Boltanski, L. (2010). *Soziologie und Sozialkritik. Frankfurter Adorno-Vorlesungen 2008*. Frankfurt am Main: Suhrkamp.
Boltanski, L. & Thévenot, L. (2014). *Über die Rechtfertigung. Eine Soziologie der kritischen Urteilskraft*. Hamburg: Hamburger Edition.
Bolter, J. D. & Grusin, R. (2000). *Remediation*. Cambridge, MA: MIT Press.
Boorstin, D. (1961). *The Image: Or, Whatever Happened to the American Dream*. London: Weidenfeld & Nicolson.
Bösch, F. (2019). *Mediengeschichte. Vom asiatischen Buchdruck zum Computer* (2., aktualisierte Auflage). Frankfurt am Main: Campus.
Bostrom, N. & Sandberg, A. (2011). *The Future of Identity*. United Kingdom Government Office for Science. Oxford: Future of Humanity Institute.
Bourdieu, P. (1991). *Language and Symbolic Power*. Cambridge: Polity.
Bourdieu, P. (1993). *The Field of Cultural Production*. Cambridge: Polity.
Bowker, G. (2008). *Memory Practices in the Sciences*. Cambridge, MA: MIT Press.
Bowker, G. & Star, S. (1999). *Sorting Things Out*. Cambridge, MA: MIT Press.
boyd, d. (2008). Why Youth (Heart) Social Network Sites. In D. Buckingham (Hrsg.), *Youth, Identity and Digital Media (S. 119–142)*. Cambridge, MA: MIT Press.
boyd, d. (2014). *It's Complicated: The Social Lives of Networked Teens*. New Haven, CT: Yale University Press.
boyd, d. & Crawford, K. (2012). Critical Questions for Big Data. *Information, Communication and Society, 15(5)*, 662–679.
Braune, I. (2013). Our Friend, the Internet: Postcolonial Mediatization in Morocco. *Communications – The European Journal of Communication, 38(3)*, 267–287.

Brecht, B. (1967 [1932]). Der Rundfunk als Kommunikationsapparat. Rede über die Funktion des Rundfunks. In B. Brecht (Hrsg.), *Schriften zur Literatur und Kunst 1920–1932*. Frankfurt am Main: Suhrkamp.
Breiter, A. (2014). Schools as Mediatized Organizations from a Cross-cultural Perspective. In A. Hepp & F. Krotz (Hrsg.), *Mediatized Worlds* (S. 288–303). London: Palgrave.
Brejzek, T. (2010). From Social Network to Urban Intervention. *International Journal of Performance Arts & Digital Media, 6(1),* 109–122.
Briggs, A. (1985). The Language of Mass and Masses in 19th Century England. In A. Briggs (Hrsg.), *Collected Essays of Asa Briggs, Vol I: Words, Numbers, Places, People* (S. 34–54). Urbana, IL: University of Illinois Press.
Briggs, A. & Burke, P. (2009). *A Social History of the Media* (3. Auflage). Cambridge: Polity.
Brighenti, A. (2007). Visibility: A Category for the Social Sciences. *Current Sociology, 55(3),* 323–342.
Brock, G. (2013). *Out of Print: Newspapers, Journalism and the Business of News in the Digital Age*. London: Kogan Page.
Brooker-Gross, S. (1983). Spatial Aspects of Newsworthiness. *Geografisker Annaler, 65(B),* 1–9.
Brown, W. (2015). *Undoing the Demos*. New York: Zone Books.
Bruns, A. (2005). *Gatewatching*. New York: Peter Lang.
Bruns, A. (2007). Methodologies for Mapping the Political Blogosphere. *First Monday, 12(5)*. http://firstmonday.org/ojs/index.php/fm/article/view/1834/1718
Brunsdon, C. & Morley, D. (1978). *Everyday Television: „Nationwide"*. London: BFI.
Bucher, T. (2012a). Want to be on the top? Algorithmic power and the Threat of Invisibility on Facebook. *New Media & Society, 14 (7),* 1164–1180.
Bucher, T. (2012b). The Friendship Assemblage: Investigating Programmed Sociality on Facebook. *Television & New Media, 14 (6),* 479–493.
Buckingham, D. & Kehily, M. J. (2014). Rethinking Youth Cultures in the Age of Global Media. In D. Buckingham, S. Bragg & M. J. Kehily (Hrsg.), *Youth Cultures in the Age of Global Media* (S. 1–18). Basingstoke: Palgrave Macmillan.
Burchell, K. (2015). Tasking the Everyday: Where Mobile and Online Communication Takes Time. *Mobile Media & Communication, 3(1),* 36–52.
Burrows, R. & Savage, M. (2014). After the Crisis? Big Data and the Methodological Challenges of Empirical Sociology. *Big Data & Society, 1(1),* 1–6.
Burston, J., Dyer-Witheford, N. & Hearn, A. (2010). Digital Labour. *Special Issue, Ephemera: Theory and Politics in Organization, 10(3/4),* 214–221.
Burzan, N. (2011). Zur Gültigkeit der Individualisierungsthese./The Validity of the Individualization Thesis. *Zeitschrift für Soziologie, 40(6),* 418–435.
Bush, V. (1945). As We May Think. *Atlantic Monthly*, Juli.
Butsch, R. (2008). *The Citizen Audience*. London: Routledge.
Butsch, R. (2013). Audiences. In P. Simonson, J. Peck, R. T. Craig & J. P. Jackson (Hrsg.), *The Handbook of Communication History* (S. 93–108). New York: Routledge.
Caldwell, C. (2013). The right to hide our youthful mistakes. *Financial Times*, 27. September.
Calhoun, C. (1992a). *Habermas and the Public Sphere*. Cambridge, MA: MIT Press.
Calhoun, C. (1992b). The Infrastructure of Modernity. In H. Haferkamp & N. Smelser (Hrsg.), *Social Change and Modernity* (S. 205–236). Berkeley, CA: University of California Press.

Calhoun, C. (2007). *Nations Matter.* London: Routledge.
Calhoun, C. (2010). Beck, Asia and Second Modernity. *British Journal of Sociology, 61(3),* 597–619.
Cammaerts, B. (2015). Technologies of Self-Mediation. In J. Uldam & A. Vertergaard (Hrsg.), *Civic Engagement and Social Media* (S. 97–110). Basingstoke: Palgrave Macmillan.
Campagnolo, G. M., Pollock, N. & Williams, R. (2015). Technology as we do not Know it: The Extended Practice of Global Software Development. *Information and Organization, 25(3),* 150–159.
Campanella, B. (2012). *Os Olhos do Grande Irmã: Uma Etnographia dos Fãs do Big Brother Brasil.* Porto Alegre: Editora Sulina.
Carah, N. (2015). Algorithmic Brands. *New Media & Society 19(3),* 384–400.
Cardoso, G., Espanha, R. & Lapa, T. (2012). Family Dynamics and Mediation. In E. Loos, L. Haddon & E. Mante-Meijer (Hrsg.), *Generational Use of New Media* (S. 49–70). Farnham: Ashgate.
Carey, J. (1989). *Communications as Culture.* Boston, MA: Unwin Hyman.
Carpentier, N. (2011). The Concept of Participation. *CM-c̆asopis za upravljanje komuniciranjem,* 6(21), 13–36.
Castells, M. (2001). *Der Aufstieg der Netzwerkgesellschaft. Teil 1 der Trilogie Das Informationszeitalter.* Opladen: Leske + Budrich.
Castells, M. (2003). *Die Macht der Identität. Teil 2 der Trilogie Das Informationszeitalter.* Wiesbaden: Springer Fachmedien.
Castells, M. (2005). *Die Internet-Galaxie. Internet, Wirtschaft und Gesellschaft.* Wiesbaden: VS.
Castells, M. (2009). *Communication Power.* Oxford: Oxford University Press.
Castells, M. (2012). *Networks of Outrage and Hope.* Cambridge: Polity.
Castells, M., Monge, P. & Contractor, N. (2011). Prologue to the Special Section Network Multidimensionality in the Digital Age. *International Journal of Communication, 5(1),* 788–793.
Cavarero, A. (2000). *Relating Narratives.* London: Routledge.
Chadwick, A. (2006). *Internet Politics.* Oxford: Oxford University Press.
Chadwick, A. (2013). *The Hybrid Media System.* Oxford: Oxford University Press.
Chakrabarty, D. (2001). *Provincializing Europe.* Princeton, NJ: Princeton: University Press.
Chan, A. (2013). *Networking Peripheries.* Cambridge, Mass.: MIT Press.
Chesley, N. (2005). Blurring Boundaries? Linking Technology Use, Spillover, Individual Distress and Family Satisfaction. *Journal of Marriage and Family, 67(5),* 1237–1248.
Choe, E. K., Lee, N. B., Lee, B., Pratt, W. & Kientz, J. A. (2014). Understanding Quantifiedselfers' Practices in Collecting and Exploring Personal Data. *The Proceedings of the 32nd Annual ACM Conference on Human Factors in Computing Systems,* 26. April – 1. Mai. Metro Toronto Convention Center, Toronto, Canada.
Chow, K.-W. (2003). *Publishing, Education, and Cultural Change in Late Imperial China.* Stanford, CA: Stanford University Press.
Christensen, T. H. (2009). „Connected Presence" in Distributed Family Life. *New Media & Society, 11(3),* 433–451.
Christensen, T. & Røpke, I. (2010). Can Practice Theory Inspire Studies of ICTS in Everyday Life? In B. Brauchler & J. Postill (Hrsg.), *Theorising Media and Practice* (S. 233–256). New York: Berghahn Books.

Cipriani, R. (2013). The Many Faces of Social Time: A Sociological Approach. *Time & Society, 22(1)*, 5–30.

Clanchy, M. T. (1993 [1979]). *From Memory to Written Record: England 1066–1307*. Oxford: Blackwell.

Clark, L. S. (2011). Considering Religion and Mediatisation Through a Case Study of the J K Wedding Entrance Dance. *Culture and Religion, 12(2)*, 167–184.

Clark, L. S. (2013). *The Parent App*. Oxford: Oxford University Press.

Clarke, A. E. (2011). Social Worlds. In G. Ritzer & J. M. Ryan (Hrsg.), *The Concise Encyclopedia of Sociology* (S. 384–385). Oxford: Wiley-Blackwell.

Cohen, J. (2012). *Configuring the Networked Self*. New Haven, CT: Yale University Press.

Cohen, J. (2016). Between Truth and Power. In M. Hildebrandt & B. van den Berg (Hrsg.), *Information, Freedom And Property: The Philosophy Of Law Meets The Philosophy Of Technology* (S. 57–80). New York: Routledge.

Contractor, N., Monge, P. & Leonardi, P. M. (2011). Multidimensional Networks and the Dynamics of Sociomateriality. *International Journal of Communication, 5(1)*, 682–720.

Cook, D. (2005). The Dichotomous Child in and of Commercial Culture. *Journal of Consumer Culture, 12(2)*, 155–159.

Cooley, C. (1902). *Human Nature and the Social Order*. New York: Charles Scribner's Sons.

Cordeiro, P., Damasio, M., Starkey, G., Botelho, I., Dias, P., Ganito, C., Ferreira C. & Henriques, S. (2013). Networks of Belonging: Interaction, Participation and Consumption of Mediatised Content. In N. Carpentier, K. Schrøder & L. Hallet (Hrsg.), *Generations and Media: The Social Construction of Generational Identity and Differences* (S. 101–119). London: Routledge.

Cornelio, G. S. & Ardevol, E. (2011). Practices of Place-Making Through Locative Media Artworks. *Communications, 36(3)*, 313–333.

Couldry, N. (2003). *Media rituals*. London: Routledge.

Couldry, N. (2006). Transvaluing Media studies; or, beyond the myth of the mediated centre. In J. Curran & D. Morley (Hrsg.), *Media and Cultural Theory* (S. 177–194). London: Routledge.

Couldry, N. (2008). Mediatization or Mediation? Alternative Understandings of the Emergent Space of Digital Storytelling. *New Media & Society, 10(3)*, 373–391.

Couldry, N. (2010). *Why Voice Matters*. London: Sage.

Couldry, N. (2011). More sociology, more culture, more politics. *Cultural Studies, 25 (4–5)*, 487–501.

Couldry, N. (2012). *Media, Society, World*. Oxford: Polity.

Couldry, N. (2014a). A Necessary Disenchantment: Myth, Agency and Injustice in a Digital World. *Sociological Review, 62(4)*, 880–897.

Couldry, N. (2014b). The Myth of Us: Digital Networks, Political Change and the Production of Collectivity. *Information Communication and Society, 18(6)*, 608–626.

Couldry, N., Fotopoulou, A. & Dickens, L. (2016). Real Social Analytics: A Contribution Towards a Phenomenology of a Digital World. *British Journal of Sociology, 67(1)*, 118–137.

Couldry, N. & Hepp, A. (2012). Comparing Media Cultures. In F. Esser & T. Hanitzsch (Hrsg.), *The Handbook of Comparative Communication Research* (S. 249–261). New York: Routledge.

Couldry, N. & Hepp, A. (2013). Conceptualising Mediatization. *Communication Theory, 23(3)*, 191–202.

Couldry, N., & Hepp, A. (2022). Media and the social construction of reality. In D. A. Rohlinger & S. Sobieraj (Hrsg.), *Oxford Handbook of Digital Media Sociology* (S. 27–39). Oxford University Press. doi: https://doi.org/10.1093/oxfordhb/9780197510636.013.2

Couldry, N. & McCarthy, A. (2004). Introduction. In N. Couldry & A. McCarthy (Hrsg.), *MediaSpace* (S. 1–18). London: Routledge.

Couldry, N. & Turow, J. (2014). Advertising, Big Data and the Clearance of the Public Realm. *International Journal of Communication, 8(1)*, 1710–1726.

Cova, B., Pace, S. & Skalen, P. (2015). Brand Volunteering. *Marketing Theory, 15(4)*, 465–485.

Crane, N. J. and Ashutosh, I. (2013). A Movement Returning Home? Occupy Wall Street After the Evictions. *Cultural Studies <=> Critical Methodologies, 13(3)*, 168–172.

Crary, J. (2014). *24/7. Schlaflos im Spätkapitalismus*. Berlin: Wagenbach.

Da Matta, R. A. (1985). *A Casa e a Rua: Espaço, Ciudidania, Mulher e Norte no Brasil*. São Paulo: Brasiliense.

Damkjær, M. S. (2015). Becoming a Parent in a Digitized Age. Normedia 2015, *TWG: Media Across the Lifecourse* 13.–15. August. Aarhus, Aarhus University.

Dant, T. (1999). *Material Culture in the Social World*. Milton Keynes: Open University Press.

Davis, J. (2013). The Qualified Self. *Cyborgology*. http://thesocietypages.org/cyborgology/2013/03/13/the-qualified-self/

Dayan, D. (1999). Media and Diasporas. In J. Gripsrud (Hrsg.), *Television and Common Knowledge* (S. 18–33). London: Routledge.

Dayan, D. & Katz, E. (1992): *Media Events*. Cambridge, MA: Harvard University Press.

de Angelis, M. (2002). Hayek, Bentham and the Global Work Machine. In A. Dinerstein and M. Neary (Hrsg.), *The Labour Debate* (S. 108–134). Aldershot: Ashgate.

DeLanda, M. (2006). *A New Philosophy of Society*. London: Continuum International Publishing.

Deleuze, G. (1993). *Unterhandlungen*. 1972–1990. Frankfurt am Main: Suhrkamp.

Deleuze, G. & Guattari, F. (2006 [1980]). *Tausend Plateaus. Kapitalismus und Schizophrenie*. Berlin: Merve.

Dennis, K. (2007). Time in the Age of Complexity. *Time & Society, 16(2/3)*, 139–155.

Derrida, J. (2003 [1967]). *Die Stimme und das Phänomen. Einführung in das Problem des Zeichens in der Phänomenologie Husserls*. Frankfurt am Main: Suhrkamp.

Deterding, S. (2008). Virtual Communities. In R. Hitzler, A. Honer & M. Pfadenhauer (Hrsg.), *Posttraditionale Gemeinschaften* (S. 115–131). Wiesbaden: VS.

Deuze, M. (2012). *Media Life*. Cambridge: Polity.

Dijck, J. V. (2013). *The Culture of Connectivity*. Oxford: Oxford University Press.

Diminescu, D. (2008). The Connected Migrant. *Social Science Information, 47(4)*, 565–579.

Dodge, M. & Kitchin, R. (2007). „Outlines of a World Coming into Existence": Pervasive Computing and the Ethics of Forgetting. *Environment and Planning B, 34(3)*, 431–445.

Dolan, P. (2010). Space, Time and the Constitution of Subjectivity. *Foucault Studies, 8(1)*, 8–27.

Domahidi, E., Festl, R. & Quandt, T. (2014). To Dwell Among Gamers. *Computers in Human Behavior, 35(1)*, 107–115.

Donges, P. (2011). Politische Organisationen als Mikro-Meso-Makro-Link. In T. Quandt & B. Scheufele (Hrsg.), *Ebenen der Kommunikation* (S. 217–232). Wiesbaden: VS.

Douglas, S. (1987). *Inventing American Broadcasting 1899–1922*. Baltimore, MD: The Johns Hopkins University Press.

Downing, J. (1984). *Radical Media*. Boston, MA: South End Press.
Drotner, K. (2009). Children and Digital Media. In J. Qvortrup, W. Corsaro & M. Honig (Hrsg.), *The Palgrave Handbook of Childhood Studies* (S. 360–375). Basingstoke: Palgrave Macmillan.
Drumond, R. (2014). VEM VER #NOVELA, @VOCÊ TAMBÉM: Recepção Televisa e Interações em Rede a Partir do Twitter. *The 23rd Annual Meeting of COMPOS*, 27.–30. Mai. Belém, Brazil.
Duggan, M., Lenhart, A., Lampe, C. & Ellison, N. (2015). *Parents and Social Media*. Pew Research Center. http://www.pewinternet.org/2015/07/16/parents-and-social-media
Dunning, E. & Hughes, J. (2013). *Norbert Elias and Modern Sociology*. London: Bloomsbury.
Durkheim, É. (1899). Morphologie sociale. *L'Année sociologique. Presses Universitaires de France. T 2 (1897–1898)*, 520–521.
Durkheim, É. (1984 [1895]). *Die Regeln der soziologischen Methode*. Frankfurt am Main: Suhrkamp.
Durkheim, É. (2014 [1912]). *Die elementaren Formen des religiösen Lebens*. Berlin: Insel.
Durkheim, É. & Mauss, M. (1969 [1902]). *Primitive Classification*. London: Routledge.
Edelman, B. G. & Luca, M. (2014). Digital Discrimination: The Case of Airbnb.com. *Harvard Business School NOM Unit Working Paper*, 14–054.
Eggers, D. (2014). *Der Circle*. Köln: Kiepenheuer und Witsch.
Eisenstein, E. (2005). *The Printing Revolution in Early Modern Europe*. Cambridge: Cambridge University Press.
Ekdale, B., Namkoong, K., Fung, T. & Perlmutter, D. D. (2010). Why Blog? (Then and Now). *New Media & Society, 12(2)*, 217–234.
Elias, N. (1976 [1939]). *Über den Prozess der Zivilisation. Soziogenetische und psychogenetische Untersuchungen* (Band 1 & 2). Frankfurt am Main: Suhrkamp
Elias, N. (1999 [1987]). *Die Gesellschaft der Individuen*. Frankfurt am Main: Suhrkamp.
Elias, N. (2006 [1970]). Was ist Soziologie? In R. Blomert et al. (Hrsg.), *Gesammelte Schriften* (Band 5). Suhrkamp: Frankfurt am Main.
Elias, N. (2016). Figuration. In J. Kopp & A. Steinbach (Hrsg.), *Grundbegriffe der Soziologie* (11. Auflage) (S. 83–86). Wiesbaden: Springer VS.
Elias, N. & Scotson, J. (2013 [1965]). *Etablierte und Außenseiter*. Frankfurt am Main: Suhrkamp.
Elias, N. (1988). *Über die Zeit*. Frankfurt am Main: Suhrkamp.
Ellison, N. (2013). Citizenship, Space and Time. *Thesis Eleven, 118(1)*, 48–63.
Elwell, J. S. (2013). The Transmediated Self: Life Between the Digital and the Analog. *Convergence, 20(2)*, 233–249.
Engelke, M. (2013). *God's Agents*. Berkeley, CA: University of California Press.
Erasmus (1530). *De Civilitate Morum Puerilium*. London: W. de Worde.
Espeland, W. & Sauder, M. (2007). Rankings and Reactivity. *American Journal of Sociology, 113(1)*, 1–40.
Esser, F. & Strömbäck, J. (2014). *Mediatization of Politics*. Houndsmills: Palgrave Macmillan.
Evans, E. (2011). *Transmedia Television: Audiences, New Media, and Daily Life*. London: Routledge.
Fabian, J. (1983). *Time and the Other: How Anthropology Makes its Object*. New York: Columbia University Press.

Fairhurst, G. T. & Putnam, L. (2004). Organizations as Discursive Constructions. *Communication Theory, 14(1)*, 5–26.

Falb, D. (2015). *Kollektivitäten: Population und Netzwerk als Figurationen der Vielheit*. Bielefeld: Transcript.

Fausing, B. (2014). SELF-MEDIA: The Self, the Face, the Media and the Selfies. *The International Conference on Sensoric Image Science*, 24. Juli. Sassari, Italy.

Featherstone, M. (1995). *Undoing Culture*. London: Sage.

Fenton, N. & Barassi, V. (2011). Alternative Media and Social Networking Sites. *The Communication Review, 14(3)*, 179–196.

Ferreux, J. (2006). Un Entretien avec Thomas Luckmann. *Sociétés, 93(1)*, 45–51.

Fickers, A. (2013). Television. In P. Simonson, J. Peck, R. T. Craig & J. Jackson (Hrsg.), *The Handbook of Communication History* (S. 238–256). London: Routledge.

Finnemann, N. O. (2011). Mediatization Theory and Digital Media. *European Journal of Communication, 36(1)*, 67–89.

Fischer, C. (1992). *America Calling*. Berkeley, CA: University of California Press.

Fiske, J. (1989). *Understanding Popular Culture*. London: Unwin Hyman.

Fiske, J. (1993). *Power Plays – Power Works*. London: Verso.

Fleer, M. (2014). The Demands and Motives Afforded Through Digital Play in Early Childhood Activity Settings. *Learning, Culture and Social Interaction, 3(1)*, 202–209.

Flichy, P. (1995). *Dynamics of Modern Communication*. London: Sage.

Foster, C. (2005). *British Government in Crisis*. Oxford: Hart Publishing.

Foucault, M. (1970). *The Order of Things*. New York: Random House.

Foucault, M (1993 [1988]). Technologien des Selbst. In M. Foucault, R. Martin & L. H. Martin (Hrsg.), *Technologien des Selbst*. Frankfurt am Main: S. Fischer.

Fredriksson, M. & Pallas, J. (2014). Media Enactments. In J. Pallas, L. Strannegård & S. Jonsson (Hrsg.), *Organisations and the Media* (S. 234–248). London: Routledge.

Fredriksson, M., Schillemans, T. & Pallas, J. (2015). Determinants of Organizational Mediatization. *Public Administration, 93(4)*, 1049–1067.

Freedman, D. & Thussu, D. K. (2012). *Media and Terrorism*. London: Sage.

Friedland, R. & Alford, R. R. (1991). Bringing Society Back In: Symbols, Practices and Institutional Contradictions. In W. W. Powell & P. J. DiMaggio (Hrsg.), *The New Institutionalism in Organizational Analysis* (S. 232–263). Chicago: University of Chicago Press.

Friemel, T. N. (2012). Network dynamics of television use in school classes. *Social Networks, 34(3)*, 346–358.

Frith, J. (2013). Turning Life into a Game. *Mobile Media & Communication, 1(2)*, 248–262.

Frith, J. & Kalin, J. (2016). Here, I Used to Be: Mobile Media and Practices of Place-Based Digital Memory. *Space and Culture, 19(1)*, 43–55.

Fuchs, C. (2014). Digital Prosumption Labour on Social Media in the Context of the Capitalist Regime of Time. *Time & Society, 23(1)*, 97–123.

Fuller, M. & Goffey, A. (2012). *Evil Media*. Cambridge, MA: MIT Press.

Gabriel, M. (2015). *Fields of Sense: A New Realist Ontology*. Edinburgh: University Press.

Gadamer, H.-G. (1990 [1960]). *Hermeneutik I. Wahrheit und Methode. Grundzüge einer philosophischen Hermeneutik*. Tübingen: Mohr Siebeck.

Gage, J. (2002). Some Thoughts on How ICTs Could Really Change the World. In G. Kirkman, P. Cornelious, J. Sachs & K. Schwab (Hrsg.), *The Global Information Technology Report 2001–2002* (S. 4–9). Oxford: Oxford University Press.

Gandy, O. (1993). *The Panoptic Sort: A Political Economy of Personal Information.* Boulder, CO: Westview Press.
Gangadharan, S. P. (2015). The Downside of Digital Exclusion: Expectations and Experiences of Privacy and Surveillance among Marginal Internet Users. *New Media & Society, 19(4),* 597–615.
García Canclini, N. (1995). *Hybrid Cultures: Strategies for Entering and Leaving Modernity.* Minneapolis, MN: Minnesota University Press.
García Canclini, N. (2014). *Imagined Globalization.* Durham, NC: Duke University Press.
Gates, S. & Podder, S. (2015). Social Media, Recruitment, Allegiance and the Islamic State. *Perspectives on Terrorism, 9(4),* 107–116.
Georgiou, M. (2013). *Media and the City.* Cambridge: Polity.
Gerlitz, C. & Helmond, A. (2013). The Like Economy. Social buttons and the Data-intensive Web. *New Media & Society, 15(8),* 1348–1365.
Gernert, J. (2015). Er wird, er wird nicht, er wird. *Taz, Gesellschaft, 24./25. Oktober,* 18–20.
Gibbs, S. (2014). Table Computers Replace Television as Children's Top Gadget. *Guardian, 10. Oktober.*
Gibson, J. (1967). Theory of Affordances. In R. Shaw & J. Bransford (Hrsg.), *Perceiving, Acting, Knowing* (S. 67–82). New York: Erlbaum.
Giddens, A. (1995 [1984]). Die Konstitution der Gesellschaft. Grundzüge einer Theorie der Strukturierung. In H. Joas & C. Offe (Hrsg.), *Theorie und Gesellschaft* (Band 1). Frankfurt am Main/New York: Campus.
Giddens, A. (1992). *Kritische Theorie der Spätmoderne.* Wien: Passagen.
Giddens, A. (1994). *Modernity and Self-Identity.* Cambridge: Polity.
Giddens, A. (1996). Risiko, Vertrauen und Reflexivität. In U. Beck, A. Giddens & S. Lash (Hrsg.) *Reflexive Modernisierung. Eine Kontroverse* (S. 316–337). Frankfurt am Main: Suhrkamp.
Giddens, A. (1997). *Konsequenzen der Moderne.* Frankfurt am Main: Suhrkamp.
Giddens, A. (2015). *The Digital Revolution.* Vorlesung an der London School of Economics and Political Science, 10. November.
Gillespie, T. (2010). The Politics of „Platforms". *New Media & Society, 12(3),* 347–364.
Gillespie, T. (2014). The Relevance of Algorithms. In P. Boczkowski, K. Foot & T. Gillespie (Hrsg.), *Media Technologies* (S. 167–194). Cambridge, MA: MIT Press.
Ginneken, J. V. (1992). *Crowds, Psychology, and Politics, 1871–1899.* Cambridge: Cambridge University Press.
Gitelman, L. & Jackson, V. (2013). Introduction. In L. Gitelman (Hrsg.), *„Raw Data" is an Oxymoron* (S. 1–13). Cambridge: MIT Press.
Gitlin, T. (2001). *Media Unlimited.* New York: Metropolitan Books.
Goffman, E. (1967) [1955] *Interaction Rituals.* New York: Garden City.
Goffman, E. (1971). *Interaktionsrituale. Über Verhalten in direkter Kommunikation.* Frankfurt am Main: Suhrkamp.
Gómez Garcia, R. & Treré, E. (2014). The #YoSoy132 Movement and the Struggle for Media Democratization in Mexico. *Convergence, 20(4),* 1–15.
Google (2012). *The New Multi-Screen World.* https://think.withgoogle.com/databoard/media/pdfs/the-new-multi-screen-world-study_research-studies.pdf
Governance, C. O. G. (1995). *Our Global Neighbourhood.* Oxford: Oxford University Press.

Graham, S. (2005). Software-Sorted Geographies. *Progress in Human Geography, 29(5)*, 562–580.
Graham, S. & Marvin, S. (2001). *Splintered Urbanisms*. London: Routledge.
Gray, M. (2012). *Out in the Country*. Chicago, IL: University of Chicago Press.
Green, N. (2002). On the Move: Technology, Mobility and the Mediation of Social Time and Space. *The Information Society, 18(4)*, 281–292.
Gregg, M. (2011). *Work's Intimacy*. Cambridge: Polity.
Grenz, T. (2017). *Mediatisierung als Handlungsproblem. Eine wissenssoziologische Studie zum Wandel materialer Kultur*. Wiesbaden: VS.
Grenz, T. & Möll, G. (2014). Zur Einleitung: Mediatisierung von Handlungsfeldern. In T. Grenz & G. Möll (Hrsg.), *Unter Mediatisierungsdruck* (S. 1–15). Wiesbaden: VS.
Grenz, T., Möll, G. & Reichertz, J. (2014). Zur Struktuierung von Mediatisierungsprozessen. In F. Krotz, C. Despotovic & M. Kruse (Hrsg.), *Mediatisierung von Vergemeinschaftung und Gemeinschaft* (S. 73–91). Wiesbaden: VS.
Greschke, H. M. (2012). *Is There a Home in Cyberspace? The Internet in Migrants' Everyday Life and the Emergence of Global Communities*. London: Routledge.
Gross, A. S. (2015). *Explicit Tweets to Junior MasterChef Star in Brazil Spark Campaign Against Abuse*. Guardian. http://www.theguardian.com/global-development/2015/nov/11/brazil-explicit-tweets-junior-masterchef-star-online-campaign-against-abuse-sexual-harassment
Grossberg, L. (1988). Wandering Audiences, Nomadic Critics. *Cultural Studies, 2(3)*, 377–391.
Gumbrecht, H. U. & Pfeiffer, K. L. (1994). *Materialities of Communication*. Stanford, CA: Stanford University Press.
Gunaratne, S. A. (2010). De-westernizing Communication/Social Science Research. *Media, Culture & Society, 32(3)*, 473–500.
Guta, H. & Karolak, M. (2015). Veiling and Blogging: Social Media as Sites of Identity Negotiation and Expression Among Saudi Women. *Journal of International Women's Studies, 16(2)*, 115–127.
Guttentag, D. (2015). Airbnb: Disruptive Innovation and the Rise of an Informal Tourism Accommodation Sector. *Current Issues in Tourism, 18(12)*, 1192–1217.
Habermas, J. (1988 [1981]). *Theorie des kommunikativen Handelns. 2. Band: Zur Kritik der funktionalistischen Vernunft*. Frankfurt am Main: Suhrkamp.
Habermas, J. (1971). *Strukturwandel der Öffentlichkeit. Untersuchungen zu einer Kategorie der bürgerlichen Gesellschaft*. Neuwied: Luchterhand.
Habibi, M. R., Laroche, M. & Richard, M.-O. (2014). Brand Communities Based in Social Media. *International Journal of Information Management, 34(2)*, 123–132.
Habuchi, I. (2005). Accelerating Reflexivity. In M. Ito, D. Okabe & M. Matsuda (Hrsg.), *Persona, Portable, Pedestrian* (S. 165–182). Cambridge, MA: MIT Press.
Hacking, I. (1996). *Einführung in die Philosophie der Naturwissenschaften*. Stuttgart: Reclam.
Hacking, I. (1999). When the trees talk back: a review of „Pandora's hope" by Bruno Latour. *Times Literary Supplement*, 10. September.
Hacking, I. (2002). *Was heißt „soziale Konstruktion"? Zur Konjunktur einer Kampfvokabel in den Wissenschaften*. Frankfurt am Main: Fischer.
Hafner, G. (2015). Zurück ins Paradies? Die neue, alte Uneindeutigkeit. *Der Freitag, 31(7)*.
Hägerstrand, T. (1975). Space, Time and Human Conditions. In A. Karlqvist, L. Lundquist & F. Snickars, (Hrsg.), *Dynamic Allocation of Urban Space* (S. 1–14). Farnborough: Saxon House.

Haggerty, K. & Ericson, R. (2000). The Surveillant Assemblage. *British Journal of Sociology, 51(4),* 605–622.
Halavais, A. (2009). *Search Engine Society.* Cambridge: Polity.
Hall, S. (1980). Encoding/ Decoding. In S. Hall, D. Hobson, A. Lowe & P. Willis (Hrsg.), *Culture, Media, Language* (S. 128–138). London: Unwin Hyman.
Hartmann, B. J. (2015). Peeking Behind the Mask of the Prosumer. *Marketing Theory, 16(1),* 3–20.
Harvey, D. (1990). *The Condition of Postmodernity.* Oxford: Blackwell.
Harvey, P. (2012). The Topological Quality of Infrastructural Relation. *Theory, Culture & Society, 29(4/5),* 76–92.
Hasebrink, U. (2014). Die Kommunikative Figuration von Familien. In M. Rupp, O. Kapella & N. F. Schneider (Hrsg.), *Zukunft der Familie. Tagungsband zum 4. Europäischen Fachkongress Familienforschung (S. 225–240).* Opladen: Barbara Budrich.
Hasebrink, U. & Domeyer, H. (2012). Media Repertoires as Patterns of Behaviour and as Meaningful Practices. *Participations: Journal of Audience & Reception Studies, 9(2),* 757–783.
Hasebrink, U. and Hölig, S. (2013). Conceptualizing Audiences in Convergent Media Environments. In M. Karmasin & S. Diehl (Hrsg.), *Media and Convergence Management* (S. 189–202). Berlin: Springer.
Hassan, R. (2003). Network Time and the New Knowledge Epoch. *Time & Society, 12(2/3),* 225–241.
Hawn, C. (2009). Take Two Aspirin and Tweet Me in the Morning: How Twitter, Facebook and Other Social Media are Reshaping Health Care. *Health Affairs, 28(2),* 361–368.
Hayles, N. K. (1999). *How We Became Posthuman.* Chicago, IL: University of Chicago Press.
Hayward, T. (2015). The Recommendation Game. *Financial Times,* 21. August. http://www.ft.com/cms/s/2/94c55f50–46af-11e5–af2f4d6e0e5eda22.html
Heath, C. & Hindmarsh, J. (2000). Configuring Action in Objects. *Mind, Culture, and Activity, 7(1/2),* 81–104.
Heinich, N. (2012). *De La Visibilité.* Paris: Gallimard.
Helmond, A. (2010). Identity 2.0. *The Proceeding of Mini-Conference Initiative,* 20.–22. Januar. Amsterdam: University of Amsterdam.
Helsper, E. (2011). The Emergence of a Digital Underclass. In LSE Media Policy Project Series, S. Broughton Micova, Z. Sujon & D. Tambini (Hrsg.), *Media Policy Brief 3.* Department of Media and Communications, London School of Economics and Political Science, London, UK.
Hepp, A. (2004). *Netzwerke der Medien.* Wiesbaden: VS.
Hepp, A. (2011). *Medienkultur. Die Kultur mediatisierter Welten.* Wiesbaden: VS.
Hepp, A. (2013). The Communicative Figurations of Mediatized Worlds: Mediatization Research in Times of the „Mediation of Everything". *European Journal of Communication, 28 (6),* 615–629.
Hepp, A. (2014). *Transkulturelle Kommunikation* (2., völlig überarb. Auflage). Konstanz: UVK.
Hepp, A. (2016). Pioneer Communities. Collective Actors in Deep Mediatization. *Media, Culture & Society, 38 (6),* 918–933.
Hepp, A., Berg, M. & Roitsch, C. (2014). *Mediatisierte Welten der Vergemeinschaftung.* Wiesbaden: VS.
Hepp, A. & Couldry, N. (2010). Media Events in Globalized Media Cultures. In N. Couldry, A. Hepp & F. Krotz (Hrsg.), *Media Events in a Global Age* (S. 1–20). London: Routledge.

Hepp, A., Elsler, M., Lingenberg, S., Mollen, A., Möller, J. & Offerhaus, A. (2016). *The Communicative Construction of Europe*. Basingstoke: Palgrave Macmillan.

Hepp, A. & Hasebrink, U. (2014). Human Interaction and Communicative Figurations: The Transformation of Mediatized Cultures and Societies. In K. Lundby (Hrsg.), *Mediatization of Communication* (S. 249–272). Berlin/New York: de Gruyter.

Hepp, A., Lunt, P. & Hartmann, M. (2015). Communicative Figurations of the Good Life. In H. Wang (Hrsg.), *Communication and ‚The Good Life'* (S. 181–196). Berlin: Peter Lang.

Hermans, H. (2004). Introduction: The Dialogical Self in a Global and Digital Age. *Identity, 4(4)*, 297–320.

Hess, D. J. (2005). Technology and Product-Oriented Movements. *Science, Technology & Human Values, 30(4)*, 515–535.

Hickethier, K. (1998). *Geschichte des Deutschen Fernsehens*. Stuttgart: Metzler.

Hillier, B. & Hanson, J. (1984). *The Social Logic of Space*. Cambridge: Cambridge University Press.

Hirsch, E. (1992). The Long Term and the Short Term of Domestic Consumption. In R. Silverstone & E. Hirsch (Hrsg.), *Consuming Technologies* (S. 208–226). London: Routledge.

Hirschkind, C. (2006). *The Ethical Soundscape: Cassette Sermons and Islamic Counterpublics*. New York: Columbia University Press.

Hitzler, R. (2010). *Eventisierung*. Wiesbaden: VS.

Hjarvard, S. (2011). The Mediatisation of Religion. *Culture and Religion, 12(2)*, 119–135.

Hjarvard, S. (2013). *The Mediatization of Culture and Society*. London: Routledge.

Hjarvard, S. (2014). Mediatization and Cultural and Social Change. In K. Lundby (Hrsg.), *Mediatization of Communication* (S. 199–226). Berlin: de Gruyter.

Hjorth, L. & Gu, K. (2012). The Place of Emplaced Visualities. *Continuum, 26(5)*, 699–713.

Hogan, B. (2010). The Presentation of Self in the Age of Social Media. *Bulletin of Science, Technology & Society, 30(6)*, 377–386.

Honneth, A. (1990). *Die zerrissene Welt des Sozialen: Sozialphilosophische Aufsätze*. Frankfurt am Main: Suhrkamp.

Honneth, A. (2010): *Das Ich im Wir. Studien zur Anerkennungstheorie*. Berlin: Suhrkamp.

Honneth, A. (2015). *Verdinglichung: Eine anerkennungstheoretische Studie*. Frankfurt am Main: Suhrkamp.

Hoover, S. (2006). *Religion in the Media Age*. London: Routledge.

Horst, H. A. (2013). The Infrastructures of Mobile Media. *Mobile Media & Communication, 1(1)*, 147–152.

Houston, J. B., Seo, H., Taylor-Knight, L. A., Kennedy, E. J., Hawthorne, J. & Trask, S. L. (2013). Urban Youth's Perspectives on Flash Mobs. *Journal of Applied Communication Research, 41(3)*, 236–252.

Hugill, P. J. (1999). *Global Communications Since 1844*. Baltimore, MD: The Johns Hopkins University Press.

Huhtamo, E. & Parikka, J. (2011). *Media Archaeology*. Berkeley, CA: University of California Press.

Humphreys, L. (2008). Mobile Social Networks and Social Practice. *Journal of Computer-Mediated Communication, 13(1)*, 341–360.

Humphreys, L. (2010). Mobile Social Networks and Urban Public Space. *New Media & Society, 12(5)*, 763–778.

Humphreys, L. (2012). Connecting, Coordinating and Cataloguing. *Journal of Broadcasting and Electronic Media, 56(4)*, 494–510.

Hunt, E. (2015). App lets you rate people you know, even if they don't ask. *Guardian*, 2. Oktober.
Hutchby, I. (2001). Technologies, Texts and Affordances. *Sociology, 35(2)*, 441–456.
Hyysalo, S., Kohtala, C., Helminen, P., Mäkinen, S., Miettinen, V. & Muurinen, L. (2014). Collaborative Futuring with and by Makers. *CoDesign, 10(3/4)*, 209–228.
Illich, I. (1991a). *Du lisible au visible. A naissance du texte: un commentaire du „Didascalicon" de Hugues de Saint-Victor.* Paris: Editions du Cerf.
Illich, I. (1991b). *Im Weinberg des Textes: als das Schriftbild der Moderne entstand; ein Kommentar zu Hugos „Didascalicon".* Frankfurt am Main: Luchterhand.
Illouz, E. (2012). *Warum Liebe weh tut. Eine soziologische Erklärung.* Berlin: Suhrkamp.
Ingold, T. (2011). *Being Alive.* London: Routledge.
Innis, H. A. (1950). *Empire and Communications.* Oxford: Clarendon Press.
Innis, H. A. (1951). *The Bias of Communication.* Toronto: Toronto University Press.
Innis, H. A. (2004). *Changing Conceptions of Time.* Boulder, CO: Rowman and Littlefield.
Introna, L. D. (2011). The Enframing of Code. *Theory Culture & Society, 28(6)*, 113–141.
Irani, L. (2015). The Cultural Work of Microwork. *New Media & Society, 17(5)*, 720–739.
Isin, E. & Ruppert, E. (2015). *Being Digital Citizens.* Boulder, CO: Rowman and Littlefield.
Ito, M., Baumer, S., Bittanti, M., boyd, d., Cody, R., Herr-Stephenson, B., Horst, H. A., Lang, P. G., Mahendran, D., Martinez, K. Z., Pascoe, C. J., Perkel, D., Robinson, L., Sims, C. & Tripp, L. (2010). *Hanging Out, Messing Around, and Geeking Out: Kids Living and Learning with New Media.* Cambridge, MA: MIT Press.
Izak, M. (2014). Translucent Society and its Non-fortuitous Design. *Culture and Organization, 20(5)*, 359–376.
Jang, C.-Y. & Stefanone, M. A. (2011). Non-Directed Self-Disclosure in the Blogosphere. *Information, Communication & Society, 14(7)*, 1039–1059.
Jansson, A. (2013). Mediatization and Social Space. *Communication Theory, 23(3)*, 279–296.
Jenkins, H. (1992). *Textual Poachers: Television Fans and Participatory Culture.* London: Routledge.
Jenkins, H. (2006a). *Confronting the Challenges of Participatory Culture.* Chicago, IL: MacArthur Foundation.
Jenkins, H. (2006b). *Convergence Culture.* New York: New York University Press.
Jenkins, H. & Carpentier, N. (2013). Theorizing Participatory Intensities. *Convergence, 19(3)*, 265–286.
Jenkins, H., Ford, S. & Green, J. (2013). *Spreadable Media.* New York: New York University Press.
Jenkins, H., Ito, M. & boyd, d. (2016). *Participatory Culture in a Networked Era.* Malden, MA: Polity.
Jensen, K. B. (2010). *Media Convergence.* London: Routledge.
Jessop, B., Brenner, N. & Jones, M. (2008). Theorizing Sociospatial Relations. *Environment and Planning D: Society and Space, 26(3)*, 389–401.
Johnson, K. (2000). *Television and Social Change in Rural India.* New Delhi: Sage.
Juris, J. (2012). Reflections on #Occupy Everywhere. *American Ethnology, 39(2)*, 258–279.
Kallinikos, J. (2009a). On the Computational Rendition of Reality. *Organization, 16(2)*, 183–202.
Kallinikos, J. (2009b). The Making of Ephemeria. *The International Journal of Interdisciplinary Social Sciences, 4(3)*, 227–236.

Kallinikos, J. & Constantiou, I. (2015). Big Data Revisited. *Journal of Information Technology, 30(1).* 70–74.

Kallinikos, J. & Tempini, N. (2014). Social Data as Medical Facts. *Information Systems Research, 25(4),* 817–833.

Kannengießer, S. (2017). Repair Cafés. Reflecting on materiality and consumption in environmental communication. In T. Milstein, M. Pileggi & E. Morgan (Hrsg.), *Pedagogy of Environmental Communication* (S. 183–194). London: Routledge.

Kannengießer, S. (2018). Repair Cafés. Orte urbaner Transformation und Vergemeinschaftung der Reparaturbewegung. In A. Hepp, S. Kubitschko & I. Marszolek (Hrsg.), *Die mediatisierte Stadt. Kommunikative Figurationen des urbanen Zusammenlebens* (S. 211–230). Wiesbaden: Springer VS.

Kant, I. (2008 [1792]). *Grundlegung zur Metaphysik der Sitten.* Stuttgart: Reclam.

Karasti, H., Baker, K. & Millerand, F. (2010). Infrastructure Time. *Computer Supported Cooperative Work, 19(3/4),* 377–415.

Kaulingfreks, R. & Warren, S. (2010). SWARM: Flash Mobs, Mobile Clubbing and the City. *Culture and Organization, 16(3),* 211–227.

Kaun, A. & Stiernstedt, F. (2014). Facebook Time: Technological and Institutional Affordances for Media Memories. *New Media & Society, 16(7),* 1154–1168.

Kavada, A. (2015). Creating the Collective. *Information, Communication & Society, 18(8),* 872–886.

Keen, A. (2015). *The Internet is not the Answer.* London: Atlantic Books.

Keller, R. (2011). The Sociology of Knowledge Approach to Discourse (SKAD). *Human Studies, 34,* 43–65.

Keller, R. & Lau, C. (2008). Bruno Latour und die Grenzen der Gesellschaft. In G. Kneer, M. Schroer & E. Schüttpelz (Hrsg.), *Bruno Latours Kollektive* (S. 306–338). Frankfurt am Main: Suhrkamp.

Kellner, D. (2010). Media Spectacle and Media Events. In N. Couldry, A. Hepp & F. Krotz (Hrsg.), *Media Events in a Global Age* (S. 76–91). London: Routledge.

Kellner, D. (2011). Medienspektakel und Medienevents: Kritische Überlegungen. In R. Winter (Hrsg.), *Die Zukunft der Cultural Studies. Theorie, Kultur und Gesellschaft im 21. Jahrhundert* (S. 127–159). Bielefeld: Transcript.

Kelly, K. (2012). The Quantified Century. *Quantified Self Conference, 15.–16. September 2012,* Stanford University, Palo Alto, CA. http://quantifiedself.com/conference/Palo-Alto-2012

Kelty, C. M. (2008). *Geeks and Recursive Publics: How the Internet and Free Software Make Things Public.* http://kelty.org/or/papers/unpublishable/Kelty.RecursivePublics-short.pdf

Kido, T. & Swan, M. (2014). Know Thyself: Data-Driven Self-Awareness for Understanding Our Unconscious Behaviors. *AAAISpring Symposium Series.* https://www.aaai.org/ocs/index.php/SSS/SSS14/paper/view/7678

Kitchin, R. (2014). *The Data Revolution.* London: Sage.

Kitchin, R. & Dodge, M. (2011). *Code/space: Software and Everyday Life.* Cambridge, MA: MIT Press.

Kittler, F. (2014). *The Truth of the Technological World.* Stanford, CA: Stanford University Press.

Kitzmann, A. (2003). That Different Place: Documenting the Self Within Online Environments. *Biography, 26(1),* 48–65.

Klauser, F. & Albrechtslund, A. (2014). From Self-Tracking to Smart Urban Infrastructures. *Surveillance & Society, 12(2)*, 273–286.
Klein, N. (2000). *No Logo. Taking Aim at the Brand Bullies*. London: Flamingo.
Knapp, Daniel (2016): The social construction of computational surveillance: reclaiming agency in a computed world. PhD thesis, The London School of Economics and Political Science (LSE). http://etheses.lse.ac.uk/id/eprint/3436
Kneer, G. (2008). Hybridität, Zirkulierende Referenz, Amoderne? Eine Kritik an Bruno Latours Soziologie. In G. Kneer, M. Schroer & E. Schüttpelz (Hrsg.), *Bruno Latours Kollektive* (S. 261–305). Frankfurt am Main: Suhrkamp.
Knoblauch, H. (2008). Kommunikationsgemeinschaften. In R. Hitzler, A. Honer & M Pfadenhauer (Hrsg.), *Posttraditionale Gemeinschaften* (S. 73–88). Wiesbaden: VS.
Knoblauch, H. (2013a). Alfred Schutz' Theory of Communicative Action. *Human Studies, 36(3)*, 323–337.
Knoblauch, H. (2013b). Communicative Constructivism and Mediatization. *Communication Theory, 23(3)*, 297–315.
Knorr-Cetina, K. (2014). Scopic Media and Global Coordination. In K. Lundby (Hrsg.), *Mediatization of Communication* (S. 39–62). Berlin: de Gruyter.
Knorr-Cetina, K. & Brügger, U. (2002). Inhabiting Technology: The Global Lifeform of Financial Markets. *Current Sociology, 50(3)*, 389–405.
Knorr-Cetina, K. & Cicourel, A. (1981). *Advances in Social Methodology*. London: Routledge and Kegan Paul.
Koch, G. & Warneken, B. J. (2014). Über Selbstrepräsentationen von Obdachlosen in verschiedenen Medien. *Hamburger Journal für Kulturanthropologie, 2014 (1)*, 51–62.
Koopmans, R. & Statham, P. (2010). *The Making of a European Public Sphere*. Cambridge, Cambridge University Press.
Koselleck, R. (2015 [1979]). *Vergangene Zukunft* (9. Auflage). Frankfurt am Main: Suhrkamp.
Kovarik, B. (2011). *Revolutions in Communication*. London: Continuum International Publishing.
Kracauer, S. (1995). *The Mass Ornament*. Cambridge, MA: Harvard University Press.
Krätke, S. (2011). *The Creative Capital of Cities*. Malden, MA: Wiley-Blackwell.
Kress, G. (1986). Language in the Media: The Construction of Domains of Public and Private. *Media, Culture & Society, 8(4)*, 395–419.
Kreiss, D. & Tufekci, Z. (2013). Occupying the Political. *Cultural Studies <=> Critical Methodologies, 13(3)*, 163–167.
Krotz, F. (2001). *Die Mediatisierung kommunikativen Handelns. Der Wandel von Alltag und sozialen Beziehungen, Kultur und Gesellschaft durch die Medien*. Opladen: Westdeutscher Verlag.
Krotz, F. (2007). *Mediatisierung: Fallstudien zum Wandel von Kommunikation*. Wiesbaden: VS.
Kubitschko, S. (2015). The Role of Hackers in Countering Surveillance and Promoting Democracy. *Media and Communication, 3(2)*, 77–87.
Kühl, S. (2011). *Organisationen*. Wiesbaden: VS.
Kunelius, R. & Reunanen, E. (2014). Transparency Discourse and Mediatized Governance. *Mediatization of Politics and Government Conference*, 25.–26. April. The London School of Economics and Political Science, London.

Kwon, Y. J. & Kwon, K.-N. (2015). Consuming the Objectified Self: The Quest for Authentic Self. *Asian Social Science, 11(2),* 301–312.
Laclau, E. (1990). The Impossibility of Society. In E. Laclau (Hrsg.), *New Reflections on the Revolution of Our Time* (S. 87–90). London: Verso.
Lafrance, A. (2016). *Facebook and the New Colonialism.* The Atlantic, 11. Februar.
Lahire, B. (2007). *The Plural Actor.* Cambridge: Polity.
Lammers, J. C. & Jackson, S. A. (2014). The Institutionality of a Mediatized Organizational Environment. In J. Pallas, K. Strannegård & S. Jonsson (Hrsg.), *Organisations and the Media* (S. 33–47). London: Routledge.
Lange, P. G. (2007). Publicly Private and Privately Public. *Journal of Computer- Mediated Communication, 13(1),* 361–380.
Langlois, G., Elmer, G., McKelvey, F. & Devereaux, Z. (2009). Networked Publics: The Double Articulation of Code and Politics on Facebook. *Canadian Journal of Communication, 34(1),* 415–434.
Larkin, B. (2008). *Signal and Noise: Media, Infrastructure, and Urban Culture in Nigeria.* Durham, NC: Duke University Press.
Lash, S. & Lury, C. (2007). *Global Culture Industry.* Cambridge: Polity.
Latour, B. (1991). Technology is Society Made Durable. In J. Law (Hrsg.), *A Sociology of Monsters: Essays on Power, Technology and Domination* (S. 103–131). London: Routledge.
Latour, B. (2002). *Die Hoffnung der Pandora: Untersuchungen zur Wirklichkeit der Wissenschaft.* Frankfurt am Main: Suhrkamp.
Latour, B. (2010 [1967]). *Eine neue Soziologie für eine neue Gesellschaft. Einführung in die Akteur-Netzwerk-Theorie. Frankfurt am Main:* Suhrkamp.
Latour, B. (2014). *Existenzweisen. Eine Anthropologie der Modernen.* Frankfurt am Main: Suhrkamp.
Latour, B., Jensen, P., Venturini, T., Grauwin, S. & Boullier, D. (2012). The Whole is Always Smaller than its Parts: A Digital Test of Gabriel Tardes' Monads. *British Journal of Sociology, 63(4),* 590–615.
Leal, O. F. (1995). Popular Taste and Erudite Repertoire. In S: Jackson & S. Moores (Hrsg.), *The Politics of Domestic Consumption* (S. 314–320). London: Prentice Hall.
Lee, H. & Sawyer, S. (2010). Conceptualizing Time, Space and Computing for Work and Organizing. *Time & Society, 19(3),* 293–317.
Lefebvre, H. (i. E. [1991]). *Die Produktion des Raums.* Leipzig: Spectormag.
Lemos, A. (2009). Mobile Communication and New Sense of Places. *Revista Galáxia, 16(1),* 91–108.
Leurs, K. (2015). *Digital Passages.* Amsterdam: Amsterdam University Press.
Levinson, S. C. (1983). *Pragmatics.* Cambridge: Cambridge University Press.
Levy, S. (1984). *Hackers: Heroes of the Computer Revolution.* New York: Doubleday.
Lewis, D. (1975). *Konventionen: Eine sprachphilosophische Abhandlung.* Berlin/New York: de Gruyter.
Licoppe, C. (2004). „Connected" Presence. *Environment and Planning D, 22(1),* 135–156.
Lin, Y.-W. (2011). A Qualitative Enquiry into OpenStreetMap Making. *New Review of Hypermedia and Multimedia, 17(1),* 53–71.
Lindlof, T. R. (1988). Media Audiences as Interpretive Communities. *Communication Yearbook, 11(1),* 81–107.

Ling, R. (2012). *Taken for Grantedness*. Cambridge, MA: MIT Press.
Lippmann, W. (1993 [1925]). *The Phantom Public*. Edison, NJ: Transaction Publishers.
Lissack, M. R. (1999). Complexity: The Science, its Vocabulary, and its Relation to Organizations. *Emergence, 1(1)*, 110–126.
Litt, E. (2012). Knock Knock. Who's There? The Imagined Audience. *Journal of Broadcasting and Electronic Media, 56(3)*, 330–345.
Livingstone, S. (2004). The Challenge of Changing Audiences. *European Journal of Communication, 19(1)*, 75–86.
Livingstone, S. (2009). On the Mediation of Everything. *Journal of Communication, 59 (1)*, 1–18.
Livingstone, S. & Sefton-Green, J. (2016). *The Class. Living and Learning in the Digital Age*. New York: New York University Press.
Lohmeier, C. & Pentzold, C. (2014). Making Mediated Memory Work: Cuban-Americans, Miami Media and the Doings of Diaspora Memories. *Media, Culture & Society, 36(6)*, 776–789.
Loosen, W. & Schmidt, J. (2012). (Re-)discovering the Audience. *Information, Communication & Society, 15(6)*, 867–887.
Losh, E. (2014). *Beyond Biometrics: Feminist Media Theory Looks at Selfiecity*. Selfiecity. http://selfiecity.net/
Lotan, G. (2011). *Data Reveals that „Occupying" Twitter Trending Topics is Harder than it Looks!* SocialFlow. http://blog.socialflow.com/post/7120244374/data-reveals-that-occupying%2D%2Dtwitter-trendingtopics-is-harder-than-it-looks
Lovibond, S. (2002). *Ethical Formation*. Cambridge, MA: Harvard University Press.
Luckmann, B. (1970). The Small Life-worlds of Modern Man. *Social Research, 37(4)*, 580–596.
Luckmann, T. (1991). The Constitution of Human Life in Time. In J. Bender & D. Wellbery (Hrsg.), *Chronotypes* (S. 151–166). Stanford, CA: Stanford University Press.
Luhmann, N. (1998). *Die Gesellschaft der Gesellschaft* (1. Teilband). Frankfurt am Main: Suhrkamp.
Luhmann, N. (2017 [1995]). *Die Realität der Massenmedien*. Wiesbaden: Springer.
Luhmann, N. (2018 [1968]). Die Knappheit der Zeit und die Vordringlichkeit des Befristeten. In Luhmann, N. (Hrsg.), *Schriften zur Organisation 1*. Wiesbaden: Springer.
Lundby, K. (2009). Introduction: „Mediatization" as a Key. In K. Lundby (Hrsg.), *Mediatization* (S. 1–18). New York: Peter Lang.
Lundby, K. (2013). Media and Transformations of Religion. In K. Lundby (Hrsg.), *Religion Across Media* (S. 185–202). New York: Peter Lang.
Lundby, K. (2014). Mediatization of Communication. In K. Lundby (Hrsg.), *Mediatization of Communication* (S. 3–35). Berlin: de Gruyter.
Lunt, P. & Livingstone, S. M. (2013). Media Studies' Fascination with the Concept of the Public Sphere: Critical Reflections and Emerging Debates. *Media, Culture & Society, 35(1)*, 87–96.
Lupton, D. (2013). The Commodification of Patient Opinion: The Digital Patient Experience Economy in the Age of Big Data. *Sociology of Health and Illness, 36(6)*, 856–869.
Lupton, D. (2014). *You are Your Data*. http://papers.ssrn.com/sol3/papers.cfm?abstract_id=2534211
Lupton, D. (2015). *Digital Sociology*. London: Routledge.

Lury, C., Parisi, L. & Terranova, T. (2012). Introduction: The Becoming Topological of Culture. *Theory, Culture & Society, 29(4/5),* 3–35.
Lyon, D. (2003). Surveillance as Social Sorting. In D. Lyon (Hrsg.), *Surveillance as Social Sorting* (S. 13–30). London: Routledge.
MacDonald, R. (2015). „Going Back in a Heartbeat": Collective Memory and the online circulation of family photographs. *Photographies 8(1),* 23–42.
MacIntyre, A. (1981). *After Virtue.* London: Duckworth.
MacKenzie, A. (2006). *Cutting Code.* New York: Peter Lang.
MacKenzie, D. & Wajcman, J. (1999). *The Social Shaping of Technology.* Milton Keynes: Open University Press.
Madianou, M. (2014). Polymedia Communication and Mediatized Migration. In K. Lundby (Hrsg.), *Mediatization of Communication* (S. 323–348). Berlin: de Gruyter.
Madianou, M. & Miller, D. (2012). *Migration and New Media.* London: Routledge.
Madianou, M. & Miller, D. (2013). Polymedia. *International Journal of Cultural Studies, 16(2),* 169–187.
Magasic, M. (2014). Travel Blogging. *First Monday, 19(7).* doi: https://doi.org/10.5210/fm.v19i7.4887
Malvern, J. (2015). Vinyl Junkies Send Records Racing Back Up the Charts. *The Times.* http://www.thetimes.co.uk/tto/arts/music/article4409436.ece
Manheim, E. (1933). *Die Träger der öffentlichen Meinung.* Brünn: Rudolf M. Rohrer.
Manovič, L. (2001). *The Language of New Media.* Cambridge, MA: MIT Press.
Manovič, L. (2013). *Software Takes Command.* New York: Bloomsbury.
Mansell, R. (2012). *Imagining the Internet.* Oxford: Oxford University Press.
Mansell, R. & Silverstone, R. (1998). *Communication by Design.* Milton Keynes: Oxford University Press.
Marres, N. (2007). The Issues Deserve More Credit: Pragmatist Contributions to the Study of Public Involvement in Controversy. *Social Studies of Science, 37(5),* 759–780.
Marston, S., Jones, J. & Woodward, K. (2005). Human Geography without Scale. *Transactions of the Institute of British Geographers, 30(4),* 416–432.
Martin, L. & Secor, A. J. (2014). Towards a Post-Mathematical Topology. *Progress in Human Geography, 38(3),* 420–438.
Martín-Barbero, J. (1993). *Communication, Culture, and Hegemony.* London: Sage.
Martín-Barbero, J. (2006). A Latin American Perspective on Communication/Cultural Mediation. *Global Media and Communication, 2(3),* 279–297.
Martuccelli, D. (2002). *Grammaires de L'Individu.* Paris: Gallimard.
Marwick, A. E. (2015). Instafame: Luxury Selfies in the Attention Economy. *Public Culture, 27(1):* 137–160.
Massey, D. (1992). Politics and Space/Time. *New Left Review, I(196),* 65–84.
Mattelart, A. (2007 [1991]). *Kommunikation ohne Grenzen? Geschichte der Ideen und Strategien globaler Vernetzung.* Berlin: Avinus.
Mattelart, T. (2009). Audio-visual Piracy. *Global Media and Communication, 5(3),* 308–326.
Mattelart, A. (2010). *The Globalization of Surveillance.* Cambridge: Polity.
Mattoni, A. & Treré, E. (2014). Media Practices, Mediation Processes, and Mediatization in the Study of Social Movements. *Communication Theory, 24(3),* 252–271.
Mauss, M. (2010 [1938]). Eine Kategorie des menschlichen Geistes. Der Begriff der Person und des Ich. In M. Mauss (Hrsg.), *Soziologie und Anthropologie. 2. Band: Gabentausch – Todesvorstellung – Körpertechniken.* Wiesbaden: VS.

Mayntz, R. & Scharpf, F. W. (1995). Der Ansatz des akteurzentrierten Institutionalismus. In R. Mayntz & F. W. Scharpf (Hrsg.), *Gesellschaftliche Selbstregelung und Politische Steuerung* (S. 39–72). Frankfurt am Main: Campus.
Mazzucatto, M. (2013). *The Entrepreneurial State*. London: Anthem Books.
McDermott, J. P. (2006). *A Social History of the Chinese Book*. Hong Kong: Hong Kong University Press.
McDowell, J. (1998). *Geist und Welt*. Paderborn: Schöningh.
McFedries, P. (2003). Mobs R Us. *IEEE Spectrum, 40(10)*, 56.
McGann, J. G. & Sabatini, R. (2011). *Global Think Tanks: Policy Networks and Governance*. London: Routledge.
McLuhan, M. (1995 [1962]). *Die Gutenberg-Galaxis. Das Ende des Buchzeitalters*. Bonn u. a.: Addison-Wesley.
McLuhan, M. (1987 [1964]). *Understanding Media*. London: Ark Paperbacks.
McLuhan, M. & Lapham, L. H. (1994). *Understanding Media*. Cambridge, MA: MIT Press.
McLuhan, M. & Powers, B. R. (1992). *The Global Village*. Oxford: Oxford University Press.
Mead, G. H. (1973 [1934]). *Geist, Identität und Gesellschaft aus der Sicht des Sozialbehaviorismus*. Frankfurt am Main: Suhrkamp.
Meier, F. & Schimank, U. (2012). *Organisation und Organisationsgesellschaft*. Hagen: Fernuniversität Hagen.
Mejias, U. (2013). *Off the Network*. Minneapolis, MN: Minnesota University Press.
Merten, K. (1994). Evolution der Kommunikation. In K. Merten, S. J. Schmidt & S. Weischenberg (Hrsg.), *Die Wirklichkeit der Medien. Eine Einführung in die Kommunikationswissenschaft* (S. 141–162). Opladen: Westdeutscher Verlag.
Merzeau, L. (2009). Présence Numérique: Les Médiations de L'identité. *Les Enjeux de L'information et de la Communication, 1(1)*, 79–91.
Mesjasz, C. (2010). Complexity of Social Systems. *Acta Physica Polonica-Series A General Physics, 117(4)*, 700.
Meyer, B. & Moors, A. (2006). *Religion, Media, and the Public Sphere*. Bloomington, IN: Indiana University Press.
Meyer, J. W. & Rowan, B. (1977). Institutionalized Organizations. *American Journal of Sociology:* 340–363.
Meyer, T. (2003). *Media Democracy*. Cambridge: Polity.
Meyrowitz, J. (1985). *No Sense of Place*. New York: Oxford University Press.
Meyrowitz, J. (1995). Medium Theory. In D. J. Crowley & D. Mitchell (Hrsg.), *Communication Theory Today* (S. 50–77). Cambridge: Polity.
Meyrowitz, J. (2009). Medium Theory: An Alternative to the Dominant Paradigm of Media Effects. In R. L. Nabi and M. B. Oliver (Hrsg.), *The Sage Handbook of Media Processes and Effects* (S. 517–530). Thousand Oaks, CA: Sage.
Mihailidis, P. (2014). A Tethered Generation: Exploring the role of mobile phones in the daily life of young people. *Mobile Media and Generation, 2(1)*, 58–72.
Min, J. & Lee, H. (2011). The Change in User and IT Dynamics. *Computers in Human Behaviour, 27(6)*, 2339–2351.
Mitchell, M. (2009). *Complexity: A Guided Tour*. Oxford: Oxford University Press.
Moon-Year, P. (2004). A Study on the Type Casting, Setting and Printing Method of „Buljo-Jikji-Simche-Yoyrol". *Gutenberg-Jahrbuch, 79(1)*, 32–46.
Moore, M. (2015). German hotel group offers ultimate luxury – check in to check out of web. *Financial Times*, 26 Juni.

Moores, S. (2004). The Doubling of Place: Electronic Media, Time-space Arrangements and Social Relationships. In N. Couldry & A. McCarthy (Hrsg.), *MediaSpace* (S. 21–36). London: Routledge.

Morley, D. (1986). *Family Television.* London: Comedia.

Morley, D. (2000). *Home Territories: Media, Mobility and Identity.* London: Routledge.

Morley, D. (2001). Familienfernsehen und Medienkonsum zu Hause. *Televizion,* 1–10. https://www.br-online.de/jugend/izi/deutsch/publikation/televizion/14_2001_1/morley.pdf

Morozov, E. (2015). El Derecho a Desconectarse. *El País.* http://elpais.com/elpais/2015/04/05/opinion/1428258905_239072.html

Mortensen, M. (2013). War. In P. Simonson, J. Peck, R. Craig, & P. Jackson (Hrsg.), *The Handbook of Communication History* (S. 331–346). London: Routledge.

Mosco, V. (2014). *To the Cloud: Big Data in a Turbulent World.* Boulder, CO: Paradigm.

Muniz, A. M. & O'Guinn, T. C. (2001). Brand Community. *Journal of Consumer Research, 27(4),* 412–432.

Murphy, P. D. & Rodríguez, C. (2006). Introduction: Between Macondo and McWorld: Communication and Culture Studies in Latin America. *Global Media and Communication, 2(3),* 267–277.

Nafus, D. & Sherman, J. (2014). This One Does Not Go Up to 11: The Quantified Self Movement as an Alternative Big Data Practice. *International Journal of Communication, 8(11),* 1784–1794.

Napoli, P. M. (2014). Automated Media. *Communication Theory, 24(3),* 340–360.

Narayanan, A. & Felten, E. W. (2014). No silver bullet: De-identification still doesn't work. http://randomwalker.info/publications/no-silver-bullet-de-identification.pdf

Neddermeyer, U. (1998). *Von der Handschrift zum gedruckten Buch. Quantitative und qualitative Aspekte. 2 Teile (Text und Anlagen).* Wiesbaden: Harrassowitz.

Nederveen Pieterse, J. (1995). Globalization as Hybridization. In M. Featherstone, S. Lash & R. Robertson (Hrsg.), *Global Modernities* (S. 45–68). London: Sage.

Negt, O. & Kluge, A. (1993). *Public Sphere and Experience.* Minneapolis, MN: University of Minnesota Press.

Neverla, I. (2002). Die Polychrone Gesellschaft und ihre Medien. *Medien & Zeit, 17(2),* 46–52.

Neverla, I. (2010). Medien als Soziale Zeitgeber im Alltag. In A. Hepp & M. Hartmann (Hrsg.), *Die Mediatisierung der Alltagswelt* (S. 183–194). Wiesbaden: VS.

Neyland, D. (2015). On Organizing Algorithms. *Theory, Culture & Society, 32(1),* 119–132.

Nielsen, R. K. (2012). *Ground Wars: Personalized Communication in Political Campaigns.* Princeton, NJ: Princeton University Press.

Nicolini, D. (2007). Stretching Out and Expanding Work Practices in Time and Space. *Human Relations, 60(6),* 889–920.

Nietzsche, F. (2013 [1886]). Jenseits von Gut und Böse. Vorspiel einer Philosophie der Zukunft. In C.-A. Scheier (Hrsg.), *Philosophische Werke in sechs Bänden. Band 1.* Hamburg: Felix Meiner.

Nissenbaum, H. (2004). Privacy as Contextual Integrity. *Washington Law Review, 79(1),* 119–158.

Nissenbaum, H. (2010). *Privacy in Context.* Stanford, CA: Stanford University Press.

Noveck, B. S. (2009). *Wiki Government.* Washington, DC: Brookings Institution Press.

Nowotny, H. (1989). *Eigenzeit. Entstehung und Strukturierung eines Zeitgefühls.* Frankfurt am Main: Suhrkamp.

Nussbaum, M. & Sen, A. (1993). *The Quality of Life*. Oxford: Oxford University Press.
Offe, C. (2019 [1986]): Die Utopie der Null-Option. Modernität und Modernisierung als politische Gütekriterien. In C. Offe (Hrsg.), *Institutionen, Normen, Bürgertugenden. Band 3 der Ausgewählten Schriften von Claus Offe. Umfassender und systematischer Zugang* (S. 119–145). Wiesbaden: Springer.
Office for National Statistics (2015). *Internet Access – Households and Individuals 2015*. Great Britain. http://www.ons.gov.uk/ons/dcp171778_412758.pdf
Oggolder, C. (2014). When Curiosity met Printing. In R. Butsch and S. M. Livingstone (Hrsg.), *Meanings of Audiences* (S. 37–49). London: Routledge.
Ohm, P. (2010). Broken Promises of Privacy. *UCLA Law Review, 57(1)*, 1701–1777.
Olofsson, J. K. (2010). Mass Movements in Computer-Mediated Environments. *Information, Communication & Society, 13(5)*, 765–784.
Ong, W. J. (2002). *Orality and Literacy*. London u. a.: Routledge.
Orlikowski, W. J. (2010). The Sociomateriality of Organisational Life: Considering Technology in Management Research. *Cambridge Journal of Economics, 34(1)*, 125–141.
Orlikowski, W. J. & Scott S. V. (2014). The Algorithm and the Crowd. *MIS Quarterly, 39(1)*, 201–216.
Øyvind, I. & Pallas, J. (2014). Mediatization of Corporations. In K. Lundby (Hrsg.), *Mediatization of Communication* (S. 423–442). Berlin: de Gruyter.
Palaiologou, I. (2014). Children Under Five and Digital Technologies. *European Early Childhood Education Research Journal, 24(1)*, 5–24.
Palfrey, J. & Gasser, U. (2008). *Born Digital* (Revd edn). New York: Basic Books.
Pallas, J., Strannegård, L. & Jonsson, S. (Hrsg.) (2014). *Organisations and the media*. London and New York: Routledge.
Pan, Z., Yan, W., Jung, G. & Zheng, J. (2011). Exploring Structured Inequality in Internet Use Behavior. *Asian Journal of Communication, 21(2)*, 116–132.
Papacharissi, Z. (2010). *A Private Sphere*. Cambridge: Polity.
Papacharissi, Z. (2015). *Affective Publics*. Oxford: Oxford University Press.
Papacharissi, Z. & Easton, E. (2013). In the Habitus of the New. In J. Hartley, J. Burgess & A. Bruns (Hrsg.), *A Companion to New Media Dynamics* (S. 171–184). Chichester: Wiley.
Parikka, J. (2013). *What is Media Archaeology?* Cambridge: Polity.
Pariser, E. (2011). *The Filter Bubble*. New York: Viking/Penguin.
Parks, L. & Schwoch, J. (2012). *Down to Earth: Satellite Technologies, Industries and Cultures*. New Brunswick, NJ: Rutgers University Press.
Parsons, T (2010 [1966]). *Societies*. Prentice-Hall, Inc., Englewood Cliffs, New Jersey.
Pasquale, F. (2015). *The Black Box Society*. Cambridge, MA: Harvard University Press.
Passoth, J.-H., Sutter, T. & Wehner, J. (2014). The quantified listener. Reshaping providers and audiences with calculated measurement. In A. Hepp, F. Krotz (Hrsg.), *Mediatized Worlds* (S. 271–287). London: Palgrave.
Peil, C. & Röser, J. (2014). The Meaning of Home in the Context of Digitization, Mobilization and Mediatization. In A. Hepp & F. Krotz (Hrsg.), *Mediatized Worlds* (S. 233–249). London: Palgrave.
Penney, J. & Dadas, C. (2014). (Re)Tweeting in the Service of Protest. *New Media & Society, 16(1)*, 74–90.

Pentzold, C., Lohmeier, C. & Hajek, A. (2016). Introduction: Remembering and Reviving in States of Flux. In A. Hajek, C. Lohmeier & C. Pentzold (Hrsg.), *Memory in a Mediated World* (S. 1–12). Basingstoke: Palgrave Macmillan.

Peters, J. D. (1999). *Speaking into the Air*. Chicago, IL: Chicago University Press.

Pew Research Centre (2012). *The Rise of the „Connected Viewer"*. http://www.pewinternet.org/2012/07/17/the-rise-of-the-connected-viewer/

Pfadenhauer, M. (2010). Artefakt-Gemeinschaften?! Technikverwendung und Entwicklung in Aneignungskulturen. In A. Honer, M. Meuser & M. Pfadenhauer (Hrsg.), *Fragile Sozialität* (S. 355–370). Wiesbaden: VS.

Pfadenhauer, M. (2014). On the Sociality of Social Robots. *Science, Technology & Innovation Studies, 10(1)*, 135–153.

Pfadenhauer, M. & Dukat, C. (2015). Robot Caregiver or Robot-Supported Caregiving?: The Performative Deployment of the Social Robot PARO in Dementia Care. *International Journal of Social Robotics, 7(3)*, 393–406.

Phillips, J. (2006). Agencement/Assemblage. *Theory, Culture & Society, 23(2/3)*, 108–109.

Phillips, J. W. (2013). On Topology. *Theory, Culture & Society, 30(5)*, 122–152.

Pickering, A. (1995). *The Mangle of Practice*. Chicago, IL: Chicago University Press.

Pinkard, T (2012). *Hegel's Naturalism*. Oxford: Oxford University Press.

Pippin, R. (2008). *Hegel's Practical Philosophy*. Cambridge: Cambridge University Press.

Plantin, J.-C., Lagoze, C., Edwards, P. N. & Sandvig, C. (2016). Infrastructure studies meet platform studies in the age of Google and Facebook. *New Media & Society, 20(1)*, 293–310.

Poe, M. T. (2011). *A History of Communications*. Cambridge: Cambridge University Press.

Poell, T. & Van Dijck, J. (2015). Social Media and Activist Communication. In C. Atton (Hrsg.), *The Routledge Companion to Alternative and Community Media* (S. 527–537). London: Routledge.

Pollio, D. E., Batey, D. S., Bender, K., Ferguson, K. & Thompson, S. J. (2013). Technology Use Among Emerging Adult Homeless in Two US Cities. *Social Work, 58(2)*, 173–175.

Porta, D. D. (2013). Bridging Research on Democracy, Social Movements and Communication. In B. Cammaerts, A. Mattoni & P. McCurdy (Hrsg.), *Mediation and Protest Movements* (S. 21–38). Bristol: Intellect.

Porter, T. (1995). *Trust in Numbers: The Pursuit of Objectivity in Science and Public Life*. Princeton, NJ: Princeton University Press.

Postill, J. (2011). *Localizing the Internet*. New York: Berghahn.

Postill, J. (2014) 'Democracy in an Age of Viral Reality: A Media Epidemiography of Spain's Indignados Movement', *Ethnography*, 15(1): 51–69.

Pred, A. (1990). *Making Histories and Constructing Human Geographies*. Boulder, CO: Westview Press.

Qiu, J. L. (2009). *Working-class Network Society: Communication Technology and the Information Have-less in Urban China*. Cambridge, MA: MIT Press.

Qvortrup, L. (2006). Understanding New Digital Media Medium Theory or Complexity Theory. *European Journal of Communication, 21(3)*, 345–356.

Radway, J. (1984). Interpretive Communities and Variable Literacies. *Daedalus, 113(3)*, 49–73.

Rainie, L. and Wellman, B. (2012). *Networked: The New Social Operating System*. Cambridge, MA: MIT Press.

Rantanen, T. (2009). *When News Was New*. Malden, MA: Wiley-Blackwell.

Reese, S. D., Hyun, K. & Jeong, J. (2007). Mapping the Blogosphere. *Journalism, 8(3),* 235–261.
Rheingold, H. (1994). *Virtuelle Gemeinschaft. Soziale Beziehungen im Zeitalter des Computers.* Bonn u. a.: Addison-Wesley.
Rheingold, H. (2007). Smart Mobs. Die Macht der mobilen Vielen. In K. Bruns und R. Reichelt (Hrsg.), *Reader Neue Medien. Texte zur digitalen Kultur und Kommunikation* (S. 359–370). Bielefeld: Transcript.
Ricoeur, P. (1980). The Model of the Text. In P. Ricoeur & J. B. Thompson (Hrsg.), *Hermeneutics and the Human Sciences* (S. 197–221). Cambridge: Cambridge University Press.
Ricœur, P. (2007a [1983]): Zeit und Erzählung. Band 1: Zeit und historische Erzählung. In R. Grathoff, & B. Waldenfels (Hrsg.), *Übergänge. Texte und Studien zu Handlung, Sprache und Lebenswelt.* München: Wilhelm Fink.
Ricœur, P. (2007b [1983]): Zeit und Erzählung. Band 2: Zeit und literarische Erzählung. In R. Grathoff, & B. Waldenfels (Hrsg.), *Übergänge. Texte und Studien zu Handlung, Sprache und Lebenswelt.* München: Wilhelm Fink.
Risse, T. (2010). *A Community of Europeans?* New York: Cornell University Press.
Risse, T. (2015). European Public Spheres, the Politicization of EU Affairs, and its Consequences. In T. Risse (Hrsg.) *European Public Spheres* (S. 141–164.). Cambridge: Cambridge University Press.
Ritzer, G. & Jurgenson, N. (2010). Production, Consumption, Prosumption. *Journal of Consumer Culture, 10(1),* 13–36.
Robichaud, D., Giroux, H. & Taylor, J. R. (2004). The Metaconversation: The Recursive Property of Language as a Key to Organizing. *Academy of Management Review, 29(4),* 617–634.
Rodriguez, C. (2001). *Fissures in the Mediascape.* Creskill, NJ: The Hampton Press.
Rogers, A. (2013). *Cinematic Appeals.* New York: Columbia University Press.
Rogers, E. M. (2003). *Diffusion of Innovations* (5. Auflage). New York: Free Press.
Rogers, R. (2013). *Digital Methods.* Cambridge, MA: MIT Press.
Rosa, H. (2005). *Beschleunigung. Die Veränderung der Zeitstrukturen in der Moderne.* Frankfurt: Suhrkamp.
Rosanvallon, P. (2009). *CounterDemocracy.* Princeton, NJ: Princeton University Press.
Rosen, J. (2006). *The People Formerly Known as the Audience.* http://journalism.nyu.edu/pubzone/weblongs/pressthink/2006/06/27/ppl_frmr_p.html
Rosen, D., Lafontaine, P. R. & Hendrickson, B. (2011). CouchSurfing. *New Media & Society, 13(6),* 981–998.
Rucht, D. & Neidhart, F. (2002). Towards a „Movement Society"? *Social Movement Studies, 1(1),* 7–30.
Ruckenstein, M. (2014). Visualized and Interacted Life. *Societies, 4,* 68–84.
Ruppert, E. (2011). Population Objects: Interpassive Subjects. *Sociology, 45(2),* 218–233.
Ruppert, E., Law, J. & Savage, M. (2013). Reassembling Social Science Methods. *Theory, Culture & Society, 30(4),* 22–46.
Salgado, J. & Hermans, B. (2005). The Return of Subjectivity. *E-Journal of Applied Psychology: Clinical Section, 1(1),* 3–13.
Salvo, J. (2013). Reflections on Occupy Wall Street. *Cultural Studies <=> Critical Methodologies, 13(3),* 143–149.
Sandry, E. (2015). Re-evaluating the Form and Communication of Social Robots. *International Journal of Social Robotics, 7(3),* 335–346.

Sarker, S. & Sahay, S. (2004). Implications of Space and Time for Distributed Work: An Interpretive Study of US–Norwegian Systems Development Teams. *European Journal of Information Systems, 13(1)*, 3–20.

Sassen, S. (2008). *Das Paradox des Nationalen. Territorium, Autorität und Rechte im globalen Zeitalter.* Frankfurt am Main: Suhrkamp.

Savage, M. & Burrows, R. (2007). The Coming Crisis of Empirical Sociology. *Sociology, 41(5)*, 885–899.

Sayer, D. (2011). *Why Things Matter to People.* Cambridge: Cambridge University Press.

Scammell, M. (1993). *Designer Politics.* Basingstoke: Palgrave Macmillan.

Scannell, P. (1989). Public Service Broadcasting and Modern Public Life. *Media, Culture and Society, 2(11)*, 135–166.

Scannell, P. (1996). *Radio, Television and Modern Life.* Oxford: Blackwell.

Scannell, P. (2002). Big Brother as Television Event. *Television & New Media, 3(3)*, 271–282.

Scharpf, F. W. (2000). *Interaktionsformen. Akteurzentrierter Institutionalismus in der Politikforschung.* Opladen: Leske + Budrich.

Schatzki, T. (1996). *Social Practices.* Cambridge: Cambridge University Press.

Scheffler, S. (2013). *Death and the Afterlife.* New York: Oxford University Press.

Schimank, U. (2010). *Handeln und Strukturen* (4. Auflage). Weinheim: Juventa.

Schivelbusch, W. (2007 [1977]). *Geschichte der Eisenbahnreise. Zur Industrialisierung von Raum und Zeit im 19. Jahrhundert.* Frankfurt am Main: Fischer.

Schivelbusch, W. (1986) The Railway Journey. Berkeley, CA: University of California Press.

Schlegloff, E. A. (2002). Beginnings in the Telephone. In J. E. Katz & M. Aakhus (Hrsg.), *Perpetual Contact.* Cambridge: Cambridge University Press.

Schlesinger, P. & Doyle, G. (2014). From Organizational Crisis to Multi-Platform Salvation? *Journalism, 16(3)*, 305–323.

Schmidt, J. (2007). Blogging Practices. *Journal of Computer-Mediated Communication, 12(4)*, 1409–1427.

Schmidt, J.-H. (2013). Persönliche Öffentlichkeiten und Privatsphäre im Social Web. In S. Halft & H. Krah (Hrsg.), *Privatheit* (S. 121–137.). Passau: Karl Stutz.

Schnapp, J. T. & Tiews, M. (2006). *Crowds and Collectivities in Networked Electoral Politics.* Stanford, CA: Stanford University Press.

Scholz, T. (2013). *Digital Labor: The Internet as Playground and Factory.* New York: Routledge.

Schrøder, K. C. & Kobbernagel, C. (2010). Towards a Typology of Crossmedia News Consumption. *Northern Lights, 8(1)*, 115–137.

Schultz, F., Suddaby, R. & Cornelissen, J. P. (2014). The Role of Business Media in Constructing Rational Myths of Organizations. In J. Pallas, L. Strannegård & S. Jonsson (Hrsg.), *Organisations and the Media* (S. 13–32). London: Routledge.

Schulz, W. (2014). Mediatization and New Media. In F. Esser & J. Strömbäck (Hrsg.), *Mediatization of Politics* (S. 57–73). Houndmills: Palgrave Macmillan.

Schüttpelz, E. (2013). Elemente einer Akteur-Medien-Theorie. In T. Thielmann & E. Schüttpelz (Hrsg.), *Akteur-Medien-Theorie* (S. 9–67). Bielefeld: Transcript.

Schütz, A. (2011 [1946]). Der gut informierte Bürger. Ein Essay zur sozialen Verteilung von Wissen. In A. Schütz (Hrsg.), *Gesellschaftliches Wissen und politisches Handeln* (S. 113–132). Konstanz: UVK.

Schütz, A. (2016 [1932]). *Der sinnhafte Aufbau der sozialen Welt. Eine Einleitung in die verstehende Soziologie* (7. Auflage). Frankfurt: Suhrkamp.

Schütz A. & Luckmann T. (2017 [1973]). *Strukturen der Lebenswelt* (2., überarbeitete Auflage). Konstanz und München: UVK.
Schwanen, T. & Kwan, M.-P. (2008). The Internet, Mobile Phone and SpaceTime Constraints. *Geoforum, 39(3)*, 1362–1377.
Schwarz, O. (2010). On Friendship, Boobs and the Logic of the Catalogue. *Convergence, 16(2)*, 163–183.
Schwarz, O. (2011). Who Moved my Conversation? Instant Messaging, Intertextuality and New Regimes of Intimacy and Truth. *Media, Culture & Society, 33(1)*, 71–87.
Scott, J. (1998). *Seeing Like a State*. New Haven, CT: Yale University Press.
Scott, S. and Orlikowski, W. (2013). Sociomateriality – Taking the Wrong Turning? A Response to Mutch. *Information and Organization, 23(2)*, 77–80.
Searle, J. R. (1971). *Sprechakte. Ein sprachphilosophischer Essay*. Frankfurt am Main: Suhrkamp.
Searle, J. R. (1997). *Die Konstruktion der gesellschaftlichen Wirklichkeit. Zur Ontologie sozialer Tatsachen*. Frankfurt am Main: Suhrkamp.
Searle, J. R. (2012). *Wie wir die soziale Welt machen. Die Struktur der menschlichen Zivilisation*. Berlin: Suhrkamp.
Seib, P. M. & Janbek, D. M. (2011). *Global Terrorism and New Media*. New York: Routledge.
Selwyn, N. (2014). *Distrusting Educational Technology*. New York: Routledge.
Selwyn, N. (2015). Data Entry: Toward the Critical Study of Digital Data and Education. *Learning, Media and Technology, 40(1)*, 64–82.
Seneca, Lucius Annaeus (2009 [65]): *Epistulae morales ad Luculium. Briefe an Lucilius*. Band 2. Lat.-dt. In: R. Nickel (Hrsg. und Übers.). Düsseldorf: Artemis & Winkler.
Senft, T. M. & Baym, N. K. (2015). What Does the Selfie Say? *International Journal of Communication, 9(1)*, 1588–1606.
Sennett, R. (1998). *The Corrosion of Character: Personal Consequences of Work in the New Capitalism*. New York: W. W. Norton & Company.
Sewell, W. H. (2005). *Logics of History*. Chicago, IL: University of Chicago Press.
Shannon, C. E. & Weaver, W. (1959). The Mathematical Theory of Communication. *The Bell System Technical Journal, 27(3)*, 379–423.
Shaw, S. E., Russell, J., Greenhalgh, T. & Korica, M. (2014). Thinking about Think Tanks in Health Care. *Sociology of Health and Illness, 36(3)*, 447–461.
Shibutani, T. (1955). Reference Groups as Perspectives. *American Journal of Sociology, 60(6)*, 562–569.
Sibley, D. (1988). Survey 13: Purification of Space. *Environment and Planning D: Society and Space, 6(4)*, 409–421.
Silverstone, R. (2005). The Sociology of Mediation and Communication. In C. Calhoun, C. Rojek & B. Turner (Hrsg.), *Sage Handbook of Sociology* (S. 188–207). London: Sage.
Silverstone, R. (2006). Domesticating Domestication. In T. Berker, M. Hartmann, Y. Punie & K. Ward (Hrsg.), *Domestication of Media and Technology* (S. 229–248). London: Open University Press.
Silverstone, R. & Hirsch, E. (1992). *Consuming Technologies*. London: Routledge.
Simmel, G. (1970 [1917]). *Grundfragen der Soziologie: Individuum und Gesellschaft*. Berlin: de Gruyter.
Simmel, G. (1992 [1908]). *Soziologie. Untersuchungen über die Formen der Vergesellschaftung*. Frankfurt am Main: Suhrkamp.
Skeggs, B. (1994). *Becoming Respectable: Formations of Class and Gender*. London: Sage.

Skey, M. (2014). The Mediation of Nationhood: Communicating the World as a World of Nations. *Communication Theory, 24(1),* 1–20.
Slater, D. (2013). *New Media, Development and Globalization.* Cambridge: Polity.
Sloss, R. (1910). Das Drahtlose Jahrhundert. In M. Brehmer (Hrsg.), *Die Welt in Hundert Jahren* (S. 27–48) (Reprint 2013). Berlin: Verlagsanstalt Buntdruck.
Smith, N. (1990). *Uneven Development: Nature, Capital and the Production of Space.* Oxford: Blackwell.
Southerton, D. (2003). Squeezing Time. *Time & Society, 12(1),* 5–25.
Southerton, D. & Tomlinson, M. (2005). „Pressed for Time" – The Differential Impacts of a „Time Squeeze". *The Sociological Review, 53(2),* 215–239.
Sperling, G. (2015). *How Airbnb Combats Middle Class Income Stagnation.* Airbnb. http://publicpolicy.airbnb.com/new-report-impactairbnb-middle-class-income-stagnation/
Spitulnik, D. (1993). Anthropology and Mass Media. *Annual Review of Anthropology, 22(1),* 293–315.
Spitulnik, D. (2010). Personal News and the Price of Public Service. In S. E. Bird (Hrsg.), The *Anthropology of News and Journalism: Global Perspectives* (S. 182–193.). Bloomington, IN: Indiana University Press.
Stage, C. (2013). The Online Crowd: A Contradiction in Terms? On the Potentials of Gustave Le Bon's Crowd Psychology in an Analysis of Affective Blogging. *Distinktion: Scandinavian Journal of Social Theory, 14(1),* 211–226.
Stäheli, U. (2012). Infrastrukturen des Kollektiven. *Zeitschrift für Medien und Kulturforschung, 2(1),* 99–116.
Stanyer, J. (2013). *Intimate Politics.* Cambridge: Polity.
Star, S. L. & Ruhleder, K. (1996). Steps Toward an Ecology of Infrastructure. *Information Systems Research, 7(1),* 111–134.
Starr, P. (2005). *The Creation of the Media.* New York: Basic Books.
Stephansen, H. (2016). Understanding Citizen Media as Practice. In M. Baker & B. Blaagaard (Hrsg.), *Citizen Media and Public Spaces.* London: Routledge.
Sterne, J. (2014). „What Do We Want?" „Materiality!" „When do We Want it?" „Now!". In P. Boczkowski, K. Foot & T. Gillespie (Hrsg.), *Media Technologies* (S. 119–128). Cambridge, MA: MIT Press.
Stokes, B., Villanueva, G., Bar, F. & Ball-Rokeach, S. (2015). Mobile Design as Neighbourhood Acupuncture. *Journal of Urban Technology, 22(3),* 55–77.
Stone, D., Denham, A. & Garnett, M. (1998). *Think Tanks Across Nations.* Manchester: Manchester University Press.
Storsul, T. (2014). Deliberation or Self-presentation?: Young People, Politics and Social Media. *Nordicom Review, 35(2),* 17–28.
Straubhaar, J. D. (2007). *World Television.* London: Sage.
Strauss, A. (1978). A Social World Perspective. *Studies in Symbolic Interaction, 1(1),* 119–128.
Streeter, T. (2010). *The Net Effect.* New York: New York University Press.
Striphas, T. (2015). Algorithmic Culture. *European Journal of Cultural Studies, 18(4/5),* 395–412.
Strömbäck, J. & Esser, F. (2014a). Introduction. *Journalism Practice, 8(3),* 245–257.
Strömbäck, J. & Esser, F. (2014b). Mediatization of Politics. In F. Esser & J. Strömbäck (Hrsg.), *Mediatization of Politics* (S. 3–28). Houndmills: Palgrave Macmillan.

Swan, M. (2012). Health 2050: The Realization of Personalized Medicine through Crowdsourcing, the Quantified Self, and the Participatory Biocitizen. *Journal of Personalized Medicine, 2(3),* 93–118.
Swan, M. (2013). The Quantified Self. *Big Data, 1(2),* 85–99.
Tække, J. (2005). Media Sociography on Weblogs. *The Sixth Annual Media Ecology Association Convention,* 22.–26. Juni. New York: Fordham University, Lincoln Center Campus.
Takahashi, T. (2014). Youth, Social Media and Connectivity in Japan. In P. Sergeant & C. Tagg (Hrsg.), *The Language of Social Media* (S. 186–207). Basingstoke: Palgrave Macmillan.
Tarde, G. (1901). *L'opinion et la Foule.* Paris: Presses Universitaires de France.
Tarde, G. (2009 [1899]). *Die sozialen Gesetze. Skizze einer Soziologie.* Marburg: Metropolis.
Taylor, C. (2004). *Modern Social Imaginaries.* Durham, NC: Duke University Press.
Tazanu, P. (2012). *Being Available and Reachable.* Doctor of Philosophy Thesis. Bamenda: Langaa RPCIG. http://www.africanbookscollective.com/books/being-available-and-reachable
Tenbruck, F. H. (1972). Gesellschaft und Gesellschaften. In A. Bellebaum (Hrsg.), *Die Moderne Gesellschaft* (S. 54–71.). Freiburg: Herder.
Tepe, D. & Hepp, A. (2008). Digitale Produktionsgemeinschaften. In B. Lutterbeck, M. Bärwolff & R. A. Gehring (Hrsg.), *Open Source Jahrbuch* (S. 171–187.). Berlin: Lehmanns Media.
Thomas, W. I. & Thomas, D. S. (1928). *The Child in America.* New York: Knopf.
Thompson, E. P. (1967). Time, Work-discipline and Industrial Capitalism. *Past & Present, 38(1),* 56–97.
Thompson, J. B. (1995). *The Media and Modernity.* Cambridge: Cambridge University Press.
Thompson, J. B. (2005a). *Books in the Digital Age.* Cambridge: Polity.
Thompson, J. B. (2005b). The New Visibility. *Theory Culture & Society, 22(6),* 31–51.
Thompson, J. B. (2010). *Merchants of Culture.* Cambridge: Polity.
Thorbjornsrud, K., Figenschou, T. U. & Ihlen, Ø. (2014). Mediatization in Public Bureaucracies. *Communications, 39(1),* 3–22.
Thornton, P., Ocasio, W. & Lounsbury, M. (2012). *The Institutional Logics Perspective.* Oxford: Oxford University Press.
Thrift, N. (2008). *Non-Representational Theory.* London: Routledge.
Thrift, N. & French, S. (2002). The Automatic Production of Space. *Transactions of the Institute of British Geographers, 27(3),* 309–335.
Tomlinson, J. (1999). *Globalization and Culture.* Cambridge: Polity.
Tomlinson, J. (2007). *The Culture of Speed.* New Delhi: Sage.
Tönnies, F. (2001 [1935]). *Community and Civil Society.* Cambridge: Cambridge University Press.
Toombs, A., Bardzell, S. & Bardzell, J. (2014). Becoming Makers: Hackerspace Member Habits, Values, and Identities. *Journal of Peer Production.* http://peerproduction.net/issues/issue-5-shared-machine-shops/peer-reviewed-articles/becoming-makers-hackerspace-member-habitsvalues-and-identities/
Touraine, A. (1981). *Return of the Actor.* Chicago, IL: Chicago University Press.
Treré, E. (2015). The Struggle Within: Discord, Conflict and Paranoia in Social Media Protest. In L. Dencik & O. Leistert (Hrsg.), *Critical Perspectives on Social Media and Protest* (S. 163–180.). Boulder, CO: Rowman and Littlefield.
Tse, Y.-K. (2016). Television's changing role in social togetherness in the personalized online consumption of foreign TV. *New Media & Society, 18*(8), 1547–1562.

Tsimonis, G. & Dimitriadis, S. (2014). Brand Strategies in Social Media. *Marketing Intelligence & Plan, 32(3)*, 328–344.
Tuan, Y-F. (1977). *Space and Place: The Perspective of Experience*. London: Edward Arnold.
Tucker, I. & Goodings, L. (2014). Mediation and Digital Intensities. *Social Science Information, 53(3)*, 277–292.
Tucker, P. (2013). Has Big Data Made Anonymity Impossible? *MIT Technology Review*. http://www.technologyreview.com/news/514351/has-big-data-made-anonymity-impossible/
Turkle, S. (1996). *Life on the Screen*. London: Weidenfeld & Nicolson.
Turkle, S. (2012). *Verloren unter 100 Freunden. Wie wir in der digitalen Welt seelisch verkümmern*. München: Riemann.
Turkle, S. (2015). *Reclaiming Conversation*. New York: Penguin.
Turner, F. (2006). *From Counterculture to Cyberculture*. Chicago, IL: University of Chicago Press.
Turow, J. (2011). *The Daily You: How the New Advertising Industry is Defining Your Identity and Your Worth*. New Haven, CT: Yale University Press.
Vaast, E. (2007). The Presentation of Self in a Virtual but Work-related Environment. In K. Crowston (Hrsg.), *Virtuality and Virtualization* (S. 183–199). Boston, MA: Springer.
Vaccari, C. (2013). *Digital Politics in Western Democracies*. Baltimore, MD: Johns Hopkins University Press.
Valentine, G. (2006). Globalizing Intimacy. *Women's Studies Quarterly, 34(1/2)*, 365–393.
van Dijck, J. (2007). *Mediated Memories in the Digital Age*. Stanford, CA: Stanford University Press.
van Dijck, J. (2013). *The Culture of Connectivity*. Oxford: Oxford University Press.
van Dijck, J. (2014). Datafication, Dataism and Dataveillance. *Surveillance and Society, 12(2)*, 197–208.
Venturini, T. (2012). Building on Faults: How to Represent Controversies with Digital Methods. *Public Understanding of Science, 21(7)*, 796–812.
Venturini, T. & Latour, B. (2010). The Social Fabric. *Proceedings of Future En Seine*, 30–15.
Verón, E. (2014). Mediatization Theory. In K. Lundby (Hrsg.), *Mediatization of Communication* (S. 163–172). Berlin: de Gruyter.
Vicari, S. (2015). Exploring the Cuban Blogosphere. *New Media & Society, 17(9)*, 1492–1512.
Villi, M. (2012). Visual Chitchat: The Use of Camera Phones in Visual Interpersonal Communication. *Interactions: Studies in Communication & Culture, 3(1)*, 39–54.
Virilio, P. (1996). *Fluchtgeschwindigkeit*. München und Wien: Carl Hanser.
Voirol, O. (2005). Les Luttes pour la Visibilité. *Réseaux, 1(129/130)*, 89–121.
von Uexküll, J. (2010 [1934/1940]). *Foray into the Worlds of Animals and Humans*. Minneapolis, MN: University of Minnesota Press.
von Uexküll, J. (1956). *Streifzüge durch die Umwelten von Tieren und Menschen. Ein Bilderbuch unsichtbarer Welten/Bedeutungslehre*. Hamburg: Rowohlt.
Wachelder, J. (2014). Toys, Christmas Gifts and Consumption Culture in London's Morning Chronicle. *Journal of the International Committee for the History of Technology, 19(1)*, 13–32.
Waisbord, S. (2013a). A Metatheory of Mediatization and Globalization? *Journal of Multicultural Discourses, 8(3)*, 182–189.

Waisbord, S. (2013b). Media Policies and the Blindspots of Media Globalization. *Media, Culture & Society, 35(1)*, 132–138.
Waisbord, S. (Hrsg.) (2014). *Media Sociology*. Cambridge: Polity.
Wajcman, J. (2015). *Pressed for Time*. Chicago, IL: University of Chicago Press.
Wajcman, J., Bittman, M. & Brown, J. E. (2008). Families Without Borders. *Sociology, 42(4)*, 635–652.
Walby, S. (2007). Complexity Theory, Systems Theory, and Multiple Intersecting Social Inequalities. *Philosophy of the Social Sciences, 37(4)*, 449–470.
Wall, M., Otis Campbell, M. & Janbek, D. (2015). Syrian Refugees and Information Precarity. *New Media & Society, 19(2)*, 240–254.
Wasserman, H. (2011). Mobile Phones, Popular Media, and Everyday African Democracy. *Popular Communication, 9(2)*, 146–158.
Wasserman, S. & Faust, K. (1994). *Social Network Analysis*. Cambridge: Cambridge University Press.
Weber, M. (1911). Geschäftsbericht. In Deutsche Gesellschaft für Soziologie, *Verhandlungen des Ersten Deutschen Soziologentages* (S. 39–62). Tübingen: Mohr.
Weber, M. (1980 [1921]). *Wirtschaft und Gesellschaft. Grundriß der verstehenden Soziologie* (5., rev. Auflage). Tübingen: Mohr.
Weber, M. (1988 [1904]). *Gesammelte Aufsätze zur Wissenschaftslehre* (7., Auflage). Tübingen: Mohr.
Weick, K. E. (1995 [1979]). *Der Prozeß des Organisierens*. New York: McGraw.
Weick, K. E., Sutcliffe, K. M. & Obstfeld, D. (2005). Organizing and the Process of Sensemaking. *Organization Science, 16(4)*, 409–421.
Weimann, G. (2004). *Cyberterrorism*. United States Institute of Peace. http://www.usip.org/sites/default/files/sr119.pdf
Wellman, B. (1997). An Electronic Group is Virtually a Social Network. In S. Kieseler (Hrsg.), *Culture of the Internet* (S. 179–205). Mahwah, NJ: Lawrence Erlbaum.
Wellman, B., Quan-Haase, A., Boase, J., Chen, W., Hampton, K., Diaz, I. & Miyata, K. (2003). The Social Affordances of the Internet for Networked Individualism. *Journal of Computer-Mediated Communication, 8(3)*. 1 April 2003, JCMC834, https:// 294 .org/10.1111/j.1083-6101.2003.tb00216.x
Weltevrede, E., Helmond, A. & Gerlitz, C. (2014). The Politics of Real-time: A Device Perspective on Social Media Platforms and Search Engines. *Theory, Culture & Society, 31(6)*, 125–150.
Wenger, E. (1999). *Communities of Practice*. Cambridge: Cambridge University Press.
Wessler, H., Peters, B., Brüggemann, M., Kleinen-von Königslöw, K. & Sifft, S. (2008). *Transnationalization of Public Spheres*. Basingstoke: Palgrave Macmillan.
Westlund, O. (2011). *Cross-media News Work*. Gothenburg: University of Gothenburg.
White, H. C. (2008). *Identity and Control* (2. Auflage). Princeton, NJ: Princeton University Press.
Whitson, J. R. (2013). Gaming the Quantified Self. *Surveillance & Society, 11(1/2)*, 163–176.
Wieviorka, M. (2013). *L'Impératif Numérique*. Paris: CNRS.
Willems, H. (2010). Figurationssoziologie und Netzwerkansätze. In C. Stegbauer & R. Häußling (Hrsg.), *Handbuch Netzwerkforschung* (S. 255–268). Wiesbaden: VS.
Willems, W. (2014). Producing Local Citizens and Entertaining Volatile Subjects. In R. Butsch & S. M. Livingstone (Hrsg.), *Meanings of Audiences* (S. 80–96). London: Routledge.

Williams, B. (2006). Philosophy as a Humanistic Discipline. In A. W. Moore (Hrsg.), *Philosophy as a Humanistic Discipline* (S. 180–199). Princeton, NJ: Princeton University Press.
Williams, D., Ducheneaut, N., Xiong, L., Zhang, Y., Yee, N. & Nickell, E. (2006). From Tree House to Barracks: The Social Life of Guilds in World of Warcraft. *Games and Culture, 1(4)*, 338–361.
Williams, R. (1965). *The Long Revolution*. Harmondsworth: Penguin.
Williams, R. (1976). *Keywords: A Vocabulary of Culture and Society*. London: Fontana/Croom Helm.
Williams, R. (1980). *Problems in Materialism and Culture*. London: Verso.
Williams, R. (1990). *Television: Technology and Cultural Form*. London and New York: Routledge.
Williamson, B. (2015). Algorithmic Skin: Health-tracking Technologies, Personal Analytics and the Biopedagogies of Digitized Health and Physical Education. *Sport, Education and Society, 20(1)*, 133–151.
Wimmer, A. & Glick Schiller, N. (2002). Methodological Nationalism and Beyond. *Global Networks, 2(4)*, 301–334.
Winocur, R. (2009). Digital Convergence as the Symbolic Medium of New Practices and Meanings in Young People's Lives. *Popular Communication, 7(1)*, 179–187.
Winseck, D. R. & Pike, R. M. (2007). *Communication and Empire, 1860–1930*. Durham, NC: Duke University Press.
Winter, R. (2010). *Der produktive Zuschauer* (2. Auflage). Köln: von Halem.
Wittel, A. (2006). Auf dem Weg zu einer Netzwerk-Sozialität. In A. Hepp, F. Krotz, S. Moore, C. Winter (Hrsg.), *Konnektivität, Netzwerk und Fluss. Konzepte gegenwärtiger Medien-, Kommunikations- und Kulturtheorie* (S. 168–188). Wiesbaden: VS.
Wittgenstein, L. (1978 [1953]). *Philosophical Investigations*. Cambridge: Wiley.
Wobring, M. (2005). *Die Globalisierung der Telekommunikation im 19. Jahrhundert*. Frankfurt am Main: Peter Lang.
Woelfer, J. P. & Hendry, D. G. (2012). Homeless Young People on Social Network Sites. *Proceedings of the SIGCHI Conference on Human Factors in Computing Systems*: 2825–2834.
Wolf, G. (2009). Know Thyself: Tracking Every Facet of Life, from Sleep to Mood to Pain, 24/7/365. *Wired, 17(7)*, 92.
Wolf, G. (2010). The Data-driven Life. *The New York Times*, 28. April.
Wrong, D. (1994). *The Problem of Order: What Unites and Divides Society*. New York: Free Press.
Yannopoulou, N. (2013). User-Generated Brands and Social Media: Couchsurfing and Airbnb. *Contemporary Management Research, 9(1)*, 85–90.
Yuan, E. J. (2013). A Culturalist Critique of „Online Community" in New Media Studies. *New Media & Society, 15(5)*, 665–679.
Zaglia, M. E. (2013). Brand Communities Embedded in Social Networks. *Journal of Business Research, 66(2/2)*, 216–223.
Zaret, D. (1992). Religion, science, and printing in the public spheres in seventeenth-century England. In C. Calhoun (Hrsg.), *Habermas and the public sphere* (S. 212–235), MIT Press, Cambridge.
Zelin, A. Y. (2015). Picture Or It Didn't Happen: A Snapshot of the Islamic State's Official Media Output. *Perspectives on Terrorism, 9(4)*. http://www.terrorismanalysts.com/pt/index.php/pot/article/view/445/html

Zerubavel, E. (1981). *Hidden Rhythms*. Berkeley, CA: University of California Press.
Zervas, G., Proserpio, D. & Byers, J. (2014). The Rise of the Sharing Economy. *Boston University School of Management, 2013(16)*. http://people.bu.edu/zg/publications/airbnb.pdf
Zhao, S. (2006). The Internet and the Transformation of the Reality of Everyday Life. *Sociological Inquiry, 76(4)*, 458–474.
Zhao, S. (2007). Internet and the Lifeworld. *Information Technology & People, 20(2)*, 140–160.
Zhou, B. (2011). New Media Use and Subjective Social Status. *Asian Journal of Communication, 21(2)*, 133–149.
Zolo, D. (1992). *Democracy and Complexity*. University Park, PA: Pennsylvania State University Press.
Zook, M. (2005). *The Geography of the Internet Industry*. Malden, MA: Blackwell Publishers.
Zukin, S., Lindeman, S., & Hurson, L. (2017). The omnivore's neighborhood? Online restaurant reviews, race, and gentrification. *Journal of Consumer Culture, 17*(3), 459–479.

MIX
Papier aus verantwortungsvollen Quellen
Paper from responsible sources
FSC® C105338

If you have any concerns about our products,
you can contact us on
ProductSafety@springernature.com

In case Publisher is established outside the EU,
the EU authorized representative is:
**Springer Nature Customer Service Center GmbH
Europaplatz 3, 69115 Heidelberg, Germany**

Printed by Libri Plureos GmbH
in Hamburg, Germany